Enquête sur la mort de Jésus

Des mêmes auteurs

Victor Loupan

La Révolution n'a pas eu lieu... : Roumanie, l'histoire d'un coup d'État, Robert Laffont, coll. « Ce jour-là », 1990.
L'Argent de Moscou : l'histoire la plus secrète du PCF, Plon, 1994.
Le défi russe, Éd. des Syrtes, 2000.
Nicolas II, le saint tsar, Presses de la Renaissance, 2001.
Le désarroi, Éd. des Syrtes, 2001.

Alain Noël

Ce à quoi je ne crois plus (avec Robert Serrou), Presses de la Renaissance, 2001.

Victor Loupan
Alain Noël

Enquête sur la mort de Jésus

PRESSES
DE LA
RENAISSANCE

Si vous souhaitez être tenu(e)
au courant de nos publications,
envoyez vos nom et adresse, en citant ce livre,
aux Éditions des Presses de la Renaissance,
12, avenue d'Italie, 75013 Paris.
Et, pour le Canada,
à INTERFORUM Canada inc.,
1050, bd René-Lévesque Est,
Bureau 100,
H2L 2L6 Montréal, Québec.
Consultez notre site Internet :
www.presses-renaissance.fr

ISBN 2.7509.0088.3

Préambule

Cet ouvrage pose deux questions : qui a tué Jésus-Christ et pourquoi ?

Il rassemble des réponses variées dans leur approche et dans leur utilisation des sources : exégèse, histoire, témoignages juifs et chrétiens. Elles gravitent nécessairement autour des quatre récits évangéliques de la Passion. Car, comme le dit Étienne Nodet, professeur de judaïsme ancien à Jérusalem, « les Évangiles sont les seules vies de Jésus qu'on puisse écrire, et ils enterrent vaillamment leurs commentateurs ». Le langage chrétien « honore les exigences de la raison » mais ne s'impose pas « comme un théorème », dit-il. Les Évangiles ne sont pas uniformes comme le serait une construction idéologique, mais recèlent de contradictions sur des points secondaires. Ce sont donc quatre éclairages différents, projetés sur une même réalité.

Sachant cela, un chercheur moderne ne peut que prendre acte des contradictions entre les Évangiles, sur le jour de la Cène par exemple, sans chercher à les gommer, et les traiter comme on traite les sources.

Or, on les considère trop souvent comme des textes destinés à être récusés. C'est faire disparaître l'objet de l'étude et lui substituer la subjectivité du chercheur.

Autour de l'événement qu'est la Passion, tel que le relatent les Évangiles, nous chercherons à confronter les interprétations, en nous appuyant notamment sur l'état le plus récent des recherches.

Ces interprétations varient en fonction des chercheurs, mais toutes s'accordent sur un point : aucune responsabilité collective ne pèse sur le peuple d'Israël. Même si ses chefs ont agi, ils l'ont fait « sans savoir » (*cf.* Ac 3, 17, trad. André Chouraqui). Ce point est postulé par la foi chrétienne, même s'il a attendu Vatican II pour être explicité.

Notre enquête est divisée en trois parties :

La première s'interroge sur le *pourquoi*. Pourquoi a-t-on tué Jésus, et qui s'est cru obligé de le faire ? Nous y procédons à une mise en perspective historique, sociale, économique, spirituelle et morale de la situation d'Israël, telle qu'elle se présente dans le premier tiers du Ier siècle.

La deuxième partie se focalise sur les « acteurs » du drame de la Semaine sainte. Qui sont-ils : Jésus, les Pharisiens, Caïphe, les notables du Sanhédrin, Hérode Antipas, Ponce Pilate ?

La troisième est consacrée à la Passion proprement dite, à l'« événement Passion », de la Cène au tombeau. Elle découle de la première et ne peut être comprise sans elle. Nous n'y accablons aucun des protagonistes, mais constatons, documents à l'appui, que tous ont agi avec bonne conscience.

L'accent de ce travail est mis sur les données historiques, avec une place de choix accordée aux sources judaïques. Nous n'éludons pas pour autant les discussions sur les anachronismes éventuels des allégations de la Mishnah et du Talmud, textes plus tardifs, quant à leur vision rétrospective des réalités du Ier siècle.

Des noms araméens ou hébreux[1] sont parfois employés dans ce travail, à côté des noms traditionnels : *Qayafa* pour Caïphe, *Iechoua* pour Jésus... Utilisés à tel ou tel moment du récit, ils contiennent des significations intéressantes, voire essentielles. Ces noms inhabituels renvoient de surcroît aux réalités du Ier siècle, et ce « dépaysement » est, à notre sens, utile à une meilleure compréhension du contexte de la Passion. C'est au nom de cette meilleure compréhension

1. La graphie française de ces noms varie selon les auteurs, dans la mesure où il existe plusieurs façons – toujours approximatives – de transcrire en français les langues sémitiques.

que nous étudions aussi le « système du Temple », qui est à notre avis la matrice du drame ; et le mouvement pharisien, pour essayer de faire la lumière sur son rôle réel dans le procès fait à Jésus.

Nous souhaitons profiter de ce préambule pour exprimer notre reconnaissance aux exégètes et chercheurs dont les travaux ont nourri notre enquête de longs mois durant. Ils sont tous cités dans la bibliographie, mais nous pensons utile de présenter ici, sous forme d'hommage, ceux dont la contribution au présent ouvrage est décisive. Nous exprimons donc notre vive admiration à :

— Schalom Ben-Chorin, écrivain et théologien juif israélien, décédé à Jérusalem en 1996, auteur de *Mon frère Jésus* et grand acteur du dialogue judéo-chrétien.

— André Chouraqui, juriste, linguiste, bibliste, traducteur en français de l'Ancien et du Nouveau Testament, ainsi que du Coran.

— Jacqueline Genot-Bismuth, professeur de judaïsme ancien à la Sorbonne, décédée en 2004, auteur de deux ouvrages révolutionnaires : *Un homme nommé Salut* et *Jérusalem ressuscitée*.

— Joachim Jeremias, savant de réputation mondiale, professeur à l'université de Göttingen (1935-1968), auteur de l'incontournable *Jérusalem au temps de Jésus*.

— Simon Légasse, professeur émérite de l'Institut catholique de Toulouse, exégète, auteur du monumental *Procès de Jésus*.

— Jean-Pierre Lémonon, professeur à l'Université catholique de Lyon, bibliste, coauteur d'une synthèse magistrale : *Le monde où vivait Jésus*.

— Étienne Nodet, prêtre dominicain, polytechnicien, philosophe, théologien, talmudiste, éditeur des huit volumes des *Antiquités juives* de Flavius Josèphe et auteur de *Histoire de Jésus*.

— André Paul, bibliste et historien (EPHE – V^{e} section), dont les thèses sur le milieu originel du Nouveau Testament et sur la rupture de Jésus avec le judaïsme officiel sont riches de perspectives et de controverses.

— Francis Schmidt (EPHE, directeur d'études), historien du judaïsme à l'époque hellénique et romaine.

Nous ne pouvons achever cette énumération sans mentionner l'étonnant Jean Bardet, chirurgien chrétien. Décédé en 1961, il avait consacré plusieurs dizaines d'années de sa vie à l'étude anatomo-physiologique des souffrances de Jésus lors de sa Passion, dans leurs moindres détails. Ses travaux ont été regroupés dans un ouvrage irremplaçable, *La Passion de Jésus-Christ selon le chirurgien*.

Mener une *Enquête sur la mort de Jésus* c'est s'exposer aux embûches et aux tentations. Mais c'est aussi ouvrir son cœur à la grâce et aux illuminations. C'est de l'une d'entre elles que nous voudrions vous entretenir en conclusion de ce préambule.

Le travail sur le livre nous a entraînés, nous qui sommes chrétiens et qui nous penchons ici sur le destin terrestre de celui qui fonde notre foi, dans un périple paradoxal. Car si Jésus est là et bien là, le christianisme, lui, n'est pas ou pas encore ; puisqu'il naîtra après la Résurrection. En suivant le Christ pas à pas, en vivant avec lui les derniers instants de sa vie d'homme, en pénétrant les arcanes de son monde, c'est dans la part juive de notre héritage spirituel que nous plongions chaque jour davantage ; c'est à elle que nous rendions hommage à chaque phrase, page après page. Cela peut paraître curieux et pourtant cette vérité s'est imposée comme une évidence quand le travail était déjà bien avancé. Comme si quelqu'un nous l'avait soufflée, pour nous ouvrir les yeux. Comme si quelqu'un avait guidé nos pas sans que nous le sachions.

Victor LOUPAN et Alain NOËL

PREMIÈRE PARTIE

LA SCÈNE

« Il est venu chez lui,
et les siens ne l'ont pas reçu. »

Évangile de JEAN 1, 11

Jérusalem, année 30

Le lieu et l'heure – Des marées humaines saisonnières – Une petite « ville mondiale » – Économie de Ville sainte – Le Temple, pompe fiscale sans frontières – À quoi ressemble Jérusalem ? – Les riches, les pauvres et les classes moyennes – La Passion et la sociologie

Les foules de la Pâque au temps de Jésus

Jérusalem, cité sainte située dans les monts de Judée, est une ville aux pierres couleur de sable et d'ivoire.

La semaine du drame la lune va être pleine et le sabbat coïncidera avec la Pâque (Jn 19, 31 s.) ; conjonction très rare, qui ne se réalisera, en ce début du Iᵉʳ siècle, que le 8 avril 30 et le 4 avril 33.

Nous sommes au mois de *nisan*[1], premier mois de l'année religieuse mais aussi premier mois lunaire après l'équinoxe, et dans le signe du bélier que les prêtres du Temple associent à l'agneau pascal.

La saison des pluies commencée à l'automne s'achève doucement. Fait-il « une chaleur étouffante », comme l'imagine le philosophe israélien Schalom Ben-Chorin[2] ?

---

1. Pour nous : mars-avril.
2. *Mon frère Jésus.*

Avril est rarement très chaud à Jérusalem. Le temps, en cette saison, oscille généralement entre 11 ° et 20 °C ; avec dix jours de soleil pour trois jours de pluie, en moyenne.

La Loi écrite[1] surnomme ce mois *hodech ha-aviv*, mois de l'épi mûr. Car la Pâque précède la période de la moisson ; les orges d'abord (avril-mai), puis les blés (mai-juin). Le 16 *nisan* aura lieu l'offrande de la première *gerbe de présentation*, destinée au Temple. Elle n'est pas faite de céréales de consommation courante, car les paysans juifs ne s'acquittent pas toujours de leurs devoirs religieux ; et encore moins de ceux fauchés en Samarie, pays hérétique. Seules conviennent au Temple[2] les récoltes de Judée[3], moissonnées sous contrôle religieux.

Ouverture de l'année religieuse juive, la fête des mois de *nisan* est le « nouvel an des rois et des fêtes », dira la Mishnah, qui sera le premier résumé rédigé de la *Loi orale*, elle-même développement de la *Loi écrite*. (La Mishnah sera compilée au IIIe siècle ; le Talmud, analyse et développement de la Mishnah, viendra bien plus tard[4].)

Dans la foi et la liturgie d'Israël, cette période de l'année est le temps le plus fort.

Treize siècles plus tôt déjà, les Hébreux avaient suivi Moïse et quitté l'Égypte, au mois de *nisan*[5]. C'est aussi un 1er *nisan* qu'ils construisirent la tente du Sanctuaire[6]. Et un 10 *nisan*, ils traversèrent le Jourdain pour entrer en Terre promise.

La Pâque juive (*Pessah*) est l'une des trois fêtes de pèlerinage prescrites ; les deux autres étant *Chavouot*[7], fin des moissons, et *Soukkot*[8], à l'automne.

---

1. Pentateuque : Ex 13, 4, Dt 16, 1.
2. Voir, plus loin, *Un État Temple*.
3. Au nord et au sud de Jérusalem.
4. Entre le IIIe et le VIe siècle après Jésus-Christ.
5. Chaque année, au quinzième jour de ce mois de *nisan*, Israël commémore donc sa sortie d'Égypte en entrant dans la Pâque : *hag ha-Pessah*, la « fête du Passage » ; *zeman hérouténou*, l'« époque de notre liberté ».
6. Pendant leur errance au désert.
7. Fête des Semaines ou Pentecôte.
8. Fête des Tentes.

Voici ce qu'en dit la Loi, telle que la collationnera la Mishnah[1] : « Tous sont astreints à offrir le sacrifice de visite, à l'exception du sourd, du fou, de l'enfant en bas âge, de l'androgyne, des femmes, des esclaves non libérés, du paralytique, de l'aveugle, du vieillard et de quiconque ne peut monter. »

Et voici un autre précepte de la Loi orale issu de la Loi écrite : « Trois fois l'an toute ta population mâle se présentera devant le Seigneur Yahvé[2] » ; et « trois fois l'an, on verra tous les mâles de chez toi devant Yahvé, ton Dieu, au lieu qu'il aura choisi[3] ».

Depuis mille ans, depuis que le roi David a conquis la ville pour en faire sa capitale et y installer l'Arche d'Alliance, sur le mont où se dresse au temps de Jésus le Temple, ce « lieu » choisi de Dieu, c'est Jérusalem.

Le code du Deutéronome, attribué à Moïse, édicte le précepte de l'unicité du sanctuaire de la manière suivante : « C'est seulement au lieu choisi par Yahvé, dans l'une de tes tribus, que tu pourras offrir tes holocaustes et mettre en pratique tout ce que je t'ai ordonné[4]... »

La fête de la Pâque, qui dure huit jours, amène donc, à Jérusalem, une foule énorme de Juifs et de sympathisants venus non seulement de tout le « pays », le fameux « Eretz Israël », mais aussi du reste du monde.

« L'époque des voyages commençait vers février-mars, à la fin de la période des pluies [...] Aussi, Jérusalem voyait-elle arriver la plupart des étrangers au cœur des mois secs, entre mars et septembre [...] Au cours de ces mois, la vague des étrangers représentait un chiffre énorme, trois fois par an. » Et la Pâque bat incontestablement tous les records d'affluence.

Quel est le nombre de pèlerins ?

Dix ans après la destruction du Temple, le premier historien juif, Yosef ben Mattathias, fils de prêtre qui se fera

1. Traité *Hagigah* (« Sacrifice »), 12e de l'ordre *Moed* (« Temps fixé »).
2. Ex 23, 14.
3. Dt 16, 17.
4. Dt 12, 13.

Romain sous le nom de Titus Flavius Josephus, écrira que les pèlerins se comptaient jusqu'à deux millions sept cent mille. Ce chiffre est trop important pour sonner juste ; Flavius Josèphe exagère le nombre supposé d'agneaux sacrifiés au Temple pour le *seder*, repas rituel de la Pâque.

Les historiens modernes paraissent plus réalistes, lorsqu'ils comptent une bête pour dix consommateurs (c'était la coutume) : partant des précisions de la Mishnah sur la superficie du Temple et l'organisation des sacrifices, Joachim Jeremias aboutit à cent vingt-cinq mille pèlerins pour la Pâque au temps de Jésus.

Le chercheur israélien Shmuel Safraï (*Die Wallfahrt im Zeitalter des Zweiten Tempels*) réduit encore la supputation : le nombre de pèlerins ne dépassait guère, selon lui, cent mille personnes.

Dans l'étude la plus récente[1], Philippe Abadie évalue ce nombre à deux cent mille et juge le chiffre « important », si l'on songe aux risques du voyage dans l'Antiquité.

On situe mieux cette marée humaine si on la compare au nombre des habitants de Jérusalem : vingt-cinq à cinquante-cinq mille âmes[2]. On voit ainsi la disproportion entre cette population, modeste par le nombre, et l'affluence saisonnière. Ce phénomène répétitif crée de surcroît une atmosphère que l'on peut comparer, *mutatis mutandis*, aux pèlerinages actuels à La Mecque. À Jérusalem aussi, la situation pouvait devenir dangereuse pour l'ordre établi : « Ces rassemblements importants pouvaient être l'occasion d'émeutes contre le pouvoir. Sous Alexandre Jannée, "le peuple se souleva au cours d'une fête ; c'est en effet surtout pendant les réjouissances que les séditions éclatent chez les Juifs" : Flavius Josèphe rapporte ainsi divers événements qui ont eu lieu au cours de la Pâque ou de la Pentecôte » (Jean Massonnet, in *Le monde où vivait Jésus*).

1. Hugues Cousin, Jean-Pierre Lémonon, Jean Massonnet, *Le monde où vivait Jésus*.
2. Trente mille, estime Joseph Blinzler dans *Le procès de Jésus*.

Jérusalem, ville mondiale

Une grande disproportion règne aussi dans les rapports entre la Ville sainte et le reste du monde.

Pour Gedaliah Alon[1], le nombre de Juifs vivant en Palestine au Ier siècle ne dépasse guère un million d'âmes. Or André Chouraqui (*Jésus et Paul, fils d'Israël*) évalue la diaspora à six, voire à huit millions de personnes. Masse impressionnante, eu égard à la démographie de l'époque.

« Il n'est pas aisé, constate l'historien et géographe Strabon, cité par Josèphe[2], de trouver un secteur de la terre habitée où ce groupe n'ait pas été accueilli et où il ne constitue pas un pouvoir. »

Jérusalem est donc non seulement « la capitale du seul territoire de Judée, mais encore de la plupart des autres territoires, à cause des colonies qu'elle a envoyées, suivant les époques, dans les pays limitrophes : Égypte, Phénicie, Syrie », écrit Philon[3] à Caligula[4]. Les Juifs sont en Pamphylie (côte méridionale de l'Asie Mineure), en Cilicie (sud de l'Anatolie), en Bithynie (nord de l'Anatolie) et ailleurs sur les côtes de la mer Noire. Leurs colonies s'étendent au-delà de l'Euphrate, mais Philon n'insiste pas sur leur prospérité dans l'Empire parthe, ennemi de Rome, par crainte de voir l'empereur Caligula en prendre ombrage.

Quoi qu'il en soit, les Juifs sont très nombreux tout autour du bassin méditerranéen. Ils constituent par exemple près de 40 % de la population d'Alexandrie.

« Vers l'ouest et l'Europe, écrit Philon, la diaspora est largement implantée en Thessalie, Béotie, Macédoine, Étolie, en Attique, à Argos, à Corinthe, dans la plupart des meilleures régions du Péloponnèse, et dans les grandes îles méditerranéennes... »

Les Juifs ont essaimé jusqu'en Gaule et en Espagne.

À Rome même, ils sont nombreux et influents depuis le milieu du Ier siècle av. J.-C. Cent ans plus tard, « parmi les

---

1. Historien israélien contemporain.
2. *Antiquités juives* XIV, 115.
3. Philosophe juif antique.
4. *In Legatio ad Caium*, 40 ap. J.-C.

religions orientales (Isis, Cybèle, Mithra...) qui trouvent maintenant des adeptes dans tout l'Empire, le judaïsme[1] est peut-être la plus influente : on admire son monothéisme, son sérieux religieux, ses rites exotiques. En particulier, le sabbat impressionne les païens, qui n'ont pas de fêtes à périodicité régulière, ni de fêtes aussi fréquentes[2] ».

Cette influence se traduit notamment par le recrutement de sympathisants religieux (qu'on nomme « les craignant Dieu ») et même de prosélytes[3].

Pour comprendre ce phénomène, il faut se rappeler que depuis l'expérience de la déportation des Judéens en Mésopotamie[4], Israël, qui va progressivement essaimer en Asie et sur le pourtour de la Méditerranée, se définit moins par le lien à la terre (*Eretz Israël*) que par la fidélité à la pratique religieuse, à la Loi et au Temple.

C'est cela qui explique les vastes mouvements de pèlerinages du Iᵉʳ siècle.

Saisonniers et organisés, ces flots humains allant vers Jérusalem s'expliquent aussi par une volonté politique : celle d'Hérode le Grand, dernier roi des Juifs, mort en l'an 4 av. J.-C. Il a reconstruit le Temple pour en faire un édifice incomparable (que les historiens modernes appelleront Second Temple). En l'an 30 où nous sommes, ce chantier n'est d'ailleurs pas tout à fait achevé, car il reste à boucler la construction des remparts[5]. Le grand projet politique d'Hérode, selon Pierre Perrier[6], « fut de reconstruire le Temple afin de redonner vie à la tradition des années sabbatiques et des pèlerinages. Il parvint ainsi à créer un amalgame, que l'on devine souvent à la lecture des Évangiles, entre les voyages d'échanges commerciaux et les voyages de dévotion religieuse ».

---

1. Il diffère alors du judaïsme ancien et de celui qui suivra la chute de Jérusalem.
2. Paul Veyne, in *Sénèque*.
3. Les prosélytes vont jusqu'à se faire circoncire, ce qui les agrège presque complètement au peuple d'Israël.
4. 597-538 av. J.-C.
5. Voir plus loin *Un État Temple*.
6. In *Évangiles : de l'oral à l'écrit*.

Ajoutons à cela que l'Empire romain du Ier siècle, en englobant une grande partie des communautés de la diaspora juive, facilite (et accroît) le pèlerinage international vers Jérusalem.

Ce statut de capitale religieuse au sein d'un empire, et donc de « ville mondiale », apporte à Jérusalem singularité à la fois culturelle et économique.

La singularité culturelle de Jérusalem est d'être à la fois particulariste et cosmopolite : « La conséquence de ce cosmopolitisme diasporique du peuple d'Israël, pris dans des empires et des univers culturels où l'on parle une grande multitude de langues, et en premier chef le grec ou l'araméen de Perse, aura été de développer un multilinguisme[1]. » Depuis la période des monarchies hellénistiques, la langue grecque a envahi la vie quotidienne juive. Au Ier siècle de notre ère, le grec s'est infiltré largement dans le langage juif : aux grands prénoms bibliques (Moïse, Aaron, etc.) sont préférés des prénoms tels que Filipi (Philippe) ou Naqdimôn (Nicodème) ; les tribunaux s'appellent « sanhédrins[2] », les municipalités « avtoniot[3] », les édiles « arkhonot[4] », etc.

Le grec est de surcroît la langue du pouvoir en Palestine, depuis l'époque des souverains hellénistiques[5], quand le Proche-Orient tout entier s'était grécisé. Dans l'Égypte des Ptolémées, les Juifs ont également abandonné leur langue pour le grec. Entre le IIIe et le IIe siècle av. J.-C., la Bible a été traduite en grec, à Alexandrie[6].

À Jérusalem, la politique a poussé les choses plus loin encore : en 174 av. J.-C., pour plaire au roi païen Antiochus IV, un grand prêtre juif a troqué son nom de Iechoua (Josué ou Jésus) contre celui de Jason. Et le nouveau quartier de la Ville sainte, celui des riches, sur la colline ouest, s'est appelé quelque temps « l'Antioche de Jérusalem ». « Jason,

1. Jacqueline Genot-Bismuth, *Un homme nommé Salut.*
2. Déformation hébraïque du grec *sunedrion.*
3. Du grec *autonomia.*
4. Du grec *archontes.*
5. 305 à 141 av. J.-C.
6. Version dite « *des Septante* ».

dès qu'il eut saisi le pouvoir, amena ses frères de race à la pratique de la vie grecque... Détruisant les institutions légitimes, il inaugura des usages contraires à la Loi. Il se fit en effet un plaisir de fonder un gymnase au pied même de l'acropole[1], et il conduisit les meilleurs éphèbes sous le pétase[2]. L'hellénisme atteint une telle vigueur et la mode étrangère un tel degré, par suite de l'excessive perversité de Jason impie et pas du tout pontife, que les prêtres ne montraient plus aucun zèle pour le service de l'autel, mais que, méprisant le Temple et négligeant les sacrifices, ils se hâtaient de prendre part, dès l'appel du gong, à la distribution – prohibée par la Loi – de l'huile[3] dans la palestre[4]... »

« Il faut bien comprendre que ce qui était en jeu était un mode de vie aussi affirmé, face aux populations conquises, que peut l'être aujourd'hui le mode de vie occidental face aux populations du tiers monde : l'agora, la palestre, les institutions éphébiques, les places et les rues à portiques, le décor sculpté, les tombes monumentales, jouent alors le même rôle auprès d'une fraction de la population sujette que le font aujourd'hui le blue-jean, le gratte-ciel, l'électrophone, le drugstore et le jerk. Ils sont ce par quoi le vainqueur est vainqueur, le symbole de sa supériorité[5]. »

La révolte juive des Maccabées et leur longue guerre contre les Séleucides[6] se sont donc faites contre l'hellénisation de la Palestine, et aussi contre une fraction de l'aristocratie sacerdotale et laïque juive qui voulait « entrer dans la culture grecque en adoptant ses symboles : la cité, le gymnase, l'éphébie[7] »...

1. Le mont du Temple.
2. Aux exercices du gymnase, l'un des pilliers du civisme païen grec.
3. Les huiles qui rendaient les corps glissants étaient utilisées pour la lutte et les combats singuliers.
4. 2 Mac, 4, 7-14.
5. Pierre Vidal-Naquet, in dir. Claude Nicolet, *Rome et la conquête du monde méditerranéen.*
6. 166-129 av. J.-C.
7. Pierre Vidal-Naquet, in dir. Claude Nicolet, « Les Juifs entre l'État et l'Apocalypse », *op. cit.*

La victoire des Maccabées a certes permis l'instauration d'une royauté nationale juive, mais l'influence du grec a persisté et s'est étendue, au point de devenir, sous Hérode, d'usage courant dans la population.

Cette acculturation ne touche donc plus seulement les milieux aristocratiques de Jérusalem, car au Ier siècle, le grec se parle même chez les militants de la résistance nationaliste.

« En Palestine, sur 194 ossuaires inscrits du Ier siècle avant notre ère ou du début de notre ère, 64 % sont en grec, tandis que 9 % ont une inscription en grec et dans une langue sémitique... Des Juifs de la terre d'Israël utilisent la langue grecque pour rédiger des œuvres littéraires... Les inscriptions publiques réparties en différentes régions du pays et la littérature religieuse sont les meilleurs témoins de la pénétration du grec dans les couches les plus diverses de la population. D'ailleurs, les lettres du chef de la seconde révolte juive sont rédigées en araméen, en hébreu, mais aussi en grec, signes qu'au IIe siècle même les milieux nationalistes n'hésitent pas à recourir au grec[1]. »

Par ailleurs, et depuis longtemps, la Palestine parle l'araméen, langue sémitique proche de l'hébreu, devenue langue de communication entre les peuples de l'Empire babylonien, puis de l'Empire perse achéménide. Au Ier siècle cette langue véhiculaire est présente sur tout le versant sud de la Méditerranée et jusqu'aux frontières de l'Inde.

En résumé, au temps de Jésus, les Juifs de Palestine utilisent encore l'hébreu, pour l'étude des textes sacrés et les liturgies du Temple, mais cette langue est en recul et sera bientôt « en chute libre » (Adin Steinsaltz). Dans la vie quotidienne, ils utilisent un araméen envahi de mots grecs ; ils parlent carrément grec avec l'autorité romaine d'occupation, et dans les relations commerciales avec l'extérieur. Les Judéens de Jérusalem sont dans l'obligation eux aussi d'utiliser cette langue s'ils veulent avoir des relations avec les pèlerins issus de la diaspora. Les Juifs d'Alexandrie, par exemple, ignorent l'hébreu et parlent peu l'araméen. À Jérusalem, on les appelle « les Grecs ». Riches

---

1. Hugues Cousin, Jean-Pierre Lémonon, Jean Massonnet, *Le monde où vivait Jésus*.

et liés aux autorités impériales par leurs affaires et leurs carrières aristocratiques, ils possèdent dans la Ville sainte des délégués permanents, des institutions communautaires et leur propre synagogue, dite « des Alexandrins ».

Outre l'araméen et le grec, langue vernaculaire de l'Empire romain, les Juifs vivant parmi les peuples lointains en parlent aussi les divers idiomes. Les jours de grands pèlerinages déploient donc une bigarrure linguistique dont les Actes des Apôtres (2, 1-11) donnent une idée : « Il y avait en séjour à Jérusalem des Juifs, hommes pieux de toutes les nations qui sont sous le ciel. Quand ce bruit se fit entendre, la foule accourut, et ils furent tous étonnés de ce que chacun d'eux entendait (les apôtres) parler sa propre langue. Ils en étaient tous hors d'eux-mêmes, et dans l'admiration, et ils disaient : "Tous ces gens-là qui parlent, ne sont-ils pas des Galiléens ? Comment donc les entendons-nous parler chacun la propre langue du pays où nous sommes nés ? Parthes, Mèdes, Élamites, ceux qui habitent la Mésopotamie, la Judée, la Cappadoce, le Pont, l'Asie, la Phrygie, la Pamphylie, l'Égypte, le territoire de la Libye qui est près de Cyrène, et ceux qui sont venus de Rome, tant Juifs que prosélytes, Crétois et Arabes[1]..." »

Sur le plan économique aussi, Jérusalem est une cité singulière. Elle vit d'abord des revenus générés par les pèlerinages. Consommateur idéal, le pèlerin monte à Jérusalem trois fois l'an, accompagné de toute sa maisonnée : « Il monte à pied conduisant ses ânes chargés de femmes, de jeunes enfants, de bagages et de provisions. Car c'est dans une convivialité qui dure huit jours, au printemps et à l'automne, que grâce à la clémence naturelle du climat on campera ensemble, sous des tentes de fortune, ou des huttes de branchages à *Soukkot*, qui couvriront tous les espaces libres de la ville, aux abords du Temple, ou les collines d'alentour, le mont des Oliviers entre autres ; là qu'on consommera ensemble la viande consacrée, ou la seconde dîme, dans la liesse d'une kermesse populaire et des effluves de méchoui. On disait qu'à l'époque de la Pâque le

1. Traduction de la version synodale.

fumet de la viande grillée du Temple, le méchoui sacré des prêtres, leur part de viande consommable, embaumait toute la ville[1]. »

Pour la Pâque, la Loi fait obligation aux pèlerins de prendre le repas sacré (et de passer la nuit) dans le district de la ville. Mais ce n'est pas tout. Bien d'autres devoirs dispendieux s'imposent : sacrifices d'animaux, présents pour le Temple, repas plantureux sept jours durant, achat de vêtements coûteux pour les femmes, obligation de dépenser à Jérusalem l'argent de la « seconde dîme ».

Quant au Temple lui-même, lieu du sacré par excellence, il fonctionne aussi comme une pompe fiscale transnationale et comme un organisme bancaire, d'une envergure remarquable pour le monde antique.

Ses recettes considérables proviennent du commerce des animaux de sacrifice, de l'acquittement des vœux, et des revenus immobiliers.

L'argent sert essentiellement au fonctionnement du Temple qui est une énorme entreprise. Pour chaque grande fête, raconte Philon, la diaspora envoie à Jérusalem des « délégués sacrés » qui apportent au Temple quantité d'or et d'argent, en empruntant des itinéraires longs et incommodes, mais qu'ils regardent comme de grandes routes qui conduisent à la piété.

Curieusement, Rome admet cet acheminement, elle le protège même, et de longue date, à la grande indignation de Cicéron, alors que l'exportation de l'or est interdite en principe par la loi romaine. Ce privilège accordé aux Juifs était d'autant plus remarquable que les sommes ainsi récoltées constituaient une masse monétaire impressionnante, déposée dans le Temple[2]. L'impôt religieux volontaire levé par le Temple donnait, à lui seul, l'équivalent de 10 % du total des taxes obligatoires du temps du roi Hérode le Grand.

Comme tout temple antique, mais à une échelle exceptionnelle due à sa position unique, celui de Jérusalem fait

---

1. Jacqueline Genot-Bismuth, *Un homme nommé Salut, op. cit.*
2. Voir Philippe Abadie, in *Le monde où vivait Jésus, op. cit.*

office de banque de dépôt et suscite des convoitises[1]. Toute la richesse d'Israël partira donc en fumée lors de son incendie par les troupes de Titus, en l'an 70. Selon Flavius Josèphe, le « Qorban[2] » n'accumulait pas seulement les dons de riches fidèles d'Israël et de la diaspora : il assurait aussi les fonctions d'une banque de dépôt de valeurs et d'une caisse de solidarité, permettant la redistribution des ressources et la circulation des biens ; il possédait de vastes chambres où étaient conservés en sûreté les biens des veuves et des orphelins, ou la fortune et les objets précieux des grandes familles de Jérusalem[3]. « Nous n'avons pas d'autre trésor public que celui de Dieu », souligne Josèphe.

À quoi ressemble Jérusalem au temps de Jésus ?

La ville est bien différente de celle que nous connaissons aujourd'hui, même si elle se dresse sur le même plateau étroit, cerné de monts, avec, à l'est, celui des Oliviers. Elle est juchée sur deux collines séparées par un talweg nord-sud nommé en grec « Tyropéon ».

La ville haute, située sur la colline occidentale, est reliée à l'esplanade du Temple par un pont et à la ville basse par plusieurs voies à degrés, qui longent les spacieuses propriétés des oligarques, parmi lesquelles celles des grands prêtres Anne et Caïphe[4]. Les résidences des dirigeants et les bâtiments officiels, construits dans le goût hellénistique d'Alexandrie, s'étagent aussi sur ses hauteurs. Ils constituent le décor du procès et de la mort de Jésus.

Le prétoire du gouverneur romain se situe le long des remparts ouest, sur la colline de la citadelle, au point culminant de la ville (qu'on appelle pour cette raison « Gabbatha », l'éminence) : il s'agit de l'ancien et fastueux palais d'Hérode le Grand, avec ses jardins, ses bosquets et ses salles d'apparat.

---

1. *Ibid.*
2. Trésor du Temple.
3. Jacqueline Genot-Bismuth, *Un homme nommé Salut, op. cit.*
4. André-Marie Gérard, *Dictionnaire de la Bible.*

La résidence du tétrarque de Galilée, Hérode Antipas, est, quant à elle, sur la butte de l'Acra, dans l'ancien palais des Hasmonéens, à l'emplacement de la forteresse du roi païen Antiochus IV, construite vers 170 av. J.-C.

Le complexe regroupant les maisons des nobles appelé par les historiens « cité des prêtres » est une autre création de l'urbanisme hérodien[1].

Le théâtre et le cirque, situés aux limites sud du quartier, sont des monuments totalement contraires à la tradition juive. Hérode les a fait bâtir pour que Jérusalem soit l'égale des villes importantes de l'Empire.

Au sommet de la colline orientale, moins haute que l'occidentale, se dresse – sur une esplanade à terrasses – la masse scintillante du Temple : un édifice blanc et or, entouré de son complexe de bâtiments. Ce « mont » est flanqué (au nord) de la forteresse Antonia, bastion hérodien devenu romain, et prolongé (au sud) par la colline de l'Ofel et son éperon rocheux, où un quartier pieux fut bâti à l'emplacement de l'ancienne cité de David. Le Temple, dont les terrasses ne sont pas encore tout à fait terminées en l'an 30, est l'œuvre des architectes d'Hérode. Il a été bâti par dix mille ouvriers en dix-huit mois : un temps record, dont le défunt roi se glorifiait pour faire taire les griefs des religieux à son encontre.

En bas, entre la ville haute et le mont du Temple, s'étend la ville basse. Au Ier siècle ce sont les quartiers populaires ; au XXe siècle ce sera le « quartier juif » de la Vieille Ville. C'est là que vivent, au temps de Jésus, ces Pharisiens qui militent pour ce qu'on appellerait aujourd'hui un judaïsme « identitaire ». « La ville basse occupe un trigone irrégulier aux petites maisons drues, logis modestes, boutiques, ateliers ou échoppes d'artisans, et dont la porte des Esséniens à l'ouest et la piscine de Siloé avec le bassin inférieur à l'est marquent les angles méridionaux[2]. »

---

1. À la fin du XXe siècle, elle a fait l'objet de découvertes archéologiques qui ont engendré autant d'hypothèses fascinantes pour les historiens de la Passion. Voir plus loin notre chapitre consacré à Hanân.

2. André-Marie Gérard, *Dictionnaire de la Bible, op. cit.*

Jérusalem est donc « assise face au Temple » (Flavius Josèphe) comme un amphithéâtre regardant l'orient et descendant jusqu'au fond de la ville basse, le long du talweg du Tyropéon, avant de remonter vers le Temple. Du nord au sud, la ville haute est traversée par deux rues commerçantes à colonnades : la « petite rue du marché » et la « grande rue du marché », coupées de nombreuses rues et ruelles ; la plus importante de celles-ci, qui sera le cadre de l'un des actes du Vendredi saint, va du palais d'Hérode (devenu prétoire romain) au Xyste (siège du Sanhédrin), puis au Temple, qu'elle atteint par un pont enjambant le val du Tyropéon.

Au nord-ouest de la ville, si on la quitte en longeant l'ex-palais d'Hérode pour sortir par la porte des Jardins, se trouvent les seuls vergers de Jérusalem. Ils se trouvent non loin du lieu des exécutions, installé sur une butte nommée Gulgolta (de *gulgolet* : « crâne » en araméen, peut-être à cause d'un rocher percé de trous, site d'anciennes carrières de pierres). On y voit les installations de supplice courantes, poteaux de crucifixion, fosse aux lapidations. L'endroit est tout près du rempart de la ville ; du haut de ce mur, les badauds viennent assister à l'agonie des condamnés.

Par-delà les murs percés de nombreuses portes, trois vallées entourent Jérusalem. À l'est, entre le rempart du Temple et le mont des Oliviers, s'étend celle du Qidron (Cédron) ; on y trouve le Gihôn, seule source approvisionnant la ville en eau potable, qui alimente deux bassins : celui d'Ézéchias et celui de Siloé, à la pointe sud de la ville. Au sud et à l'ouest, s'étend la vallée de Hinnom (Géhenne), et au nord celle du Tyropéon : elle pénètre dans la ville et la divise selon un tracé correspondant à celui de l'actuelle rue El-Wad, qui va de la porte de Damas au Mur.

Une campagne assez boisée, notamment d'oliveraies, s'étend au sud.

Le règne d'Hérode, mort en l'an 4 av. J.-C., a été marqué par de grands travaux d'urbanisme, à Jérusalem notamment. Outre l'impressionnant « nouveau Temple » avec son esplanade élargie et rehaussée, et outre l'Antonia, le vieux tyran a beaucoup embelli la ville haute, en faisant édifier le Xyste, qui est une agora à colonnades, entre son palais du quartier ouest et le mont du Temple. Là est au temps de Jésus le siège du conseil municipal (*boulê* en grec), qui abrite aussi les réunions des chefs de la nation (*Gerousia*[1]).

Hérode a fait paver de pierre ou de marbre les lieux importants, et ordonné qu'on balaye chaque jour les rues de Jérusalem. Des égouts datant de cette époque seront retrouvés par les archéologues.

Les bassins, alimentés par des aqueducs qu'il fait construire, sont vite devenus les lieux de rencontre préférés des gens de la ville : surtout Bet Hisda (le « Bethesda » des Évangiles), immense réservoir d'eau du quartier aux Moutons, une « piscine » entourée de galeries à l'ombre : asile de fraîcheur sous le soleil de l'été palestinien, Bet Hisda mérite son nom qui veut dire en araméen « Lieu de miséricorde ».

Hérode a regroupé le haut clergé et ses clans familiaux dans un quartier noble de la ville haute. Entre cette « cité des prêtres[2] » et le Temple, une rampe d'accès ménage un trajet direct : ne pas avoir à traverser la ville basse est un privilège et surtout une précaution religieuse, compte tenu des exigences (terriblement minutieuses) que la Loi impose aux prêtres. Les rues, en effet, sont pleines de risques pour le pureté rituelle du pontife ; toute souillure, même la plus symbolique, l'empêche de remplir ses fonctions. Il faut souligner cela, car les questions de la Loi (et de la pureté légale) ont joué un rôle décisif dans le drame qui menace Jésus en cette Pâque de l'an 30.

Comment vit-on dans cette cité si étrange ?

Sur le plan économique, Jérusalem ne serait pas viable sans Dieu et ses pèlerins.

Dépourvue de matières premières, Jérusalem est vouée au commerce, qu'elle ne peut entretenir que grâce à la

1. Voir plus loin nos chapitres *Sanhédrin* et *Qayafa*.
2. Jacqueline Genot-Bismuth, *Un homme nommé Salut, op. cit.*

rente de situation que constitue son statut de métropole religieuse internationale.

Ce financement repose non seulement sur les recettes religieuses et touristiques des pèlerinages, mais aussi sur l'activité de négociants, collecteurs d'impôts, Juifs de la diaspora devenus riches, installés dans la Ville sainte par conviction religieuse. Encore que les collecteurs d'impôts ont quelques problèmes avec l'opinion publique et les Pharisiens.

Excentrée, bâtie à l'écart des axes normaux d'échanges économiques, dans une région montagneuse et inhospitalière, Jérusalem ne serait pas devenue ce qu'elle est dans l'Antiquité sans son statut de métropole de la foi. Seul le rôle moteur du Temple, et l'économie spéciale qui se développe autour de lui, ont permis la naissance des métiers, sources de prospérité.

Jérusalem est une ville d'artisans qui vendent leur production au monde entier (en quelque sorte), puisque la masse de leurs clients pèlerins vient de tout l'Empire. D'ailleurs la société juive antique est largement une société d'artisans : « Qui n'apprend pas un métier à son fils, c'est comme s'il lui enseignait le brigandage », dit un proverbe que reprendra le Talmud (*Qiddouchin* 29-2). Joachim Jeremias note que dans la Mishnah (*Bikkourim* 3, 3), seuls « les artisans à leur travail » sont dispensés de se lever pour saluer les docteurs de la Loi et les archiprêtres du Temple.

Ville de pèlerinage par excellence, nous l'avons dit, Jérusalem est aussi une cité de marchands de souvenirs qui vendent des objets fabriqués en série, comparables à la bimbeloterie religieuse de nos jours et même à la marchandise païenne : les archéologues actuels constatent que les parures que l'on achète dans la Ville sainte sous le nom de « Jérusalem d'or » ressemblent beaucoup à celles qui sont vendues à Éphèse, sous l'appellation de « Temple d'Artémis » (Ac 19, 24). Il s'agit, dans les deux cas, de petits diadèmes crénelés, destinés aux coiffures des femmes...

D'autres produits de luxe sont une spécialité de la Ville sainte. Ainsi, le flacon d'albâtre « contenant un nard pur de grand prix », qu'une femme, à Béthanie, verse sur les pieds de Jésus (Mc 14, 3), est très probablement l'un de ces « articles de Jérusalem ».

En dehors de cela et des métiers du bâtiment, de quoi vit cette cité ? Du tissage et de la fabrication d'huile. Elle n'a que ces ressources-là. On doit importer le reste. Jérusalem est donc une ville chère : d'autant que les taxes d'acheminement se font particulièrement lourdes depuis qu'elles sont devenues le *portonium* romain. Les prix de détail se sont envolés... Selon la Mishnah (traité *Maasérot* 2, 6), pour un as on achète à Jérusalem trois ou quatre figues, alors qu'à la campagne on en a dix ou vingt.

Les paysans viennent donc vendre aux portes de la ville leurs céréales, leurs fruits et leurs olives. La Judée est également une terre de vignes : l'Écriture l'atteste, et la Mishnah (*Menahot* 8, 6) se souviendra que les meilleurs vignobles étaient non loin de Jérusalem, à Qeruthim, au nord de Jéricho, et à Atulaïm, au nord de Béthel. Ce bon vin est utilisé pour les libations rituelles au Temple et pour le repas sacré de la Pâque, chez les plus riches. Les autres se contentent des crus montagnards de Beth Rima et Beth Laban ou de ceux de Kefar Segana.

Les riches et les pauvres : qui sont-ils ? Joachim Jeremias les a identifiés.

Les riches de Jérusalem sont de gros négociants. Israël exporte alors du blé, de l'huile, du vin, de la cire, du miel et du baume vers la Phénicie, également de l'huile vers l'Égypte. Et importe surtout des matières premières. À Jérusalem, comme à Babylone et Alexandrie, de grands marchands juifs entretiennent des réseaux en Afrique et en Asie, puisqu'ils prennent part au commerce international de la soie avec la Chine, des épices, des fruits et du fer avec l'Inde[1]. Mais ils ne doivent pas être nombreux, car la majorité des Juifs palestiniens est constituée d'artisans et de paysans.

L'ensemble de cette classe se retrouve dans les instances dirigeantes de la ville et de la nation. Elles sont tenues par le très petit nombre des riches : comme toutes les villes de l'Antiquité posthellénistique, Jérusalem est une oligarchie

1. Voir Adin Steinsaltz, *Introduction au Talmud.*

et une ploutocratie. Sa seule (mais essentielle) particularité est d'être aussi une « hiérocratie[1] ».

Par le recoupement des Évangiles avec des écrits rabbiniques ultérieurs, nous connaissons le profil sociologique de ces notables de la Jérusalem de l'an 30. Le conseiller Nicodème, par exemple. Son nom hébreu est Naqdimôn ben Gorion, et c'est un important Pharisien. C'est aussi un homme riche, puisqu'on on le voit acheter pour ensevelir Jésus cent livres (trente-deux kilos) d'aromates qui ne sont pas bon marché (Jn 19, 39). Gros négociant en céréales, il est né dans la Ville sainte, contrairement à un autre notable dont nous parle l'Évangile : Joseph « d'Arimathie », c'est-à-dire de Ramateyim dans la plaine côtière, l'homme qui vient de s'acheter son futur tombeau, tout neuf, non loin du Golgotha.

Les prêtres, ou plutôt le haut clergé, font eux aussi partie de l'oligarchie. Les pontifes et les archiprêtres du Temple sont en symbiose avec les grands propriétaires et les riches commerçants. Cependant, cette caste n'est plus au temps de Jésus la noblesse sacerdotale des légitimes descendants de Sadoq, le grand prêtre de David. Au Ier siècle, c'est un clan de parvenus installés par Hérode. D'où la férocité de ces nouveaux riches à défendre leurs positions acquises ; férocité qui se traduit aussi sur le plan judiciaire quand ils ont à juger leurs compatriotes. Les écrits rabbiniques ultérieurs, issus de la tradition pharisienne ennemie du haut clergé, en attestent. Et le procès de Jésus en sera un exemple – parmi d'autres.

C'est du trésor du Temple, dont les familles pontificales accaparaient les postes de trésoriers, qu'elles semblent avoir tiré leurs revenus réguliers. D'où un puissant népotisme dans les nominations aux postes les plus lucratifs (ceux de trésoriers du Temple) ou les plus influents (ceux de « surveillants du Temple »). Leur existence quotidienne est compliquée par la Loi qui leur impose d'innombrables obligations rituelles ; mais pour le reste, ils vivent sur le même pied – somptueux – que les oligarques laïcs.

---

1. Voir plus loin *Un État Temple* et *Qayafa*.

Les classes moyennes de Jérusalem sont (comme partout) composées de petits commerçants et d'artisans. Chaque métier a son quartier et son bazar. Les artisans de la ville basse – potiers, foulons, tisserands – travaillent pour la ville haute. « Les tailleurs de pierre, maîtres-artisans de Jérusalem, taillent, évident, façonnent, sculptent la pierre pour l'exclusif usage des rois ou des grands ; ils usent quant à eux, pour leur quotidien, de l'argile fragile, vulnérable, omniprésente, les jarres de toutes tailles assurant aussi bien le mobilier, la vaisselle, l'instrument du stockage agricole que la sépulture. Ils n'ont pas dans les étroites pièces de leur logis sur cour commune, de ces bassins de purification qu'ils construisent dans les nobles demeures : pour retrouver l'état pur et pouvoir recevoir au Temple leur part du culte divin, ils vont se plonger dans les piscines publiques. Les familiers des bassins du mont des Oliviers, de Bet Hisda ou du Shiloah, ce sont eux[1]. »

On peut donc aisément imaginer des petits commerçants et des artisans déchaînés contre Jésus, après sa parole sur le Temple détruit ou après son geste contre les stands commerciaux du parvis. Certains de ces boutiquiers seront peut-être dans la foule devant le prétoire, le matin du Vendredi saint, désireux d'être débarrassés du Galiléen qui perturbe le commerce des pèlerinages.

Les classes pauvres dans le monde antique, ce sont les esclaves, les journaliers, les « assistés ». Ni les esclaves ni les journaliers ne joueront de rôle repérable dans le drame du Vendredi saint (les esclaves sont d'ailleurs rares à Jérusalem). Mais du côté des « assistés », une constatation surprenante (et exclusivement juive) : cette catégorie de pauvres n'englobe pas seulement les mendiants mais... les scribes, intellectuels de la Loi. Ils ont beau être les guides moraux de la nation (voire l'avenir du judaïsme, comme on le verra après l'an 70), leur activité d'experts en religion n'est pas rémunérée. Peu sont fonctionnaires au Temple. La plupart vivent

1. Jacqueline Genot-Bismuth, *Un homme nommé Salut, op. cit.*

donc pauvrement. D'un célèbre rabbi de la fin du Ier siècle (Yehuda bar Ilaï, dont les jugements sont cités plus de six cents fois dans la Mishnah), on rapporte qu'il ne possédait « qu'un seul manteau, que sa femme et lui utilisaient à tour de rôle ». Et cela, c'est être vraiment très pauvre. Les scribes se présentent ainsi comme un milieu d'« intellectuels plébéiens », selon la formule très juste de Max Weber. Pour un Nicodème millionnaire, combien de scribes pharisiens mènent une existence ingrate ? Et combien, par fierté, se drapent dans cette austérité, l'érigent en norme, renchérissent toujours plus sur les préceptes et les exigences ? Combien reprocheront à Jésus (amèrement) de dévaluer leur rigorisme et de condamner leur tendance à l'orgueil ?

Restent ceux que l'exégèse et l'histoire peinent à mettre en lumière : les hommes de l'ombre et de la violence, insoumis, émeutiers prêts à enflammer la rue contre les occupants romains et les « collabos » oligarques. Les sources historiques les mentionnent peu. Nous en avons tout de même des indices. Au moment de l'arrestation de Jésus, plusieurs prisonniers attendent d'être jugés dans une prison de Jérusalem, sans doute un cachot romain de la forteresse Antonia. Ils sont coupables d'avoir participé, peu de temps avant cette Pâque, à une sédition. Parmi eux, un homme qu'on appelle Bar Abba (« le fils du père », surnom que l'on donnait aux rejetons de maîtres scribes). Il va entrer dans l'histoire, mais autrement qu'il ne l'aurait imaginé.

L'époque

Pourquoi les Romains sont là – L'étranger dans la maison – Trop d'impôts tue l'Impôt – Pour les Juifs, pays réel et pays religieux ne coïncident plus – Un système unique au monde – Crise du Temple = crise du pays

Jérusalem est la capitale d'un « pays » qui se confond avec une religion. Sauf qu'en l'an 30, ce « pays religieux » ne coïncide plus avec le pays réel. Car ce dernier est exploité, comme toute autre province de l'Empire, par les occupants romains.

Entre ces deux façons de voir (et de vivre) le même pays, la discordance s'accentue de jour en jour. La vie quotidienne des habitants devient problématique, même si l'ordre règne. Une situation schizoïde, pourrait-on dire, s'est installée ; elle sera la toile de fond du drame du Vendredi saint.

La « Judaea », province d'empire

Au Ier siècle, le nom de « Judée » désigne l'une des onze provinces orientales de l'Empire romain[1], séparée de surcroît

1. Les autres sont : 1. *l'« Asie »* (capitale Éphèse) ; 2. *le Pont* (capitale Nicomédie) sur la mer Noire ; 3. *la Galatie* (capitale Ancyre, future Ankara) ; 4. *la Cappadoce* (capitale Césarée de Cappadoce, future Kay-

en trois régions disparates : la véritable *Judée* historique, la *Samarie*, hostile aux Judéens, et l'*Idumée*, judaïsée de force par Jean Hyrcan en 129 av. J.-C.

Qui dirige cette province ? Un fonctionnaire romain de second rang. Le pouvoir y est confié non pas à un gouverneur impérial jouissant de l'*imperium* complet (civil, militaire et judiciaire), mais à un simple préfet ne disposant que du pouvoir judiciaire et de quelques troupes auxiliaires de simple police, composées au demeurant de recrues locales d'Ashkelon ou de Samarie.

Cette particularité administrative va elle aussi jouer un rôle dans le drame du Vendredi saint.

Ainsi, alors que les « provinces sénatoriales » sont gouvernées par un membre de la classe héréditaire des sénateurs et que les grandes « provinces impériales » le sont par un proconsul, la petite Judée – qui dépend directement de l'empereur – n'est gouvernée que par un simple préfet choisi dans la classe fonctionnelle des chevaliers. N'appartenant pas à l'aristocratie, ce genre de personnage a sa fortune à faire et peut être facilement cassé par César.

Cela le rend non seulement « achetable », mais politiquement vulnérable.

Les interlocuteurs indigènes du préfet, les pontifes de Jérusalem ou bien Hérode Antipas[1], ne peuvent l'ignorer. Rome a donné à ce dernier la Galilée, mais sans le titre de roi. Hérode Antipas intrigue pour l'obtenir. D'où ses rivalités avec le préfet romain en Judée. L'Évangile s'en fait l'écho.

En l'an 30, le préfet en question s'appelle Ponce Pilate. Il a visiblement pris des accords spéciaux avec l'oligarchie de Jérusalem, à travers le chef de file de celle-ci, le grand prêtre Yosef Qayafa, entré dans l'histoire sous le nom de « Caïphe ». Cependant, la vénalité, chez les hauts fonctionnaires romains, n'est pas sœur de la complaisance. Pilate est retors.

---

seri) ; 5. *la « Syrie »* (capitale Antioche, future Antakya) ; 6. *Chypre* (capitale Salamine) ; 7. *la Crète-Cyrénaïque* (capitale Cyrène, actuelle Chahat) ; 8. *l'Égypte* (capitale Alexandrie) ; 9. *la Macédoine* (capitale Thessalonique, actuelle Salonique) ; 10. *l'Achaïe* (capitale Corinthe).

1. Fils du défunt roi Hérode le Grand.

Pour les Romains, la Judée n'est pas une grande province mais c'est une pièce de leur dispositif géopolitique en Asie Mineure. La stratégie globale de Rome « consistait à établir une frontière continue et puissante de la mer Noire à la mer Rouge : la Syrie, la Galilée, la Samarie et la Judée constituaient une clé de voûte dans un système de défense destiné à décourager l'invasion des Parthes et à protéger les voies caravanières qui remontaient des rives de l'Euphrate[1] ». La menace parthe sur les échanges commerciaux et la sécurité de l'Empire est un danger réel contre lequel les Romains ne cesseront d'agir. Cinquante ans avant la naissance de Jésus, les Parthes ont battu et tué le célèbre triumvir Marcus Licinius Crassus, alors gouverneur de Syrie[2]. Rome doit se donner du mal pour protéger toutes ses positions, sur une ligne de front qui s'allonge de l'Asie Mineure à l'Égypte.

Lorsqu'il fit de la Syrie une province romaine, dont il prenait la direction[3], Pompée n'avait « nul besoin d'un prétexte pour intervenir en Israël en proie aux guerres civiles : par sa seule présence à Damas, il était désormais le recours[4] ». En 63, il s'empara donc Jérusalem et « rendit la ville tributaire des Romains ; il enleva aux Juifs les villes de Coelé-Syrie dont ils s'étaient rendus maîtres et soumit celles-ci à l'autorité du gouverneur romain ; ainsi il ramena dans ses frontières ce peuple juif naguère si ambitieux... De plus, les Romains, en peu de temps, levèrent sur nous mille talents, et la royauté, autrefois héréditaire dans la famille des grands prêtres, devint l'apanage d'hommes du peuple[5] ».

C'est en 40 qu'Hérode le Grand, Juif incertain puisque de père iduméen et de mère arabe, fut nommé « roi de Judée », à Rome, après un sacrifice païen au Capitole. Le pays était dans l'anarchie. Hérode mit trois ans à s'en

1. André Chouraqui, *Jésus et Paul, fils d'Israël, op. cit.*
2. Le 9 juin 53 av. J.-C., à Carrhae (Haran), près d'Édesse en haute Mésopotamie.
3. En 64 av. J.-C.
4. Pierre Vidal-Naquet, « Les Juifs entre l'État et l'Apocalypse », in dir. Claude Nicolet, *Rome et la conquête du monde méditerranéen, op. cit.*
5. Josèphe, *Ant.* XIV, 74-79.

emparer et à se tailler, de la frontière d'Égypte au Golan, un royaume « juif » plus grand que celui de David autrefois. Puis il mena durement son royaume sur la voie de la seule politique possible à ses yeux : l'assimilation de la Palestine au modèle international romain.

Cette marche forcée vers les « normes internationales » n'était pas autre chose qu'une urbanisation et une hellénisation sous le glaive romain : elle fit d'Hérode, notamment, un bâtisseur tyrannique.

Hérode a édifié des villes à la grecque, et même un théâtre et un amphithéâtre à Jérusalem (!), tout en assurant ses arrières du côté judaïque avec la reconstruction du Temple. Ces deux lignes d'action étaient complémentaires dans son esprit, mais contradictoires aux yeux des « vrais Juifs ». La politique de grandeur hérodienne a ainsi porté à son paroxysme *la tension schizoïde* provoquée, dans la société juive, par le conflit fondamental entre judaïsme et hellénisation – même si une impossible recherche de fusion entre ces deux courants était à l'œuvre depuis deux siècles déjà.

Cette politique utopique coûtait, de surcroît, très cher au contribuable juif, qui se sentait rançonné au profit d'un modèle étranger. D'où sa colère sourde, contenue généralement, mais qui explosait de loin en loin. « La politique de prestige, pratiquée par Hérode, a eu un double effet : le pays a été embelli et développé, mais considérablement appauvri[1]. »

Hérode est mort en 4 av. J.-C., laissant à ses trois fils, dont aucun finalement ne sera nommé roi, un royaume trop difficile et trop fragile. En l'an 6, l'empereur résout le problème en le supprimant : la Judée perd sa souveraineté (déjà toute théorique) et devient province romaine.

La conquête romaine est un assujettissement plus qu'une colonisation : « Le pouvoir de Rome ne s'exerce pas sur le mode d'une puissance "colonialiste", au sens où le mot implique l'installation de colons. C'est une puissance "impérialiste" qui exerce son *imperium* soit indirectement, par l'intermédiaire d'un roi allié et ami du peuple romain,

1 Jean-Pierre Lémonon, *Pilate et le gouvernement de la Judée.*

soit directement par une administration qui pour l'essentiel est aux mains d'une nouvelle élite locale[1]. »

La province de Judée est sous la surveillance du gouverneur de Syrie, sans être annexée à cette dernière. Auguste a préféré créer une entité à part. Ce doigté ressemble fort à une nouvelle manifestation du respect (prudent) que manifestent les dirigeants romains envers la *singularité juive* : respect déjà marqué par César, et auparavant par la République, en accordant un privilège international au transit de « l'impôt du Temple » ; ou en exemptant de service militaire les Juifs d'Asie Mineure et de Palestine. De même, les Juifs sont exemptés du culte *« à »* l'empereur divinisé : ils peuvent se contenter d'offrir *« pour »* lui des sacrifices à Yahvé.

Notons que ce doigté n'est pas toujours partagé par les autorités coloniales romaines sur le terrain : on l'a vu dès 59 av. J.-C., avec un gouverneur de Syrie et d'Asie confisquant des envois d'argent au Temple ; on le voit de 26 à 36, avec Pilate, à plusieurs reprises.

De l'an 6 à l'an 30, cinq gouverneurs romains se succèdent en *Judaea :*

— trois *sous le règne d'Auguste :* Coponius (6-9), Marcus Ambibulus (9-12), Annius Rufus (12-15),

— et deux *sous Tibère :* Valerius Gratus (15-26) et *Pontius Pilatus* qui est maintenant en poste.

Pilate et ses prédécesseurs ont le titre non pas de « procurateur » (anachronisme commis par Josèphe), mais de « préfet », qui désigne – sous Tibère – l'administrateur d'un territoire à statut spécial[2].

On l'oublie souvent, la Judée romaine n'a pas pour capitale la vieille ville de Jérusalem, mais une cité de construction récente, la *Césarée maritime,* « Kaisareia » en grec[3].

1. Francis Schmidt, *La pensée du Temple, de Jérusalem à Qoumrân.*

2. Une stèle de 82 cm sur 65 cm, dédiant aux dieux un édifice en l'honneur de l'empereur, et signée « *(Po)ntius Pilatus (praef)ectus Iuda(ea)e* » a été découverte, en 1961, lors de fouilles archéologiques au théâtre de Césarée, sur la côte palestinienne de la Méditerranée. Actuellement au musée d'Israël à Jérusalem.

3. Aujourd'hui Qaisarye, à 36 km au sud de Haïfa.

C'est l'ancienne Straton hellénistique : rattachée par Pompée à la province de Syrie, puis donnée par Auguste à Hérode en 30 av. J.-C., elle fut rebaptisée « Césarée » par souci de loyalisme. Féru d'architecture, Hérode fit reconstruire la ville à neuf, sur le modèle impérial international : temple païen avec statues de Rome et d'Auguste, amphithéâtre, hippodrome, bains, aqueduc de quinze kilomètres, et un ensemble portuaire plus grand que le Pirée, avec brise-lames au large, rade, môle, darses, phare et fortifications.

En l'an 6, les nouveaux préfets romains installent à Césarée leur prétoire et leurs troupes, composées d'auxiliaires locaux mais non juifs. Les quatre vraies légions romaines resteront, elles, stationnées en Syrie[1]. On peut les faire descendre rapidement en Judée par la route stratégique côtière, la *via maris,* qui relie l'Asie à l'Égypte. Elles dépendent du gouverneur de Syrie et d'Asie, personnage très supérieur aux préfets par ses origines, sa carrière et ses responsabilités régionales : il est responsable de la sécurité politico-militaire de toute l'Asie Mineure impériale. Son siège est dans la mégapole d'Antioche.

Les historiens modernes comparent volontiers la férule coloniale romaine à ce que fut le *British Raj* en Inde : vigilance en surplomb, mais souplesse au quotidien ; présence militaire à l'arrière-plan, mais respect des pouvoirs ordinaires des autorités indigènes. L'occupant confie l'administration subalterne du pays, pour partie à une nouvelle élite locale, et pour partie aux notables traditionnels. Ainsi en l'an 30 à Jérusalem, l'autorité est laissée au grand prêtre et au Sanhédrin.

Les Romains se réservent toutefois le droit de nommer et de destituer le grand prêtre. Cette intrusion païenne dans la désignation de l'intermédiaire entre Dieu et les Juifs choque le peuple d'Israël, mais les oligarques s'en accommodent.

1. Il s'agit de la *VIe Ferrata,* la *Xe Fretensis,* la *IIIe Gallica,* la *XIIe Fulminata* soit environ vingt mille hommes au total.

En Judée, le système romain est plus souple qu'ailleurs. Le gouverneur (mélange d'administratif et de judiciaire) n'exerce pas ici le rôle de juge ordinaire que ses homologues jouent dans les autres provinces ; cette fonction est laissée aux tribunaux juifs : le Sanhédrin de Jérusalem traite les procès importants, les sanhédrins locaux s'occupent des affaires courantes. Les Romains, là aussi, reconnaissent la spécificité d'Israël. Ces tribunaux juifs jouissent d'une grande autonomie au civil et même, dans une certaine mesure, au criminel. On verra ainsi le Sanhédrin de Jérusalem doter le jeune militant pharisien Schaoul de Tarse de pouvoirs qui lui permettront de procéder à des arrestations. On verra aussi les synagogues de la diaspora ne pas craindre de condamner cinq fois à la flagellation juive le même Schaoul, devenu chrétien sous le nom de Paul (alors qu'il est citoyen romain et par conséquent exempté de la flagellation romaine !).

La compétence judiciaire du Sanhédrin de Jérusalem ne paraît amputée que dans un seul domaine : celui des exécutions capitales.

Cette privation aurait été opérée (d'après rabbi Siméon bar Yohaï) « quarante ans avant la destruction du Temple ». Ou « plus de quarante ans avant », d'après le Talmud[1]. Peu avant la mise à mort de Jésus, donc. D'où la déclaration des chefs de Jérusalem à Pilate dans l'Évangile (Jn 18, 31) : « Il ne nous est pas permis de mettre à mort quelqu'un. »

Les administrateurs romains ne se soucient que du maintien de l'ordre ; ils ne s'intéressent pas à l'âme des colonisés. En échange de la *pax romana*, ils imposent au pays un lourd prélèvement économique qui, dans le cas de la Judée, détériore le niveau de vie du peuple et met à mal la cohésion de ses structures morales et religieuses.

C'est que le « maintien de la paix » n'est pas chose aisée. La Palestine du Ier siècle est un puzzle de populations : Samaritains, Iduméens plus ou moins judaïsés, Phéniciens hellénisés, « Syriens », Ituréens et « Arabes », Grecs d'Asie, etc., y cohabitent plus ou moins harmonieusement. Après

1. *Sanhédrin* 1, 1-18a.

le passage d'Alexandre le Grand, « un réseau de cités grecques » s'était développé « à travers tout le pays, à côté des anciennes ethnies que les Juifs avaient trouvées dans la région à leur retour de l'exil babylonien : Phéniciens, Philistins et Arabes le long de la plaine côtière ; Ituréens au nord de la Galilée ; Iduméens au sud de la Judée ; populations transférées de Mésopotamie et installées parmi ceux des Israélites qui étaient restés à l'intérieur du pays », affirme Francis Schmidt[1]. Et d'ajouter : « Les différences culturelles et les conflits d'intérêts ont creusé un fossé entre les populations de langues sémitiques, juive et non juive, d'une part, et, de l'autre, les citoyens des cités, que Flavius Josèphe nomme tantôt Grecs et tantôt Syriens. Tout au long de la période hasmonéenne, avec la constitution d'un État juif homogène, ce clivage tout à la fois se simplifie et se radicalise : les contradictions entre Juifs et non-Juifs opposent l'intérieur à l'extérieur du territoire juif, l'État hasmonéen aux cités hellénistiques. L'intervention romaine met brutalement fin à ce dispositif. L'une des premières mesures de Pompée aura été de restaurer les cités et d'abroger le gouvernement juif... L'une des conséquences de cette réorganisation est la redistribution territoriale qui place les paysans juifs, dont les terres de Galilée, du Golan ou de Transjordanie sont coupées du territoire proprement juif, sous la juridiction des cités. Dès lors, les populations juives et syriennes hellénisées sont contraintes de vivre au contact les unes des autres. Au sein même des cités, le problème de la revendication des droits civiques par les Juifs crée de multiples tensions, tant inter qu'intracommunautaires : s'il est vrai qu'être à la fois "citoyens" d'une même cité et "différents" – ne serait-ce que par les interdits de la table ou des alliances – représente deux revendications incompatibles aux yeux des Grecs, elles n'en sont pas moins hautement problématiques au regard même des plus laxistes d'entre les docteurs de la Loi juive... »

Pour l'autorité romaine, la Palestine n'est pas constituée de régions traditionnelles de la Bible. Elle est découpée en

1. *La pensée du Temple, de Jérusalem à Qoumrân, op. cit.*

circonscriptions administratives et fiscales. Le quadrillage purement administratif qui en résulte tient compte des besoins impériaux, mais ne cherche nullement à coïncider avec le morcellement culturel et religieux. Des païens y cohabitent donc avec le peuple de la Loi.

L'urbanisation entreprise par Hérode, puis par son fils Hérode Antipas, augmente ce phénomène au profit des hellénisés, ce qui crée des foyers d'irritation permanents entre populations païennes et juives. D'où d'innombrables incidents, de petites guerres de quartier. « Sous le gouvernement des préfets puis des procurateurs, la coexistence en Palestine ne cesse de se détériorer, jusqu'à ce que les derniers d'entre eux choisissent de favoriser les cités au détriment des Juifs. C'est finalement un conflit entre Juifs et Grecs de Césarée qui mettra le feu aux poudres, s'étendra à toutes les cités, de Césarée à Philadelphie (l'actuelle Amman), d'Hippos à Gaza, et sonnera le déclenchement de la première guerre juive[1] » (F. Schmidt).

De l'an 6 à 66, éteindre chaque fois ces incendies sera la mission harassante du préfet romain. Il s'y emploie avec lassitude et agacement à la fois, car la mauvaise gestion de cette situation peut devenir une entrave à sa carrière. Ainsi le successeur de Pilate, Cumanus, « accusé par les Juifs de ne pas s'être occupé comme il le devait d'un conflit entre Galiléens et Samaritains », finira exilé (J.-P. Lémonon).

Obnubilés par le maintien de l'ordre, les préfets romains manifestent peu de considération envers les complexités juives. Une chose est de tenir compte du rapport de forces local pour assurer le bon ordre par le moindre effort ; et une autre serait d'entrer dans les raisons de l'interlocuteur. Surtout lorsqu'il appartient à un univers mental aussi bizarre aux yeux d'administrateurs romains.

---

1. En 66 ap. J.-C.

Pays réel et « pays religieux » : la rupture

Sur le plan financier, Rome ajoute aux impôts juifs son lourd fardeau fiscal. Le contribuable judéen subit ainsi, depuis l'an 6, un double système d'imposition. Or le système d'imposition judaïque, destiné au Temple, aux prêtres et aux lévites, n'était pas léger. Beaucoup de « Juifs de base » (paysans surtout) auront la tentation de s'y soustraire. Mais en se dérobant à l'impôt religieux juif (parce que l'impôt romain est venu s'y ajouter), une partie du peuple d'Israël se dérobe au système qui structure sa singularité nationale.

Ainsi le « pays réel » et le « pays religieux » ne coïncident plus, et cette rupture menace l'identité du peuple de Moïse.

La Judée est « terre sainte » pour les Juifs mais « province romaine » pour l'occupant, et ces deux notions non superposables doivent faire semblant de cohabiter. À Jérusalem, l'oligarchie des riches est partagée entre l'observance judaïque et l'acculturation impériale, qui relance l'hellénisation déjà subie sous les Séleucides[1].

Dans la principauté ou « tétrarchie » de Galilée, séparée de la Judée par la Samarie hostile aux Juifs, Hérode Antipas suit la même logique. « Ami et allié du peuple romain », il applique lui aussi le mot d'ordre d'acculturation internationale, c'est-à-dire d'hellénisation.

Génératrice d'aliénations et de tensions, cette acculturation internationale de la Galilée hérodienne se manifeste de diverses façons.

Ainsi, en décidant de bâtir sa nouvelle capitale, Tibériade, Hérode Antipas commet délibérément trois « hellénismes scandaleux » :

a) Il choisit pour site de la ville un ancien cimetière (Josèphe) : chose qui constitue en soi une violation stupéfiante de la Loi juive dont c'est l'un des interdits majeurs. L'explication en est politique. Dans sa nouvelle capitale, Hérode veut rassembler autour de lui des

1. 150 à 200 ans av. J.-C.

personnes qui préfèrent la loyauté à son égard à la loyauté envers les traditions juives. Ce transfert à Tibériade est donc un test, puisqu'il exclut automatiquement les prêtres, car ces derniers ne peuvent habiter un endroit « impur ». Antipas sait naturellement que des Juifs laïques mais pieux vont suivre leur exemple et rester éloignés de cet endroit[1] (G. Theissen[2]).

b) Hérode Antipas opte pour ce nom de « Tibériade » en hommage à Tibère, comme Hérode Ier avait choisi ceux de « Césarée » et de « Sébasté[3] » en hommage à Auguste. À ceci près que Straton (devenue Césarée) avait toujours été une ville païenne et que « Sébasté » est en Samarie, pays hérétique. Alors que la ville nouvelle de Tibériade est en pays juif. Un précédent historique fâcheux peut aider à mieux comprendre la gravité de cette provocation. Le changement de nom de la ville haute de Jérusalem, appelée « Antioche » sous la tyrannie hellénistique d'Antiochus IV, avait été l'un des symptômes insupportables qui avait déclenché la révolte des Maccabées. On voit les risques que comporte l'attitude du tétrarque de Galilée.

c) Dans son palais de Tibériade, Hérode Antipas a fait peindre ou sculpter des « images d'animaux » : chose qui constitue en soi une autre rupture délibérée avec la Loi écrite (Ex 20, 4 ; Dt 4, 17) et avec la Loi orale qui interdit les images lorsque le contexte porte à l'idolâtrie. Josèphe mentionne, dans son *Autobiographie*, ces images du palais de Tibériade en signalant qu'une émeute juive les détruira, lors de l'insurrection de 66.

1. Le choix du site est par ailleurs une précaution en soi : en cas de soulèvement de la Galilée, Antipas peut aisément fuir vers la Décapole, territoire de son frère Philippe, sur l'autre rive du lac. Jésus lui-même traversera ce lac pour se soustraire aux foules qui voudront l'acclamer comme messie politique.
2. In *Jésus de Nazareth, nouvelle approche d'une énigme*.
3. *Sebastos* signifie « Auguste », en grec.

Les goûts hérodiens se voulaient porteurs d'une intention de rapprochement entre les Juifs et la culture hellénistique ambiante[1] ; l'historien observe que le préfet romain menait une politique du même ordre, quoique encore plus irritante. Aussi bien chez les hérodiens que chez Ponce Pilate, cette politique d'acculturation a pour but d'initier les Juifs aux symboles traditionnels du monde gréco-romain, aux cultes païens et aux images de l'empereur.

Le bilan de cette action est loin d'être concluant (G. Theissen) : « Les difficultés d'intégration proviennent du fait que les contradictions entre les traditions religieuses du judaïsme et les processus sociaux des premiers temps du principat sont toujours plus grandes [...] Ce problème n'a pas été ressenti de la même manière par le peuple (c'est-à-dire les petits paysans, les métayers, les journaliers et les esclaves) et par l'aristocratie (les élites traditionnelles sacerdotales et laïques et les cercles parvenus socialement avec les hérodiens). »

Entre le « peuple » et l'« aristocratie » de Gerd Theissen, il y a une petite bourgeoisie plébéienne où se recrutent les militants pharisiens et les scribes, classe intellectuelle montante. Mais dans les couches les plus populaires, des pans entiers de la population « flottent », déroutés par l'ambiance de l'époque. Tous semblent être à la recherche d'une parole qui donnera une figure juive à l'avenir.

On le voit bien, le « pays réel » juif réagit de diverses manières à l'acculturation impériale. Mais elles contribuent toutes à fissurer le système du Temple, censé unifier ce peuple.

---

1. *Cf.* Gerd Theissen, *op. cit.*

Un système unique au monde

Le Temple lie la société tout entière au culte du Dieu unique. S'il entre lui-même en crise, la société entière se fragilise.

La nature de ce système paraît d'une étrangeté absolue aux Romains. S'emparant de Jérusalem, Pompée pénètre dans le Saint des saints, et s'ébahit de constater qu'il n'y a « absolument rien » (Josèphe[1]) dans cette pièce mystérieuse où se condense la foi juive.

On ne lui en tiendra pas rigueur, car le système du Temple est, en effet, unique au monde.

Le Temple de Jérusalem, comme les sanctuaires païens, est un lieu de médiation entre le naturel et le surnaturel ; autorisant « la rencontre tout en maintenant la séparation », ses rites ont pour fonction « de préserver le corps social » (F. Schmidt). Mais la ressemblance s'arrête là. Car le « corps social », et ce dont il faut le préserver, est très particulier.

Le Temple d'Israël est là pour conjurer « deux dangers extrêmes » qui menacent au centre et à la périphérie : « À la périphérie : le risque du retour à l'indifférencié du chaos originel, à l'infra-création. Au centre : le risque d'un autre désordre mortel, celui de la rencontre déréglée avec l'altérité absolue du Divin ; car quiconque pénétrerait trop avant – hors du temps et des règles prescrits par le rite – dans la proximité de la Présence divine serait frappé de mort. Le renouvellement, par le rite sacrificiel, de l'Alliance qui unit Dieu à son peuple et maintient l'ordre de la création n'est possible qu'au prix d'une double distinction : celle du pur et de l'impur, celle du sacré et du profane. Telles sont les catégories fondamentales de la pensée du Temple » (F. Schmidt).

Cette pensée engendre une organisation très spéciale du temps, de l'espace et, plus prosaïquement, de la société :

— le temps est organisé par la sacralisation des années (cycle de sept ans), des saisons (cycle des fêtes) et de chaque journée (cycle des sacrifices au Temple) ;

---

1. *Guerre* V, 219.

— l'espace s'organise autour de la sacralité topographique du sanctuaire.

Il s'agit d'une sacralité par cercles concentriques : de l'extrême « densité surnaturelle » du Saint des Saints au cœur du l'édifice du Temple, elle se dilue progressivement jusqu'aux cercles les plus éloignés.

Mais où faut-il situer ces cercles ultimes ? Pharisiens et Sadducéens sont en désaccord là-dessus, comme sur le reste.

Pour les Pharisiens, il y a « onze » cercles concentriques de la sainteté, qui vont du centre (le Temple) vers la périphérie. Décrits dans la Mishnah (*Kélim* 1, 6-9), ces cercles concentriques découpent symboliquement l'espace selon une logique étrangère aux païens, et selon une conception de la sainteté que les chrétiens modernes n'imaginent guère (et qui retentit sur toute l'organisation sociale d'Israël).

L'espace du « pays d'Israël » est à l'époque déjà un pays théorique ou théologique, qui ne coïncide ni avec le pays réel, devenu un puzzle de Juifs et de païens, ni avec la province impériale, ni avec la carte politique générale de la région.

Vues du Temple, et telles que les définit la Loi, les *gevulim* (« limites, frontières ») d'Israël sont censées englober la Judée, la Samarie, la Galilée, le Golan, la Transjordanie et l'Idumée : « tout ce que conquit Josué », le pays « où s'appliquent pleinement les lois de la Torah relatives au travail de la terre » (F. Schmidt). Mais cet espace théorique et théologique « se heurte aux nouvelles réalités politiques et administratives, qui tantôt tolèrent, tantôt entravent, voire interdisent, sa mise en pratique » (F. Schmidt). Ne sont plus « juifs » ni la bande de Gaza, ni la Transjordanie du Nord avec la Décapole (rattachées à la Syrie), ni le Golan (à la tétrarchie de Philippe), ni une partie de l'Idumée (au royaume nabatéen). Quant aux deux régions restées « juives », Judée et Galilée, elles sont gouvernées par le païen Pilate et le très douteux Antipas. Cette situation impose au grand prêtre, « chef » du peuple judéen, de perpétuelles manœuvres entre des interlocuteurs compliqués.

Elle dicte aussi aux militants identitaires (les Pharisiens) une forme d'action en réseau, seule capable de maintenir à travers toutes ces frontières l'unité des Juifs fidèles. Toute ce qui peut nuire à l'influence du réseau est donc combattu par les Pharisiens ; et tout ce qui peut compliquer la diplomatie politique est combattu par le grand prêtre.

Israël est sacré parce que c'est le pays du Temple, et que le mont du Temple est mythiquement « le lieu de la création du premier homme, celui de sa rédemption après sa faute et celui de sa sépulture » : « l'humanité entière » est donc censée s'enraciner dans le Temple, et « l'acte créateur rejoint l'acte rédempteur dans un raccourci qui ne saurait avoir qu'un nom : purification. Hors du Temple, point de salut ! » (André Paul[1]).

Quant à la conception de la sainteté, elle est (pour nous) très déroutante. L'originalité du judaïsme du Iᵉʳ siècle vient résolument de son monothéisme, cette foi qui donne à Dieu (seul et unique) le monopole du sacré : *Qadoch*, le « sacré par nature ». De cette sainteté absolue et transcendante découle le *Qodech* : le « sacral », qui est un sacré par dérivation et par consécration. « La conception antique du sacré en fait une manière de fluide qui circule entre le divin et l'humain, à condition que soient remplies un certain nombre de conditions qui peuvent être reconduites à l'état de pureté » (J. Genot-Bismuth). Ces conditions sont portées au paroxysme dans le cadre du monothéisme juif, qui concentre et dramatise les relations entre l'homme et le divin. Le bâtiment lui-même du sanctuaire de Jérusalem, jusque dans ses matériaux et son mode de construction, est mis aux normes de cette conception « fluidique » : le Temple doit être « un bon conducteur de *qodech*, donnant ainsi son plein sens à l'expression *Bet ha-Miqdach*, "sanctuaire", mais littéralement : "reposoir de sacralité" » (*ibid.*).

Lorsque les hommes du roi Antiochus IV pillent le Temple[2], ils vont jusqu'à ériger un autel à Zeus sur le

1. *Jésus-Christ, la rupture.*
2. En 167 av. J.-C.

grand autel de Yahvé. Ils ne savent pas que leur simple intrusion sur le parvis des prêtres est un geste catastrophique en soi... « Ils souillent le sanctuaire », dit le premier livre des Maccabées (4, 6), dans la traduction de la Bible de Jérusalem. André Chouraqui, quant à lui, traduit : « Ils contaminent le sanctuaire. » Cette idée de « contamination » est plus explicite sans doute : l'intrusion de païens dans le carré intérieur du Temple n'est pas une offense subjective mais un acte de contagion véritable, aux effets durables et quasi infectieux. En pénétrant dans le Saint des Saints, où même les Juifs ne pénétraient pas (sauf le pontife, une seule fois par an), les païens y ont apporté une sorte de pathologie qui adhère littéralement aux murs du Temple et nécessite une décontamination. Celle-ci est opérée par l'insurgé Judas Maccabée et ses frères (1 M 4, 36 s.) lorsqu'ils « montent au mont Sion », voient l'autel « profané » et déchirent leurs vêtements d'un geste que répétera Caïphe face au propos jugé sacrilège de Jésus. Ils « purifient le sanctuaire », « portent les pierres de l'abjection[1] en un lieu contaminé[2] ». Puis ils démolissent l'autel de Yahvé profané et entreposent ses pierres ailleurs, sur le mont du Temple, « en un lieu convenable, jusqu'à ce qu'un inspiré vienne décider sur elles ». Enfin, « ils prennent des pierres brutes, selon la Torah, et bâtissent un nouvel autel semblable au premier ». Après quoi ils reconstruisent le sanctuaire, reconsacrent ses cours et inaugurent le tout au jour anniversaire de la profanation : « C'est une très grande joie pour le peuple qui bannit la flétrissure des *goyim* », conclut le livre des Maccabées (trad. André Chouraqui). Et ce sera l'origine de la fête hivernale de la Dédicace, la *Hanoukka*, célébrée de nos jours par les Juifs pieux du monde entier.

Le Temple est donc « un système » (F. Schmidt), « dont la morphologie est organisée par le sacré et le profane ; tandis que le pur et l'impur, en réglant la circulation des personnes et des objets, en constituent la physiologie » (*ibid.*).

1. Les dalles de sacrifice à Zeus.
2. Sans doute le ravin de Hinnom, au sud de la ville.

« Aux catégories du sacré et du profane, s'articulent celles de pureté et d'impureté. Est pur, *tahor*, ce qui tout à la fois est intact et à sa place. À l'inverse, ce qui est impur, *tâmê*, suppose mélange et désordre. D'où l'attention portée aux situations extrêmes, aux marges, aux commencements et aux fins, aux frontières de l'altérité sous toutes ses formes. Ainsi, les marges du corps sont dangereuses. Les maladies de peau, les humeurs corporelles, les émissions de sperme et de sang, les déjections, en brouillant les frontières entre l'intérieur et l'extérieur, menacent l'intégrité physique... De même, les situations liminales, la naissance ou la mort, sont sources d'impureté : après un accouchement, une femme est impure ; est impur quiconque entre en contact avec un mort. Mais l'impureté n'est ni la souillure, ni le péché. À l'intérieur de l'espace ou du temps profane, nul n'est tenu à la pureté. L'impureté n'est cause de profanation que si la personne ou l'objet impur sortent du domaine profane où ils doivent être contenus, pour entrer en relation directe ou indirecte avec le champ du sacré. À l'inverse, le passage du sacré au profane, s'il n'est pas rituellement contrôlé, est lui aussi susceptible d'entraîner une souillure : pour les Pharisiens, la Torah sortie du Temple “souille” les mains... L'incompatibilité de l'impureté et du sacré tient à l'impossible consécration à Dieu du mêlé et de l'anormal... C'est la fonction des rites, notamment des ablutions et des rites sacrificiels, que de faire passer d'un état à un autre : passage de l'état d'impureté à l'état de pureté par les rites de purification ; transformation du profane en sacré par des rites de consécration ; sortie du sacré vers le profane par des rites de désécration. Le rite permet de résoudre la tension entre le passage et la séparation, l'un et l'autre nécessaires : il autorise le passage tout en maintenant la séparation. Sans le rite, le passage ouvre une brèche dans le système aussitôt menacé de désintégration ; l'action de passer du profane au sacré sans la médiation du rite définit la profanation. Ainsi, les rites maintiennent et pérennisent l'ordre. Mais en cas de profanation, lorsque le système a été perturbé par la pollution qui met en péril par contamination la communauté tout entière, la fonction des rites est alors de restaurer la communauté dans son intégrité en rétablissant toute chose à sa juste place, conformément à l'ordre de la Création et à celui de l'Alliance... » (*ibid.*).

Cette conception « fluidique » du sacré a donc pour conséquence – décisive – d'instaurer un système spatial, social et rituel fondé sur l'idée de Séparation. « Entre le pur et l'impur, le sacré et le profane, la fonction des prêtres est de "distinguer", *bâdal* : une "distinction" qu'ils doivent non seulement enseigner au peuple, mais d'abord pratiquer » (F. Schmidt). Non seulement la fonction du Temple est d'empêcher « un retour à l'indifférencié, au chaos des origines » en maintenant « l'ordre de la création, tel que la Divinité l'a instauré dans la première semaine du monde », mais « aux choses saintes il faut un espace sanctifié, séparé du profane. Les murs du sanctuaire doivent matérialiser cette séparation. En l'absence d'une telle séparation ce ne peut être que l'impureté qui se propage, non la sainteté. De l'indifférencié et du mélange ne peut naître que la profanation... Baruch, Judas, Aggée voient dans le Temple une institution dont la fonction est de prévenir le mélange des ordres... Comment cette institution remplit-elle cette fonction ? En établissant sur le monde naturel et social un quadrillage suivant les catégories du sacré et du profane, du pur et de l'impur, dont on a vu qu'elles réglaient l'organisation spatiale du sanctuaire » (*ibid.*).

D'où un système de classification symbolique, si exhaustif qu'il paraît maniaque aux païens : il ne faut pas « mêler » les aliments, ni les tissus, ni les espèces animales, ni les espèces végétales, etc. « Un unique système d'analogie » (Mary Douglas) unit les règles de l'autel, celles de la table, celles des techniques agricoles, celles de la sexualité.

« Par ce système symbolique, le Temple comme institution pense et ordonne le monde naturel et surnaturel. Il contrôle les facteurs d'incertitude. Il réduit ceux de désordre et de confusion » (F. Schmidt).

La conception du sacré a aussi pour fonction de structurer la société. Car pour capter le *Qodech*, il faut non seulement se purifier chaque fois que l'on s'approche de son « conducteur » (le Temple), mais faire partie du « récepteur », autrement dit du peuple que Yahvé a choisi. Et cette appartenance doit être sans défaut. D'où l'accent mis sur les origines, qui surprend (même chez les peuples antiques), mais qui n'interdit pas l'intégration d'étrangers convertis. « Après le retour d'exil, les familles pures se séparèrent de celles qui s'étaient souillées avec les païens » (Esdras 9, 1-10, 44). Depuis cette époque, explique Joachim Jeremias, la preuve de l'origine légitime était devenue fondement de la communauté du peuple restaurée : « La répartition, du point de vue social, de l'ensemble du judaïsme au temps de Jésus, était commandée par l'idée fondamentale du maintien de la pureté du sang dans le peuple. En tant que tête sainte du peuple, les prêtres veillaient méticuleusement à la pureté des familles sacerdotales, et séparaient avec soin tous les descendants de prêtres nés d'une union illégitime. Mais ils n'étaient pas les seuls : dans la théorie et la pratique de la législation religieuse au temps de Jésus, l'ensemble de la communauté du peuple, elle aussi, était répartie selon la pureté de son origine. Seuls les Israélites d'origine légitime formaient l'Israël pur ; on excluait du pur noyau de la communauté du peuple toutes les familles dans l'origine desquelles on pouvait déceler une souillure (c'est-à-dire une entorse irréparable aux préceptes venus de Dieu). Comme pour le sacerdoce, la raison en était religieuse : la nation était considérée comme un don de Dieu, et sa pureté comme voulue par Dieu ; les promesses de la fin des temps valaient pour le noyau pur du peuple. Puisque la répartition du peuple, au point de vue social, était entièrement commandée par l'idée de la conservation de la pureté dans la nation, la seule entorse à ce principe prenait une importance accrue. Il s'agissait des païens qui se convertissaient au judaïsme. Ils ne faisaient certes pas partie du noyau pur du peuple israélite ; mais ils étaient assurément reçus dans la communauté plus large du peuple et avaient le droit de se marier à des Israélites de pure origine, non prêtres. Là aussi la raison était d'ordre religieux : l'appartenance à la communauté religieuse pesait plus lourd que l'origine. »

Israël est donc un « pays Temple ».

Au Temple de Jérusalem, le cycle des sacrifices quotidiens n'est pas seulement la raison d'être de la société juive, c'est une machinerie colossale qu'il faut alimenter. Car il s'agit bien du « moteur » de toute une « économie sacrée », sans équivalent dans le monde. Et même si la présence romaine perturbe ce système, il est toujours le centre de la société juive.

Le Temple reconstruit par Hérode[1] est une ville dans la ville ; un complexe sacré, doté de bureaux, de magasins, de galeries marchandes, de salles de réunion.

Son cœur est le sanctuaire qui se dresse sur une esplanade de 144 000 mètres carrés, cinq fois l'Acropole d'Athènes donc. La partie sud de cette esplanade est construite sur des terrasses : prolongement artificiel du plateau du mont, lancées au-dessus de la pente, elles reposent sur « une série de voûtes empilées » (Ph. Abadie) et surplombent de 137 mètres la vallée du Cédron !

« Organisé en fonction de l'opposition du sacré au profane, l'espace du Temple l'est aussi en fonction du pur et de l'impur. Entre le grand prêtre, seul habilité à pénétrer dans le *Debir*, et l'étranger tenu, sous peine de mort, à l'extérieur de la barrière entourant les lieux saints, la communauté juive[2] se répartit dans les différentes cours du sanctuaire selon leur plus ou moins grand degré de pureté... Au passage de chaque porte, à chaque progression dans l'espace sacré, de nouvelles conditions de pureté sont exigées, que confèrent des purifications rituelles par le bain, le changement de vêtements, les prescriptions sexuelles ou alimentaires » (F. Schmidt). Les pèlerins gravissant cette montagne sacrée montent par une série de « sas » symboliques. Des escaliers monumentaux les mènent à un premier parvis, extérieur, sous le rempart de l'esplanade d'où les prêtres sonnent du cor chaque vendredi soir pour annoncer le début du shabbat. Ils aperçoivent derrière ce rempart le sommet de l'immense toiture du bâtiment-galerie à colonnade corinthienne[3], que l'on nomme « Portique royal ». Sur le parvis où se tiennent les pèlerins avant d'entrer, un bâtiment à citernes sert aux rites de purification préalables. Puis les

1. Depuis 20 av. J.-C.
2. Prêtres et laïcs, hommes et femmes.
3. Cent quatre-vingt-cinq mètres de long.

pèlerins se dirigent vers la muraille (soubassement de l'esplanade), où s'ouvrent deux portails menant à des tunnels-escaliers qui, passant sous le « Portique royal », montent vers la lumière et l'immense espace de la première cour, espace pavé de pierres multicolores, appelé « Cour des Païens ».

Émergeant dans cette cour par deux bouches d'accès, les pèlerins voient se dresser devant eux le bloc du sanctuaire (qui regarde vers l'est). Devant eux, il y a les nouveaux « sas » qui mènent à des zones de plus en plus sacrées.

D'abord, sur l'esplanade, une balustrade extérieure (le *soreg*) à treize ouvertures, portant des panneaux d'avertissement en plusieurs langues. Ils disent : « Aucun étranger ne doit violer les limites du sanctuaire. Qui serait pris sur le fait, trouverait la mort et en serait seul responsable. »

Au-delà, les marches montent vers un nouveau palier au pied du rempart du « carré du Temple ». Les pèlerins passent par la porte orientale, la « Belle Porte », qui donne sur le Parvis des Femmes : une cour carrée de soixante mètres de côté, avec quatre bâtiments d'angle à colonnades, abritant des salles. De cette cour, on monte, à heures fixes, par quinze marches en demi-cercle symbolisant les quinze psaumes des Montées, en passant sous la Porte de Nicanor jusqu'au très resserré Parvis des Israélites (soixante mètres sur cinq). Les pèlerins ne vont pas plus loin. C'est de là qu'ils assistent aux cérémonies.

Ils ne peuvent aller jusqu'au Parvis des Prêtres, où se trouve l'autel des sacrifices auquel seul le clergé a accès. Un parapet de pierre le sépare d'ailleurs du Parvis des Israélites.

Le Temple lui-même, le sanctuaire à proprement parler, domine tout de sa masse cubique.

« Il était presque entièrement recouvert de plaques en or massif, et, dès le lever du soleil, il brillait avec un tel éclat que ceux qui le regardaient étaient obligés de détourner les yeux. Aux étrangers qui s'approchaient de Jérusalem, le Temple apparaissait comme une cime neigeuse, car partout où il n'était pas recouvert d'or, ses constructeurs l'avaient rendu d'une blancheur éclatante », raconte Flavius Josèphe.

Aujourd'hui, les archéologues estiment que le carré du Temple incluait l'espace où se dresse l'actuel édifice (musulman) du Dôme du Rocher[1].

C'est hors du sanctuaire, sur la première esplanade, dans la « Cour des Païens », et particulièrement sous la colonnade de l'est (« Portique de Salomon », Jn 10, 23), que se situent la plupart des interventions de Jésus au Temple. Jamais les Évangiles ne le montrent participant aux sacrifices. Selon les hypothèses modernes que nous développerons plus loin, l'épisode de la femme adultère (Jn 8, 2-11) a lieu sur le Parvis des Femmes, comme le veut la procédure judaïque. Peut-être la controverse qui suit (Jn 8, 12-59) a-t-elle lieu dans la « salle de la Pierre taillée » (*Lichkat ha-Gazit*) où se réunit en principe le Sanhédrin, dans l'enceinte sud du carré du Temple.

Les pèlerins qui arrivent sur l'esplanade ne voient pas seulement le Temple, ils voient aussi les quatre hautes tours de la forteresse Antonia[2] d'où les soldats de Pilate les observent. L'Antonia a été construite par Hérode, sur une butte plus élevée que le plateau du Temple, protégée au nord par un fossé anti-émeutes plaqué de marbre lisse et glissant. Sa tour principale domine de trente-cinq mètres l'enceinte du sanctuaire. Et sa muraille sud empiète directement sur le toit du portique nord de l'esplanade. « À l'endroit où elle se raccordait aux portiques du Temple, elle avait des escaliers par où les gardes descendaient, car une cohorte romaine y était cantonnée en permanence. Les soldats prenaient position en divers points des portiques les jours de fête et surveillaient le peuple pour prévenir tout soulèvement. En effet, le Temple était la forteresse qui dominait la ville, comme l'Antonia dominait le Temple, et ses occupants assuraient la garde des trois[3]. » La présence de ces soldats d'origines diverses provoque des troubles lorsqu'ils se laissent aller à des mimiques méprisantes pour la foule juive.

---

1. Le « rocher » en question était un espace sacré, avant même l'ère judaïque.
2. Cent soixante mètres de long sur cent trente-cinq de large.
3. Josèphe, *Guerre* V, 243-245.

Si la présence romaine si près du Temple navre les Juifs pieux, c'est qu'elle contredit la signification même de l'édifice.

Car que viennent faire les Juifs sur le mont du Temple ?

Ce complexe abrite certes de multiples activités (financières, juridiques, etc.) logées dans les salles entourant le sanctuaire et dans celles des portiques périphériques ; sans compter les nombreux « stands[1] » commerciaux de la « Cour des Païens ». D'innombrables métiers sont liés au culte[2].

Mais la fonction religieuse, centrée sur les sacrifices quotidiens, est évidemment l'âme du lieu.

Le Temple se veut à la fois « Maison du sacré » et symbole d'Israël. « Il convient de voir en cette succession de parvis et d'escaliers une montée progressive vers le Lieu saint entre tous, l'espace central du sanctuaire : "Le sanctuaire lui-même, le Saint Temple, était placé au centre et on y accédait par douze marches" (Josèphe, *Guerre* V, 207). La structure du Temple qui, de montées en montées, culmine dans l'espace sacral du Saint des Saints, est bien le reflet de la stricte hiérarchie de la société juive du temps. Par filtrages successifs, tout s'organise autour d'un clergé au sein duquel la figure du grand prêtre apparaît comme unique médiateur pour Israël » (Ph. Abadie).

À vrai dire, la richesse symbolique et matérielle de ce lieu compense au temps de Jésus une douloureuse déchéance politique. Devenu vassal, Israël a voulu se constituer comme « entité hiérocratique » (*ibid.*). « Soyez pour moi un royaume de prêtres, une nation consacrée », dit Yahvé dans le Pentateuque (Ex 19, 6) : l'interprétation de cette idée au temps du Second Temple donne le système que nous décrivons ici.

Mais elle sera interprétée différemment, à la fois par les grands prêtres sadducéens et par les contestataires

1. Voir l'affaire de Jésus et des « marchands » ou des « changeurs » du Temple.

2. Boulangers, fabricants d'encens, tisserands, teinturiers, charpentiers, maçons, forgerons, orfèvres, intendants, secrétaires, gardes, musiciens, abatteurs, scribes, fabricants d'instruments de musique, médecins...

pharisiens. Ces derniers, mettant l'accent sur la fin du verset (« une nation sainte »), étendent virtuellement le sacerdoce à tout le peuple des militants pieux. Ils ont déjà imposé que des laïcs « montent » à Jérusalem avec les prêtres de service venant de leur circonscription, introduisant ainsi l'idée que les prêtres n'ont de légitimité qu'en tant que délégués du peuple ; tout se passe comme s'ils voulaient, à terme, ôter au clergé son monopole. Pour les militants pharisiens, *le pays tout entier* doit devenir Temple alors que, pour le haut clergé, le Temple est seulement « le cœur du pays. » D'où la tension entre ces deux camps. D'autant plus grande que l'enjeu, du point de vue des grands prêtres, n'est pas que spirituel.

Car le Temple est aussi le moteur puissant d'une « économie sacrée ». Il existe un lien direct entre la fonction sacrale et la fonction économique du Temple de Jérusalem : c'est l'énorme système des sacrifices permanents.

Ne nous y trompons pas, il s'agit d'une entreprise de très grande envergure, dont sont chargés sept mille deux cents prêtres. La majorité d'entre eux viennent de province, par roulement. Ce clergé est organisé en vingt-quatre classes qui prennent leur service à tour de rôle, par tranches d'une semaine. Chaque prêtre est donc de service deux semaines par an. Les prêtres ordinaires sont pauvres, par la faute du haut clergé. (Nous y reviendrons plus loin.) Dix mille lévites, organisés selon le même système de roulement que les prêtres, sont chargés de l'animation liturgique (musique et chant), ainsi que du contrôle et de l'entretien des bâtiments ; les lévites sont encore plus pauvres que les prêtres ordinaires, en partie pour la même raison.

L'activité sacrificielle est intense et quotidienne. Il y a certes les *tamid*, ou sacrifices officiels dits « perpétuels[1] », mais surtout la masse des sacrifices privés qui ont lieu toute la journée et qui expriment la soumission à l'Éternel ; soit pour rendre grâces, soit pour expier une faute. Ils se subdivisent selon une grande variété de formes et de motifs : *ôlah*, « offrande de fumée » (holocauste : quatorze types de sacrifices) ; *zebah chelamim*, « offrandes de

1. Il y en a deux par jour : l'un à l'aube, l'autre le soir.

communion » (quatre types de sacrifices) ; *acham*, « offrande pour le péché » (six types de sacrifices)... Le rituel prescrit les gestes avec minutie : le fidèle qui sacrifie impose les mains sur l'animal, l'abat, le dépèce, le décarcasse ; le prêtre procède à l'aspersion ou au versement du sang sur l'autel, et brûle les parties de l'animal prévues par le rite. Les autres morceaux doivent être consommés par le prêtre et/ou par l'offrant, selon la nature du sacrifice, dans un bref délai. Quant aux victimes, il s'agit de taureaux, de vaches, de moutons, de chèvres, de pigeons, de tourterelles : tout un bétail sacré qui entre par troupeaux dans Jérusalem pour être tué rituellement.

On allait chercher des béliers en Moab (Transjordanie), des agneaux à Hébron, des veaux en Saron (la plaine côtière), des pigeons à la Montagne Royale (monts de Judée), indique Joachim Jeremias. Les sacrifices d'animaux s'accompagnent nécessairement de libations de vin et d'offrandes végétales, dans des quantités précisées par la Loi, selon l'espèce de l'animal sacrifié.

Ainsi donc « le culte, fonction centrale du Temple, dont la finalité déclarée est d'obtenir pour les membres d'Israël la *kapara*, l'expiation des fautes et péchés sans cesse commis, est fondé sur le rituel sacrificiel quotidien : le *tamid* de l'aurore et celui du crépuscule, et, entre les deux, la succession ininterrompue des sacrifices privés offerts par des particuliers » (J. Genot-Bismuth). Matériellement, les deux *tamid* exigent des agneaux « et un accompagnement d'offrandes, de libations diverses et de brûlement d'encens ». Pour le *chabbat*, les néoménies[1], les grandes fêtes et les fêtes de pèlerinage, aux deux *tamid* s'ajoute « le *mousaf*, sacrifice d'un nombre variable d'animaux selon les cas ». L'une des fonctions des trésoriers du Temple (*gizbarim*) étant « d'assurer l'approvisionnement en animaux de sacrifice [...] : dans le cas des sacrifices obligatoires mais individuels (privés), les *gizbarim* devaient assurer la fourniture de l'animal si le sujet astreint à sacrifice n'était pas en mesure d'y pourvoir. Ils assuraient aussi la fourniture en vin, fleur de

1. Célébrations de la nouvelle lune.

farine et huile, objet des offrandes (*menahot*), en pratique pour éviter les nombreux problèmes afférents à la "pureté" [...] : les intéressés en payaient donc le prix aux *gizbarim*, qui se retrouvaient à la tête d'un circuit complexe de produits agricoles constituant un vrai marché sacré qu'alimentaient les *qablanim*, sorte de fournisseurs grossistes. Les textes nous ont laissé le détail de ces opérations de fournitures [...] qui se faisaient par un système de bons et nous laissent entrevoir une espèce de rationalisation dans l'organisation générale des rapports avec les particuliers » (J. Genot-Bismuth).

On constate ainsi « un financement régulier et important de l'infrastructure des sacrifices, car celle-ci va de la fourniture des bêtes jusqu'à l'entretien très régulier de l'autel, en passant par la vaisselle et les vestiaires sacrés, l'entretien matériel des édifices, l'administration du Temple et une foule d'autres dépenses » (*ibid.*).

Les besoins de fonctionnement du Temple entraînent deux mouvements économiques : l'un est désagréable puisqu'il s'agit d'une ponction fiscale, mais l'autre est pratique et lucratif pour bon nombre de personnes, puisqu'il s'agit d'un marché.

En sus de la ponction fiscale est la fiscalité sacrée que nous avons observée plus haut, chaque membre du peuple d'Israël étant astreint au versement annuel du didrachme du Temple, qui se versait exclusivement en monnaie d'argent de Tyr : d'où la présence des changeurs sur l'esplanade du Temple, ceux-là même auxquels s'en prend Jésus[1], dans une de ses manifestations prophétiques. « Les fonds ainsi collectés étaient considérables et constituaient le trésor du Temple, destiné à alimenter deux caisses distinctes : l'une pour les fonds courants de l'année et l'autre pour le fonds d'épargne thésaurisé d'année en année, dit "Reliquats de la Chambre". Les deux caisses étaient enfermées dans une chambre forte du Temple, la *Lichka* » (J. Genot-Bismuth). *Lichka* étant le mot générique pour dire « chambre » ou « salle », la chambre forte est donc

1 Mt 21, 12 ; Mc 11, 15 ; Jn 2, 15.

« la salle » par excellence, centre nerveux de l'appareil gestionnaire sacré.

Le Temple anime le marché dans une société essentiellement agraire, « créant un fort courant de production et de commercialisation par l'effet d'un besoin de type massif, non de subsistance ; il y avait, par le système des sacrifices, création d'une zone de consommation pour ainsi dire de type industriel, où l'agriculture et l'élevage devenaient ainsi en quelque sorte pourvoyeurs d'une matière première qui, pour répondre à une forme de spiritualité, n'en constituait pas moins une infrastructure économique dynamisante. En fonction des conditions climatiques les zones d'approvisionnement étaient modulées, permettant selon la variété des produits réclamés une répartition assez équilibrée entre les régions » (J. Genot-Bismuth).

Ainsi le Temple « tire » l'économie d'Israël, qui peut être définie comme une économie sacrale, en dépit de la situation créée par l'occupation romaine. Il reste le centre nerveux d'Israël, tant sur le plan matériel que sur le plan moral. Le Temple est au centre d'Israël. Cette centralité a sa faiblesse : le revers de la médaille, c'est que toute crise du Temple met en crise tout Israël, ébranle la société juive jusque dans son tréfonds psychologique. Or, à l'époque de Jésus, c'est le cas depuis déjà quelques dizaines d'années. Même si un pan de la nation esquive désormais une partie de ses obligations traditionnelles, le peuple reste très attaché à tout ce qui touche le Temple ; il ressent donc douloureusement la crise morale profonde qui frappe le haut clergé.

La crise du Temple

L'image du haut clergé s'est gravement détériorée depuis le règne d'Hérode le Grand. Tombée aux mains de clans de parvenus, la grande prêtrise est devenue violemment impopulaire. Et cette tendance s'est encore aggravée depuis la colonisation romaine.

Par réaction contre la décadence de la grande prêtrise, le parti pharisien, celui de la pureté, a pris l'ascendant sur une partie non négligeable du peuple.

Tout le Iᵉʳ siècle retentit de la décadence de l'institution de la grande prêtrise. Cette décadence existe depuis longtemps, et elle est une conséquence de la politique.

Alors que les grands prêtres devaient en principe faire partie d'une dynastie « issue d'Aaron » (*via* Sadoq, le grand prêtre de David et de Salomon), cette chaîne de légitimité a été corrompue, puis rompue : corrompue du IIᵉ au Iᵉʳ siècle av. J.-C. par les Hasmonéens, ces chefs nationalistes issus des Maccabées, qui se sont faits à la fois grands prêtres et rois ; cette situation a politisé et compromis la fonction pontificale, puis suscité, en contrecoup, la montée des docteurs de la Loi (les scribes) qui se sont posés en rivaux et en surveillants des prêtres. La légitimité sadocite a ensuite été rompue, à la fin du Iᵉʳ siècle av. J.-C., par Hérode le Grand qui a supprimé le dernier grand prêtre hasmonéen[1] au profit de familles obscures, importées des communautés juives de Babylonie ou d'Égypte, et dont la légitimité sacerdotale était douteuse : les Boethos, les Hanin[2], les Kathros, les Phiabi.

Ces nouveaux venus ont exercé le pontificat avec rapacité : attitude que les Juifs pieux ont ressentie comme « un détournement de la fonction sacerdotale, dévoyée par une nouvelle logique de l'enrichissement et de la tyrannie comme méthode de pouvoir » (J. Genot-Bismuth).

Les quatre clans de « grands prêtres parvenus » se sont emparés du « rôle central que jouait désormais le Temple dans le drainage et la redistribution des biens produits par l'économie judéenne d'abord, mais aussi dans une certaine mesure par l'économie de l'Orient hellénistique, puisque la diaspora juive d'Alexandrie, d'Asie Mineure ou de Babylonie contribue aussi au trésor du Temple » (J. Genot-Bismuth) : « On a vu comment Hérode mit fin à la fois à la

---

1. En 35 av. J.-C.
2. Dont descend le grand prêtre « Anne » qui jouera son rôle dans le procès intenté à Jésus.

dynastie hasmonéenne et au principe de la grande prêtrise à vie. La domestication de la fonction par le pouvoir temporel est dès lors achevée ; elle devait se révéler irréversible. Désormais, le détenteur du pouvoir politique détiendra le droit de nommer et révoquer le grand prêtre discrétionnairement, ce droit passant alternativement des maîtres hérodiens aux préfets romains. La conséquence la plus lourde d'effets devait être la fin définitive de la fonction à vie ; il en résultait ainsi une situation inédite : l'existence simultanément d'une multitude de "grands prêtres", l'un en fonction et les autres sortants, mais conservant titre et privilèges attachés à leur charge ; c'est ainsi qu'Hérode fit et défit pas moins de cinq d'entre eux. Ce phénomène s'accompagnait, dans le même temps, de la promotion d'un certain nombre de nouvelles familles sacerdotales, non judéennes et sans racines à Jérusalem, qui n'en seront que plus attachées à la dynastie hérodienne dont elles sont les créatures : ainsi en sera-t-il des Hanan, dont Ananel, le fondateur venu de l'au-delà de l'Euphrate, ne devra sa nomination qu'à son amitié avec Hérode avant son avènement ; ou encore des Boethos dits Cantheras, ou des Phiabi, familles d'origine alexandrine ; Boethos ne dut sa promotion, semble-t-il, qu'à sa qualité de beau-père d'Hérode. Ce nouveau milieu de grands prêtres parvenus ne tardera pas à se muer en un réseau de grandes familles alliées entre elles constituant une véritable oligarchie en laquelle il faut voir sans doute la réalité de ce que l'on appelle communément le parti sadducéen [...] Hérode avait donc assuré la constitution d'une caste qui, la monarchie disparue et le protectorat romain établi, allait exercer le pouvoir avec l'aide de l'autorité romaine qui voyait sans doute en elle un auxiliaire sûr, hostile par nature à l'aventurisme des séditions populaires » (*ibid.*).

Voilà à quelle sorte de gens va se heurter Jésus.

La Mishnah (*Pesahim* 56a-57b) rapporte : « Il y avait à Jéricho des plantations de sycomores et il se trouvait des hommes de violence qui venaient y faire main basse par la force ; alors les propriétaires en vouèrent les fruits à Dieu (contrairement à la loi ancestrale qui n'admettait vocation que des troncs), mais les émissaires du grand prêtre prétendirent : "Les propriétaires des sycomores n'ont voué à Dieu que les troncs." »

La *Tosefta*[1], traité *Zevahim* 11, 16-17, rapporte elle aussi les abus des grands prêtres au Temple : « On déposait les peaux de sacrifices dans la chambre du magasin aux peausseries, et le soir on en faisait la répartition entre les représentants des différentes familles sacerdotales, mais les puissants s'en emparaient par la force. Aussi décida-t-on qu'on procéderait à leur distribution de veille de shabbat en veille de shabbat, car toutes les gardes sacerdotales étaient alors présentes en même temps et assistaient à la distribution... » Les grands prêtres, « s'autorisant des privilèges de leurs charges, pratiquaient donc des exactions dans le but d'accroître leurs richesses personnelles, et ils n'hésitaient pas à se servir de l'infrastructure sacrée [...] Le Temple, les dons sacrés et la part des prêtres, prélevée sur les produits offerts en sacrifice, étaient donc une affaire que certains grands prêtres savaient rendre lucrative en confisquant la part des autres familles sacerdotales servant au Temple, par tour de rôle. L'enjeu économique de l'office était d'autant plus important qu'il s'agissait de matières premières essentielles à l'époque, comme le bois d'œuvre ou le cuir » (J. Genot-Bismuth).

Cette dérive mafieuse des clans de pontifes est confirmée par l'historien Joachim Jeremias (*Jérusalem au temps de Jésus*, *op. cit.*) lorsqu'il raconte que : « Au dire de Josèphe, pendant les années d'agitation qui précédèrent la guerre judéo-romaine de 66 ap. J.-C., "l'impudence et l'audace des prêtres en chef furent telles qu'ils osèrent envoyer leurs esclaves aux aires pour voler les dîmes qui revenaient aux prêtres [...] Ainsi, les prêtres jadis nourris par les dîmes en arrivaient-ils à mourir de faim". À cela s'ajoute une donnée tannaïte : primitivement, les prêtres conservaient au Temple, dans la salle de la maison Parwa, les peaux des victimes qui leur revenaient ; le soir, ils les distribuaient aux prêtres en fonction ce jour-là dans la section de service (il y avait vingt-quatre sections qui se relayaient chaque

1. « Complément », en araméen : collection d'enseignements en addition à la Mishnah.

semaine). Des gens violents arrivèrent, les "grands du sacerdoce" – terme qui désigne, d'après le contexte, les membres des familles pontificales –, et ils volèrent les peaux. »

« On comprend mieux dès lors ce qui justifiait, semble-t-il, l'achat de l'office de grand prêtre, à en juger par le cas de Martha, de la famille des Boethos, qui versa à Agrippa II (prince hérodien, avènement en 54 ap. J.-C.) une somme de trois *qav* de deniers d'or pour en obtenir la nomination de Yehochoua ben Gamala, son beau-frère qu'elle venait d'épouser léviratiquement... C'est peut-être dans l'importance économique de l'enjeu qu'il faut voir la rotation rapide des titulaires et la réduction de l'office à une durée annuelle, pratiquée surtout dans les derniers temps. Il faut sans doute y ajouter les profits réalisés sur les trafics de la dîme, sans compter l'économie du "sicle du Temple" (l'impôt) dont les prêtres, et particulièrement les grands prêtres, ont toujours exigé d'être dispensés. Le parti des Sadducéens n'était donc pas seulement celui de l'oligarchie sacerdotale, il était celui des nantis et des exploiteurs du peuple... En définitive, l'opposition doit être moins vue entre prêtres et classe des lettrés laïcs (les *Hakhamim*) qu'entre *minorité sacerdotale aristocratique* et *ensemble du reste de la société* incluant le bas clergé, celui qui regroupe les *Kohanim heditoyot* (les simples prêtres). La crise de la grande prêtrise met donc en relief les tensions sociales qui travaillent alors la société judéenne ; d'un côté une oligarchie enrichie tant par le Temple que par les dotations d'Hérode, jalouse d'un pouvoir qui transite par l'exclusivité du pouvoir religieux et qui s'exprime en outre par l'institution du Sanhédrin, ainsi qu'on le verra ; et de l'autre une conjonction de classes productives ou lettrées mais le plus souvent frustrées du partage des richesses et des biens comme du pouvoir politique. D'où l'extraordinaire importance du thème de la pauvreté dans les débats et les combats idéologiques qui traversent et animent la société judéenne du dernier siècle de son existence » (J. Genot-Bismuth).

Les méthodes mafieuses des « nouveaux grands prêtres » leur valent l'hostilité de l'opinion. C'est ce dont témoigne une satire d'Abba Yose ben Yohanan composée au Iᵉʳ siècle ap. J.-C. à Jérusalem, recueillie par Abba Chaoul ben Botnit, Pharisien et marchand de vin, et colligée plus tard dans la Mishnah (*Pesahim* 56b-57a) :

« Ô mon malheur par la maison de Boethos :
Ô mon malheur par leurs coups de bâton,
Ô mon malheur par la maison de Hanin :
Ô mon malheur par leurs délations,
Ô mon malheur par la maison de Kathros :
Ô mon malheur par leurs calames,
Ô mon malheur par la maison d'Ismael fils de Phiabi :
Ô mon malheur par leur empoigne !
Ne sont-ils pas grands prêtres et leurs fils trésoriers
Et leurs gendres surintendants
Et leurs esclaves ne bastonnent-ils pas
Le peuple de leurs gourdins ! »

Ces nouveaux grands prêtres sont également vomis par le courant essénien rigoriste et prophétique, organisé sur tout le territoire avec plusieurs bastions « monastiques », dont le plus célèbre sera Qoumrân, près de la mer Morte.

L'égocentrisme des « familles » pontificales (au sens où l'on parle aujourd'hui des « familles » de la mafia) sera l'une des clés du drame qui les opposera à une troisième force : Jésus le Nazôréen. Car celui-ci ne ménagera pas les clans sacerdotaux. Par exemple, dans la parabole de Lazare et du « mauvais riche ». Lue en grec, elle prend un sens subversif : le « riche » qui grille en enfer est décrit (Lc 16, 19) comme portant non pas des « vêtements de luxe » (comme le traduit évasivement le texte liturgique français), mais la « *porphuran kai busson* », « la pourpre et le lin fin ». Or ces deux tissus sont l'attribut du grand prêtre de Jérusalem : la pourpre, parce qu'il est le premier serviteur du Roi de l'univers, et le lin, parce que c'est l'étoffe de la tunique sacerdotale rituelle. Ainsi Jésus semble dire aux chefs du haut clergé : « Grands prêtres ou pas, si vous méprisez vos frères, vous ne méritez pas votre titre de fils d'Abraham[1]. » On verra dans les Évangiles comment l'élite

1. Marie-Noëlle Thabut, *L'intelligence des Écritures*, t. 6.

de Jérusalem réagit à ce genre d'imputations de la part du Nazôréen.

Nous nous sommes longuement penchés sur le système du Temple, car l'« affaire Jésus » ne peut être entendue sans une certaine connaissance de la situation politique et religieuse de son temps. Nous le voyons bien, elle n'est pas monolithique.

Le système symbolique du Temple, souligne Francis Schmidt, a été « encodé par les prêtres, dont la mission est de "distinguer le sacré du profane, ce qui est impur de ce qui est pur" (Lv 10, 10 – Éz 44, 23) ; mise par écrit dans la Loi, cette codification n'en est pas pour autant figée : tout au contraire, située à l'articulation du naturel et du surnaturel, elle est un dispositif hautement critique. Tout au long de la période du Second Temple, il subit des transformations, des déplacements, des diversifications. Il a une histoire [...] Les hiérarchies sociales changent. Lorsque le sacré s'étend hors des limites du sanctuaire, la prééminence des fonctionnaires sacerdotaux se voit contestée par de nouveaux acteurs tels que les Pharisiens, qui se présentent comme de plus sûrs garants du bon fonctionnement du système ». Mais qui sont, pourrait-on dire, un mouvement de contestation, résolu à évincer les pontifes. Le système symbolique et classificatoire propre au Temple est partagé par toute la communauté et fonde la solidarité juive : « Mais dès que le système entre en guerre avec lui-même, le lien social se relâche, voire se disloque. C'est le chaos. »

Ajoutons que le système « pur/impur » prenant de plus en plus d'importance pour défendre l'identité d'Israël, sur sa terre de plus en plus régentée par les païens, toute remise en cause de ce système sera perçue comme un crime contre Israël. D'où encore le caractère fondamental de l'affrontement entre Jésus et les Pharisiens. Il s'ajoutera à l'animosité « clanique » du grand prêtre contre Jésus.

Une anxieuse attente

La Promesse et le désarroi – Des Esséniens à Jean le Baptiste : vers un modèle « d'ouverture » – Pharisiens : le parti des purs, un « appareil » à la fois populaire et discriminatoire – Une espérance surnaturelle dans une société bloquée

L'Israël antique a la Loi et le Temple. Après la catastrophe de l'an 70[1], le judaïsme n'aura plus que la Loi seule, dans son interprétation pharisienne. Mais nous sommes encore en l'an 30, et le judaïsme (ou plutôt les judaïsmes) de cette époque ne se réduisent pas à ce que sera le futur judaïsme exclusivement « rabbinique » voire « talmudique[2] », qui ne se cristallisera que beaucoup plus tard.

En l'an 30, cette recristallisation est encore à venir. Le judaïsme de cette époque n'est ni univoque, ni homogène. C'est un judaïsme en mouvement(s) ; il est pluriel, conflictuel. Plusieurs interprétations s'affrontent ; l'une d'entre elles accueillera la foi chrétienne.

« Ce serait une erreur de se représenter le judaïsme palestinien d'avant l'an 70 à l'image de ce qu'il devient après la guerre juive : une entité pratiquement unifiée par

1. La destruction du Temple par les Romains.

2. Cet anachronisme est à la base des polémiques d'aujourd'hui, autour par exemple des séries télévisées sur les origines du christianisme (G. Mordillat), diffusées par Arte.

les sages, les maîtres d'Israël [...] Il faut en parler au pluriel. Chacun de ces judaïsmes a un rapport à l'Écriture [...] qui ne coïncide pas exactement avec celui des autres, un calendrier souvent original, des pratiques, voire des systèmes halakhiques[1] qui lui sont propres » (H. Cousin, J.-P. Lémonon, J. Massonnet). « Le judaïsme du Ier siècle de notre ère, en Israël comme dans la diaspora, offre des visages divers et contrastés, au point que beaucoup préfèrent parler de judaïsmes au pluriel[2] » (Charles Perrot). « C'est dans cette atmosphère de crise de société et de quête fébrile de solutions alternatives, voire individuelles et même marginales, qu'il faut replacer des actions comme celle de Jean le Baptiste ou de Jésus » (J. Genot-Bismuth).

La crise suscite, dans la conscience d'Israël, un doute existentiel sur *la relation au* Temple.

La société juive que nous avons examinée au chapitre précédent (*L'époque*) est en proie à un sentiment d'impasse et d'anxiété. Des pans entiers de la population « flottent » à la recherche d'une parole qui permettrait de donner une figure juive à l'avenir.

Au Ier siècle, aucune autorité n'est en mesure d'arbitrer entre les interprétations de la Loi et des Prophètes, qui fusent de partout. Israël manque d'un organe régulateur capable de définir une orthodoxie.

« Car si le judaïsme est religion d'un Texte indéfiniment lu et commenté, où donc est l'autorité qui définirait l'Interprétation ? [...] Là est la question fondamentale qui, par-delà les crises du Ier siècle, dominera encore les temps apostoliques : "Philippe [...] entendit que l'eunuque lisait le prophète Isaïe. Il lui demanda : Comprends-tu donc ce que tu lis ? – Comment le pourrais-je, dit-il, si personne ne me guide[3] ?" Le simple fait que et les Esséniens et les Sadducéens se réclament de la prêtrise, les uns de façon mythique, les autres d'une façon pratique, montre que le Temple, lieu majeur de l'activité sacerdotale, n'était pas et ne pou-

1. *Halakha* = jurisprudence sacrée.
2. P.-M. Bogaert, M. Delcor, E. Jacob *et al.*, *Dictionnaire encyclopédique de la Bible.*
3. Ac 8, 30-31.

vait pas être le lieu où se définirait une interprétation orthodoxe [...] Et la synagogue, lieu d'étude de la Loi, lieu de lecture et de commentaire, n'est pas un centre d'orthodoxie parce que LA synagogue n'existe pas : existent au contraire DES synagogues, qui ne sont pas des lieux sacrés, qui se situent non "à la place" du Temple mais ailleurs » (P. Vidal-Naquet).

Le judaïsme du Iᵉʳ siècle est une société en crise. Cette crise se dénouera en 66-70 par la guerre et la destruction de Jérusalem. D'ici-là, Israël est dans la situation que le sociologue Émile Durkheim décrivait sous le nom d'*anomie* : une société « où des normes dominantes sont ébranlées sur tous les plans, où la morale du groupe passe par un bouleversement profond, et où le contrôle social est largement miné ». Situation « où des orientations éthiques et religieuses traditionnelles sont revues et abandonnées » (G. Theissen), puisque, bien avant la catastrophe de 66, « des petits groupes au sein du judaïsme avaient commencé à se réorienter ». En d'autres lieux et en d'autres temps, ce phénomène de réorientation serait social et politique. Dans la société juive palestinienne du Iᵉʳ siècle, il est *spirituel.* L'époque est aux courants religieux multiples, dont les rivalités ou les antagonismes s'aiguisent à mesure que l'avenir collectif devient problématique.

Si l'on excepte les Esséniens (organisés à part et ne s'adressant pas aux foules), une « concurrence » s'exerce, sur le terrain, entre deux courants capables d'avoir prise sur les foules : *le nouveau prophétiszme*, qui prône l'attente messianique et dont fait notamment partie le mouvement « baptiste », celui de Jean, d'où vient de surgir Jésus le Nazôréen ; *les identitaires*, sortes de nationalistes mystiques et intellectuels, composé surtout de militants pharisiens.

Ceux qui attendent le « Messie »

Le processus d'intégration romain détraque le métabolisme national d'Israël et provoque un malaise général.

Face à la machine romaine, les Pharisiens se sont organisés en bastion des « valeurs » : c'est leur vocation, et c'est un aveu d'impuissance politique. Tout Israël est d'ailleurs réduit à cette impuissance. L'horizon terrestre est bouché. Reste le ciel. Une atmosphère oppressante et un abandon des illusions politiques ne peuvent que favoriser l'éclosion d'autres espoirs : ils seront puisés dans les Écritures communes, lues et relues pour y chercher la promesse d'une intervention divine.

Ces espoirs s'expriment aussi dans le courant nouveau des « baptiseurs ».

Les courants « apocalyptiques[1] » prennent acte de l'échec politique d'Israël et transfèrent l'espérance vers l'au-delà et la fin des temps. Pour eux, « la Loi a un rôle provisoire de pédagogue, mais il convient de se centrer sur l'avenir et l'intervention future de Dieu[2] » (Camille Focant). Ce sont les porteurs de cette attente[3] qui iront à la rencontre de Jésus, et qui resteront stupéfaits lorsqu'ils l'entendront dire qu'il est – lui-même, en personne – l'intervention divine que l'on espérait.

C'est le temps des « judaïsmes alternatifs[4] ». En sus de la *Loi* et des *Prophètes*, on voit naître de nouveaux textes sacrés, « rédigés par des adeptes persuadés en toute bonne foi de contribuer, sous l'inspiration de l'Esprit Saint, à l'œuvre de divulgation et de révélation de la Torah révélée » (J. Genot-Bismuth). Ces écrits « canoniques » de composition récente seront excommuniés, ultérieurement, par les rabbins (pharisiens) qui prendront le pouvoir définitif sur le judaïsme après la catastrophe de 70 : « Toute cette classe d'écrits sacrés [...] sera rejetée par les maîtres canonistes pharisiens dans la catégorie des *Sefarim Hizonim*, "livres extérieurs", et une grande partie fera finalement naufrage, que seul le christianisme primitif, plus accueillant, aura préservée, mais sous des traductions grecques » (*ibid.*).

Au début du Iᵉʳ siècle, au moins deux judaïsmes s'affrontent donc : l'un s'enferme dans la Loi ; l'autre cherche une

1. Entre 150 av. J.-C. et 100 ap. J.-C.
2. *Dictionnaire encyclopédique de la Bible, op. cit.*
3. Celle de l'intervention future de Dieu.
4. Qoumrân et d'autres milieux mystiques.

issue mystérieuse. Les deux brodent sur le thème du Messie. Celui-ci a été annoncé par les Écritures : la Genèse (49, 8-12), Ézéchiel (21, 32), Isaïe (8, 8 et 9, 4-6), Michée (5, 1-5), Zacharie (9, 9-10)...

Dans les milieux populaires, on croit que « la venue du Messie sera précédée des "douleurs du Messie", temps de misères matérielles et morales, et de la venue d'un précurseur (Élie) qui annoncera la rédemption prochaine et oindra le Messie [...] Selon certains textes, Moïse se joindra à Élie[1] » (André Lacocque).

Les idées populaires sur le Messie reflètent largement les *targoums* : c'est-à-dire les « traductions ou interprétations de la Bible hébraïque, dans la langue judéo-araméenne de tous les jours, pour l'usage à la synagogue et l'étude privée. Dans leur activité de commentaire de la Bible[2], les *targoums* procèdent selon le *midrach* : technique herméneutique traditionnelle qui « scrute » l'Écriture, « afin d'en dégager les virtualités de signification, par analogie avec d'autres passages bibliques ou en relation avec les idées religieuses plus récentes du judaïsme[3] » (Germain Bienaimé). Les plus anciens manuscrits targoumiques connus remontent au IIe siècle av. J.-C. L'intérêt de ces textes tient à leurs interprétations des thèmes bibliques : « différentes de celles qui s'affirmèrent comme normatives par la suite » (DEJ), elles témoignent de la variété des courants religieux au sein du judaïsme du Ier siècle[4].

Or le thème du *Messie surnaturel* est très présent dans les *targoums* : plus de soixante-dix passages évoquent explicitement « le Roi Messie ». Ce personnage mystérieux est à multiples facettes, il sera de lignée davidique, et son intervention dispersera les ennemis de la foi ; avec Moïse ressuscité, il réactualisera l'Exode d'Égypte en accomplissant la libération définitive d'Israël ; il vivra éternellement, assurant la protection divine à Jérusalem et au Temple « rebâti

---

1. *Dictionnaire encyclopédique de la Bible, op. cit.*
2. Pentateuque, Prophètes, Écrits.
3. *Dictionnaire encyclopédique de la Bible, op. cit.*
4. Deux manuscrits targoumiques découverts à Qoumrân – 4 QtgJb, 11 QtgJb – fournissent par exemple une interprétation du livre de Job qui ne coïncide pas avec celle de la tradition rabbinique actuelle.

à jamais » ; il régnera sur tous les peuples du monde et fera de la Torah la Loi qui éduquera l'humanité. Le Messie aura le pouvoir d'effacer les péchés ; il sera la justice en personne, le protecteur des pauvres et des opprimés ; il récompensera les justes, qui seront illuminés éternellement avec lui par la gloire divine. L'essence du Messie sera la foi en Dieu : il prouvera à l'univers la justesse de cette foi et de la fidélité d'Israël.

Ce personnage est donc composite et multiple. Selon les sources et les lectures qui en sont faites, la silhouette du Messie va du roi humain, davidique, au personnage quasi divin, transcendant et préexistant.

Il serait donc hasardeux d'affirmer, comme on le fait souvent aujourd'hui, qu'un Juif du Ier siècle ne pouvait imaginer qu'un homme puisse venir « d'En Haut » pour dire et faire des choses inouïes.

Constatons donc que le christianisme ne sera nullement à l'origine du courant messianique dans la société juive du Ier siècle, mais qu'il confirmera et couronnera l'existence de celui-ci. Constatons aussi que le christianisme, et lui seul, résoudra le principal problème que les prophètes messianiques posent aux Juifs du Ier siècle : la contradiction apparente entre un Messie triomphant, annoncé par certains prophètes, et un *Serviteur humble*, rejeté, trahi, souffrant, sacrifié pour les péchés d'Israël. Daniel l'annonce venant « sur les nuées » dans toute la puissance d'un être céleste, pour faire régner la paix sur les nations. Zacharie, lui, dit qu'il viendra « sur le petit d'une ânesse ». L'antithèse est si flagrante que beaucoup de gens, en Israël, ne font même pas le rapprochement entre la figure du Messie glorieux et celle du Serviteur souffrant. Caïphe ne le fera pas non plus...

Des Esséniens à Jean le Baptiste

Après l'acculturation hellénistique et les ambiguïtés politico-religieuses hasmonéennes, la romanisation de la Palestine sape ce fondement d'Israël qu'est la « pensée du Temple » (F. Schmidt). La nouvelle réalité quotidienne vient dissoudre cette « surqualification » de l'identité nationale qu'était la sainteté, « fruit permanent d'une purification rituelle qui, d'une façon ou d'une autre, émanait du Temple et des sacrifices que l'on y offrait ». La fissure entre *société* et *sainteté* devient de plus en plus « *maligne* », souligne André Paul, et de plus en plus ressentie.

La société juive des derniers siècles avant Jésus-Christ engendre des mouvements qui cherchent à retrouver « l'idéal national de sainteté qui, au Ve siècle av. J.-C., avait inspiré le regroupement des "fils de l'Exil" sous le nom et la bannière d'Israël. Ils avaient pris conscience du divorce plus ou moins patent entre société et sainteté » (F. Schmidt).

L'un de ces mouvements s'appelle « Communauté de la Nouvelle Alliance » et constitue le courant *essénien*. Il est né en 152 av. J.-C., quand l'Hasmonéen Jonathan s'est arrogé le poste de grand prêtre : acte *impie* aux yeux des puristes parce que Jonathan a *versé le sang*[1] et que *sa famille n'appartient pas à la lignée « sadocite*[2] ». Le courant des *Hasidim*[3] s'est alors scindé entre les Pharisiens, qui admettaient la nouvelle grande prêtrise, et les *Esséniens*, qui la refusaient et désertaient le Temple. Le groupe essénien le plus connu est celui de Qoumrân, fondé près de la mer Morte vers 130 av. J.-C. et qui disparaîtra à la fin du Ier siècle.

Selon Philon, le mot « essénien » vient du grec *osiotès* qui veut dire « sainteté ». Selon Dupont-Sommer, il vient plutôt de l'hébreu *'esah* (conseil) : les Esséniens seraient donc les hommes du « conseil » de Dieu, qui ont rompu avec le Temple de Jérusalem depuis que celui-ci est aux mains d'une prêtrise galvaudée.

Organisée comme un monastère, la communauté de Qoumrân croit pouvoir provoquer, à force d'ascèse, la venue du Messie. Mais malgré tous ses mérites, Qoumrân ne construit qu'une impasse. Certains des siens tenteront d'en sortir en participant à la guerre de 66 qui aboutira à

1. Dans la guerre de Maccabée.
2. Celle du grand prêtre Sadoq au temps du roi David.
3. Les « pieux ».

la catastrophe nationale juive et à la disparition de l'essénisme en tant que tel. Qoumrân « n'aura pas de postérité directe » (A. Paul).

Le « laboratoire spirituel » de Qoumrân a néanmoins été un « essai » de ce qu'allait faire Jésus plus tard : récapituler toute la vocation d'Israël ; mettre un groupe d'hommes dans un état qui leur permet de franchir un pas décisif ; substituer au Temple de pierre un Temple de chair, qui sera finalement l'Église du Christ.

Mais le véritable tremplin du futur christianisme est le mouvement baptiste. Celui-ci est *issu* de l'expérience essénienne.

Il s'en est séparé, rejetant trois de ses caractéristiques : le nationalisme mystique, la croyance en la prédestination et le sectarisme. C'est en rupture avec tout cela que s'est affirmé, de façon retentissante, ce « Jean » que Flavius Josèphe (*Ant.* XVIII, 116-118) et les Évangiles (Mt 3) appellent « le Baptiste », ou plus exactement « le Baptiseur », et qui a été le précurseur de Jésus de Nazareth.

« Le mouvement dont l'homme de Nazareth fut le vrai fondateur semble s'être organisé de fait autour de personnalités successives issues d'une même famille, de générations peut-être différentes [...] Jean, sans doute un aîné, fut le premier à se manifester, comme initiateur d'une vie commune dans le désert. Entraînant avec lui un petit groupe d'ascètes, il prêchait la pénitence et la conversion ; plus encore, il pratiquait un rite d'immersion individuelle appelé “baptême”. Devenu homme au rayonnement notoire, on l'affubla d'un surnom fonctionnel disant bien l'objet de sa réputation : “le Baptiste”, littéralement “l'immerseur”. Ce mot, dérivé du verbe grec *baptizein*, “plonger”, “immerger”, est d'autant plus intéressant qu'on ne l'employait que rarement... » (A. Paul).

Qu'est-ce que le « baptême », ce rite nouveau en Israël, que pratiquent divers personnages charismatiques[1] ? Ce

1. Le futur Flavius Josèphe lui-même, dans sa jeunesse, fréquentera un baptiste nommé Banous et dont la silhouette ressemble à celle de Jean.

n'est pas le bain rituel de la religion juive traditionnelle : c'est un geste nouveau, qui signifie la conversion spirituelle et l'approche du Royaume de Dieu. C'est aussi un acte « subversif » parce qu'il se substitue aux sacrifices du Temple. Jean est issu d'une famille de prêtres de rang modeste, mais son baptême – impliquant *l'âme* et *le corps* (Josèphe) – vient concurrencer le système officiel, selon lequel seul le sacrifice offert au sanctuaire de Jérusalem assure la purification de l'âme et du corps. Non seulement cela mais – plus grave encore ! – le mouvement lancé par Jean paraît ne plus se soucier du nationalisme religieux, pourtant essentiel dans le judaïsme : le Baptiseur opère aussi bien en Samarie ou en Pérée, « au-delà du Jourdain », qu'en Judée même.

Le mouvement du Baptiste semble bien provenir de l'essénisme parce que l'on entend Jean proclamer avec insistance la phrase d'Isaïe 4, 3 : « Dans le désert, ouvrez le chemin de Yahvé », qui est aussi le leitmotiv de la règle du noviciat de Qoumrân (1Q S VIII, 11-16 ; IX, 18-21). Et lorsque Luc (1, 80) écrit que Jean « demeurait dans les déserts jusqu'au jour de sa manifestation à Israël », cela indique vraisemblablement un séjour « dans l'un des centres monastiques proches de la mer Morte » (ainsi que le futur Flavius Josèphe le fera lui-même vingt-cinq ans plus tard). C'est Qoumrân qui a appris à Jean qu'il ne suffit pas de se dire « fils d'Abraham » (comme le font les Pharisiens et le haut clergé), mais qu'il faut se préparer à vivre l'Heure de Dieu qui vient. Cependant le Baptiste appelle à la conversion tous les hommes qui viennent à lui, c'est-à-dire tout un chacun (pas seulement une petite élite comme le font les Esséniens) ; et il ne s'adresse pas à la nation israélite en tant que telle, mais aux individus, ce qui constitue une sorte de révolution. Jean s'est mis en concurrence avec les groupes religieux installés. Il est devenu célèbre, connu des foules. Il a attiré à la conversion individuelle des personnalités de toutes les classes sociales. Mais il n'avait pas d'alliés dans les classes dirigeantes. Cette position en flèche lui coûtera la vie. Le quatrième évangile (prisé des historiens) s'ouvre sur une scène de « procès » : la venue « à Béthanie au-delà du Jourdain » d'une véritable commission d'enquête envoyée par les autorités du Temple de Jérusalem pour interroger le Baptiste : composée à la fois de prêtres, de lévites et de Pharisiens (Jn 1, 19-26), elle réunit déjà les deux groupes rivaux – haut clergé et Pharisiens – qui se ligueront plus tard contre Jésus.

Première rencontre avec les Pharisiens

Le mouvement pharisien a toujours été diabolisé par les chrétiens, à cause des invectives antipharisaïques de Jean le Baptiste (« race de vipères... ») et les paroles sévères de Jésus (« malheur à vous, scribes et Pharisiens... »). Encore faut-il comprendre ce que le Nazôréen, et avant lui son précurseur, reprochent réellement à ces hommes – qui passent pour les plus sages, les plus savants et les plus vertueux.

Pour comprendre ce qu'étaient réellement les Pharisiens, essayons de replacer les polémiques dans le contexte.

Le terme « pharisiens » vient du grec *pharisaioi*, qui vient lui-même de l'hébreu *Perouchim* : « les séparés ». Il s'agit à l'origine d'un sobriquet péjoratif, utilisé par l'oligarchie sadducéenne contre ces militants austères et petits-bourgeois. Comme souvent dans l'histoire, ceux qui étaient la cible ont repris le mot à leur compte.

En l'an 30, les Pharisiens sont le parti le mieux organisé en Israël. Ce parti est avant tout celui de la « purification » du pays, « souillé » par les mœurs païennes de l'occupant (romain), par celles des populations locales non juives, et aussi (voire surtout) par l'« impureté » des mauvais Juifs : ceux qui se dérobent à leurs devoirs religieux légaux et rendent ainsi « impur » tout ce qu'ils produisent et tout ce qu'ils font.

Restructurer et cloisonner la société juive autour de cette notion de « pureté », distinguer les « fidèles » de « ceux qui se sont laissé corrompre », c'est l'objectif du mouvement pharisien. Ce combat identitaire s'enracine dans le passé. Tout a commencé au ve siècle, après le retour, en Judée, des Juifs qui avaient été exilés en Babylonie. Ils ont trouvé un pays apostat, devenu un puzzle de populations plus ou moins impies, donc « souillées » (ou « souillures »).

En 444 av. J.-C., les ordonnances de l'Assemblée de Jérusalem ont lié la pureté d'Israël, non seulement à sa séparation physique d'avec « les nations » (*goyim*), mais à l'observation de la Loi écrite et orale, tout spécialement au respect du shabbat et au paiement de l'impôt du Temple.

La « Grande Assemblée » édicta aussi des préceptes, dont le principal allait donner naissance à la nouvelle classe des scribes : « Élevez une haie autour de la Torah », autrement dit, multipliez les commandements secondaires pour servir de rempart aux commandements essentiels. Ainsi naîtra la Loi orale, immense développement de la Loi écrite. Ainsi naîtra aussi le mouvement pharisien, caractérisé par sa minutieuse surenchère sur le nombre et la rigueur des observances[1]. Ce mouvement échouera sur le plan politique (IIe et Ier siècles av. J.-C.), mais il ne cessera de monter sur le plan idéologique. Au Ier siècle, dans la grande incertitude nationale née de l'annexion romaine, les Pharisiens (mouvement) et leurs scribes (guides intellectuels) sont devenus la référence. Dans un pays dont le centre nerveux est la religion, leurs idées théologiques (sur le rôle de la tradition, la résurrection des morts, etc.) font désormais autorité.

Le pharisianisme consiste à sanctifier la vie quotidienne dans tous ses détails, en la soumettant à la Loi. Rien n'échappe à cette « sphère de sainteté », souligne Schalom Ben-Chorin (*Mon frère Jésus, op. cit.*) : « Le manger et le boire, le travail et le repos, la vie sexuelle et l'hygiène, le vêtement et la coiffure ; et rien n'était réputé assez insignifiant pour n'être pas pris avec le plus grand sérieux, au nom même du service de Dieu. C'est pourquoi les Pharisiens, dont les hautes idées morales se trouvent conservées dans le recueil *Pirqè-Avot* (Sentences des Pères), allaient devenir les pères spirituels de l'orthodoxie juive ultérieure [...] En revanche, on repère chez eux une périlleuse tendance à la décadence, dont le Nouveau Testament nous parle de façon quasi exclusive. Cette tendance s'explique par le fait que les

1. Le précepte de la « haie », qui prône la multiplication des préceptes secondaires pour servir de rempart aux préceptes fondamentaux, aboutira aux fameuses « 613 *mitsvot* » : les 365 actions interdites et les 248 devoirs.

fidèles se voient revêtus d'une cuirasse de 613 commandements et interdits, de telle sorte que, le plus souvent, il ne leur est plus possible de manifester une foi vivante. Le monde des Pharisiens et le monde de l'orthodoxie juive d'aujourd'hui constituent un système fermé qui, par son implacable logique, demeure clos sur lui-même, sans faille aucune. Pourtant, la foi comporte un risque qui doit être assumé au nom de la liberté de l'amour, et au-delà même de toutes les sécurités. C'est là qu'apparaît l'antagonisme entre Jésus et les Pharisiens, même si ceux-ci ne manquent pas de promouvoir une foi inconditionnelle. »

Au Ier siècle, les Pharisiens sont les agents d'une mutation. Ils recomposent le judaïsme et le réinterprètent, pour mettre « *Israël* » en situation de résister à l'acculturation impériale – et pour ôter au clergé le monopole du sacré. « Changer pour conserver » : telle est leur attitude. Quant au fond de leurs idées religieuses, il s'oppose à celles des grands prêtres ; il s'oppose beaucoup moins à celles de Jésus.

Un précepte de la Mishnah, au traité *Avot* 2, 7, constitue « le manifeste pharisien par excellence » (Éric Smilévitch) : « Acquérir les paroles de la Torah, c'est acquérir la vie du monde à venir. » Le « monde à venir » (*ha-Olam ha-ba'*) c'est l'au-delà eschatologique, par opposition au « monde présent » (*ha-Olam haze*) ; le monde de la « durée présente » doit être employé à mériter le monde de la « durée à venir ». Les Sadducéens n'ont pas cette conception. Elle paraît en revanche très proche de ce que prêche Jésus ; mais, contrairement à Jésus, c'est de la connaissance (« l'acquisition ») d'un *texte* que les Pharisiens font dépendre le salut.

La *résurrection des morts* est une autre croyance centrale chez les Pharisiens. Et là aussi ce sera, entre eux et Jésus, à la fois un terrain d'entente et de désaccord : les Pharisiens et leurs scribes croient en la résurrection, qui est une idée nouvelle ; mais ils peinent à en trouver la « preuve » dans les Écritures, et leur quête scripturaire infructueuse suscite l'ironie des Sadducéens[1]. Lorsque vient Jésus, qui

1. Lc 20, 27-40 montre les Sadducéens posant à Jésus une de ces questions bouffonnes et insolubles dont ils harcèlent les Pharisiens pour montrer qu'une « résurrection pour la vie éternelle » est impensable.

se présente *lui-même* comme étant, en sa propre personne, le gage de la résurrection, les Pharisiens seront scandalisés. De quoi ont-ils l'air, avec un pareil « allié», face à leurs adversaires sadducéens ? La colère pharisienne sera d'autant plus vive que, sur les autres terrains, ils ne cessent de marquer des points contre les grands prêtres sadducéens ; l'influence des Pharisiens se fait sentir jusque dans la liturgie du Temple : non seulement ils veulent transformer tout le peuple en prêtres, mais ils dictent aux pontifes ce qu'il faut faire lors des cérémonies selon l'interprétation pharisienne. Et les pontifes cèdent : « Ils sont contraints de se conformer à la conduite des Pharisiens, parce que le peuple ne souffrirait pas qu'ils y résistassent[1]. »

Dans le reste du pays, et dans la diaspora, le réseau pharisien a pris le contrôle d'institutions nouvelles qui se sont répandues depuis le IIe siècle av. J.-C. : les « synagogues » ou « maisons d'assemblée » (*bet knesset*) avec leurs annexes : le *bet ha-sefer*, école de la Loi écrite, et le *bet ha-Talmud*, école de la Loi orale. « Une des conséquences de l'institution du *bet ha-sefer* pharisien fut donc de dépouiller le Temple de son monopole quant à la Torah. Celle-ci était désormais copiée, étudiée, commentée hors de son enceinte, et par des maîtres laïcs, extérieurs à la classe tant des prêtres que des scribes ; elle devenait ainsi l'objet d'une vaste opération de popularisation, dans le même temps que s'affirmait, dans ce nouveau marché de diffusion du savoir, une nouvelle classe de lettrés concurrentiels : les *hakhamim* de mouvance pharisienne. La fonction enseignante, aux mains des prêtres et des familles de l'aristocratie dans l'État hasmonéen, allait progressivement passer, à partir d'Hérode en particulier, aux mains de lettrés "populaires", eux-mêmes produits en quelque manière de la réforme scolaire de Simon ben Chètah : cinquante ans auront suffi à réussir cette mutation » (J. Genot-Bismuth).

L'idée du « juste », qui remonte au Deutéronome, est profondément remaniée par les Pharisiens. Le « juste », selon eux, est l'Israélite de pure souche « qui observe constamment

1. Josèphe, *Ant.* XVIII, 2, 474.

la totalité des préceptes de la Torah, écrite et orale » (H. Cousin, J.-P. Lémonon, J. Massonnet). Le contraire du « juste » est le « pécheur ». Il arrive qu'un juste fasse une faute, mais, dans sa vie, le péché est « un accident, non une caractéristique comme il l'est pour le "pécheur" » (*ibid.*). Cette inégalité qui pèse sur le « pécheur » lui vient d'une fatalité : sa « mauvaise naissance » ou son « mauvais métier » le rendent forcément pécheur et l'excluent de la société des gens vertueux, savants, donc pieux et voués au salut (ces qualités vont ensemble et n'en forment qu'une seule selon les Pharisiens).

C'est surtout par les rites de la table qu'on reconnaît le Pharisien.

Rabbi Meïr (150 ap. J.-C.) définit celui-ci comme un laïc « qui prend sa nourriture profane selon la pureté lévitique prescrite aux prêtres » (Tossefta *Aboda zara* III 10, 464, 9) : « Les Pharisiens sont à la table ce que les prêtres sont à l'autel », explique Jacob Neusner. « Ce sont les lois sur la pureté alimentaire qui, en définitive, forment le thème principal de la tradition pharisienne », souligne Pierre Vidal-Naquet : les Pharisiens veulent étendre à tout le peuple (fidèle), et à toute la vie quotidienne, les règles de pureté que les Sadducéens réservent aux prêtres. Là est la « révolution » pharisienne, à la fois sur le plan religieux et sur le plan social. Elle les oppose à la caste des pontifes. Mais elle les opposera aussi à une autre « révolution », totalement différente : celle de Jésus le Nazôréen...

En l'an 30, les Pharisiens sont influents au Temple et dans une grande partie de l'opinion, mais ils sentent que la situation générale se détériore de jour en jour, et que le système social dans lequel ils se sont taillé une emprise s'effrite, corrodé par la romanisation. Ils réagiront donc avec beaucoup d'agressivité, là où ils le peuvent, sur leur propre rempart, à l'intérieur de la société juive. Contre un « imposteur » comme Jésus, précisément.

Le mouvement pharisien, qui se veut « le vrai Israël », fonctionne comme une machine à exclure : il rejette les petits et les humbles, les « ignorants », les « gens du pays » (*ammeï haarèts*, qui signifie à peu près « les ploucs »). Ces Juifs inférieurs qui fraudent le fisc religieux (et qui contournent la Loi) se sentent donc exclus, discriminés, marginalisés par les Pharisiens, en même temps que rançonnés par le haut clergé et par les collecteurs de l'impôt romain. Malgré tout, ces pauvres se considèrent comme membres de la communauté globale d'Israël, avec son héritage spirituel et moral et les espérances qui en découlent. Coincés dans une situation sans issue (à vue humaine), ils attendent une intervention divine qui débloquerait la situation. Les Pharisiens rejettent cet espoir au nom de leur propre conception du renouveau ; les pontifes et les Sadducéens la nient au nom du scepticisme et du statu quo. Mais si les grands prêtres et les notables n'attendent ni n'espèrent rien, l'idée d'un bouleversement dans la religion se propage bel et bien dans le monde juif du Ier siècle, comme le montre ce *Testament des Douze Patriarches / Testament de Lévi*, 11-18, 11, texte du Ier siècle av. J.-C., qui résonne comme une véritable prémonition, préfiguration de la figure du Christ selon saint Jean : « Dans la septième semaine, viendront les prêtres idolâtres, agressifs, cupides, orgueilleux, impies, débauchés, pédérastes et sodomites, et, après que leur châtiment sera exercé de la part du Seigneur, le sacerdoce expirera. Alors le Seigneur suscitera un prêtre nouveau à qui toutes les paroles du Seigneur seront révélées, et il fera un jugement de vérité sur la terre à l'accomplissement des jours. Son astre se lèvera dans le ciel comme celui d'un roi, illuminant une lumière de connaissance comme le soleil en plein jour, et il grandira sur le monde jusqu'à son plein éclat. Ainsi il brillera comme le soleil sur la terre et il enlèvera toutes les ténèbres de dessous le ciel et ce sera la paix sur toute la terre. Les cieux jubileront dans ses jours, la terre éprouvera de la joie et les nuées se réjouiront [...] Il ouvrira les portes du paradis et il écartera d'Adam l'épée menaçante. Il donnera aux saints à manger l'arbre de vie et l'Esprit de sainteté sera sur eux. »

Selon les historiens juifs, le mouvement de Jésus ne sera au départ qu'une « hérésie », l'une des hérésies du bouillonnement d'idées du Ier siècle. D'abord une parmi d'autres, mais qui ne tardera pas à se détacher de la souche pour donner naissance au rameau neuf du christianisme.

Le « procès Jésus » a duré deux ans

Ce qui va se passer lors de la Passion n'est que l'accélération brutale d'une « procédure » enclenchée dès le début de l'action publique de Jésus.

Un drame va maintenant se nouer. La meilleure synthèse nous en est proposée par l'historien israélien André Chouraqui, traducteur de la Bible :

« En entamant une action publique d'envergure dans l'explosif milieu de la Galilée et de la Judée, Jésus est conscient des dangers qu'il court sans sourciller : ses premiers discours font de lui une cible désignée contre laquelle ses ennemis ne manqueront pas de s'acharner. En pénétrant dans l'arène où la Louve faisait la loi, il savait qu'il marchait vers la croix, il le proclamait même ouvertement. Les forces qu'il coalise contre lui sont toutes-puissantes : les scribes sont jaloux de l'influence grandissante qu'il exerce sur le peuple ; ils s'opposent à sa libre interprétation des Écritures qui contredit souvent leur enseignement ; les Pharisiens, intrigués par ce rabbi dont l'originalité les dépasse, sont mortifiés par ses critiques de leurs faiblesses et de leurs échecs ; les Sadducéens ont des raisons plus précises de lui en vouloir, lui qui s'est conduit en maître dans un sanctuaire dont ils ont le contrôle, lui qui tourne en dérision leur refus de toute foi en la résurrection des morts. Hérode Antipas et, derrière lui, les Romains suspectent Jésus, dont les liens avec Jean le Baptiste sont connus, d'être secrètement lié au mouvement révolutionnaire des Zélotes. Tous craignent pour la paix du pays et pour leur propre sécurité, les conséquences de l'action menée par Jésus : les Romains le laisseront soulever le pays, mais jusqu'à un certain point seulement. Dès qu'ils jugeront que la *pax romana* est menacée, ils lâcheront la Xe légion cantonnée à Damas, et ce sera, une fois de plus, le massacre. Par surcroît, Pilate et les Hébreux qui collaborent avec lui, et qui sont responsables de l'ordre public, seront également châtiés par l'empereur Tibère et le Sénat romain, d'une extrême sévérité en tout ce qui concerne l'ordre public... Avec Caïphe, Pilate est dépassé par des événements auxquels il ne comprend à peu près rien : tous deux tremblent des conséquences possibles d'un mouvement dont ils constatent la puissance et qu'ils ne contrôlent pas. »

Si l'on écarte comme irréaliste le postulat selon lequel les Pharisiens n'auraient joué « aucun rôle » dans le procès intenté à Jésus, on doit chercher à évaluer les rôles respectifs des différents groupes.

Deux thèses historiques semblent s'opposer mais se complètent en réalité :

1. Selon des chercheurs comme André Paul, Jacqueline Genot-Bismuth et beaucoup d'autres, la condamnation de Jésus est religieuse et inéluctable, parce que le Nazôréen incarnait une rupture hérétique avec le judaïsme officiel ; constatant cette rupture, les Pharisiens avaient créé dès le début un climat de « procès contre Jésus ».

2. Selon un aussi grand nombre de spécialistes (notamment l'exégète catholique Étienne Nodet), l'élimination de Jésus est une mesure politique, prise par des notables juifs pour supprimer le risque de répression romaine que le mouvement de Jésus pourrait attirer. Selon cette hypothèse, les Pharisiens ne sont pas en cause : le procès fait à Jésus (dans la mesure où le mot « procès » convient) est monté par les oligarques seuls, en liaison avec l'autorité romaine.

Remarquons néanmoins que cette seconde hypothèse va un peu loin quand elle déduit que les Pharisiens n'ont pas joué de rôle actif dans la condamnation de Jésus ; en effet, c'est par eux (selon le témoignage des récits évangéliques) que transitent – vers le grand prêtre Caïphe – les informations qui déclencheront le drame.

Des mobiles de deux sortes, politiques et religieux, finissent ainsi par fusionner à la fin de ce qui semble avoir été un long procès.

Si l'on suit la chronologie du quatrième évangile, on constate que, dès le début de son action publique, Jésus a posé problème à la fois aux Pharisiens (en opérant le symbole de Cana) et aux archiprêtres (en opérant le symbole des marchands du Temple).

Il s'en est suivi logiquement deux chaînes de conséquences :

1. Une longue « enquête idéologique » des Pharisiens, pour savoir où Jésus voulait en venir.

2. Une longue « méfiance policière » des archiprêtres, qui craignent les émotions populaires incontrôlables (dont ils se trouvent responsables aux yeux des Romains).

Cette double chaîne de mobiles, qui finit par se réunir en une seule, constitue le long procès dont les Évangiles (surtout celui de Jean) nous indiquent les étapes.

Les étapes d'un long procès

Des quatre récits évangéliques de la Passion, celui de Jean est – selon les spécialistes – « le meilleur » sur le plan des faits, si l'on adopte la perspective d'un procès qui aurait formé la trame de toute l'action publique de Jésus. L'évangile de Jean « se présente sous la garantie d'un témoin oculaire des faits qu'il raconte. Sa langue et son style dénotent une origine manifestement sémitique ; on le voit parfaitement au courant des coutumes juives comme de la topographie palestinienne au temps du Christ... L'ensemble des traditions johanniques fut certainement constitué à une date fort ancienne, même si l'évangile ne fut définitivement rédigé et édité que plus tard, probablement par les disciples de Jean ». À propos du quatrième évangile, « il ne faut pas opposer symbolisme et histoire : le symbolisme est celui des faits eux-mêmes, il jaillit de l'histoire, il s'y enracine, il en exprime le sens et n'a de valeur, pour le témoin privilégié du Verbe fait chair, qu'à cette condition » (M.-E. Boismard, *Bible de Jérusalem,* 1978).

Selon Jean (note Simon Légasse), le procès juif eut lieu tout au long du ministère public de Jésus : un conflit en effet s'y prolonge, opposant Jésus aux « Juifs ». On retrouve les phases essentielles du procès dans la discussion du chapitre 10, sommet de ces affrontements... D'ailleurs, la condamnation est, en quelque sorte, anticipée (11, 47-53) quand les membres du Sanhédrin, incités par Caïphe, décident de « tuer » Jésus.

Les éléments du « long procès » se retrouvent aussi dans les synoptiques, mais distribués autrement, selon diverses pédagogies adaptées à divers publics (donc avec des priorités souvent autres que la chronologie).

Chez Marc, l'engrenage du « long procès » se retrouve ainsi, résume Simon Légasse :

Mc 2 :	– Cinq débats houleux en Galilée.
3, 6 :	– Les Pharisiens complotent la *"perte"* de Jésus.
3, 22 ; 7, 1 :	– Polémiques ; Jérusalem envoie deux équipes de scribes enquêteurs.
8, 31 ; 9, 31 ; 10, 33 s. :	– Jésus voit que sa mort est inéluctable.
11, 18 :	– L'action au Temple et la décision de tuer Jésus.
11, 27 à 12, 40 :	– Cinq débats à Jérusalem, parabole du vigneron, discours contre les docteurs : constat de rupture inévitable.
14, 1 :	– Le Sanhédrin enclenche la suppression de Jésus.

Les quatre Évangiles convergent pour l'essentiel quant au déroulement de la Passion.

Selon l'évangile de Jean, l'action publique de Jésus s'ouvre par une première « montée » à Jérusalem, pour la Pâque, or ce premier pèlerinage officiel du nouveau rabbi galiléen s'accompagne d'un acte très polémique : le geste de Jésus contre les marchands du Temple, suivi d'un dialogue bref, intense, mystérieux, entre le Galiléen et ceux que l'évangéliste appelle les « *Ioudaioi* », autrement dit les « *Iehoudim* » (A. Chouraqui), les « Judéens » (C. Tresmontant) ou les « *Juifs* » (Bible de Jérusalem). On sait que le plus souvent, chez Jean, ce nom trop générique ne désigne pas le peuple juif, mais les milieux dirigeants de la Ville sainte. Par exemple, en Jn 18, 14 : « C'était Caïapha qui avait conseillé aux *Iehoudim* : "Il y a intérêt à ce qu'un seul homme meure pour le peuple." » (trad. A. Chouraqui). Or cette phrase a été dite en séance au Sanhédrin : ici, le mot « *Iehoudim* » désigne donc les autorités légales.

Après l'action contre les marchands du Temple, les autorités qui interpellent Jésus (Jn 2, 18) sont visiblement celles du Temple, saisies de ce qui vient de se passer : Jésus a chassé à coups de fouet de cordes (sans doute un licol pris sur le stand d'un vendeur de bétail) certains des commerçants du parvis (changeurs, vendeurs d'animaux), qui ont une patente et sont matériellement nécessaires au cycle quotidien des sacrifices. On imagine le puissant Jonathan, « numéro 2 » du Temple et beau-frère de Caïphe, ou l'un de ses adjoints archiprêtres surveillants, ou tous à la fois, convoquant ce Galiléen. L'action de Jésus a dû être moins massive que ne le dit Jean lorsqu'il affirme qu'« il les chassa tous » : s'il y avait eu expulsion de tous les marchands et de tous les changeurs, la garnison romaine de l'Antonia aurait sévi, à la demande même des autorités juives. Alors que là, seules ces autorités interrogent Jésus.

Elles ne semblent guère préoccupées par les dégâts, qui doivent être peu importants, mais veulent savoir *au nom de quoi* Jésus se permet d'agir ainsi.

Pour des prêtres ou des théologiens-juristes juifs, le « pourquoi » est au moins aussi important que l'acte en lui-même.

La réponse que leur fait Jésus leur paraît absurde. « Il a fallu quarante-six ans pour bâtir ce sanctuaire, lui répondent-ils, et toi, tu le relèverais en trois jours ? »

Le sens de la parole de Jésus apparaîtra plus tard, et seulement à ses disciples. Pour l'instant les autorités de Jérusalem y voient une folle insolence.

Des témoins sont là aussi ; on les retrouvera lors du procès (Mt 26, 61 ; Mc 14, 58), où cet épisode servira de premier chef d'inculpation contre Jésus.

Dès le départ, tout est donc en place pour un drame futur. Ce premier interrogatoire de Jésus par les autorités marque le début de l'enquête officielle du Sanhédrin. À peine a-t-il commencé son action publique que Jésus devient une fréquentation dangereuse pour qui tient à sa réputation. C'est donc de nuit, déjà, que le Pharisien érudit et richissime Naqdimon ben Gourion – celui que l'évangile appelle Nicodème – vient voir Jésus.

Dès le début, les censeurs de Jésus parlent de le faire mourir. Car dès le début, le conflit paraît *total* entre lui et notamment les Pharisiens. En Israël, un conflit religieux peut très vite tourner au procès criminel et entraîner la mort de l'hérétique : ainsi le veulent la Loi et sa jurisprudence ; ce n'est pas une affaire de sentiments, moins encore de « fanatisme », mais de respect dû à l'Éternel et à ses commandements...

Dans l'évangile de Marc, on voit donc des « scribes » (Mc 3, 22) descendre de Jérusalem pour faire subir un interrogatoire à Jésus. Ils l'accusent de chasser les démons par « Béelzéboul[1] » ; autrement dit de détourner Israël vers les idoles, crime passible légalement de la peine capitale, puisque le Deutéronome (13, 3-6) commande de faire mourir le faux prophète séducteur et idolâtre. Certains Pharisiens se demandent si l'esprit de Dieu n'est pas derrière les signes de Jésus ; mais ils sont en minorité. C'est du moins l'impression que donnera la suite des événements.

L'enquête pharisienne contre Jésus se précise lors des fêtes de *Soukkot* de la première année, après la guérison miraculeuse qu'il accorde à un paralytique, à la piscine de Bet Hesda. C'est une violation du shabbat ! Car Jésus a dit : « Lève-toi, prends ton grabat et marche. » Or « c'était le sabbat ce jour-là » (Jn 5, 8-9).

Ce n'était pas la guérison en tant que telle qui indigne les Pharisiens, mais la manière dont Jésus s'est permis de

1. Baal Zeboul, idole syrienne.

l'accomplir : faire *porter et transporter* un objet (le grabat) pendant le shabbat est contraire à la Loi. Ce que Jésus dit au paralytique ressemble à un ordre formel de transgresser la Torah en violant le shabbat, crime « passible de la peine de mort par lapidation suivie de "pendaison sur le bois", aux termes de la législation en vigueur dans la Loi orale ; il s'agit en effet du cas du *mehalel'et haChabat*, l'une des dix-huit transgressions punies de la peine de mort[1] ». Car le symbole du shabbat est l'un des piliers d'Israël.

Une infraction de cette gravité entraîne une comparution devant le Sanhédrin, qui procède alors à l'instruction de l'affaire avant de la juger. Et c'est ce qui arrive à Jésus (Jn 5, 16-18). Il comparaîtra d'ailleurs plusieurs fois devant le Sanhédrin (ou une *fraction* de celui-ci) pour parler de sa personne et de son action, c'est-à-dire se défendre sur le terrain où on l'attaque : celui des prescriptions de la Loi. Mais la façon dont il se défendra ne fera qu'aggraver son cas. Accusé du crime de « profanation du shabbat » (*hilul haChabat*), que répond-il ? Qu'il n'a rien profané du tout, puisque le shabbat lui appartient : « Le Fils de l'Homme est maître du shabbat », énonce-t-il tranquillement. Ce qui revient à dire que lui, Jésus de Nazareth, est à la fois le Messie (« Fils de l'Homme ») et... Dieu, puisque seul est « maître du chabbat » celui qui l'a créé !

Le récit johannique de la comparution devant Anne et Caïphe pourra donc être extrêmement bref : « Jean n'en dit pas plus sur le procès juif, parce que ce procès remplit en fait tout son évangile, depuis l'interrogatoire de Jean 1, 19, jusqu'à la décision de tuer Jésus, 11, 49-53 » (*Bible de Jérusalem,* 1978).

L'évangéliste décrit Jésus montant plusieurs fois à Jérusalem pour y affirmer, par vagues successives, qui il est et ce qu'il apporte. Chaque fois, par contrecoup, le procès des autorités à son encontre avance d'un pas. Chaque fois, les Évangiles signalent la montée de la jalousie et de l'hostilité des dirigeants de Jérusalem envers Jésus : Marc 11, 18 ;

1. J. Genot-Bismuth. Le texte de cette jurisprudence est dans la Mishnah, *Sanhédrin* 7, 4.

Jean 4, 1.3 ; 7, 32.46 ; 12, 10 s. ; 19... D'un côté les grands prêtres, qui craignaient que la « révolution religieuse » de Jésus ne finisse par mettre en péril les rentrées fiscales et donc les revenus du Temple. De l'autre côté, les Pharisiens, qui redoutent la concurrence du Galiléen auprès des foules, mais qui s'indignent aussi (sincèrement) des aspects « intolérables » de tout ce qu'il fait et de tout ce qu'il dit. « Ses paroles et ses actes ne montraient que mépris pour leurs interprétations casuistiques de la Loi, pour eux aussi sacrées que la Loi elle-même... Jésus tolérait la présence autour de lui de pécheurs, de péagers, de filles, tous gens qu'aucun dévot ne pouvait fréquenter sans se souiller... Il parlait de Dieu et de ses relations avec Lui en des termes qu'ils croyaient ne pas pouvoir interpréter autrement que comme des blasphèmes » (Mc 2, 7 ; Jn 5, 18 ; 7, 29 s. ; 8, 58 s. ; 10, 30 s.)... « Il menait une lutte impitoyable contre tout ce qui n'était que la lettre de la religion[1] » (Mc 12, 38.40 ; Mt 23, 1.39 ; Lc 12, 1 ; 16 ; 15 ; 18, 11).

Jésus ne peut pas être le Messie, puisqu'il viole la Loi et compromet le travail pharisien de « re-fondation » d'Israël ; ses miracles, et en particulier le dernier et le plus retentissant (la résurrection de Lazare), doivent donc venir d'ailleurs que du Ciel. Et les Pharisiens, de toute façon, sont persuadés que le Ciel a renoncé à intervenir dans les affaires religieuses, qu'il a déléguées une fois pour toutes aux sages scribes de Jérusalem. D'où leur maxime : « La Torah n'est pas dans le Ciel. » Si Jésus accomplit des prodiges au nom du Ciel, il faut le supprimer de la scène publique. D'autant que ces prodiges risquent d'enfiévrer le peuple, donc d'attirer une répression romaine. Les Pharisiens ne veulent cela à aucun prix. Les grands prêtres non plus. Pour une fois, leurs intérêts se rencontrent.

Et ce sera la réunion du Sanhédrin racontée par Jean, juste après le miracle de Lazare : les Pharisiens n'accusent plus Jésus d'être un hérétique mais un fauteur de troubles ; ils craignent de voir les Romains déclencher une répression générale contre le culte et la « nation ». Bon connaisseur de la mentalité de l'occupant, Caïphe leur donne sa solution en

1. Joseph Blinzler, *Le procès de Jésus*, *op. cit.*

disant : « Il est de votre intérêt qu'un seul homme meure » (Jn 11, 50). Cette phrase veut dire que l'intérêt du Sanhédrin est de prendre les devants et de dénoncer lui-même à Pilate le problème et sa seule cause : cet homme de Galilée nommé *Iechoua ha-Nôtsri*, « Jésus le Nazôréen ». Ainsi le Sanhédrin fera coup double : il se fera bien voir de l'autorité romaine, et il laissera à celle-ci le soin d'éliminer le Galiléen elle-même en le mettant en croix ; ce châtiment ignoble montrera de surcroît aux foules que le pseudo-Messie n'était qu'un homme très ordinaire[1].

Cette solution éminemment politique sera adoptée aussitôt, et Yosef Qayafa, que nous appelons « Caïphe », aura marqué un point. Comme le souligne Schalom Ben-Chorin :

« Le procès de Jésus reçoit tout éclaircissement de l'évangile de Jean. On trouve la clé de l'argumentation dans la parole de Caïphe (Jn 11, 50)... Caïphe reprend encore une fois cet argument (Jn 18, 14) lors de l'instruction préliminaire. À considérer la situation comme elle se présentait, avec un peuple juif opprimé qui gémissait dans sa patrie occupée, on comprend mieux le souci des milieux responsables de mettre tout en œuvre pour neutraliser un agitateur comme Jésus de Nazareth, qui attirait à lui les foules... »

En résumé :

Le procès de Jésus commence à la Pâque du début de la première année. Ensuite, se succèdent des interrogatoires et des tentatives de lapidation légale, au fil de ses paroles et de ses actes. La fameuse question que posera Caïphe à Jésus lors de la Passion[2] – « Es-tu le Messie ? » – lui a déjà été posée plus de trois mois avant, lors de la fête de *Hannoukah*, au Temple, sous le Portique de Salomon, par des membres du Sanhédrin. Elle fut suivie d'un début de lapidation pour flagrant délit : « Nous te lapidons pour un blasphème : parce que toi, un homme, tu te fais Elohim ! » (Jn 10, 33, trad. A. Chouraqui). C'est leur réaction à ce que

1. C'est pour souligner cela que des membres des trois groupes du Sanhédrin, assistant dans la foule à la crucifixion, diront à voix haute : « Qu'il descende de la croix et nous croirons en lui » (Mc 15, 32 ; Mt 27, 42) ou : « Qu'il se sauve lui-même s'il est le Messie » (Lc 23, 35).

2. Selon les synoptiques.

Jésus vient de leur dire, mais aussi à ce qu'il n'a cessé de dire en public, depuis des mois, et que les diverses commissions d'enquête ont dû rapporter aux responsables de Jérusalem ; notamment ses phrases sur le « Royaume », qui ont toutes l'air de créer un lien privilégié entre Jésus de Nazareth et le règne de Dieu *(malkhut chamayim)*.

Si on lit attentivement l'évangile de Jean, on constate, comme Jacqueline Genot-Bismuth, que des sentences de mort contre Jésus semblent avoir été énoncées plusieurs fois, selon la procédure de flagrant délit :

1. À la fête de *Soukkot* de la première année, à cause de la parole où il se montre « s'égalant lui-même à Elohim » (Jn 5, 18, trad. A. Chouraqui) ;
2. À *Soukkot* de la deuxième année, six mois avant la Passion ;
3. À la fête de *Hannoukah*, quatre mois avant la Passion.

S'il en est bien ainsi, alors le procès final du Vendredi saint ne sera qu'une « audience de validation » : sur le plan *juif* la condamnation est déjà acquise depuis longtemps. Elle a même été prononcée plusieurs fois, en présence de Jésus ou en son absence (par contumace) ; la dernière l'a été par contumace, au cours d'une séance du Sanhédrin consécutive à la résurrection de Lazare, une quarantaine de jours avant la Pâque[1].

La sentence de mort est ainsi présente tout au long du processus de l'affrontement entre Jésus et ses adversaires. Ceux-ci auraient de quoi le condamner pour motif religieux, que ce soit l'accusation d'hérésie[2] ou la prétention à se faire Dieu[3] ; mais puisque Caïphe a choisi de dénoncer Jésus à Pilate, il va falloir trouver de quoi nourrir un procès *romain*.

---

1. Noter que, s'il en est ainsi, ce délai de quarante jours respecte même la procédure juive indiquée au siècle suivant par les écrits rabbiniques et recueillie dans la Mishnah. Cette idée pourrait être fructueusement versée au débat des historiens.

2. La parole sur le Temple détruit et relevé, l'abandon des lois de pureté, la séduction du peuple par la magie, etc.

3. Ou même à se dire « Messie ».

Ce qui va se passer

Le « procès juif » de Jésus est une simple audience de validation d'une sentence portée depuis longtemps. – Le « procès romain » est un coup monté de toutes pièces, mais qui peut se détraquer.

La *probabilité* d'un procès intenté à Jésus par le Sanhédrin se dessine dès le début de l'action publique de ce dernier. Tout simplement parce que n'importe quel Juif ayant une activité religieuse hors norme est passible d'une enquête et, s'il y a lieu, d'un procès. Les Évangiles attestent l'existence d'enquêtes sur Jean le Baptiste et sur certains des miraculés de Jésus : le paralytique, l'aveugle-né. Les écrits rabbiniques confirment cette pratique.

Mais Jésus a-t-il eu un « procès juif » ? Nous venons de voir une façon de répondre à cette question. Mais le point est très controversé. Car il y a plusieurs manières de poser le problème, et bien des difficultés peuvent être soulevées.

L'une des variantes est la chronologie. Celle de Jean diffère de celle des *synoptiques* : l'évangéliste situe la mort de Jésus non le jour de la Pâque, mais la veille. Certains historiens[1] en déduisent que Jésus suivait le calendrier essénien et qu'il a célébré la Cène dès le mardi soir. Ils en concluent[2] que le Sanhédrin a eu le temps de respecter les

1. Annie Jaubert, in *Approche de l'évangile de Jean*.
2. Jean Imbert, in *Le procès de Jésus*.

délais légaux de la procédure criminelle judaïque, décrits très ultérieurement par le Talmud. (Nul ne sait cependant si ces délais ont vraiment *existé* dès le Ier siècle !)

Une autre variante concerne ce qui s'est passé à l'aube du Vendredi saint, si la comparution de Jésus devant ses juges juifs n'a été qu'une simple formalité, comme le bref récit de Jean semble le suggérer. « Le procès réel, ouvert *in presentia* le huitième jour de *Soukkot*, an II, dans la matinée, s'est conclu à la fin de l'hiver de la même année par une condamnation à mort *in absentia* – l'élément décisif à charge ayant été la résurrection de Lazare. L'arrestation est donc largement postérieure à la condamnation et les interrogatoires de la nuit du 13 au 14 *nisan* ne sont que la routine : en quelque manière, des vérifications d'usage après l'arrestation d'un condamné par contumace » (J. Genot-Bismuth).

Une troisième variante consiste à tout centrer sur la décision « politique » de Caïphe, et à en déduire (avec l'exégète Simon Légasse[1]) que Jésus, « en fait de tribunal, n'eut à connaître que celui des Romains ». Selon lui, le grand prêtre n'a fait que susciter la sentence romaine, en *fabriquant un grief* et en faisant *pression* sur le préfet.

C'est également ce que semble dire le fameux passage où Flavius Josèphe (*Antiquités juives* XVIII 3, 3, § 63-64) mentionne l'exécution de Jésus.

Mais ce qui s'est passé finalement le Vendredi saint ne change rien à ce qui s'était passé pendant les deux années écoulées, selon le « témoin oculaire » Jean : Pharisiens et grands prêtres avaient mené contre Jésus un long procès à épisodes, avec sentence(s) de mort.

Si les hommes du Sanhédrin ont finalement besoin de Pilate, c'est que le « procès juif » a bien eu lieu (sous la forme indiquée par Jean ?), mais qu'il n'est plus question de le conclure par une simple « lapidation de flagrant délit » au Temple. On a vu le raisonnement de Caïphe, qui est allé au-devant de la nouvelle préoccupation des Pharisiens ; la manœuvre consiste désormais à obtenir que

1. In *Le procès de Jésus*, t. I.

Pilate crucifie lui-même Jésus, le tuant ainsi physiquement *et* moralement, par un supplice à la fois banal et déshonorant. (La « mise en croix » inspirait aux gens du Ier siècle une répulsion dont nous n'avons pas idée.) Pour arriver à ses fins, Caïphe doit convertir le chef d'accusation du « procès juif », qui n'aurait aucune pertinence dans l'espace judiciaire romain, en quelque chose qui puisse mériter la peine de mort selon la loi de Rome.

Ce sera facile, pense Caïphe, puisque Jésus a fourni lui-même le prétexte en parlant du « Royaume », et que des foules l'ont acclamé comme « *fils de David* » : cela devrait suffire à établir, aux yeux des Romains, la présomption d'une « prétendance » politique royale, acte qualifié comme criminel dans toutes les provinces romaines et puni de la peine de mort.

Caïphe pense sans doute n'avoir aucun mal à convaincre le préfet, dans la mesure où il y a eu de nombreux précédents. « De quel crime Jésus fut-il accusé devant Pilate par les grands prêtres ? [...] D'après les quatre Évangiles, l'interrogatoire de Pilate commence *ex abrupto* par cette question : “Es-tu le roi des Juifs ?” [...] La question suppose une information préalable dont on n'a pas de peine à deviner la teneur. Quelques décennies auparavant, le vide politique créé par la mort d'Hérode le Grand (4 av. J.-C.) avait déclenché des troubles. Alors, écrit Josèphe, “toute la Judée était pleine de brigandages”. N'importe qui pouvait se proclamer roi à la tête d'une bande de rebelles qu'il s'était associée pour amener la perte de la communauté, ne causant que des dommages insignifiants aux Romains mais produisant le pire des carnages sur leur propre peuple[1] [...] On ne doutera pas que les grands prêtres aient livré Jésus à Pilate en le présentant sous les traits d'un agitateur prétendant à la royauté » (S. Légasse).

En somme, le complot consiste à fournir à Pilate les données qui lui permettront de condamner comme « rebelle politique » un homme qui n'est ni politique, ni rebelle. Mais cette manœuvre ne signifie pas que seule

1. Des chefs de bande (Judas, Simon, Athrongès) s'étaient ainsi proclamés « rois » et avaient ravagé la région.

l'autorité romaine en voulait à Jésus. (Connaissait-elle son existence ?) Et si manœuvre il y a eu, c'est que l'autorité juive avait ses propres raisons.

Caïphe s'est certainement chargé d'organiser l'opération du côté de Pilate, son partenaire habituel. Il y eut sans doute, pour mettre les choses au point (c'est l'avis de Simon Légasse), une de ces entrevues discrètes qui doivent avoir eu lieu assez souvent entre le grand prêtre et le préfet.

Le jour venu, pourtant, les choses ne se passeront ni aussi vite ni aussi bien qu'espéré. Le préfet romain est certes en *speaking terms* fonctionnels avec le pontife juif ; mais c'est aussi un homme sur le qui-vive, qui ne veut à aucun prix qu'on lui force la main en public à Jérusalem, et qu'ensuite son attitude soit interprétée à Rome. Nous verrons que Ponce Pilate, dans certaines circonstances, est capable de ruse et d'obstination.

Le Sanhédrin veut dénoncer Jésus comme « se disant roi des Juifs » (crime romain), après l'avoir condamné pour s'être dit Messie de façon sacrilège et blasphématoire (crime mosaïque). La figure du Messie étant plus ou moins « royale », et Jésus ayant souvent parlé de « royaume », la conversion du crime mosaïque en crime romain n'est pas difficile.

Reste une question de taille, que pose Joseph Blinzler : pourquoi le Sanhédrin organise-t-il un « procès », s'il n'a plus le droit d'exécuter les condamnés ? « À cette époque d'indépendance limitée, les Juifs avaient à cœur d'user de leur propre droit dans la mesure du possible... Une condamnation à mort de leur part n'était pas forcément sans valeur pratique. C'était déjà un moyen d'exercer une pression morale sur le juge romain (Jn 19, 7 : "Nous avons une loi, et selon cette loi il doit mourir")... Une condamnation fondée sur la loi locale était également nécessaire pour agir sur l'opinion publique. Enfin, si l'instruction du procès juif avait pu prouver que Jésus avait vraiment voulu détruire le Temple, Pilate aurait eu une raison supplémentaire de confirmer et d'appliquer la sentence, Rome ayant en charge la protection de tous les biens cultuels. »

Ainsi, observe Joseph Blinzler, on comprend :

« 1. La résolution inexorable avec laquelle les sanhédrites ont porté devant un juge païen une accusation contre l'un de leurs compatriotes, et n'ont pas voulu en démordre ;

2. Le changement total de l'état d'esprit de la masse[1] qui, à partir du Vendredi saint au matin, ne montre plus la moindre trace de cette sympathie qu'elle avait manifestée au Nazaréen, et, faisant chorus avec les sanhédrites, réclame sa mort ;

3. Le fait que Pilate ait fini par prononcer une sentence de mort contre un individu dont il était clair qu'il était politiquement inoffensif. »

Lazare : le miracle de trop

Nous l'avons vu, la résurrection de Lazare, miracle réalisé par Jésus à quelques kilomètres à peine de Jérusalem, a joué un rôle décisif dans la décision des autorités juives en leur faisant prendre conscience de l'ascendant du Galiléen sur une foule judéenne : « Jésus rend grâce à Dieu non pas au moment où Lazare est rendu à la vie, mais lorsque l'assistance endeuillée accepte d'ouvrir le tombeau nauséabond, ce qui a un tout autre sens : l'assistance a cru à la parole de Jésus, avant même le spectacle d'un miracle » (É. Nodet). C'est le constat de cette emprise de Jésus sur la foule qui déclenche l'opération éradicatrice des autorités de Jérusalem : « Dès ce jour-là donc, ils résolurent de le tuer » (Jn 11, 53). Résolution renforcée après le retour de Jésus à Béthanie, avant la dernière Pâque : « La grande foule des Juifs apprit qu'il était là et ils vinrent, pas seulement pour Jésus, mais aussi pour voir Lazare qu'il avait ressuscité d'entre les morts. Les grands prêtres décidèrent de tuer aussi Lazare, parce que beaucoup de Juifs, à cause de lui, s'en allaient et croyaient en Jésus » (Jn 12, 9). Encore qu'il aurait fallu faire une distinction – que ne font

1. Au sens de « masse de manœuvre ». Il ne s'agit pas du peuple dans son ensemble.

apparemment pas les grands prêtres – entre la « foi » (confiance) des témoins originels de la résurrection de Lazare et l'appétit de merveilleux (versatile) de la grosse foule ; on ne va pas tarder à mesurer cette versatilité...

S'ensuivent les événements qui accélèrent le complot de la semaine de Pâque. Jacqueline Genot-Bismuth les reconstitue ainsi : le samedi soir 8 *nisan*, premier jour de la semaine, la foule accourt de Jérusalem à Béthanie pour voir Lazare le miraculé ; le dimanche matin 9 *nisan*, la foule fait un « triomphe » à Jésus lors de son arrivée dans la Ville sainte. « À son entrée dans la ville, on l'accueillit en criant un *hosanna* accompagné d'un verset du psaume 118 (v. 26), "Béni soit celui qui vient en Son Nom". C'était là un chant habituel de cette fête de pèlerinage. On l'adressait aux pèlerins à leur entrée dans la ville de Jérusalem. Qu'on ait étendu des vêtements sur le chemin de Jésus, c'était peut-être un hommage rendu au prophète venu de Galilée. Il entra donc dans la ville, rendit visite au Temple et partit aussitôt pour Béthanie, village des environs de Jérusalem. C'est là, chez des amis, qu'il passa les dernières nuits de sa vie. Le jour, il montait à Jérusalem pour enseigner dans le Temple » (David Flüsser).

Mais des gens dans la foule semblent avoir ajouté, aux chants rituels, des allusions royales : « Hosanna au "ben David" ! » (au « fils de David » : Mt 21, 9) ; « Béni le royaume qui arrive de David, notre père ! » (Mc 11, 10, trad. A. Chouraqui) ; « Le roi, au nom d'Adonaï ! » (modification du psaume 118, 26, en Lc 19, 38, trad. A. Chouraqui), etc.

Ce genre de choses peuvent être interprétées politiquement ; ainsi Caïphe tient un indice de plus. Les acclamations « royales » ne signifient pas nécessairement que les auteurs des cris aient été des provocateurs : il a pu s'agir de patriotes particulièrement enthousiastes, persuadés d'être en présence du sauveur politique d'Israël ; le miracle de Béthanie, dont tout le monde parlait, avait beaucoup contribué à la gloire de Jésus.

On peut même imaginer que la terrible déception des jours suivants, quand Jésus sera arrêté et humilié (au lieu d'être reconnu et glorifié comme Messie par le grand prêtre), va « retourner » une bonne partie de cette foule. Les plus enthousiastes deviennent dans ces cas-là les plus déçus, voire les plus furieux. Le phénomène est connu. Jésus lui-même avait plusieurs fois mis en garde contre ce genre d'enthousiasme. « Il appellera "génération mauvaise" (Lc 11, 29) la foule qui s'amasse pour voir un signe, un miracle, car précisément là où il n'y a plus que le signe, il n'y a plus de foi (Jn 2, 24). Et alors le signe lui-même disparaît (Mc 6, 5), la foule ne veut pas croire en lui, mais être subjuguée par lui, comme lors de l'entrée triomphale à Jérusalem[1] » (A. Maillot).

L'entrée « royale » de Jésus dans Jérusalem se fait certainement par la porte sud-est de la ville, donnant sur le Cédron. Le cortège a dû ensuite suivre le parcours rituel des processions. Tournant vers le nord, par la petite rue du Marché (bazar de la ville basse), il est allé jusqu'au Xyste (place de l'hôtel de ville) où siège habituellement le Sanhédrin.

Puis la foule et Jésus sont montés au Temple. Combien de gens se souviennent ce jour-là, dans cette ville qui vit du sanctuaire, que Jésus a prophétisé sa ruine ?

---

1. *Dictionnaire encyclopédique de la Bible, op. cit.*

DEUXIÈME PARTIE

LES ACTEURS

« Christus, que, sous le principat de Tibère,
le procurateur Ponce Pilate
avait livré au supplice... »

TACITE, *Annales* XV, 44
(soixante-dix-huit ans après les faits)

Iechoua, surnommé « ha-Nôtsri »

Jésus « le Nazôréen » : un individu se présente comme la réponse à toute question – Un maître et sa communauté – Son nom est un programme – Des faits et gestes sans équivalent – Le mystère de sa personne – Une révolution ?

Vers l'an 30, le judaïsme « connaît une incroyable diversité, que nous avons peine à imaginer aujourd'hui après le durcissement qu'il a subi sous la houlette pharisienne » : c'est un milieu soumis à la surenchère perfectionniste, « chaque groupe fixant son identité par la lecture qu'il fait des Écritures » (Daniel Marguerat, *Cahiers Évangile* n° 108). La classe des intellectuels laïcs, dits *hakhamim*, éclatée « en multiples tendances et militances, des Pharisiens aux Esséniens *via* toute la gamme des mystiques et contestataires » (J. Genot-Bismuth), évolue dans un foisonnement de doctrines et d'écrits – que les rabbins d'après 70 censureront jusqu'à les faire disparaître.

C'est dans ce contexte que surgit une « hérésie » inouïe, et qui émane d'un seul homme. Dans ce judaïsme bouillonnant, où les courants théologiques tirent chacun de leur côté pour tenter de répondre à l'énigme d'un Israël tombé à la merci des païens, surgit un individu qui apporte lui aussi une réponse, et une réponse sans équivalent.

Le monde entier l'appellera « Jésus ». Dans sa langue, ce nom se dit « Iechoua ».

C'est un Galiléen. Il parle aux foules, en plein air ou dans les synagogues, comme tout Israélite capable de faire le *darchan*[1], c'est-à-dire d'improviser une homélie sur les textes du jour ; à ceci près que « personne ne parle comme lui », ainsi que le constatent ses propres adversaires. Il fait aussi de nombreux et retentissants miracles.

Sa carrière publique commence à la Pâque de l'an 28 quand il chasse les marchands du Temple[2], pour s'achever à la veille de la Pâque de l'an 30, jour de sa mise en croix.

Ses guérisons miraculeuses lui ont attiré d'abord l'enthousiasme des foules.

Puis, un « filtrage » (É. Nodet) s'est produit. Son message prenait une tournure étrange, scandaleuse, voire décevante, selon les lieux et les points de vue. La mission qu'il semble se donner est, finalement, une énigme pour tout le monde. Le réseau pharisien a enquêté sur lui et l'a souvent rencontré, pour des discussions qui tournaient toujours au quiproquo ou à l'affrontement déconcertant, et qui aboutissent au rejet de Jésus par les « Purs ». Quant aux autorités de Jérusalem, elles sont chaque jour plus hostiles à ce Galiléen suspect. Ainsi, les choses ne peuvent que tourner mal.

Après l'exécution de Jésus (que l'on sentait venir), un changement va cependant se produire. Ses disciples vont le proclamer « *Christos* » : autrement dit l'Oint, le Messie de Dieu. Cinquante jours après la Pâque, devant la foule réunie à Jérusalem pour le deuxième grand pèlerinage annuel, la fête des Semaines (*Chavouot*) ou « Pentecôte » dans la Bible en grec, ils se mettront à parler et agir au nom de Jésus « vivant à jamais ». Leurs actes et leurs paroles vont ressaisir les actes et les paroles de leur maître, et engendrer des écrits, qui se condenseront à leur tour en diverses versions d'une même « Annonce », ou « Évangile[3] », du grec *evangelion*, (« bonne nouvelle : un terme de l'époque, qui servait couramment, dans le langage politique, à désigner les actes officiels destinés à faire le bonheur du peuple).

1. Prédicateur.
2. Selon l'évangile de Jean.
3. *Bessora* en hébreu, *Bessorta* en araméen.

Nous savons beaucoup de choses sur la richesse du milieu entourant Jésus et sur la naissance du christianisme, constate Étienne Nodet, mais sa personne, ses dires et ses actions « donnent une impression paradoxale, faite de proximité, d'une part, et de l'évidence qu'il y a un certain seuil infranchissable, de l'autre ». Schalom Ben-Chorin observe que « dans les récits des Évangiles, beaucoup de traits et de détails se contredisent ; pour cette raison même, on doit conclure que les Évangiles ne présentent pas une abstraction didactique ou un mythe messianique purement inventé, mais bien un fils d'homme, un homme réel dont le souvenir est demeuré vivant, même si on l'auréole de gloire... Les évangélistes ne retenaient jamais que ce qui leur paraissait absolument digne de foi, d'où la remarquable concision, jamais mise en défaut, des écrits néotestamentaires, qui pourraient servir de modèle à bien des auteurs contemporains... On peut découvrir, sous un voile grec qui recouvre pour ainsi dire les Évangiles, une tradition hébraïque originale, car Jésus et ses disciples n'étaient rien d'autre que des Juifs, et des Juifs de pure souche ». Quant à André Chouraqui, il estime que l'évangile de Matthieu a été rédigé assez tôt au Iᵉʳ siècle (avant l'an 70), et qu'il est l'œuvre de quelqu'un qui « pense en hébreu ».

L'évangile de Marc donne des repères historiques, destinés à des auditoires qui pouvaient les vérifier : par exemple les noms des fils de Simon de Cyrène, connus à l'époque. Ou un règlement intérieur du Temple.

Luc est, quant à lui, d'origine païenne : mais son évangile (qui vient compléter les enquêtes des autres) et sa relation des premiers temps de l'*Ekklesia* (les Actes) sont écrits sous le contrôle des évangiles antérieurs et des témoins oculaires. Ses sources, visiblement sémitiques, viennent aussi de témoins oculaires.

L'évangile de Jean est considéré par les historiens et les archéologues comme étant le plus « hiérosolymite » (c'est-à-dire celui qui porte le plus la marque d'origine de Jérusalem). C'est lui qui apporte le plus de précisions sur les circonstances de la Passion.

Quant au mouvement lancé du vivant de Jésus, l'historien « ne peut être dupe de la sobriété extrême des quatre biographies évangéliques » (A. Paul) : de toute évidence ces quatre textes n'ont pas été rédigés pour nous donner une évaluation socio-politique de « l'Église » naissante.

Mais on comprend, si on lit les Évangiles avec attention, que le « mouvement de Jésus » a eu de l'envergure[1] avant même la Résurrection et la Pentecôte.

André Chouraqui, dans la préface à sa traduction française des Évangiles, donne sa vision (juive) de la personne de Iechoua-Jésus :

« Il a une voix qui lui est propre, unique, inoubliable pour tous ceux qui en entendent les âpres accents. Les Évangiles nous décrivent ses enfances dans deux récits parallèles, mais pas forcément concordants, ceux de Luc et de Matthieu. Suivent les récits de l'immersion de Iechoua par Jean Baptiste, de ses tentations, des débuts de sa mission prophétique, devenant l'annonciateur du royaume d'Elohim à un peuple écrasé depuis des siècles par les empires de ce monde. Il annonce avec génie, en d'inoubliables paraboles, le royaume qui vient, la parousie et le jugement dernier qui, dans un monde proche de sa fin, rétablira le règne lumineux de son créateur, *Adonaï Elohim*.

« Iechoua n'est pas un rabbi comme il en est tant, il n'est pas non plus un prophète ordinaire : émane de lui une puissance qui ébranle les masses auxquelles il s'adresse de préférence, le *'am ha-harèts*, le "peuple de la terre", les humbles, les déshérités méprisés par les Sadducéens, par les scribes, et même par les Pharisiens. Porteur d'une annonce rédemptrice, il aspire à accomplir la Torah, non à la supprimer : la vraie piété exige une absolue sincérité, un amour infini d'Adonaï et du prochain. La prière qu'il enseigne à ses disciples, le *Notre Père* (Mt 6, 9-13), marie deux textes que les Hébreux récitent quotidiennement dans les liturgies, le *Qadish* et les *Shemonei 'Esnei* ou dix-huit Bénédictions [...] Il attire les masses par la puissance de sa prédication autant que par ses guérisons miraculeuses – les quatre Évangiles y insistent – et par ses exorcismes.

---

1. Foules, enquêtes des autorités, envoi des 72 en mission (peut-être lointaine), etc.

« Davantage encore, il ouvre à tous les portes de l'espérance [...] N'est-il pas le Messie, le roi sauveur attendu par tout Israël, ce Iechoua qui soulève les foules, et qui, entrant à Jérusalem, est accueilli comme un roi ?

« Iechoua lui-même ne prétend publiquement à aucun titre, à aucune mission, sauf d'accomplir la volonté de son père céleste. Mais depuis le voyage à Césarée de Philippe, les apôtres pressent le maître de sortir du secret messianique et de s'affirmer publiquement en tant que fils d'Elohim, que prétendant légitime au trône de David, que restaurateur du royaume souverain d'Adonaï. Que pense Iechoua de ces utopiques espérances, trop terrestres, trop matérielles, trop folles pour être réalisables ? Qu'entend-il exactement par le royaume d'Elohim qu'il annonce ? Quelle que soit la réponse à ces questions, il est certain que ses auditeurs amis, et davantage encore ses ennemis, voient en lui un prétendant à la couronne, à une royauté très terrestre, un chef suffisamment puissant pour libérer la nation du joug romain, pour la délivrer de ses ennemis, pour restaurer sa souveraineté dans ses anciennes et larges frontières et régner à jamais sur le trône de David à la tête d'un peuple heureux. D'enthousiasme, les foules l'accueillent en tant que tel, même si lui se tait, évite de parler de lui-même, préférant être reconnu en tant que Messie sauveur par ses œuvres davantage que par ses mots.

On ne peut comprendre le drame d'avril 30 qu'en relation avec les réalités du judaïsme de cette époque et son immense attente d'une délivrance.

Jésus heurte ceux qui avaient déjà installé leurs réseaux pour capter cette attente ; et aussi ceux qui la récusent, au premier rang desquels les hommes de pouvoir. Cet *inclassable* s'attire donc l'hostilité de tout le système officiel : du haut clergé aux Pharisiens.

Un maître et sa communauté

L'homme a une bonne trentaine d'années. Il est de Galilée, province frondeuse qui n'a pas bonne réputation à Jérusalem.

Dédaigné par les scribes parce qu'il n'a pas « étudié » (Mc 11, 27-28), il enseigne néanmoins comme un rabbi. Mais il parle de sa propre autorité, ce qui est intolérable aux yeux des experts de la Loi ; et il opère des miracles, chose unique en Israël.

La communauté que forment Iechoua et ses disciples ressemble un peu à une *havoura* (confrérie) pharisienne, ou à une *yahad* (communauté) essénienne. Cependant elle est très singulière : tout rabbi a des disciples, mais ce sont eux qui le choisissent ; dans le cas de Jésus, c'est lui qui les a appelés. Et ce dont il les charge dépasse de loin les tâches (toutes intellectuelles) ordinairement confiées aux disciples des rabbins : « Tu es Pierre », dit-il ; et les exégètes s'accordent à trouver une puissante saveur d'origine à cette phrase de l'Évangile (Mt 16, 18-19). « Jésus rassemble ses apôtres[1] en une *ekklesia*, à la tête de laquelle il met Pierre à qui il donne primauté et tous pouvoirs sur cette "Église" [...] On décèle dans ce passage une saveur très sémitique et sans doute même on pourrait y retrouver la langue araméenne parlée par Jésus[2] » (B.-M. Ferry). « On a remarqué depuis longtemps que cette déclaration, pétrie de sémitismes, reflète un original araméen ou peut-être même hébreu [...] La confrérie des Douze s'en trouve instituée pour entourer Pierre, et non Jésus ; en sens inverse, Pierre sera plus tard invité à encourager ses frères (Lc 22, 32) » (É. Nodet). « Jésus a institué les Douze pour lui survivre, mais sans les accabler d'instructions pratiques. Ils se mouvaient dans un milieu riche en coutumes et en symboles ; ceux-ci ont largement subsisté (dans le christianisme), mais leur signification a été complètement transformée par la proclamation du kérygme[3] » (*ibid.*).

Ainsi, les travaux récents de la recherche historique admettent que Jésus a réellement été le « fondateur » de ce que l'on appelle le christianisme. (Les théologiens préfèrent dire qu'il en est le « fondement ».) Et cette « fondation »

---

1. Le terme évangélique d'« apôtre », *apostoloi* en grec, est emprunté au vocabulaire commercial et politique de l'époque, dans lequel il désigne tout mandataire ou délégué envoyé au loin.
2. *Dictionnaire encyclopédique de la Bible, op. cit.*
3. L'annonce de la résurrection et du salut en Jésus-Christ.

accomplit une révolution : ce n'est pas une simple déviance, mais une *rupture* et une *nouveauté*, par rapport au judaïsme officiel, indique André Paul : « Un système nouveau naissait. Ses règles consistaient dans l'accueil, la communion et l'extension. Et ses limites se confondaient avec celles du Royaume de Dieu. Sur de telles bases, une “assemblée” (*knesset, ekklesia*) toute nouvelle se constituait autour de Jésus. » Celui-ci innove radicalement, puisqu'il se place en relais entre Dieu et les hommes, et qu'il délègue ce pouvoir intercesseur à ses « apôtres » : chose jamais vue en Israël.

Qui sont ces « apôtres » ? Rien n'autorise à affirmer que l'entourage de Jésus se composait exclusivement de petites gens frustes, et n'incluait pas des disciples et assistants plus cultivés. La société juive était « scolarisée », sur le plan religieux du moins. Et des transfuges de Qoumrân, venus peut-être du groupe de Jean le Baptiste, « figuraient très probablement parmi les compagnons du prêcheur de Nazareth : la culture de l'écrit leur était familière ; ils avaient acquis le réflexe et le savoir-faire de noter ce qu'ils entendaient d'un maître, et d'y apporter au besoin leur pointe de réflexion. Tel d'entre eux connaissait sans nul doute le grec... » (A. Paul). En Galilée, « tout le monde était alphabétisé, d'où l'omniprésence des scribes, à la fois copistes et instituteurs [...] Même des gens “sans instruction ni culture” connaissaient l'Écriture... » (É. Nodet).

Les Douze, à l'origine, forment trois groupes :

1. Celui des quatre « premiers appelés » : les frères Simon-Pierre et André, les frères Jacques et Jean ;

2. Celui de Philippe, Barthélémy (Nathanaël), Matthieu et Thomas, surnommé Didyme ;

3. celui des frères Jacques et Jude, avec Simon le Zélote et Judas Iscariote.

On discerne aussi l'existence de disciples secrets, notamment à Jérusalem : des gens « gagnés par ce qu'ils ont vu et entendu sur l'esplanade du Temple, en plein air à la belle saison, sous le Portique de Salomon dans le froid de l'hiver. C'est là le lieu privilégié de la période majeure, de l'enseignement risqué, difficile, dangereux, mais toujours retenté, à Jérusalem, durant deux années pleines. Et il n'est pas jusqu'à la Cour des Femmes qui ne paraisse avoir été le théâtre de l'étonnant épisode de la femme adultère (Jn 8,

3.8), tu dans les trois autres évangiles, connu seulement de Jean » (J. Genot-Bismuth[1]).

Ces disciples secrets, par exemple Nicodème, « sont ceux qui s'efforcent de peser au Sanhédrin dans le sens de la clémence, veillant à ce que l'esprit des procédures préservant les droits de l'accusé soit respecté » (*ibid.*).

On les aperçoit jusque dans les rangs des « Hérodiens », fonctionnaires de la cour du tétrarque. Ainsi le nommé Chouza, cet intendant d'Hérode Antipas dont l'épouse Jeanne appartient au groupe féminin qui soutient financièrement Jésus. Ou encore ce Manaën, « ami d'enfance du tétrarque », dont nous parlent les Actes (13, 1). Ces personnages sont l'indice d'un « certain succès du mouvement de Jésus[2] » (A. van den Born). Il faudra nous en souvenir lorsque nous arriverons au face-à-face entre Jésus et Hérode, au matin de la Passion.

Son nom est un programme

Les foules et les disciples appellent Jésus « maître », : *marî* en azaméen, *adonî* en hébreu ; c'est un titre de respect souvent donné aux rabbins, et qui n'a pas, en soi, de signification religieuse.

Quant au prénom même de Jésus, *Iechoua,* il signifie « Salut ». C'est un prénom à la mode. Au moins quatre grands prêtres le portent au cours du Ier siècle. Iechoua a aussi un surnom : on l'appelle *ha-Nôtsri*, ce qui peut s'interpréter de plusieurs façons : ou bien « *le Nazarénien* », parce qu'il vient de Nazareth en Galilée ; ou bien « *le Nazôréen* » (chez Matthieu, Jean et dans les Actes) ; mais ce mot hébreu est intraduisible en grec. Construit sur l'idée de « préservation-protection », il peut vouloir dire « *Sauvé-Sauveur* » (peut-être le Messie royal, *cf.* Zacharie 9, 9) ou bien « mem-

1. Pour cette historienne, Jean l'évangéliste fait partie des « disciples de Jérusalem » et appartient au milieu sacerdotal. Ce qui explique, selon elle, sa façon de raconter la Passion et son rôle à la Cène ainsi que chez Anne.
2. *Dictionnaire encyclopédique de la Bible, op. cit.*

bre des préservés d'Israël » (*cf.* Is 49, 6). Auquel cas – soulignent des exégètes comme J. Winandy – le nom et le surnom de Jésus expriment une seule et même idée, annoncée par des prophètes : celle de Salut et de Protection. Et tout le monde le sait, apparemment, puisque Pilate lui-même fera inscrire sur l'écriteau réglementaire de la croix (où doit figurer l'identité du condamné avec le motif de sa condamnation) : « Jésus le Nazôréen ».

Iechoua ne donne pas de leçons. Ce n'est pas un moraliste. Il communique une annonce, sous une forme facilement mémorisable que « l'un de ses conseillers a l'idée d'homologuer sous le vocable à la mode d'"*Evangelion*", propre à plaire à tous » (A. Paul). Comme tout maître, Iechoua donne certainement à ses auditeurs-mémorisateurs des résumés de ses catéchèses : d'où ces récits oraux par cœur, qui seront condensés et diversement groupés dans des cycles que l'Église primitive appellera « mémoires des apôtres », et qui engendreront les Évangiles canoniques (P. Perrier).

En entendant le prédicateur galiléen, ses auditeurs ont l'impression qu'il leur communique une « science de la vie » (A. Paul) sans commune mesure avec la science exégétique des scribes, quoiqu'en résonance avec elle. C'est en cela aussi qu'il se distingue des Pharisiens. Et c'est pour cela qu'ils lui posent la question : « De quelle autorité fais-tu cela ? » Ses auditeurs, quant à eux, disent : « Cet homme parle comme nul autre. »

Ainsi la parabole du *Bon Samaritain* (Lc 10, 30-37), destinée à un docteur de la Loi. Elle résonne comme une provocation. Le prêtre et le lévite ne s'arrêtent pas pour secourir l'homme qui gît sur la route. Passent-ils leur chemin pour ne pas encourir l'impureté en touchant un cadavre[1] ? En ce cas, commente Schalom Ben-Chorin, « Jésus signifie ici que le *cohen* consciencieux fait passer un précepte cultuel avant le commandement de l'amour ». Celui qui va bien agir est un hérétique méprisable, un Samaritain. Or « Samaritain »

1. Un prêtre qui a touché un cadavre ne peut plus participer au service du Temple.

est une injure terrible pour les Juifs de l'époque de Jésus. Et cela n'empêche pas Jésus de dire au Juif qui l'écoute : allez et faites de même. « Il y a là une provocation inouïe. On ne peut la saisir qu'à la condition de bien voir que c'est à un docteur de la Loi qu'il est demandé de prendre un Samaritain pour modèle : il devra donc "agir comme lui", et apprendre de lui le véritable sens de la Torah ! » (*ibid.*).

Pour évaluer l'intensité de la haine entre Juifs et Samaritains, et pour comprendre la valeur d'excommunication de l'insulte « Samaritain » adressée à Jésus par des membres du Sanhédrin pendant une séance au Temple, il faut savoir que sous Coponius (6-9 ap. J.-C.) « des Samaritains, lors d'une Pâque, répandirent au milieu de la nuit des ossements humains dans les portiques du Temple et tout le sanctuaire ; ce fut manifestement un acte de vengeance, dont Josèphe passe la cause sous silence. Cette grave souillure du Temple, qui entraîna vraisemblablement une interruption de la fête de Pâque, fournit à la vieille haine un aliment nouveau » (J. Jeremias). On voit dans quel abîme de perplexité la parabole du « Bon Samaritain », où il est justement question de cadavre éventuel, de souillure et de prêtre, peut jeter les auditeurs de Jésus. Et il bouscule de surcroît toute casuistique : cela aussi déroute et révolte une partie de ses auditoires.

Des faits et gestes sans équivalent

Les foules acclament en Jésus le thaumaturge ; les disciples le suivent comme « celui qui a les paroles de la vie éternelle ». Certains disent qu'il est le Messie. Les Esséniens ralliés lui appliquent sans doute les figures messianiques élaborées à Qoumrân : les uns voient en lui le « Messie royal », d'autres le « Messie d'Aaron », grand prêtre des derniers temps. Les autorités le surveillent à cause de cette rumeur populaire, tandis que les Pharisiens se méfient de ce débatteur non breveté.

Quoi qu'il en soit, son comportement reste déroutant. Car jamais il n'agit comme on pense « qu'agirait le Messie ».

Chaque fois que les foules veulent l'acclamer comme roi libérateur, il se dérobe.

Ses disciples sont déroutés eux aussi. Ils prennent note scrupuleusement de ce qu'il dit et fait, mais sans bien comprendre, parce que ces dires et ces faits dépassent leur entendement. Ils trouvent tout cela contradictoire. Les notes qu'ils prennent reflètent cette incompréhension devant la complexité déroutante des événements ; nous en trouverons des échos dans les Évangiles. Les événements dont ils sont les témoins sont à leurs yeux fascinants mais confus et inattendus. Le Maître veut leur faire comprendre qu'un sens est à l'œuvre sous ces incohérences apparentes, mais puisqu'il s'agit d'un sens ultime, il n'est pas encore discernable : ni par les disciples, ni par qui que ce soit. « Père, pardonne-leur, ils ne savent pas ce qu'ils font... » Et quand Iechoua déclare qu'il soit souffrir et mourir, comment comprendre une telle contradiction avec les prophéties ?

Le Messie peut-il souffrir, mourir même, avant d'avoir libéré Israël ? Si le Maître est vraiment destiné à ce destin cruel, comment pourrait-il être l'Envoyé de Dieu ? Il y a là, pour ses auditeurs et même pour ses disciples, de quoi être décontenancés.

Même s'il opère des miracles.

Les Évangiles, surtout celui de Jean, donnent à toute la carrière publique de Jésus l'apparence d'un procès dans lequel l'accusé porte lui-même des accusations contre ceux qui l'accusent – et qui lui reprochent tout, y compris les miracles qui enthousiasment les foules. Les chefs de Jérusalem lui font grief de « magie », alors que (de toute évidence) il n'est pas un faiseur de prodiges à la façon des « mages » païens. Ses guérisons et signes « sont là pour affirmer la victoire ultime de la vie sur la mort, du bien sur le mal, mais toujours à travers des êtres concrets qui l'éprouvent. Tout est opéré par la parole, par laquelle Jésus réduit au silence les adversaires, que ce soient les démons, la maladie ou les Pharisiens, voire le monde en général, car ces opposants sont tous minés par des contradictions internes. Cela déborde les frontières politiques et sociales usuelles, en soulignant que le principal ennemi est le péché, et non l'étranger, fût-il l'envahisseur » (É. Nodet).

Ses miracles viennent comme à l'appui de son message. Sauf que ce message est justement suspect. Aux yeux des scribes, en tout cas, puisqu'ils ne veulent pas entendre parler d'interventions surnaturelles (la Loi leur suffit)...

Jésus, dès l'origine, est un être mystérieux. Son mystère public commence dès le premier instant, quand il reçoit le baptême de Jean et s'introduit ainsi dans la communauté baptiste formée pour aller « plus loin » et « ailleurs » que Qoumrân. Jésus va reprendre et transmuter radicalement le projet du Baptiste ; c'est cette entreprise qui le mène « au point de rupture avec le système juif dans son ensemble » (A. Paul).

Le mystère de sa personne

Et que dit-il de lui-même ? Jésus affirme ne pas venir « au nom de Dieu » ou « de sa part », comme le faisaient les prophètes. Il vient pour accomplir directement l'œuvre divine, en union absolue avec « le Père » : « Lui et moi nous sommes un. » « Quand Jésus prend devant Dieu une attitude filiale, il s'agit de tout autre chose que de la familiarité d'un thaumaturge avec Dieu [...] Il est le Fils qui connaît son Père céleste : Mt 11, 25-27 » (D. Flüsser). Quand il dit « *abba* » dans sa prière au Père, il appelle Dieu «papa», et personne en Israël n'imaginait qu'une audace pareille (une telle familiarité) soit possible ou même concevable ! « La prière de Jésus a, par sa relation spéciale avec le Père, un caractère absolument unique, qui se révèle dans le vocabulaire biblique, en particulier chez Jean (*cf.* 11, 41 s. ; 17) ; même les synoptiques, Jésus n'associe jamais sa prière à celle de ses disciples[1] » (Willem Grossouw). À tout moment, à tout propos, et sur le ton à la fois le plus simple et le plus magistral, Iechoua parle comme s'il était divin. Les scribes qui l'écoutent ne s'y trompent pas. Ils saisissent – et anathématisent – toutes ces allusions transparentes. La formule caractéris-

1. *Dictionnaire encyclopédique de la Bible, op. cit.*

tique de Jésus, « On vous a dit... Moi je dis », ou la demande de l'aimer plus que père et mère, sont l'équivalent d'une affirmation de divinité, reconnaît Jacob Neusner (*A Rabbi Talks with Jesus*).

Lorsque ce Galiléen répond « Je Suis » (Jn 8, 13 s.) à ses contradicteurs, alors qu'il est en train de parler dans le Temple, c'est la plus immense des provocations : car l'usurpation du Nom divin est évidente pour tous, notamment par allusion à Exode 3, 14 s. et à Isaïe 43, 10 (« C'est Moi »). « En s'appliquant ce Nom, Jésus se donne comme le seul et unique Sauveur, vers qui tendaient toute la foi et l'espérance d'Israël » (Bible de Jérusalem).

Ces affirmations de divinité sont plus intolérables encore si on les rapproche du discours de Capharnaüm, prononcé par Jésus à la fin de sa première année de prédication. Ce jour-là, il est allé jusqu'à dire : « Si vous ne mangez la chair du Fils de l'Homme et ne buvez son sang... » (Jn 6, 53.54). Monstrueuse folie pour des Juifs ! « Boire le sang », c'est violer un interdit majeur, codifié dans le Lévitique (3, 17 ; 7, 26 ; 17, 13) : « Vous ne mangerez du sang d'aucune chair car la vie de toute chair, c'est son sang, et quiconque en mangera sera supprimé. »

Caïphe se souviendra aussi que dans le Temple, lors d'un pèlerinage de *Soukkot*, Jésus a fait scandale et frôlé l'arrestation en voulant « canaliser sur lui toute la charge eschatologique » (J. Genot-Bismuth) de la fête de l'eau (*Simhat Bet ha-Cho'eva*), l'un des sommets annuels de l'allégresse religieuse populaire. Jésus a donné l'impression qu'il voulait détourner cette fête en sa propre faveur : « Si quelqu'un a soif, qu'il vienne à moi ! » Cette phrase était une manière de se placer sur le plan divin, parce que « l'eau vive » (objet de la fête), puisée à Siloé et apportée au Temple, était le symbole d'un élément pur de toute action humaine ; une manière aussi de se situer sur le plan messianique, parce que la prophétie d'Ézéchiel annonçait que des sources d'eau vive jailliront du côté droit du Temple. Les archiprêtres ne pouvaient que juger insupportable la prétention de ce Galiléen.

Peu après (Jn 8, 3-6), ces mêmes autorités tendent à Jésus le piège de la femme adultère. Elles veulent l'obliger à se soumettre à leur jurisprudence, ou à bafouer la Loi. Jésus déjoue leur manœuvre, mais en posant un acte d'un symbolisme redoutable, qui sera décodé par ceux qui lui font face. Il ne se contente pas de prononcer la phrase : « Que celui de vous qui est sans péché... » ; il fait, par deux fois, le geste de tracer des signes dans la poussière. C'est une allusion directe au doigt de Dieu donnant la Loi au Sinaï.

Quant à ceux qui l'interrogent sur le divorce, Jésus répond : Moïse vous a permis de répudier vos femmes « à cause de la dureté de votre cœur », mais « à l'origine il n'en était pas ainsi » (Mt 19, 7-9). Et d'ajouter : « Or je vous le dis, quiconque répudie sa femme et en épouse une autre commet l'adultère. » Ce qui veut dire : vos cœurs ne sont pas capables de suivre d'eux-mêmes les voies de Dieu ; en effet la Chute vous a rendus sourds et aveugles, et la Torah est votre seule lumière. Mais moi je vous rends capables, car je suis la Voie...

Chaque fois qu'il en a l'occasion, Jésus donne à entendre qui il est. Depuis le début, ses faits et gestes résonnent – à une oreille juive – comme une identification à Dieu.

Il finira par dire dans une salle du prétoire romain, en avril 30 : « Mon Royaume n'est pas de ce monde » ; mais nombre de ses phrases antérieures, prononcées devant des foules juives depuis deux ans, exprimaient au fond la même idée. Les scribes n'ont donc aucune difficulté à poser leur diagnostic : « Toi, homme, tu te fais Dieu » (Jn 10, 33).

Cette identification à Dieu lui-même « avait été la constante du message », chaque fois que Jésus parlait du Royaume comme s'il en avait fait l'expérience personnelle : « Car il n'existait jusque-là, dans le monde multiple des traditions judéennes, qu'une seule royauté dans l'au-delà, Dieu... Tout comme le nazaréen, le salut pharisien est bien dans l'au-delà, et la résurrection dans le règne de Dieu. Mais Iechoua se substitue à Dieu, tant dans son royaume que dans son rôle de sauveur unique. Affirmer cela c'est atteindre à un point de non-retour. Car là commence l'hérésie, ou alors complètement autre chose, une autre religion » (J. Genot-Bismuth).

Dès le début, Jésus adresse à Nathanaël et aux premiers disciples un message transparent (Jn 1, 45-51) : « Amen, amen je le dis à vous : vous verrez les cieux ouverts et les messagers de Dieu qui montent et qui descendent sur le Fils de l'Homme » (trad. C. Tresmontant). Cette phrase combine deux citations connues (Gn 28, 12 et Éz 1, 1) et laisse entendre « que Jésus lui-même va être l'événement prophétique énigmatiquement annoncé à travers la vision de l'échelle de Jacob, et qu'il sera par conséquent la clef de l'ascension de l'homme au cœur du sens des événements, scellés jusque-là dans les cieux mais brusquement rendus intelligibles » (J. Genot-Bismuth). Ainsi Jésus se présente-t-il comme accomplissant en lui-même la vision d'une ancienne mystique juive (celle d'Ézéchiel), que les scribes du Ier siècle s'efforcent d'étouffer.

Pour déconcertés qu'ils soient, les disciples de Jésus se rendent compte que sa « stratégie » vise à écarter les fausses interprétations que l'on fait à son sujet. D'où sa manière de discuter, très particulière : une sorte de maïeutique que le théologien Ignace de La Potterie appelle le « dialogue d'incompréhension », doucement ironique, qui amène l'interlocuteur à « sortir de ses limites » et à avancer vers une révélation.

Les disciples ont aussi compris que leur Maître attend un événement crucial, dont il parle à mots plus ou moins couverts, et par lequel se manifestera la vérité de son être. Cet événement, Jésus laisse entendre qu'il sera dramatique. L'évangile de Jean montre Jésus montant souvent à Jérusalem pour parler aux foules du Temple ; son action novatrice est pour tout Israël, elle ne tient aucun compte des barrières de pureté rituelle, et ce renversement rend le message de Jésus valable aussi pour les païens : voilà de quoi provoquer une crise majeure avec ceux que Jean appelle « les Juifs », c'est-à-dire les autorités de Jérusalem.

L'évangile de Jean, c'est l'histoire d'« une crise majeure avec les Juifs, qu'apparemment Jésus provoque délibérément, mais seulement après avoir acquis une certaine réputation... Le dévoilement du péché passe par la manifestation de la violence et de l'agressivité. À cet égard, les Juifs représentent l'ensemble du monde... Il y a une mystique de la connaissance de Dieu par Jésus, mais elle se fait à travers une épreuve, à laquelle les disciples sont peu à peu introduits. C'est à travers cette épreuve que Jésus devient un nouveau Moïse... Pour Jean, l'incarnation du Verbe provoque un débat fondamental au sein du judaïsme, à travers un cycle de fêtes » (É. Nodet).

Jésus reconstitue le Temple, mais pas de la même manière que les Pharisiens (autour de règles de pureté du Temple, appliquées à la table et à la vie quotidienne). C'est autour de *lui en personne* qu'il édifie ce Temple, de chair et non plus de pierre : corps physique et spirituel, corps social... Jésus vise à « une transformation du Temple de Jérusalem en fondation céleste, sans frontière d'aucune sorte » (A. Paul). Là est sa rupture avec le judaïsme officiel. Et là aussi, la manière inouïe dont il veut « accomplir » les promesses divines : celles que les prophètes avaient pressenties.

Jésus est à la fois un pur produit du judaïsme et un être totalement unique : il se présente comme l'accomplissement en perfection de la Torah écrite et orale, et comme la personne en qui la révélation « tient debout de façon définitive » (J. Massonnet). Sa venue couronne une double évolution : celle qui fut amorcée par les prophètes annonçant une « Alliance nouvelle[1] », et celle qui a lentement porté l'espérance de salut vers un horizon eschatologique ; à ceci près que Jésus intervient ici et maintenant, au sein de l'histoire, et que cette « historicité » sera la marque du christianisme. « Hommes de Galilée, pourquoi regardez-vous le ciel ? »

Jésus : une révolution ?

Le message du Christ, puis le christianisme, mettent en œuvre – en le renouvelant – le dynamisme fondamental de la foi juive[2] : marche en avant, ancrée dans l'histoire mais tendue vers un monde à venir, « dans un renouvellement

1. À partir d'Ézéchiel.
2. Dynamisme qui s'exprimait notamment par le formidable travail jurisprudentiel et exégétique de la Loi orale, commentant, développant, orientant la Loi écrite, de génération en génération.

permanent élaboré en communauté » (J. Massonnet), ce dynamisme juif est sans équivalent dans le monde antique. Le christianisme le transmutera en salut universel, à la rencontre du monde gréco-romain qui évoluait par ailleurs, de son côté, vers une religiosité monothéiste. Jésus et son mouvement conservent tout de la foi juive, mais la transfigurent et la transposent vers un Royaume de Dieu promis à toute l'humanité.

L'exégèse souligne que ce double mouvement complémentaire s'exprime dans la formule caractéristique de Iechoua : « Amen amen / je vous le dis. » En ajoutant « Je vous le dis » à « amen » (chose que ne font jamais les rabbis), le Galiléen signifie solennellement que c'est *son autorité propre* qui garantit la vérité de l'innovation qu'il va ensuite énoncer.

Cela aussi est intolérable aux yeux des scribes ; ils constatent que Jésus, en parlant selon sa propre autorité et non en s'appuyant sur celle des anciens, transgresse la règle de base du travail intellectuel en Israël.

Jésus accomplit une révolution dans la religion. Il n'est pas venu « abolir », mais « accomplir », déclare-t-il. Juif parmi les Juifs, loin de lui l'idée de critiquer la Loi « de l'extérieur », mais il est venu (selon David Flüsser) faire franchir à la religion trois seuils, au-delà desquels commence autre chose que le judaïsme traditionnel : l'amour universel, une morale neuve, et le Royaume pour les pécheurs.

Franchir ces seuils, c'est là l'« accomplissement » opéré par le Galiléen. Et c'est ce que récusent les pouvoirs en place, quels qu'ils soient. Jésus ne veut ni du statu quo, comme les pontifes, ni d'un nationalisme mystique et discriminatoire, comme les Pharisiens.

Jésus n'est pas un Juif « comme les autres ». Il veut un « autre Temple », où s'abolira l'infranchissable séparation entre Dieu et l'homme ; ce Temple est sa propre personne.

« Le rôle central du Temple et de Jérusalem dans le jaillissement de la révélation apparaît dans le Nouveau Testament. Toute l'œuvre de Luc est construite autour du ministère de Jésus qui s'accomplit à Jérusalem. C'est de là que part l'Évangile, pour atteindre les extrémités de la terre. Jean situe lui aussi la plupart des grands discours de

Jésus dans le Temple (Jn 5, 7.10). Révélation parfaite du Père, il est présenté de surcroît comme celui en qui s'accomplit la signification du sanctuaire (Jn 2, 13-22 ; 19, 31.37) » (J. Massonnet).

Pour le judaïsme, le sacré est « ce qui est séparé » (*Qodech*). Yahvé est séparé de sa création. Les choses et les créatures ne peuvent entrer en contact avec le divin qu'en se « séparant » de l'usage profane. Mais pour Jésus le Dieu transcendant n'est pas seulement le Grand Séparé : son Royaume est à la fois « séparé » et « en continuité » avec cette terre. Dieu veut faire participer les hommes à sa sainteté par Jésus lui-même, son médiateur. Il ne s'agit donc plus d'une sacralité dérivée, ritualiste, fluidique, quasi « matérielle », obtenue comme par contagion (à l'aide de rites de purification physique), mais d'une sainteté du cœur : justice, amour, vérité.

Tout le monde remarque que si Jésus vient souvent au Temple, il ne prend jamais part aux sacrifices, alors que les Pharisiens militent pour que tout Israël y participe. Il déclare être « plus grand que le Temple » (Mt 12, 6). Il monte à Jérusalem à l'occasion de pèlerinages nationaux, mais il en profite chaque fois pour proclamer qu'il apporte la connaissance du « Royaume » : connaissance qu'il dit être le seul à détenir et dont il aurait l'expérience intime et personnelle. Ce qui revient à proclamer *qui* il est, si l'on veut bien faire attention à ses paroles.

Cette prétendance est d'autant plus incompatible avec la religion officielle d'Israël que Jésus ne se contente pas de parler ; il fait des gestes symboliques, dont certains sont spectaculaires et même provocateurs. L'acte violent de Jésus contre les marchands du Temple – qu'on le situe au début de son ministère public (comme le fait Jean) ou à la suite des Rameaux (comme le font les évangiles synoptiques) – est une annonce : il fait comprendre que le Temple et ses rites ont dégénéré et que l'avenir se fera sans eux. Nous l'avons vu, la présence de commerces sur le parvis n'a rien de sacrilège, elle est même nécessaire au fonctionnement de l'institution sacrée. Elle n'est donc pas illégitime. Vouloir la supprimer, même symboliquement, c'est laisser entendre que l'institution a fait son temps (F. Schmidt). S'en prendre à ces marchands, puis prophétiser la destruction du Temple et son relèvement en trois jours, c'est une seule et même prophétie de la part de Jésus.

Surtout si on la rapproche de ses déclarations annonçant à la Samaritaine que le Temple de Jérusalem ne s'imposera pas toujours. Et que l'heure vient où l'on adorera autrement, « en esprit et en vérité » (Jn 4, 21).

Jésus n'est ni « pour » ni « contre » le Temple : il est « ailleurs », et sa manière d'accomplir le destin de la religion juive équivaut à une rupture avec tout le système du judaïsme ancien, selon l'historien bibliste André Paul.

Rupture qui est d'ailleurs dans l'air, ici et là. N'oublions pas qu'au moment où Jésus commence sa vie publique, Jean le Baptiste a déjà rompu avec le Temple et (virtuellement) avec l'aspect ethnique du judaïsme. Ce « passage à l'universel » mûrit aussi dans certains milieux de la diaspora juive : ainsi à Alexandrie, le philosophe Philon réfléchit à un être surnaturel, médiateur entre la terre et le ciel, et qu'il appelle *Logos* (le Verbe)... Les élites de Jérusalem sentent que tout un bouillonnement spirituel et intellectuel se développe et leur échappe.

Ont-elles l'intuition que Jésus répond à ce phénomène ? Ce serait une raison supplémentaire, pour ces élites, de vouloir le supprimer. Jésus sait quel danger il court. Et il va au-devant de ce danger lorsqu'il s'en prend au symbole du Temple, qui contient tout le reste.

Pour récapituler l'affrontement qui oppose Jésus aux pouvoirs de Jérusalem :

— L'installation des étrangers en Israël a transformé le pays en un puzzle socioculturel. Les Juifs sont mêlés aux païens. Cela provoque une désorganisation dramatique de l'économie sacrée judaïque et du « système du Temple ».

— Les élites sacerdotales se crispent sur le passé et s'appuient sur l'occupant romain. Leur pouvoir est miné par de graves contradictions : les grands prêtres doivent, à la fois, complaire aux Romains, résister à la pression hostile des Pharisiens (sorte de « gauche nationaliste ») et faire face à un problème budgétaire qui est l'érosion des revenus fiscaux du Temple, résultat de la dérobade croissante des contribuables paysans.

— Les Pharisiens, de leur côté, installent un réseau militant au sein de la population : à la fois pour séparer celle-ci en deux groupes, les « vrais Juifs » (purs) et les « pécheurs » (impurs) – et pour mener un combat contre le pouvoir des grands prêtres.

— Iechoua, quant à lui, gêne tout le monde. « Subversif » pour les uns, il est considéré comme un « concurrent fou » par les autres. Il est subversif aux yeux des pontifes parce que son attitude envers le Temple sape virtuellement leur pouvoir. Il est un concurrent fou aux yeux des Pharisiens parce qu'il se propose lui-même comme *Voie* et comme *Vérité,* à la place de la jurisprudence des scribes. « Il perd la raison ! », dit-on, car il harangue les foules et tient école dans le Temple alors qu'il n'a pas « étudié ». D'où l'accusation (gravissime dans le judaïsme) d'innover « par lui-même ». Les Pharisiens aussi innovent, mais ils le dissimulent sous une montagne de prétextes scripturaires, quitte à tordre les textes dans tous les sens ; d'où aussi le mot de Jésus : « Hypocrites ! » Ils le supporteront d'autant plus mal que ce Galiléen renverse au passage les barrières de pureté rituelle, vitales à leurs yeux. Charles Perrot résume ce conflit : Jésus « se présente comme ayant toute autorité (Mc 1, 22.27), sans appel à d'autres rabbis qui l'ont précédé, et en réduisant sinon en refusant la tradition des anciens (Mc 7, 3 s. et Mt 23, 23) sur “la dîme de la menthe, du fenouil et du cumin”. Certes il reprend à sa manière la Loi, mais ne lui paraît plus soumis ». Son différend avec les Pharisiens va lui coûter cher.

Iechoua face aux « Perouchim »

Les Pharisiens (« Perouchim ») ont leurs raisons – Pourquoi sont-ils partagés au sujet de Jésus ? – La divergence « radicale » – Polémique sur la résurrection des morts – Le shabbat et Jésus – « Il mène Israël à la ruine et le monde au chaos. » – Enquête de scribes sur un Galiléen

Nous l'avons vu, le judaïsme du Ier siècle est secoué par de violents conflits de tendances. Le « pouvoir idéologique » passe aux mains des Pharisiens. C'est dans un climat de dures polémiques que surgit l'événement Jésus. Il fait une irruption « dialectique » face à l'élite sadducéenne (sur le déclin) et face au mouvement pharisien, porteur d'un avenir. Le réflexe des Pharisiens, en tant que mouvement, sera de traiter Jésus en concurrent. Donc en suspect.

Mais *tous* les Pharisiens ne prennent pas parti contre Jésus[1]. Et ceux qui le combattent croient avoir des raisons de le faire : raisons excellentes et même essentielles, à leurs yeux. Quand ils décident d'agir contre lui, c'est en toute conscience, après moult enquêtes et discussions avec le suspect ; ils l'ont même reçu chez eux, à leur table : ce qui – pour des Pharisiens – a la plus grande importance symbolique.

Les grands prêtres sadducéens ne seront donc pas les seuls « coupables » dans le drame du Vendredi saint : les

1. Les Évangiles et les Actes signalent des sympathisants de Jésus jusque dans les rangs pharisiens.

Pharisiens aussi ont des raisons de vouloir éliminer Jésus, et ces raisons sont terriblement *bonnes*, de leur point de vue. « Notre vie droite nous donne un jugement droit », pensent les Pharisiens de base. Quant aux intellectuels doctrinaires, ils sont sûrs que nul mieux qu'eux ne maîtrise les données du problème.

Les « raisons pharisiennes » sont à plusieurs étages. La rivalité fonctionnelle avec Jésus n'est que le socle d'un affrontement infiniment plus grave.

Les Pharisiens ont les défauts de leurs qualités.

Leur *fidélité* à la Torah orale vivante et la *volonté* de la mettre rigoureusement en pratique dans toutes ses dimensions, y compris les plus généreuses, peuvent être considérées comme des qualités.

Mais leur *orgueil*, doublé d'un *mépris sociologique*, d'une hypertrophie de *traditions humaines* et d'un idéal trop exigeant pour être praticable, engendrent des comportements *biaisés* ou « hypocrites », comme le dit Jésus.

Les Pharisiens de l'an 30 ont une mentalité d'assiégés, de défenseurs du « bastion de la vraie foi ». Plus l'acculturation pilato-hérodienne menace la société juive, plus ils renchérissent sur une religiosité militante et fortement identitaire.

Cette mentalité obsidionale est aggravée par leur situation à la fois forte et fragile.

En Galilée, les Pharisiens entretiennent des rapports avec l'autorité politique « juive[1] » mais celle-ci est très équivoque (J. Jeremias). À Jérusalem, ils sont représentés au conseil national[2], mais celui-ci est encore dominé par l'aristocratie sacerdotale et laïque : leur influence politique est donc très relative. En revanche, leur pouvoir religieux est déterminant. Toute la légalité de la vie quotidienne juive, notamment liturgique, est réglée selon la prescription pharisienne. Elle parvient à s'imposer même aux archiprêtres – souvent sadducéens : ils sont obligés de s'aligner sur elle, prudemment, par crainte des classes moyennes qui soutiennent le pharisianisme. Mais les classes inférieures regimbent. Elles

1. Hérode Antipas.
2. Le Sanhédrin.

vivent mal le mépris social et rituel des Pharisiens à leur égard. C'est ce qui explique, selon Ben-Chorin, l'élan des « malheureux », des « affligés », des « pécheurs » qui suivent Jésus. Car grande est l'humiliation de ces « ploucs » (*ammeï ha-arèts*) que les Pharisiens privent de l'espérance du salut religieux... (« Les docteurs allaient si loin qu'ils appliquaient la prescription biblique concernant l'impureté contractée avec les animaux à certains des leurs qui s'étaient mariés avec une "am ha-arèts". Il faut se rappeler ce contraste abrupt pour bien saisir l'attitude révolutionnaire de Jésus qui, de manière certainement voulue, se met à choisir des hommes de la classe des "ammeï ha-arèts" pour former le groupe de ses disciples[1] », rapporte Ben-Chorin.)

La voie pharisienne est celle de la pureté par la séparation : *Perouchim* (Pharisiens) veut d'ailleurs dire « Séparés ». Jésus, pour sa part, est surnommé « Nazôréen », et nous avons vu que ce terme pourrait être aussi le nom d'un mouvement, rival de celui des Pharisiens. Pour lui, la voie des *Perouchim* est une fausse piste. Par ses gestes et ses paroles, le Galiléen dit que la Révélation passe désormais par une autre voie et par d'autres « groupes de pureté ».

Compte tenu du rôle social des *Perouchim*, de leur aptitude à mobiliser les foules, de l'intérêt soupçonneux qu'ils portent à Jésus, de la surveillance qu'ils exercent sur les pontifes et de la présence de scribes pharisiens au Sanhédrin, il semble impossible qu'ils n'aient joué aucun rôle dans le drame de la Semaine sainte.

« D'une manière générale, on n'a pas tort de considérer que les adversaires de Jésus étaient dans l'ensemble des Pharisiens » (D. Flüsser). Entre eux et Jésus, le seuil de divergence est à la fois ténu et infini. Comme Jésus, les Pharisiens pratiquent la recherche des aspects « nouveaux et insoupçonnés » de la Torah. Mais Jésus a une façon *inouïe* de le faire. À lire les Évangiles, on a l'impression que certains scribes ont accusé Jésus tout de suite, tandis que de plus scrupuleux ont pris le temps de se convaincre que cet *inclassable* véhiculait bien un bouleversement religieux. Quand Jésus

1. Les disciples semblent cependant avoir été recrutés dans diverses couches sociales.

rappellera Lazare à la vie, signe trop « religieusement bouleversant » pour ne pas ébranler l'ascendant des Pharisiens (qui récusent les interventions surnaturelles), la majorité de ceux-ci ne s'opposera pas à la décision des pontifes sadducéens : éradiquer l'hérésie en supprimant l'hérétique.

Face à Jésus : des Pharisiens intéressés mais alarmés

Rappelons-nous que Jésus ne fréquente pas les pontifes, mais qu'il côtoie les Pharisiens. À Jérusalem il fréquente les mêmes quartiers qu'eux : le mont du Temple, les piscines et la ville basse ; comme eux, il ne se reconnaît pas dans la ville haute, celle du double pouvoir pontifical et romain. Jésus parle souvent avec eux. Il y a entre lui et eux l'appel à la sainteté, que les Pharisiens eux aussi ressentent profondément. « L'appel à une sainteté authentique traverse des ouvrages de type pharisien : "Livre des antiquités bibliques" 27, 14 » (Ch. Perrot).

Leur différend avec Jésus se situe sur le plan de la voie à suivre. Ainsi accepte-t-il de s'engager, quand c'est nécessaire, sur le terrain des pratiques des experts de la Loi, ces *hakhamim* (Mc 12, 28-34) qui sont les intellectuels et les cadres du mouvement pharisien. Dans son débat avec un scribe sur « le plus grand commandement », on voit Jésus puiser dans la Torah écrite, en fonction du contexte de la discussion, selon les techniques de débat prescrites par le collège des spécialistes de la Torah orale ; et pour cette fois, le débat tourne bien : le scribe et lui s'approuvent mutuellement.

Quand Jésus dit apporter un changement, ce n'est pas choquant pour les docteurs pharisiens, puisque la fonction de la Torah orale est de « dévoiler à chaque génération un aspect nouveau et insoupçonné de la Torah » (J. Massonnet) : autrement dit « ce qu'on ne sait pas encore » mais qui était déjà contenu implicitement dans la révélation du Sinaï. D'où le fait qu'on puisse présenter une innovation comme étant « loi de Moïse depuis le Sinaï », *halakhah le-Mochè mi-Sinaï*. Pour les Pharisiens, la révélation est « close » de la part de Dieu, mais elle ne l'est pas quant à son exploration par les hommes ; au contraire, elle est sans limite. La voie de la recherche-glose-interprétation est ouverte. Mais aux « experts » seulement. Or ces docteurs sont des intellectuels certes créatifs mais monopolistes.

La frontière est donc ténue entre Jésus et les scribes pharisiens. Eux, ils créent, mais sous le couvert de « l'orientation qu'a donnée la tradition ». Alors que lui, il innove. Il apporte un éclairage nouveau. Pour eux, la nouveauté n'est pas scandaleuse si elle suit les normes et les codes de la réflexion tels que les experts les ont définis : une investigation toujours relancée à chaque génération, mais censée décrypter une révélation donnée d'avance. Cette règle du jeu savante et subtile, Jésus la fait exploser : il disloque le cadre de la discussion rabbinique en invoquant directement la « puissance de Dieu », ou le Royaume (Mc 12, 34) ou sa propre identité de Fils (Mt 22, 46). Alors, racontent les Évangiles, « nul n'ose plus l'interroger » : il écarte la règle du jeu, il commet l'incongruité majeure (faire intervenir le Ciel dans un débat) ; donc ses interlocuteurs pharisiens se sentent réduits au silence. Et cela les indigne.

Ils ne sont pas seulement indignés, mais décontenancés. Car le Galiléen semble partager leurs points de vue dans certains domaines...

C'est ce que croit constater Schalom Ben-Chorin : « Je considère Jésus de Nazareth comme une troisième autorité, à placer à côté des interprétations (pharisiennes) de Hillel et de Chammaï. Dans l'école de Hillel, l'amour du prochain constitue l'élément central ; c'est à cette école que nous devons la règle d'or qui se retrouve dans le Nouveau Testament (Mt 7, 12). Chez Jésus, le commandement de l'amour se présente d'une manière encore plus radicale que chez Hillel. »

Jésus aurait-il donc poussé à l'extrême ce qu'il y avait de meilleur dans le judaïsme pharisien ? C'est vrai sur un certain plan. Mais il faut bien constater, par ailleurs, qu'on l'a tué. Et qu'une partie au moins des Pharisiens y ont contribué.

Pourquoi Jésus, après Jean le Baptiste, a-t-il été pris à partie par eux ? Et pourquoi l'ont-ils harcelé pendant deux ans comme s'il leur posait un problème redoutable ?

Le pharisianisme n'est pas monolithique. Depuis le règne d'Hérode Ier, il se divise en deux courants complémentaires et rivaux qui s'opposeront par la violence : le Talmud racontera comment, au cours du Ier siècle, des épigones de Chammaï « assassinèrent ceux d'Hillel », dans l'enceinte du sanctuaire, à coups d'épées et de lances (traité *Chabbat* 1, 4, 3c, trad. J. Genot-Bismuth).

Faut-il en déduire que c'est parmi les Pharisiens « chammaïtes », réputés pour leur sévérité intellectuelle mais tentés aussi par les méthodes expéditives, que se sont trouvés ceux des scribes qui ont apporté leur soutien au complot contre Jésus (Jn 7, 32-47) ?

Faut-il supposer que les Hilléliens, étant (parfois) d'un avis proche de celui de Jésus (par exemple sur la question du shabbat), auraient défendu ses droits légaux et se seraient abstenus la nuit du Vendredi saint ? N'oublions pas que Nicodème, notable pharisien, soutient Jésus (en son absence) face aux grands prêtres et à d'autres Pharisiens, après son arrestation manquée (Jn 7, 50-51).

Les Évangiles ne sont pas constamment défavorables aux Pharisiens : « Matthieu leur est défavorable, Luc parfois favorable, Marc en parle peu et aucunement dans le récit de la Passion » (Ch. Perrot). Et quant au fait que les Pharisiens puissent prêter à la critique, il est corroboré pas les écrits rabbiniques ultérieurs, eux-mêmes rédigés par… les héritiers du pharisianisme : « Il y a sept espèces de Pharisiens : le Pharisien qui courbe les épaules et étale sa piété aux yeux du monde entier ; le Pharisien qui reprend sans cesse sa lecture et pense devoir accomplir encore un commandement de plus ; le Pharisien accommodant, qui se fait discret sur le compte des bonnes et mauvaises actions, afin de commettre le péché tout en disant qu'il accomplit les commandements ; le Pharisien parcimonieux, qui se vante de tout économiser pour donner son argent aux bonnes œuvres ; le Pharisien culpabilisé, qui demande aux gens de lui dire quels péchés il a commis ; mais il y a aussi le Pharisien qui accomplit le bien par crainte de Dieu, comme

Job ; et le Pharisien qui accomplit le bien par amour de Dieu, comme Abraham » (Talmud de Jérusalem *Berakot* 9, 14b). Méditant sur ce texte insolite, Schalom Ben-Chorin en déduit que « le type de Pharisien le plus dangereux, c'est celui qui s'entoure de fausses apparences, et c'est sur lui que tombe la lumière crue de l'Évangile ».

L'affreux scandale de Capharnaüm

Mais ces points de convergence n'empêchent pas Jésus et les Pharisiens de diverger sur l'essentiel. Car le « lieu d'où parle » Jésus n'est pas le leur. S'ils rejettent Jésus avec honneur (finalement), c'est que la façon dont il argumente est sacrilège à leurs yeux. Ils lui reprochent de détourner de bonnes thèses au profit d'une idée intolérable, lorsqu'il dit : « Le Père et moi sommes un. » Pour eux, l'homme ne peut en aucun cas être « un » avec Dieu ; la Création et le Créateur sont séparés, et toute autre idée serait à la fois un blasphème et un retour au chaos. On voit l'extraordinaire gravité de ce qu'ils reprochent au Galiléen.

Les controverses autour de Jésus portent essentiellement sur sa relation à Dieu. Donc sur son identité : sur sa personne plus que sur ses actes. Ce qu'il dit et ce qu'il manifeste de lui-même est intolérable aux docteurs de la Loi. Jésus parle du ciel comme s'il en venait : « Il en connaît les mystères (Mt 13, 11), en extrait ses œuvres comme le Pain du ciel (Jn 6, 33-58), et il révèle aux hommes le Royaume des cieux qu'il leur annonce [...] Le ciel lui-même authentifie la mission du Christ en s'ouvrant pour lui (Mt 3, 6) et en lui envoyant l'Esprit (Jn 1, 32) [...] Jésus poursuit un grand œuvre : la réconciliation du ciel et de la terre ; faire en sorte que la volonté de Dieu soit faite “sur la terre comme au ciel” (Mt 6, 10)[1] » (C. Cannuyer). Tout cela est inacceptable pour les scribes à cause de la prétention sacrilège et à cause de la violation du précepte rabbinique « la Torah n'est pas au

1. *Dictionnaire encyclopédique de la Bible, op. cit.*

ciel ». Les Pharisiens reprochent aux manifestations surnaturelles d'être virtuellement destructrices de tout le travail de la Torah orale.

Or Jésus fait des miracles pour accompagner son inacceptable message ; et il les fait par sa propre autorité : « Je le veux, sois purifié » (Mc 1, 41) ; « Esprit muet et sourd, c'est moi qui te le commande, sors de cet enfant et n'y rentre plus » (Mc 9, 25). Si Jésus avait agi au nom des commandements et des institutions religieuses établies, les docteurs n'auraient rien trouvé à y redire. Mais faire des miracles au nom d'une autorité personnelle et surnaturelle à la fois, c'est bousculer la *halakha* !

Le conflit est d'autant plus total que certains miracles de Jésus semblent être des preuves *anticipatrices* de la résurrection promise à chaque homme. Or, la résurrection des morts, c'est la grande idée des Pharisiens. S'en voir ainsi dépossédés par les actes de « magie » du Galiléen, c'est plus que les scribes n'en peuvent supporter.

N'oublions pas que Jésus « se fait Dieu », carrément. Qu'il ne vient pas « au nom de Dieu » ou « de sa part », comme faisaient les prophètes : il vient, dit-il, pour accomplir l'œuvre divine, en union absolue avec le Père. Tout ce que Jésus dit et fait devient inacceptable pour les Pharisiens dans la mesure où il dit être « Un avec Dieu ». Or ça, c'est infiniment plus grave que d'être un prophète illicite... Le soupçon est devenu certitude intolérable : Jésus n'est pas un fondateur de « nouvelle religion », c'est pire, il s'est identifié à Dieu !

Et c'est vrai qu'il le fait lorsqu'il déclare : « Qui aime son père ou sa mère plus que moi n'est pas digne de moi ; qui aime son fils ou sa fille plus que moi n'est pas digne de moi » (Mt 10, 37). Phrase impensable de la part d'une créature humaine ; et plus encore dans le contexte juif ! Elle ne peut avoir qu'une signification : Jésus revendique « un rang qui l'égale à Dieu » (Ph. Rolland[1]).

Il le fait encore et surtout quand il prend sur lui de « remettre les péchés » : chose blasphématoire aux yeux des docteurs puisque seul Dieu peut remettre les péchés ; qui-

1. In *Jésus et les historiens*.

conque s'attribue ce pouvoir s'identifie à Dieu (et mérite un châtiment). Jésus ne s'en cache pas. Il le revendique même. Pire, il y apporte des confirmations surnaturelles, en accomplissant des guérisons comme celle du paralytique. « Eh bien ! pour que vous sachiez que le Fils de l'Homme a le pouvoir sur la terre de remettre les péchés, lève-toi, prends ton lit et va-t'en chez toi » (Mt 9, 6). L'effet produit sur les foules est immense.

Au milieu de la polémique permanente (Pharisiens contre Sadducéens) sur la « vie éternelle à venir » et sur la « résurrection des morts », Jésus interfère de façon révoltante. Il contredit certes les Sadducéens lorsqu'il affirme la résurrection, mais il outrage les Pharisiens en se posant lui-même comme « solution au problème de la véracité de la vie éternelle » (J. Genot-Bismuth). Pour Jésus comme pour les scribes, il s'agit de « manifester le sens renouvelé de la révélation dans le respect de son unité » (J. Massonnet). Mais alors que les scribes peinent à réaliser – à partir des Écritures – un « collier » (chaîne d'arguments) prouvant la foi en la résurrection des morts, Jésus parle comme si sa propre personne vivante était *la* réponse à la question. Personne pour le moment ne peut comprendre ni admettre cela ; c'est seulement la propre résurrection de Jésus, selon ses apôtres, qui permettra de réaliser ce « collier » : il sera ainsi la preuve vivante, qui se substituera au raisonnement infructueux des sages. À l'heure où nous sommes, à la veille de la Passion, les auditoires de Jésus savent seulement qu'il se propose lui-même comme la Solution. « Vous scrutez les Écritures parce que vous pensez qu'en elles se trouve pour vous la vie éternelle à venir, or précisément ce sont elles qui attestent la vérité en ma faveur » (Jn 5, 39). Voilà (traduit ici par Claude Tresmontant) ce que Jésus a osé dire aux experts pharisiens, à propos du débat sur la résurrection, la vie éternelle et la rétribution dans l'au-delà.

Six mois plus tard, vers le début d'avril 29, à la veille de la Pâque, il a prononcé le scandaleux « discours du Pain de Vie » à Capharnaüm. C'était plus grave encore. Car si cette sorte d'anthropophagie – totalement impensable – était, selon Jésus, *la* condition de la résurrection pour la vie éternelle, alors l'idée de résurrection devenait radicalement incompatible avec la Torah (et même avec toute décence), et les Pharisiens perdaient la face devant leurs adversaires sadducéens – hostiles à l'idée de résurrection ! Comment accepter cette perspective, quand on s'acharnait depuis des années à défendre cette idée en essayant de prouver qu'elle se fondait sur la Torah ? Comment ne pas en vouloir mortellement à Jésus, qui gâchait ainsi le grand combat théologique des Pharisiens ?

Un novateur insupportable

Selon les Pharisiens, la Voie est l'art d'exécuter des préceptes. Selon Jésus, la Voie c'est d'aller vers un but. But qui se confond d'ailleurs avec la Voie, qui est Jésus lui-même... Au lieu de « gloser sur les gloses », Jésus interprète l'Écriture personnellement et directement. Au lieu de dissoudre Dieu dans un texte (rendu polysémique à l'infini comme si l'on en était propriétaire), le médiateur humano-divin qu'il est mène le monothéisme juif à l'universalité. C'est, à tous points de vue, l'inverse de la démarche pharisienne. D'où le basculement final des Pharisiens en faveur de la liquidation de Jésus, quand le problème qu'il leur pose (à eux *aussi,* et d'une certaine façon *à eux surtout*) va entrer dans une phase aiguë. Dès lors que Jésus se présente comme « la Voie », et qu'il tient sur le Temple des propos troublants qui impliquent sa propre personne, sa pensée religieuse devient entièrement subversive.

André Paul l'a démontré abondamment : Jésus est un novateur *insupportable*. En prophétisant la ruine du Temple (et en y ajoutant un mystérieux « Je le relèverai en trois jours »), il ne porte pas seulement atteinte aux intérêts des familles pontificales : il sape aussi le fondement de l'entreprise pharisienne, puisque le principe de celle-ci est d'étendre le système de sacralité du Temple à la vie quotidienne de chaque « véritable Israélite ». Pour Jésus cette extension ne suffit pas : le Temple est voué à une transformation, à une transposition fondamentale ; et le « Pain de vie » qu'apporte Jésus sera tout autre chose que le repas rituel pharisien : il s'agira aussi d'un repas, mais divin, lié au Sacrifice du nouveau et définitif grand prêtre, à l'autel céleste.

Voilà pourquoi Jésus s'abstient de participer aux sacrifices du Temple. Et pourquoi sa façon de mettre en cause le Temple met aussi en cause le mouvement pharisien.

Nous l'avons vu : pour les Pharisiens, Jésus mène Israël à la ruine et le monde entier au chaos. Nous avons vu à quoi correspondait le système de séparation, de cloisonnement et de « tri sociologique » (pur/impur) installé par les Pharisiens au cœur de la société juive. Ce système se présente comme la garantie de la survie d'Israël en tant que peuple à part, suscité par Dieu pour être le témoin et la sauvegarde de l'ordre de toute la Création. S'y opposer, c'est aller contre le plan de Dieu et attirer le malheur sur Israël, et donc sur la Création tout entière. Or Jésus le fait, puisqu'il prend le système à contre-pied. En recrutant dans toutes les catégories sociales (y compris les plus décriées judaïquement parlant, qui ne sont pas toujours les plus pauvres : les publicains par exemple), il forme un mouvement de « non-séparés », qui est l'antithèse non seulement de l'univers pharisien, mais de tous les « groupes de pureté » en Israël. « Les Pharisiens, dans le cadre de la synagogue en particulier, surent exercer une réelle influence sur le peuple. Pourtant le *'am ha-arèts*, le peuple du pays, ne pouvait guère suivre toutes ces exigences de sainteté, et *a fortiori* la classe socio-religieuse des pécheurs, les bergers, bouchers, médecins, péagers ou publicains, etc. : ils étaient dans l'incapacité radicale de vivre selon la pureté rituelle en raison même de leur métier en contact avec les gens des Nations, les cadavres, et autres » (Ch. Perrot).

La réaction des Pharisiens envers Jésus sera à la mesure de la gravité du diagnostic qu'ils sont amenés à poser, en toute sincérité : si la police du Temple n'ose pas arrêter Jésus, et si une partie des pèlerins de *Soukkot* le prennent même pour le Messie (Jn 7, 41), c'est – disent les scribes – que ces gens simples sont « une foule qui ne connaît pas la Loi : ce sont des maudits » (Jn 7, 49) ! Aux yeux des chefs du Temple, l'aveugle-né guéri par Jésus n'est « que péché » depuis sa naissance (Jn 9, 34). En appelant le publicain[1] Lévi à devenir disciple (Mc 2, 13-17), Jésus défie toutes les normes, tous les cloisonnements, toutes les « haies » qui fondaient l'identité – donc la survie – d'Israël.

En dévalorisant les préceptes de pureté rituelle au profit de l'adoration « en esprit et en vérité », Jésus démonétise en même temps les deux partis rivaux : les pontifes sadducéens avec leur *monopole de la sacralité*, et les Pharisiens avec leur militance ritualiste, *rivale de ce monopole*.

Les noces de Cana : miracle subversif

Accompli avant même le début de la vie publique de Jésus, le miracle de Cana (Jn 2, 6) est sans doute *le* symbole de cette « subversion ». Il transforme en vin l'eau contenue dans des jarres ; or ces jarres (de pierre) sont l'emblème du non-contaminable, de la Ville sainte et de tout le système du Temple. Et l'eau sert au rite, typiquement pharisien, de purification des mains. En métamorphosant l'eau (de pureté) en vin (de réjouissance), Jésus semble dire à tous que le vieux système a échoué.

La table est d'ailleurs *le* lieu privilégié de l'affrontement entre Jésus et les Pharisiens. Ceux-ci l'invitent souvent à leurs repas (lui et ses disciples ne sont donc pas, *a priori*, des gens « impossibles »). Sauf que cet invité vedette se comporte en invité rebelle : par son attitude et ses propos, il annule tout ce qui fait l'esprit et l'objectif rituel d'un repas pharisien. Les Pharisiens « purifient » pour « séparer » ; mais pour Jésus, ce n'est pas ainsi que l'on accède au sacré, qui n'est pas un fluide réservé aux « purs ».

« Pourquoi tes disciples ne se lavent-ils pas les mains ? », lui demandent les Pharisiens sur un ton inquisiteur ; autrement dit : « Quel symbole veut signifier ta communauté en se comportant autrement que notre confrérie ? » Question

1. Profession pécheresse.

plus redoutable qu'elle n'en a l'air. Car l'enjeu est immense, pour un Juif pieux du Ier siècle.

Jésus déclare « purs » tous les aliments : « Rien de ce qui pénètre du dehors dans l'homme ne peut le souiller [...] Ce qui sort de l'homme, voilà ce qui souille l'homme. Car c'est du dedans, du cœur des hommes, que sortent les desseins pervers » (Mc 7, 18-23). Phrase effrayante aux oreilles d'un Pharisien : elle a de quoi faire s'effriter le judaïsme tout entier. Effacer la distinction du pur et de l'impur. Casser le système des « garanties » (la « Haie » dressée par la multiplication des préceptes autour de la Torah). Annuler jusqu'aux interdits fondateurs de la Torah écrite : celui du sang, des animaux non saignés, des animaux impurs, des premiers fruits, de la graisse des sacrifices, des aliments contaminés...

Évidemment, ce débat sur la pureté recouvre des enjeux bien supérieurs aux interdits alimentaires. Car en supprimant l'éthique de séparation, Jésus débouche sur une universalité transnationale, annoncée à plusieurs reprises par les prophètes, mais étrangère à l'idéologie pharisienne. Il fait « voler en éclats » (A. Paul) toutes les manières d'exclure les impurs (pécheurs, étrangers, malades, morts), et par là « le système judaïque tout entier ». Attachés à la signification « vitale » du système de pureté, les Pharisiens voient en Jésus le président d'une assemblée de « morts » légaux (les impurs), ayant la prétention *atroce* de les faire entrer dans la société des vivants (le monde des purs). Prétention et entrée dont la résurrection de Lazare (un mort de quatre jours revenant dans la société des vivants) sera l'exemple extrême. Un exemple qui aura directement pour conséquence l'arrestation de Jésus.

Avant d'en venir là, les Pharisiens s'en sont déjà pris souvent au Galiléen. C'est au sujet d'une violation du shabbat, lors des fêtes de *Soukkot* de la première année, qu'ils le « poursuivent » une première fois. Le motif en est la guérison d'un paralytique à la piscine de Bethesda. Jésus a dit : « Lève-toi, prends ton grabat et marche [...] Or c'était le sabbat ce jour-là » (Jn 5, 8-9). En disant au paralytique de montrer sa guérison en prenant son grabat, Jésus lui a donné l'ordre de porter un fardeau ; or l'acte de « porter » est l'un des *avot melakha* (ouvrages de base) interdits pendant le shabbat (Mishnah, *Chabbat* 7, 2 [235]). S'ensuit une sorte de comparution de Jésus pour flagrant délit (sans doute devant le Sanhédrin), au cours de laquelle il se défend en niant être coupable de transgression. Mais la façon dont il le fait, en parlant de « l'œuvre du Fils » (Jn 5, 19-47), aggrave le traumatisme des théologiens. Guérir quelqu'un pendant un shabbat n'est pas *implaidable* en bonne jurisprudence pharisienne ; ce qui l'est, c'est le leitmotiv de Jésus : « Le Fils de l'Homme est maître du shabbat » (Mc 2, 28). Nous l'avons vu : l'observance du shabbat, signe principal de l'élection d'Israël, exprime la spécificité du peuple juif parmi les nations ; se dire « maître du shabbat », c'est se dire maître de l'identité d'Israël, donc se dire Dieu lui-même, car c'est par Lui qu'Israël existe. C'est aussi prétendre que Dieu peut vouloir abolir le shabbat, c'est-à-dire abolir Israël : idée démente et blasphématoire. Jésus donne l'impression de vouloir détourner Israël du droit chemin (*halakha*), et donc rendre le monde au chaos originel : *tohou wa-bohou* comme le dit la Genèse (1, 2).

Tout ce que Jésus pourra faire et dire à l'appui de sa « révolution », signes bienfaisants y compris, sera donc retenu contre lui.

Une rupture psychologique ?

Le nœud psychologique du refus pharisien face à Jésus est sans doute à chercher du côté de la parabole du Pharisien et du publicain (Lc 18, 9). Les Pharisiens croient que l'homme peut « s'opposer à l'emprise du mal » par lui-même, « faire des œuvres toujours plus belles, être grâce à la Torah un juste devant Dieu, avoir des œuvres à lui présenter » (A. Maillot) et ainsi parvenir au salut par l'observance de la Loi. Jésus, quant à lui, laisse entendre que c'est par *la foi en lui* que l'homme parviendra au salut. Ce faisant, il bouscule toutes les règles du système pharisien d'auto-évaluation, avec leurs minutieuses balances entre les « mérites » (qui font le Juste : *tsadiq*), et les « dettes », ou non-respect des préceptes (qui font l'Impie : *rasha*). Dans ce système, « l'exécution sèche d'un précepte suffit à créditer la vie morale du croyant et à accroître son capital de justice » (*ibid.*). La révolution de Jésus, c'est d'apporter l'idée que, dans l'accomplissement, ce ne sont pas les œuvres qui comptent, mais de communier à l'intention de Dieu. Il ne dit pas : « Ne pratiquez *pas* les préceptes de la Loi », il dit : « Pratiquez-les *autrement*. » D'où le malaise et la suspicion des Pharisiens : que veut dire ce Galiléen ? Où mène-t-il ses auditoires ?

« Tout au long du premier évangile, le Jésus de Matthieu débat avec les Pharisiens et combat leurs positions sur l'interprétation de la Torah (5, 17-48 ; 12, 1-14 ; 19, 1-12 ; 22, 34-40) sur l'exercice de la piété (6, 1-18), sur la ritualité (15, 1-20 ; 23, 23-28), sur les sacrifices (5, 23-24) » (D. Marguerat). Les foules l'entendent proposer un « fardeau léger », alors que l'amoncellement de préceptes des Pharisiens fabrique une Loi impossible à observer totalement, une Loi invivable : une Loi « pour la mort », dira l'ex-Pharisien Paul (qui dira aussi que la volonté de Dieu ne peut se vivre par l'effort humain, mais seulement par la grâce de Dieu). La voie de l'observance absolue est impossible à suivre et ne mène qu'à l'orgueil ou à l'hypocrisie, dit Jésus. Il ajoute : je suis la Voie véritable, et chacun de vous peut la suivre.

Il ne vient pas changer « un seul iota » de la Loi : il vient se substituer à elle dans sa totalité.

C'est finalement ainsi que Jésus s'attire l'hostilité du mouvement pharisien. Elle sera déterminante : le simple fait de les affronter revient à s'en faire des ennemis, d'autant plus redoutables qu'ils sont sincères – et qu'ils sont le courant dominant.

Les docteurs ne sont pas des hommes de sang. Mais la Loi est dure. Et dans la Palestine du Ier siècle, l'inimitié devient vite meurtrière.

Les Pharisiens s'attendaient à tout, sauf à être contredits, sur le fond, par un homme ordinaire, alors qu'ils ont à se battre contre de vrais et « grands » ennemis : les oligarques sadducéens et, sur un autre plan, les occupants romains.

S'en prendre au parti des hommes pieux, s'en prendre même aux scribes (Mt 23, 1-36 et Mc 12, 38-40), c'était de la part de Jésus « une entreprise aventureuse », conclut Joachim Jeremias. Elle jouera contre lui lors du complot final : les intellectuels théologiens n'y prêteront pas directement la main, mais ils laisseront leurs adversaires habituels (les pontifes) organiser le meurtre judiciaire. Cette opération n'aurait pu être menée à bien si les Pharisiens s'y étaient opposés. Or justement, ils ne s'y opposent pas. Jésus les a trop contredits !

« Qayafa » et les siens

Caïphe : on l'appelle Yosef le Singe (ou la Trique) – Hanân, beau-père et « parrain » – Que sont les Sadducéens ? – Le grand prêtre et ses pompes – Comment vivent ces gens ? – Au palais d'Anne – Un dossier Jésus chez les archiprêtres ?

L'élimination physique de Jésus sera aussi un meurtre politique, derrière lequel se tient bien droit un homme, un homme tout-puissant puisqu'il est grand prêtre du Temple. Les Évangiles l'appelleront « Caïphe ». Ce n'est pas un être ordinaire, car on ne devient pas n'importe comment le maître de la ville haute. Derrière Qayafa se tient un réseau, une famille, voire une mafia.

« Hérode avait [...] assuré la constitution d'une caste qui, la monarchie disparue et le protectorat romain établi, allait exercer le pouvoir avec l'aide de l'autorité romaine qui voyait sans doute en elle un auxiliaire sûr, hostile par nature à l'aventurisme des séditions populaires [...] L'évangile de Jean nous confirme indirectement la chose lorsqu'il nous montre Jésus conduit, à son arrestation, non pas chez le grand prêtre en exercice "de cette année-là" (*Caïphe*), mais chez son beau-père (*Anne*), déposé depuis quinze ans mais resté un personnage très influent et dont un témoignage dans le Talmud (*Pesahim* 57a) nous conduit à déduire qu'il appartenait à la famille sacerdotale de Ben Hanin, connue pour sa rapacité. Cette aristocratie très restreinte, étalant sa morgue et son mépris au dire même de Josèphe, se retranchait physiquement derrière les murs fortifiés de la ville haute qui en faisaient une citadelle aristocratique obsédée par le danger des émeutes populaires » (J. Genot-Bismuth).

Ces « aristocrates » sont – nous l'avons vu – des clans de nouveaux riches, issus de prêtres de rang inférieur qu'Hérode avait fait venir pour le servir.

Il en est né une oligarchie de prédateurs. Parmi les vingt-huit derniers grands prêtres[1], vingt-cinq en seront issus. Ces familles « ainsi anoblies de façon soudaine, originaires en partie de l'étranger et en partie d'autres régions que la Judée » (J. Genot-Bismuth), forment quatre clans : les Boethos (huit grands prêtres), les Hanân (idem), les Phiabi (idem) et les Kamith (trois).

La famille la plus puissante à l'origine, celle des Boethos, originaire d'Alexandrie, a donné le grand prêtre Simon, beau-père d'Hérode, qui a exercé son pontificat pendant dix-sept ans, de l'an 22 à l'an 5 av. J.-C. Sept autres membres du clan lui ont succédé[2].

Les Boethos sont surpassés par le clan des Hanân. « Anne » (Hanân ben Chèt) est grand prêtre de l'an 6 à l'an 15 ap. J.-C. Cinq fils et un petit-fils lui succéderont, mais d'abord son gendre : Yosef Caïphe.

Qui sont « Caïphe » et « Anne » ?

Grâce à l'évangile de Jean, ce nom de Caïphe, avec ceux de Pilate, Barabbas ou Simon de Cyrène, va devenir célèbre jusqu'à la fin des temps. L'existence historique de ce personnage est confirmée par d'autres auteurs antiques, au premier rang desquels Flavius Josèphe.

Sauf que « Caïphe » (*Qayafa* en araméen) n'est pas un nom, mais un surnom moqueur. Que veut-il dire ? Il y a diverses hypothèses. Le sobriquet *ha-Qayaf*, ou *Qayafa*, peut avoir été formé sur *Qof* (singe), mot « traité en racine et dont

1. De l'an 37 av. J.-C. à l'an 70 ap. J.-C.
2. Dans le langage courant, « Boéthusiens » est synonyme de « Sadducéens ».

on a tiré un nom de métier : un peu comme “le singe-de-profession” » (J. Genot-Bismuth). Il s’agirait donc d’une allusion populaire au comportement du grand prêtre face au préfet, son partenaire très proche : Caïphe, « singe des Romains » !

L’autre hypothèse est que Qayafa viendrait de l’araméen *kayefa’*, de *kuf* (« forcer », « contraindre »). En ce cas, le surnom voudrait dire plutôt « le Tyran », voire « la Trique ». Surtout si l’on se rapporte à une autre satire du Ier siècle, celle que rapporte Abba Chaoul ben Botnit (traité b. *Pessahim* 57a), contre les familles des grands prêtres : « Et leurs esclaves ne bastonnent-ils pas / Le peuple de leurs gourdins ? » Nous en avons donné plus haut une version. Une autre version de cet épigramme (Tossefta, *Menahot* 13, 31, trad. J. Genot-Bismuth) donne ceci :

« Oh ! quelle peur est mienne du Bet Boethos,
quelle peur est mienne de leurs piques
Oh ! quelle peur est mienne du Bet Kathros,
quelle peur est mienne de leurs calames
Oh ! quelle peur est mienne du Bet Elhanan,
quelle peur est mienne du palais
de leurs sifflements vénéneux
Oh ! quelle peur est mienne du Bet Elicha,
quelle peur est mienne de leurs poings agressifs,
Oh ! quelle peur est mienne
du Bet Yichmael ben Fiabi,
Que les voilà tous grands prêtres,
et leurs fils trésoriers,
et leurs gendres et leurs gens
de venir nous forcer à grands coups de gourdin. »

Ces malédictions, commente Joachim Jeremias, « nous apprennent que l’influence de la nouvelle aristocratie sacerdotale reposait sur la politique de puissance, en partie brutale (bâtons, poings), en partie intrigante (chuchotements, calames) ». Et cette politique leur assurait la mainmise sur « les fonctions principales du Temple ainsi que les taxes et les fonds. » Ainsi tous les prêtres en chef et les hauts fonctionnaires du Temple étaient les fils ou les gendres des grands prêtres ou anciens grands prêtres.

En l'an 30, le commandant du Temple, *segan ha-kôhanîm* ou « chef du clergé », est le fils de l'ex-pontife Anne, donc le beau-frère de Caïphe. Il s'appelle Jonathan et il a « la haute surveillance du culte et celle des prêtres en service », ainsi que la surveillance policière suprême » (J. Jeremias).

Contrôler les rouages internes du « système du Temple » est extrêmement gratifiant, tant sur le plan moral et social que sur le plan financier.

Nous avons déjà vu l'envergure de ses activités fiscales et bancaires. Ses activités commerciales ne sont pas moins rentables. Indispensables à la grande machinerie permanente des sacrifices, qui, mieux que les archiprêtres, pourrait les contrôler ? Et pourquoi n'y trouveraient-ils pas leurs bénéfices au passage ? Les Évangiles témoignent en tout état de cause de l'existence de stands commerciaux et monétaires sur le parvis. Mais d'autres sources existent également. « Une tradition rabbinique fait allusion à un commerce de bétail dans l'enceinte du Temple. Selon le Talmud de Jérusalem (j. *Bétsah* 2, 4, 61c13, 4/1, 119), R. Baba b. Buta, contemporain d'Hérode le Grand, fit venir trois mille têtes de bétail et les mit en vente sur la montagne du Temple pour les holocaustes et les sacrifices pacifiques. En outre, il y avait des boutiques des Ben Hanun ou Hanân ; ces boutiques appartenaient évidemment à la famille du grand prêtre. Ajoutons à cela deux autres données. Josèphe (*Ant*. XX 9, 2 § 205) appelle "homme d'affaires madré" le grand prêtre Ananie (en fonction de l'an 47 à l'an 55 ap. J.-C.) ; par ailleurs, d'après la Tossefta (*Menahot* XIII 22, 534-2), "l'amour de Mammon et la haine mutuelle" furent, dit-on, les causes de la ruine du Temple. On peut donc en conclure que, sur le Parvis des Gentils, en dépit de la sainteté de l'enceinte du Temple, il put très bien y avoir un commerce florissant de bêtes pour les sacrifices. C'est peut-être la puissante famille d'Anne qui l'entretenait » (J. Jeremias).

Par son rejeton Eliyeho'enay, grand prêtre de 43 à 44 et désigné comme « fils du Qayaf », les historiens identifient la souche de ce Caïphe, grand prêtre au procès de Jésus, comme étant celle des Qatros, branche du clan pontifical des Boethos. Mais d'autre part, Joseph « Caïphe » est le gendre d'un retraité encore très puissant, ex-grand prêtre : nommé par Quirinius au premier jour de l'occupation romaine[1] et déposé de sa charge en l'an 15, c'est le vieux Hanan ben Chèt, que les traductions évangéliques françaises appellent « Anne ». La famille de cet « Anne », les Ben Hanin, est « sans doute la plus influente et la plus opulente des familles de l'aristocratie sacerdotale promue par les Hérode [...] Hanân en fut le chef puissant et incontesté ; ami personnel de Valerius Gratus et Pontius Pilatus » (J. Genot-Bismuth).

Caïphe « doit avoir été d'une habileté consommée : il a réussi à se maintenir au pouvoir dix-neuf ans, de 18 à 37, record que personne n'atteignit, même approximativement, dans tout le siècle [...] C'est une période de quatre ans seulement qui fut la durée moyenne de gouvernement des 28 derniers grands prêtres pendant les cent sept ans qui s'écoulèrent entre l'avènement d'Hérode et la destruction du Temple. Les gouverneurs romains changeaient volontiers ces dignitaires, car, à l'occasion d'une nouvelle instauration, ils obtenaient quelque gratification du candidat heureux. Dans le Talmud (*Joma* 8b), on lit ce détail peu édifiant : "Et comme on payait pour devenir grand prêtre, ils (les gouverneurs) avaient l'habitude de changer le grand prêtre tous les ans." Valerius Gratus, qui fut gouverneur de la Judée de 15 à 26 ap. J.-C., et par qui Caïphe obtint cette charge, doit avoir été accessible à la corruption : en effet, il n'a pas laissé plus d'un an en fonction les trois prédécesseurs de Caïphe (Josèphe, *Ant.* XVIII, 2, 2 § 34 s.). Celui-ci a dû lui éviter la peine d'obtenir de l'argent par le moyen compliqué du changement de titulaire [...] Il n'est pas moins curieux que Caïphe put se maintenir pendant toute la durée du gouvernorat de Pilate (26-36), à qui les contemporains reprochent entre autres sa corruptibilité (Philon, *Legatio ad Caium*, 38 § 202). Peu de temps après que Pilate a été déposé par le légat syrien Vitellius, Caïphe dut se retirer ; en réalité, il ne le fit que pour laisser la place aux fils de son beau-père, si bien que le pouvoir resta entre les mêmes mains. Le manque de scrupules avec lequel Caïphe procédait chaque fois que sa situation était compromise, il l'a montré au cours de la séance qui aboutit officiellement à la suppression de Jésus

1. En l'an 6.

(Jn 11, 5-53). C'est parce que Jésus menaçait d'aliéner le peuple à la caste dirigeante qu'il fallait le sacrifier à la raison d'État dans le sens où Caïphe l'entendait » (J. Blinzler).

Ces « Sadducéens » détestés

Nous l'avons déjà vu : en l'an 30, le haut clergé de Jérusalem est sadducéen[1]. Ces « familles » de parvenus ont adopté (tropisme bien connu en d'autres lieux et à d'autres périodes de l'histoire) l'idéologie de l'aristocratie traditionnelle, laïque ou sacerdotale.

Contrairement aux Pharisiens, les Sadducéens ne sont pas une « secte » ni même un courant intellectuel en tant que tel : c'est un *milieu social.* Leur préoccupation première n'est pas religieuse : elle est politique.

La « pensée sadducéenne » est moins attestée que celle du pharisaïsme et ne nous est connue que par des textes indirects. Principalement ceux de Flavius Josèphe. Les Sadducéens, dit-il, « nient la persistance de l'âme après la mort, les châtiments et les récompenses de l'autre monde [...] La doctrine des Sadducéens fait mourir les âmes en même temps que les corps, et leur souci consiste à n'observer rien d'autre que les lois. Disputer contre les maîtres (pharisiens) passe à leurs yeux pour une vertu [...] Les Pharisiens avaient introduit dans le peuple beaucoup de coutumes qu'ils tenaient des anciens, mais qui n'étaient pas inscrites dans les lois de Moïse, et que, pour cette raison, le groupe des Sadducéens rejetait, soutenant qu'on ne devait considérer comme des lois que ce qui était écrit, et ne pas observer ce qui était transmis seulement par la tradition. Sur cette question s'élevèrent des controverses et de grandes disputes, les Sadducéens ne parvenant à convaincre que les riches et n'étant pas suivis par le peuple »...

---

1. À l'origine, le « Sadducéen » est un sobriquet hostile, décerné par les Pharisiens : *Tsaddouqi* voulant sans doute dire (par dérision) les « Justes ».

Bizarre attitude que celle de ces oligarques sadducéens, qui prétendent incarner les valeurs nationales de toujours, mais dont les intérêts et le mode de vie s'alignent de plus en plus sur ceux de l'occupant romain et de la culture grecque internationale...

Leur conflit avec les Pharisiens découle donc essentiellement de ce qu'ils récusent la Torah orale, à l'intérieur de laquelle s'interprète l'Écriture. Conformément à la lettre de la Bible, ils considèrent que les règles de pureté sont applicables seulement dans l'enceinte du Temple, alors que les Pharisiens les étendent à l'ensemble de l'existence. Il serait cependant erroné de les croire plus « libéraux » que leurs adversaires « populistes » en matière pénale par exemple, le refus de la Torah orale conduit les Sadducéens à être d'une plus grande rigueur que les Pharisiens.

Les Sadducéens entretiennent de bonnes relations avec le pouvoir politique, parce qu'ils sont soucieux de défendre l'ordre établi. Ils étaient proches d'Hérode le Grand, ils le demeurent des gouverneurs romains successifs. Et ce sont ces gouverneurs qui nomment les grands prêtres...

Le milieu sadducéen n'est pas un réseau de militants (comme mouvement pharisien), mais un parti de notables, à la politique essentiellement clientéliste. Cet aspect « sociologique[1] » se manifeste de manière frappante lors du procès de Jésus. Dans la foule rassemblée devant le prétoire de Pilate, ceux qui crient le plus fort sont les hommes de Caïphe.

Ce qu'est un grand prêtre juif

« Chez d'autres peuples, d'autres considérations permettent de déterminer la noblesse ; chez nous c'est la possession du sacerdoce qui est la preuve d'une origine illustre » (Josèphe). À ceci près que, depuis le règne d'Hérode Ier, c'est l'inverse : des gens d'origine obscure sont devenus

1. Des oligarques entourés de leur clientèle.

« illustres » en s'emparant du sacerdoce qui leur vaut le respect absolu, en Israël. Du moins en théorie. À eux le titre rituel *Ichî kôhen gadôl* (« Monseigneur le grand prêtre »), et le vêtement indispensable aux cérémonies du culte national, avec ses huit pièces qu'énumère Joachim Jeremias : tunique de byssus, caleçon de byssus, turban, ceinture, pectoral, *éphod* (large bande d'étoffe munie de bretelles), tunique de dessus (ramenée sur la tête), diadème d'or posé sur le turban... Le tout est d'un symbolisme très minutieux : « Selon la Tossefta *Pessahim* VI 5 (165, 7), le diadème d'or expie l'impureté du sang de la victime et celle du fidèle quand il offre la victime ; mais pour les sacrifices de naziréat et de la Pâque, il expie seulement l'impureté du sang de la victime et la souillure de l'offrant causée par un "tombeau de l'abîme" (souillure inconnue venant d'un cadavre gisant en terre) » (*ibid.*).

Signe des temps : cette tenue sacrée n'est plus en la possession des grands prêtres. Ils doivent la demander chaque fois au commandant romain de la forteresse Antonia, qui lui-même en réfère au préfet. « Pour se préserver des révoltes des Juifs, Hérode le Grand, Archelaüs et, après lui, les Romains ne connurent pas de moyen plus efficace que de mettre le vêtement du grand prêtre sous leur garde dans la forteresse Antonia ; ils n'en rendaient l'usage au grand prêtre que pour les jours de fête. De même s'explique la lutte tenace menée par les Juifs pour récupérer ce vêtement du grand prêtre ; elle ne se termina que quand l'empereur Claude restitua le vêtement par un décret de sa propre main en date du 28 juin 45 ap. J.-C. » (J. Jeremias).

On voit bien : quelle que soit la complicité qui puisse éventuellement exister entre eux, le rôle du Romain est de « tenir » le Judéen. Du point de vue romain, parce que le grand prêtre a un privilège politique : il préside le Grand Sanhédrin, qui est une sorte de conseil national juif.

Du point de vue juif le grand prêtre a un autre privilège, immense et redoutable : il est le seul homme à pouvoir entrer, un seul jour par an (celui des Expiations : *Yom Kippour*), dans la salle interdite du sanctuaire : le Saint des Saints. Ce jour-là encore plus que les autres, « le moindre manquement aux règles liturgiques aurait entraîné un jugement de Dieu ; c'était donc avec tremblement que le grand prêtre accomplissait son service dans le lieu sacro-saint, sombre, vide et silencieux, qui se trouvait derrière le double voile » (*ibid.*). « Il est prescrit que le grand prêtre doit faire seulement une prière très courte dans le Saint des Saints, afin que le peuple ne s'effraie pas et ne croie pas qu'il lui est arrivé malheur. Une fois terminé de façon heureuse le service du jour des Expiations, toute la foule reconduisait solennellement le grand prêtre chez lui. Là, il faisait fête à ses amis, "car tout s'était terminé de façon heureuse" » (*ibid.*).

Mais qui sont les « amis » du grand prêtre, au point où en est arrivé le haut clergé en l'an 30 ? Personne d'autre que les clients de son clan.

Le grand prêtre mène une vie opulente et triomphale, celle de « chef de tous les chefs », premier pontife dans une société dirigée par les prêtres (au moins officiellement). Mais cette existence de faste a une contrepartie : elle doit *aussi* suivre une infinité de règles quotidiennes. Les obligations rituelles du grand prêtre sont nombreuses et pesantes. Par exemple, « le contact avec un cadavre rendait impur (Nb 19, 11-16) [et] exigeait une cérémonie de purification de sept jours avant qu'un prêtre puisse de nouveau officier. Pour éviter [...] une telle impureté, il lui était interdit de se souiller au contact d'un mort (Lv 21, 11). Il ne lui était pas permis de toucher un cadavre ni d'entrer dans une maison mortuaire ; aux enterrements, il ne pouvait pas marcher immédiatement derrière la civière. On lui interdisait également de laisser pousser ses cheveux en broussaille et de déchirer ses vêtements en signe de deuil » (*ibid.*). D'où l'aspect particulièrement emphatique du geste de Caïphe face à Jésus. Mais il y avait d'innombrables autres prescriptions rituelles qui pesaient sur le grand prêtre : « On ne devait pas le voir nu. On ne devait pas le voir se faire couper les cheveux. On ne devait pas le voir au bain. Pendant chacun des sept jours précédant *Kippour*, il était tenu à une cérémonie de purification, et – pour ne pas risquer de contracter une impureté, notamment de sa femme – il devait passer chacune de ces sept nuits dans la pièce qui lui était réservée au Temple, du côté sud du Parvis des Prêtres » (*ibid.*).

« Cet isolement du grand prêtre pendant la nuit, au cours de la semaine précédant le jour des Expiations, fut peut-être décrété vers 20 ap. J.-C., à la suite d'une souillure que contracta le grand prêtre Shiméon, fils de Kamith ; la veille du jour des Expiations, à la tombée de la nuit, il reçut un crachat d'Arabe et se trouva par conséquent inapte à officier le jour des Expiations. Il y avait un troisième moyen d'empêcher la souillure du grand prêtre avant cette fête : la nuit qui précédait, on le tenait éveillé (*Yoma* 1, 6-7) pour lui éviter l'impureté prévue en finale de Lv 22, 4[1] » (*ibid.*).

Quand il pénètre dans le Saint des Saints, le grand prêtre reçoit une sacralité qui restera ineffaçable. Telle est la puissance de cette conception « fluidique » du sacré, que, si un grand prêtre ne pouvait officier le jour des Expiations, le prêtre qui le remplaçait exceptionnellement ce jour-là était ensuite « compté dans la liste des grands prêtres ayant exercé leur fonction, bien qu'il n'ait rempli son office que pendant quelques heures à titre de suppléance » (*ibid.*).

C'est aussi pour cette raison que tout grand prêtre, après avoir quitté (perdu) sa charge, conserve son titre. On ne pourra donc s'étonner de voir le vieil Anne qualifié de « grand prêtre », et de lire, dans l'évangile de Jean, que Jésus lui est déféré avant de comparaître devant Caïphe, « grand prêtre en exercice ».

Une visite du « palais du grand prêtre »

Même si elle est tombée moralement au-dessous du niveau de ses fonctions sacrées, même si elle doit céder du terrain aux Pharisiens sur le plan des liturgies du Temple, même si elle se trouve forcée de louvoyer au Sanhédrin devant la pression jurisprudentielle de ces mêmes Pharisiens, la caste pontificale – au Iᵉʳ siècle – a réussi à se reconstituer un pouvoir incontournable... grâce à l'occupant romain. « L'importance du grand prêtre se trouve renforcée

1. Une émission de liquide séminal.

de façon très considérable. En effet, en tant que chef du Sanhédrin et premier représentant du peuple, en cette période où il n'y a plus de roi, le grand prêtre représente le peuple juif devant les Romains. Et précisément, parmi les grands prêtres de l'époque, il y a des hommes qui, grâce à leur personnalité, s'acquièrent puissance et prestige, comme par exemple Anne et Caïphe... » (J. Jeremias). Ce prestige s'affiche matériellement dans leurs résidences de Jérusalem.

Les demeures du haut clergé sont rassemblées (on l'a vu) dans un quartier spécial : une sorte de « cité des prêtres », construite par Hérode Ier sur les pentes orientales de la colline ouest. Elles surplombent donc d'assez haut, comme une falaise de murailles, la ville basse et le moutonnement de ses petites « maisons-cours » cubiques.

Relié directement au Temple par une rampe d'accès enjambant l'étroite vallée du Tyropéon, c'est un quartier de « palais » accolés les uns aux autres.

Les archiprêtres et pontifes y mènent entre eux[1] une existence quotidienne étrange, car vouée aux implacables prescriptions de pureté que les fonctions sacerdotales imposent dans la vie domestique presque autant qu'au Temple, mais aussi marquée par le luxe hellénisé et romanisé de l'oligarchie juive.

« L'impératif de la pureté, avec cette propension compulsive à se surveiller sans cesse qui l'accompagne inévitablement, ne concerne pas seulement l'extérieur, le dehors, l'hors chez-soi ; il commande l'organisation de l'espace intérieur de la demeure, le choix des matériaux de construction, des meubles, des ustensiles. On évitera tout élément trop sensible, exposé par nature à, comme l'on dit, “contracter l'impureté”, celle-ci se communiquant avant tout par le contact des fluides. Le fer, signe de mort, disent les textes, puisqu'il sert à forger l'épée qui tue, est banni de la demeure sacerdotale comme il est banni du sanctuaire... L'argile paraît [...] confinée dans des espaces spéciaux : la poterie est en effet trop sujette à la contamination, elle astreint trop à un rite incessant d'immersion en bassin rituel ; certains

1. Une dizaine de « familles », autour de quatre clans : donc plusieurs centaines d'individus.

législateurs de zèle particulier ont été jusqu'à étendre cette fâcheuse condition au verre, matière de luxe favorite dans l'opulente classe sacerdotale, mais qui s'importait le plus souvent de Grèce ou de Tyr... Le bois lui-même, indispensable à la charpente, est astreint à une série de restrictions. Reste *la pierre*... Calcaire, blanche, au grain serré, bien travaillable, et dont le sol de la ville est si riche qu'on la dirait assise sur un gigantesque socle naturel et pur, ce qui explique peut-être d'ailleurs son caractère de haut lieu immémorial... (D'où les jarres de pierre, comme à Cana ; la vaisselle de pierre ; le mobilier de pierre.) C'est là l'idéal. Il n'est pas toujours compatible avec la vie prosaïque de tous les jours, le besoin qu'ont ces prêtres d'une existence confortable, luxueuse, aux entraves moins pesantes ; eux qui sont avant tout des aristocrates fort soucieux d'en imposer en raffinement au soudard romain qui, lui, leur impose sa loi. La tension entre une manière d'ascétisme rituel exigé et l'opulence qu'attirent toujours dans leur sillage les très hautes charges avait déjà produit les déchirures que l'on sait à l'époque de la rencontre avec les tentations matérielles de la somptuosité hellénistique ; cette fois encore, en somme, ne pas laisser au monde païen, donc inférieur, l'avantage de l'apparence d'une supériorité matérielle... La révolution maccabéenne, à l'origine frugale, provinciale, populaire, traditionaliste et xénophobe, avait fini à son tour par s'helléniser dans ses mœurs en se muant en monarchie hasmonéenne. Les rois-grands prêtres du lignage de Hachmonaï étaient plus proches du *tyrannos* d'Antioche ou d'Alexandrie que du frugal souverain de l'imagerie davidique. La mode hérodienne, avec son goût du somptuaire, de l'opulent, des modes du massif et du confort, cette fois prise à Rome, ne marque pas seulement la cour et le proche entourage d'Hérode. La nouvelle aristocratie sacerdotale promue de toute pièce et importée d'Alexandrie ou de l'Euphratène [...], parvenue et cliente, en partage résolument les valeurs et les goûts ; plus même, elle a été formée, à Alexandrie ou à Séleucie, à une certaine mentalité somptuaire ; elle est intimement hellénistique par naissance et éducation... Prenant des libertés avec la loi religieuse, au nom de la lettre prise en sa plus grande littéralité, elle s'en accommode et elle l'accommode..." Cette haute classe sacerdotale, "les Pharisiens, classe des intellectuels et lettrés de la religion, [...] la traquent, la censurent et [...] lui font l'amer grief de son penchant trop avide pour la fortune : bref, de ses méthodes trop expéditives de pouvoir qui transforment en insupportables privilèges le statut économique protégé que la loi divine avait assuré à ses prêtres pour que, l'esprit libre, ils puissent se vouer sans réserve au service divin. Faute de quoi, les voilà devenus à la fois clergé et noblesse, épuisant de leurs exactions le tiers état » (J. Genot-Bismuth).

Les fouilles de l'archéologue israélien Nahman Avigad (en 1969-1980) ont mis au jour un palais qui, selon toutes probabilités, pourrait être celui d'Anne, beau-père de Caïphe.

Cette résidence, explique Jacqueline Genot-Bismuth (in *Jérusalem ressuscitée)*, s'étage « à mi-pente face au Temple », sur sept cent cinquante mètres carrés. C'est une demeure visiblement sacerdotale. Or elle fut édifiée pour une famille « se partageant entre des mœurs à la romaine et une observance méticuleuse des lois lévitiques, à en juger par les quatre grands bains rituels (*bate tevilot*) que comptait le palais ».

Celui-ci se divise nettement en deux moitiés, de part et d'autre d'une cour. Côté ouest, un bloc « à la romaine », avec une entrée et un vestibule donnant à droite sur une petite salle d'hôtes et, à gauche, sur une salle d'audience et d'apparat de douze mètres sur sept (le grand *traqlin*, du latin *triclinium*) flanquée de trois petites salles à manger (*cubiculi*) pour les repas offerts aux hôtes. Côté est, le bloc privé : un habitat juif traditionnel « avec façade arrière donnant sur le Temple et le mont des Oliviers », regroupant en particulier les bains rituels, les cuisines, les offices, les réserves de vivres, au-dessus desquels devaient être les appartements.

Pourquoi les archéologues estiment-ils être en présence du palais d'Anne (Hanan ben Chèt) ? Parce que les dates et les indices concordent, résume Jacqueline Genot-Bismuth : « Construit à l'époque de l'urbanisation de la nouvelle ville haute en 24-23 av. J.-C., il fut primitivement, en sa partie à la romaine, décoré en ce même style pompéien que l'on retrouve dans l'architecture hérodienne de Sébasté datée généralement de l'année 27. Mais les fresques à décor de faux marbre polychrome et frises de lotus furent ensuite recouvertes, dans la grande salle d'apparat et les trois *cubi-*

culi qui y donnent, d'un stucage blanc et austère imitant un appareil de pierre... Cependant que le décor à dominante rouge de la petite salle d'hôtes de droite était conservé. Ainsi, entre l'époque de la construction et celle de la destruction violente, a-t-on procédé à une réfection de l'ensemble principal de salles de réception dont l'effet fut certes de les rendre moins intimes, plus impressionnantes et plus solennelles, tout comme si un changement de fonction était intervenu dans leur usage ; de plus, la pierre imitée reconduisait à ce symbole quasi obsédant de la pureté.

« Autre détail riche d'enseignement : la mosaïque du vestibule d'entrée... laisse apparaître en motif d'angle, encadrant la rosace centrale cerclée d'une frise annelée, trois grenades en grappe. Or, depuis déjà le Premier Temple [...] la grenade est emblème de la grande prêtrise.

« L'ensemble convergent de ces indices nous conduit à conclure que ce palais devint, après sa construction, la demeure d'un grand prêtre ; mais qu'avant cette promotion, la famille qui l'avait fait édifier était déjà sans doute l'une des plus opulentes et des plus éminentes de l'aristocratie sacerdotale contemporaine d'Hérode. Compte tenu des dates recoupées, il ne peut s'agir que du palais des Ben Hanin, famille dont on sait qu'elle donna en moins d'un siècle sept grands prêtres, huit même si l'on compte Yosef Qayafa entré par mariage dans le clan.

« Ainsi donc en début de ce siècle, si l'on compte frères, pères et fils vivant sous le même toit avec leurs familles, c'est presque une dizaine de prêtres à la fois qui en ces lieux devaient accomplir leurs purifications et leurs ablutions rituelles ; d'où l'on comprend mieux l'abondance des grands bains.

« Dès lors, la réfection des salles d'apparat du palais Hanin peut être datée de l'an 6, à l'heure où Hanan, accédant à la grande prêtrise, transforme sa grande salle en véritable salle d'audience où il convoquera le Conseil du Sanhédrin et tiendra ses audiences officielles, entouré de sa garde.

« Nul doute que Valerius Gratus ou Ponce Pilate n'ait passé ici plus d'une soirée sur un lit de repas, hôte de Hanan, dans un des trois *cubiculi* que l'on nommait alors *kiton*, d'un terme emprunté au grec, ou encore dans le salon intime gardé en style pompéien, sur la droite à l'entrée.

« Cette découverte du palais Hanin est capitale, on le pressent, dans la mesure où elle donne brusquement au sobre récit de Jean sa charge nue de réel prosaïque, saisi sur le vif. »

Qayafa (« Caïphe ») face au dossier Jésus

Yosef Qayafa, grand prêtre en l'an 30 par la grâce de Rome, est l'homme fort de la Ville sainte.

Iechoua ha-Nôtsri fait forcément, à ce moment-là, l'objet de rapports et de délations auprès du commandant du Temple (le *segan*), qui se trouve être le beau-frère de Caïphe. C'est Jonathan qui enverra des gardes pour arrêter le Galiléen. Celui-ci apparaît aux autorités comme un imprécateur nuisible aux docteurs de la Loi (ce qui ne gêne pas Caïphe), mais aussi au système du Temple et à ses desservants.

Si l'on suit la chronologie de Jean, Jésus a inauguré son action publique par une double provocation : il s'en est pris aux marchands, puis il a répondu aux chefs du Temple qui lui demandaient : « Quel signe nous montres-tu à faire cela ? » – « Détruisez ce Temple et en trois jours je le réveillerai » (Jn 2, 19, trad. A. Chouraqui).

Nul ne peut alors deviner qu'il parle « du temple de son corps » (Jn 2, 21). Les archiprêtres et leurs assistants comprennent : « En quarante-six ans ce Temple a été bâti, et toi tu le réveillerais en trois jours ! » Autrement dit : « Tu viens de dire une phrase de trop qui est un outrage au Lieu saint, et tu l'as dite en public, ce qui constitue une circonstance aggravante. Attends-toi à ce que nous t'en reparlions plus tard si tu récidives. »

En période de grandes fêtes, le Temple est en effet « une formidable chambre d'écho » : « C'était là que les mouvements, partis d'un individu, pouvaient brusquement prendre, avec ce dynamisme incontrôlable propre aux effets de foule » (J. Genot-Bismuth). Aux yeux des archiprêtres, c'est ce genre de risque que représente Jésus, orateur charismatique qui passe des heures sous les colonnades à parler aux gens.

Les Évangiles confirment ce rôle de « perturbateur inclassable » lorsqu'ils mettent en scène Jésus face aux Sadducéens. Si l'on examine attentivement, par exemple, l'épisode de la femme adultère, on comprend qu'il s'agit d'un piège tendu à Jésus, et que ce piège consiste à lui faire prendre parti dans une procédure légale religieuse – où se trouve nécessairement impliqué, parmi les juges, un membre du haut clergé du Temple. Comment celui-ci pourrait-il supporter la leçon (effarante) que leur inflige le Galiléen ?

En conclusion :

« Les Sadducéens semblent d'abord avoir eu moins de conflits avec Jésus (que les Pharisiens), parce qu'ils avaient moins de contacts avec le peuple. Mais les deux partis s'accordèrent bientôt dans leur haine de Jésus. Vers la fin de sa vie les Sadducéens commencèrent à s'occuper davantage de lui (Mt 22, 22-23 s. ; Lc 20, 20-26) ; finalement c'est le grand prêtre sadducéen Caïphe qui joua un rôle capital dans le procès de Jésus (*cf.* Jn 11, 47 s.). Les Sadducéens persécutèrent également les disciples (Ac 4, 1-4 ; 5, 17)[1] » (Joseph Auneau).

Face à la montée du courant de Jésus, Qayafa et les siens n'opposent pas une attitude offensive et dialectique, comme le font les Pharisiens, mais adoptent une posture défensive, « politique », avec pour seul souci la sécurité du jeu – pervers et contradictoire – qui lie les pontifes à l'occupant romain, maître de leur carrière, et à la religion nationale, prétexte de leur puissance. Le « peuple » constitue le prétexte du pouvoir oligarchique. Cette clef sera mentionnée par Yosef Qayafa en personne, lorsqu'il déclarera (Jn 11, 49-53) : « Vous n'y entendez rien. Vous ne songez même pas qu'il est de votre intérêt qu'un seul homme meure pour le peuple et que la nation ne périsse pas tout entière. »

Ces paroles seront prononcées à Jérusalem devant le conseil national des chefs et notables : le Grand Sanhédrin.

---

1. *Dictionnaire encyclopédique de la Bible, op. cit.*

Le Grand Sanhédrin

De quoi s'agit-il en réalité ? – Qui le compose ? – Où siège-t-il ? – Quels sont ses pouvoirs en l'an 30 ? – La « gauche » et la « droite » contre Jésus

C'est devant le Sanhédrin au complet, réuni par « les grands prêtres et les Pharisiens » (Jn 11, 47), que se décide l'élimination de Jésus. Mais qu'est-ce, en réalité, que le Sanhédrin ? Nous l'avons vu : « sanhédrin » est un mot grec et il s'agit ici d'un conseil des notables, sur le modèle de la *gerousia* (conseil des anciens) ou de la *boulè* (conseil municipal) des cités hellénistiques. Avec des particularités propres à l'univers juif : le président est le grand prêtre, les prêtres importants y siègent de plein droit, ainsi que les experts de la Torah (les scribes) depuis la seconde moitié du siècle précédent. En l'an 30, le Sanhédrin est composé de trois classes. Celle des « anciens » (en grec *presbuteroi*), qui représentent l'aristocratie laïque et qui sont en grande partie sadducéens. Celle des « archiprêtres » (*archiereis*), issus des quatre familles dans lesquelles on choisit généralement les grands pontifes ; ce sont eux aussi des Sadducéens. Et enfin la classe des scribes ou docteurs de la Loi (*grammateis*), qui eux appartiennent le plus souvent au parti des Pharisiens. Ces derniers constituent donc une minorité. Est-ce une minorité de blocage ? Sont-ils en mesure de s'opposer à une décision ? Cette question reste posée ; les historiens n'ont pas assez d'éléments pour y répondre. La seule certitude est que le Sanhédrin est composé de soixante et onze membres. La Mishnah (traité *Sanhédrin* 1, 6) précisera qu'à côté du Grand Sanhédrin existait le petit, composé de 23 membres, et que des sanhédrins locaux existaient un peu partout. D'où la phrase de Jésus à ses disciples : « Ils vous livreront aux sanhédrins » (Mt 10, 17). Mais les cas importants restent la chasse gardée du Grand Sanhédrin (Mt 5, 21-22).

Sous Hérode le Grand, le Sanhédrin avait perdu presque tous ses pouvoirs. Depuis l'an 6 et l'administration romaine de la Judée, il a repris de l'importance. Mais jusqu'à quel point ? Les historiens en débattent aujourd'hui. Certains pensent que le Sanhédrin continue à rendre des sentences capitales et à les exécuter d'une manière indépendante (J. Juster, H. Lietzmann, E. Ebeling). D'autres estiment que ses compétences s'exercent en matière religieuse seulement (Lengle). D'autres encore, qu'il a le droit de faire exécuter des condamnés par la lapidation traditionnelle – mais avec l'approbation du préfet romain. « Très probablement il n'avait d'autre droit que de prononcer la sentence capitale, qui devait être ratifiée et exécutée par le gouverneur[1] », conclut P. Haudebert.

Il faut se souvenir qu'en Israël la Loi est d'origine sacrée : les juges du Sanhédrin fonctionnent donc à la fois comme un tribunal civil, un tribunal pénal et un tribunal « d'opinion », si l'on ose cet anachronisme. Tout problème légal engage la jurisprudence religieuse.

Pilate déménage le Sanhédrin

« Lorsque des sages sont d'avis différents dans l'interprétation d'un texte de loi, on cherche tout d'abord à savoir s'il y a un enseignement courant sur le sujet. Si tel n'est pas le cas, on a recours à plusieurs tribunaux successivement. Après avoir consulté les deux premiers *beth din*, les personnes qui sont à l'origine de la question et les membres du

1. *Dictionnaire encyclopédique de la Bible, op. cit.*

beth din siégeant à la Porte du Parvis d'Israël (au Temple) vont de conserve consulter les membres du Tribunal suprême qui siègent dans la Salle pavée ; ces derniers émettent une décision qui détermine la pratique », constate Jean-Pierre Lémonon. Il ajoute : « Chacun peut conserver sa propre interprétation à condition de ne pas l'enseigner. » Et c'est justement ce que l'on reproche à Jésus : il enseigne, dit-on, « de sa propre autorité ». D'où ses diverses comparutions, à Jérusalem, devant des membres du Sanhédrin...

Le Sanhédrin se réunit chaque jour, sauf les jours de shabbat et de fête. Où siège-t-il ? Selon les écrits rabbiniques, dans une salle nommée « Lichkat ha-Gazit », la « Salle de la pierre taillée », à l'angle sud-ouest de l'enceinte de la cour intérieure du sanctuaire.

Mais selon le Talmud de Jérusalem (*Sanhédrin* 1, 5), « quarante ans avant que le Temple ne soit détruit », les affaires criminelles ont été retirées au Sanhédrin. Le Talmud de Babylonie (*Chabbat* 156a) précise que, « quarante ans avant que le Temple ne soit détruit », le Sanhédrin fut exilé et siégeait en un lieu nommé *hanuyot* (« les Magasins »). Beaucoup d'archéologues identifient ce toponyme avec le forum commercial et administratif, édifié par Hérode le Grand entre Temple et ville haute, et nommé « le Xyste ». C'est dans l'un des bâtiments donnant sur cette vaste place qu'aurait siégé le Sanhédrin après avoir quitté le Temple.

Mais pourquoi ce déménagement ? Pour permettre aux officiels romains d'assister aux séances : chose qu'ils ne pouvaient faire tant que la salle était à l'intérieur du sanctuaire, dans le secteur interdit aux païens. « On peut aisément concevoir les motifs vraisemblables d'une telle décision : tant que son siège restait à *Lichkat ha-Gazit* (au Temple), le Sanhédrin restait hors de tout contrôle romain [...], les Romains s'étant donné pour règle de respecter l'inviolabilité du *soreg*, ainsi qu'on l'a vu ; au contraire, réuni désormais hors de l'enceinte inviolable du Temple, et selon la logique pragmatique de bons administrateurs romains, le Sanhédrin devenait surveillable, le préfet pouvait y paraître, ou y envoyer des émissaires au besoin, sans déclencher les réactions en chaîne que l'horreur sacrée du sacrilège pouvait mettre en branle. Or la conséquence intrinsèque, du point de vue de la Torah, de ce déplacement vers un lieu profane, assimilé à un « exil », qui éloignait le Sanhédrin du lieu « choisi par Dieu » où sa présence reposait, était de supprimer de ses prérogatives le droit de prononcer la peine de mort...

« En ce cas, la mesure, d'ordre administratif, aurait été prise par Pilate sans qu'il en ait saisi les conséquences ni la portée... Cela est tout à fait vraisemblable : ses compétences sont en droit romain, et non en *halakha* pharisienne !

« [...] Dans la topographie de l'époque telle que nous la restitue désormais l'archéologie de plus en plus avancée de la Jérusalem du Second Temple, nous savons que le quartier des magasins et entrepôts se situait sur l'emplacement aujourd'hui compris entre la Porte de Jaffa et le Muristan [...] Cela voudrait signifier que le Sanhédrin a été déplacé à l'ouest extrême de la ville, à proximité de l'ensemble fortifié des tours hérodiennes de Phasael, Hippicos et Mariam, et de la ville haute aristocratique, à l'écart des quartiers populaires. Ce choix ne manquerait donc pas d'avantages stratégiques d'ordres multiples, compte tenu des réalités stratégiques et coloniales ; il n'est donc pas absurde de l'envisager comme possible » (J. Genot-Bismuth).

Cependant les Évangiles parlent plutôt d'une comparution de Jésus « chez Caïphe » (Mt), ou « dans la maison du grand prêtre » (Lc), ou « chez le grand prêtre » (Mc). Et rien ne permet de choisir entre l'une ou l'autre de ces hypothèses, ainsi que nous allons le voir ; plusieurs historiens se contentent d'estimer que le Sanhédrin n'avait pas de siège fixe et qu'il pouvait se réunir en divers lieux de la ville – pourvu que le quorum soit atteint et que le grand prêtre soit présent.

La « gauche » et la « droite » contre Jésus

Sous les gouverneurs romains, « le Sanhédrin règle donc l'ensemble de la vie juive, dans la mesure où ses décisions ne vont pas à l'encontre de lois et de coutumes romaines. Mais cela reste quelque peu théorique, dans la mesure où le gouverneur nomme et destitue le grand prêtre, président de cette assemblée », observe Jean-Pierre Lémonon.

Dans une société devenue coloniale, déstructurée par la perte de son autonomie politique et désorientée par le « choc des civilisations », le Sanhédrin se divise selon une nouvelle ligne de fracture : d'un côté ceux qui voient leur intérêt (de classe) dans la collaboration avec l'occupant ; de l'autre ceux qui cherchent le moyen de préserver (voire de refonder) l'identité nationale. Autrement dit : à « droite », l'alliance sociologique *conservatrice* de la caste des archiprêtres et de la classe des « anciens » (la hiérocratie et l'argent), aux couleurs du « sadducianisme ». Et à « gauche », le groupe *refondateur* des intellectuels militants, essentiellement des Pharisiens.

Ce Sanhédrin « colonial » est présidé par le grand prêtre nommé par le préfet romain, qui peut le révoquer à tout moment. Toute décision grave du Sanhédrin, surtout en matière criminelle, est soumise à la validation du préfet qui se réserve le droit de ratifier ou non une sentence de mort prononcée par le tribunal juif (Jn 19, 10). C'est ce problème « technique » que Caïphe va devoir résoudre, s'il veut réussir à faire crucifier – par les Romains – un Juif qui ne gêne en réalité que des Juifs.

La difficulté est juridique. En effet, les griefs criminels mosaïques sont si particuliers qu'ils ne se transposent pas en droit criminel romain. D'où la nécessité de changer de grief si l'on veut que Pilate prononce à son tour une condamnation à mort... Le Sanhédrin doit convertir le chef d'accusation juif en quelque chose de punissable par la loi romaine ; et même dans ce cas, il faut s'attendre à ce que le préfet veuille s'informer, par lui-même, sur la question de la culpabilité du condamné : donc à ce que Pilate réinstruise le procès devant son propre tribunal. Ne portant pas d'intérêt particulier à la loi juive (Ac 18, 15 ; 23, 29), et n'étant pas chargé de l'appliquer, le préfet romain ne va pas non plus se contenter de valider un désir des chefs religieux juifs. D'autant que le droit romain n'admet pas qu'on fasse à la même personne deux procès pour le même délit : le second procès doit, nécessairement, porter sur un « autre » délit que le premier.

Tout cela va se refléter dans le mode opératoire de la manœuvre contre Jésus. Le tempérament « sadducéen » et l'esprit « pharisien » divergent sur la façon de le mettre hors d'état de nuire, mais ils finiront par converger parce que ces deux partis indigènes partagent (au moins) un intérêt commun : tenir Pilate en paix, éviter tout ce qui pourrait amener l'occupant à devoir rétablir l'ordre – on sait trop avec quelle brutalité.

Hérode Antipas, « ce renard »

Pourquoi il existe un malaise entre Pilate et Hérode Antipas – Hérode et Jésus : rien de commun – Les données historiques confirmeront le récit de la Passion

En l'an 30, Hérode Antipas, fils d'Hérode le Grand et d'une Samaritaine, est depuis vingt-six ans au pouvoir en Galilée-Pérée. Par la volonté de Rome, il y restera neuf ans encore. Mais il n'a pas le titre de roi : Rome ne lui a donné que celui de « tétrarque », c'est-à-dire prince d'une région où cohabitent diverses ethnies.

Il a environ cinquante-cinq ans. Ce n'est pas un homme jeune.

Sa capitale galiléenne est la ville nouvelle de Tibériade, où il s'est bâti un palais qui choque les Pharisiens par sa décoration hellénistique.

Lorsqu'il se rend à Jérusalem, il réside au palais des Hasmonéens, à l'extrémité nord-est de la colline occidentale, sur l'un des points culminants de la ville haute. « Les membres de la famille hérodienne se sentaient appartenir à Jérusalem [...] Ils y venaient à l'occasion des fêtes, pour autant qu'ils n'y habitaient pas à demeure [...] Ils s'étaient aménagé une demeure permanente dans le palais des Maccabées, immédiatement au dessus du Xyste » (J. Jeremias).

Pour situer le rôle d'Hérode Antipas dans la Passion de Jésus, il faut comprendre la complexité de la situation politique et sociétale propre à ce petit prince, fidèle vassal de Rome comme l'était son père, Hérode le Grand.

Hérode-Pilate : un malaise permanent

« Hérode Antipas fortifia Sepphoris et Beth-Haram/ Livias, fonda Tibériade et y installa des colons. Ce "renard", selon Jésus (Lc 13, 32), avait épousé sa nièce Hérodiade, femme de son frère Philippe, et se serait ainsi attiré de vifs reproches de la part de Jean le Baptiste qui paya ces libertés de sa vie (Mt 14, 3-12 ; Mc 6, 17-29 ; *cf.* Lc 3, 19-20 ; 9, 9). En se mariant avec Hérodiade, il avait renvoyé sa première femme, fille du roi nabatéen[1] Arétas IV ; ce dernier s'était vengé en infligeant une cuisante défaite militaire au tétrarque (Josèphe, *Ant.* XVIII, 109-125)[2] » (Christiane Saulnier).

La vassalité d'Hérode Antipas envers Rome ne fait pas de lui un « ami » du préfet romain, mais au contraire un concurrent et un rival. Par des moyens souvent obliques, le tétrarque informe Rome dès qu'il le peut des fautes commises par le préfet. C'est donc dans cette perspective qu'il faudra comprendre ce que veut dire l'évangile de Luc (23, 12), lorsqu'il nous informera – comme en passant – qu'une « amitié » insolite naît entre Hérode et Pilate à l'occasion de l'affaire Jésus. « Même si Luc accorde d'abord un sens théologique à la réconciliation de Pilate et d'Antipas à l'occasion du procès de Jésus, sa remarque n'est pas dépourvue d'intérêt pour l'historien : "Ce même jour, Hérode et Pilate devinrent amis, d'ennemis qu'ils étaient auparavant" (Lc 23, 12) » (J.-P. Lémonon). Qu'est-ce qui pouvait avoir rendu « ennemis » ces deux personnages voués à collaborer, sinon le jeu oblique des Hérodiens ? À chaque faux pas du préfet, le tétrarque en profite pour prendre une posture avantageuse ; et pour bien faire comprendre au préfet qu'on peut le dénoncer à Rome... Par exemple, souligne Jean-Pierre Lémonon, « le tétrarque fait sans doute partie de la déléga-

1. Arabe transjordanien.
2. *Dictionnaire encyclopédique de la Bible, op. cit.*

tion des fils d'Hérode qui, par leur intervention auprès de Tibère, obligent Pilate à décrocher les boucliers dorés installés dans la résidence du gouverneur à Jérusalem » (nous reviendrons plus loin sur cette affaire qui fit grand bruit).

Hérode intrigue beaucoup, et pas seulement contre le préfet de Judée. Sous Tibère, après une négociation entre Vitellius (gouverneur de Syrie) et Artaban (roi des Parthes), le tétrarque réalise l'un de ces coups tordus dans lesquels il excelle : plutôt que de laisser au puissant Vitellius le soin d'informer Rome du succès de sa négociation, Hérode écrit le premier à l'empereur une lettre détaillée « qui ne laissait au proconsul (Vitellius) rien à ajouter », raconte Flavius Josèphe. Quand Vitellius à son tour envoie un rapport à Tibère, celui-ci lui répond qu'il est déjà parfaitement au courant grâce à la promptitude du tétrarque de Galilée. D'où peur et fureur de Vitellius. Et quiproquo entre lui (qui se croit menacé à Rome) et Rome (qui ne comprend pas la réaction d'angoisse de Vitellius)... Ce qu'Antipas ose faire au proconsul de Syrie et d'Asie, on imagine qu'il le fait au centuple lorsqu'il s'agit du simple fonctionnaire Pilate !

Mais ce qui s'impose à ces deux hommes est au moins aussi important que ce qui les oppose.

Nous l'avons déjà vu : ils ont la même « feuille de route », donnée par les autorités impériales, et qui consiste à inclure progressivement les Juifs dans le *way of life* romain. Il faut, par petites touches et sans déclencher d'émeutes, amener toute la province de Judée, ainsi que la Galilée, à se conformer aux règles du jeu ; à se rapprocher du culte impérial (ciment de l'Empire) et à mettre en veilleuse le séparatisme religieux juif dans le cas où celui-ci, débordant de la sphère privée sur la sphère publique (impériale), contreviendrait au bon fonctionnement collectif. C'est le moins qu'on puisse demander aux sujets d'une province romaine.

Cette politique, mise en œuvre à la fois par le tétrarque de Galilée-Pérée et par le préfet de Judée, est évidemment ressentie comme une agression par les Juifs sincères. Ils en veulent au tétrarque, car ils le soupçonnent d'agir de son propre chef : « Petit souverain allié de Rome, Antipas jouit d'une liberté incontestable dans la gestion de sa tétrarchie » (J.-P. Lémonon).

Hérode et Jésus : rien de commun

Est-ce à tout cela que fait allusion Jésus, lorsqu'il qualifie Antipas de « renard » devant les Pharisiens venus lui dire que le tétrarque souhaite le supprimer (Lc 13, 32) ?

Ou fait-il allusion à d'autres informations ?

Ses propos sur le tétrarque sont en tout cas réservés à de petits comités. « Si un jour il énonça une mise en garde contre les milieux hérodiens, ce fut seulement dans le cercle restreint des disciples » (J. Blinzler). Cette « mise en garde » est énoncée en des termes allégoriques rapportés en Mc 8, 15 : « Ouvrez l'œil et gardez-vous du levain des Pharisiens et du levain d'Hérode », dit Jésus (trad. Bible de Jérusalem). Traduction de Claude Tresmontant : « Voyez donc [et] regardez [à vous abstenir] du levain des *perouchim* et du levain de *hôrôdôs*[1]. » Cette phrase de Jésus, énigmatique aujourd'hui, semble mettre les Hérodiens et les Pharisiens sur le même pied en laissant entendre qu'il existerait quelque chose comme une idéologie (« levain ») hérodienne, dont nous ignorons tout aujourd'hui. En tout cas, entre Jésus le Galiléen et son « souverain » Hérode Antipas, il n'y a aucun langage commun. Cela sautera aux yeux, lors de leur confrontation, au matin du Vendredi saint.

Lorsqu'il arrive (rarement) à Jésus de parler des milieux hérodiens devant une assistance plus large, il le fait de façon allusive et ne tire aucune conclusion : « C'est Hérode et sa cour que visait la phrase de Jésus (Mt 11, 7-15) contre les "hommes qui portent des vêtements délicats" et se trouvent "dans les demeures des rois" » (D. Flüsser).

De toute évidence, le sujet n'est pas central pour Jésus. Il ne dit rien contre le tétrarque lorsqu'il parle aux foules. Tout au plus évite-t-il de mettre les pieds à Tibériade ; attitude qui semble être celle de tous les Juifs pieux.

Dans l'évangile de Luc on trouve tout de même une apostrophe (indirecte) de Jésus à Hérode : « Allez dire à ce renard : Voici que je chasse des démons et accomplis des

1. Claude Tresmontant commente : « Le levain, la levure, c'est de l'information qui modifie et transforme la pâte humaine. »

guérisons aujourd'hui et demain, et le troisième jour je suis consommé. » Mais à quoi riposte exactement cette phrase ? Les circonstances sont assez troubles : en Galilée, « quelques Pharisiens » sont venus voir Jésus et lui ont dit, comme s'ils voulaient l'avertir : « Pars et va-t'en d'ici, car Hérode veut te tuer. » Était-ce vrai ? On peut en douter, car le tétrarque n'avait encore jamais cherché querelle à Jésus. N'était-ce alors qu'un prétexte, saisi par ce groupe pharisien local, pour éloigner l'importun Jésus ? Mais si la menace hérodienne avait vraiment été proférée, n'était-ce pas simplement – de la part du prince – une façon d'ordonner à Jésus de s'éclipser, signifiant : « Va te faire pendre ailleurs ! » ?

Quant à l'idée qu'Antipas se fait de Jésus, peu d'indications nous sont données, avant le récit de la Passion. L'esprit du tétrarque paraît assez porté aux craintes (ou aux curiosités) envers l'*extraordinaire* ou le *surnaturel*. On sait qu'après les débuts de l'action publique de Jésus, Antipas semble intéressé par l'une des rumeurs qui circule à son sujet : « Le roi Hérode entendit parler de lui, car son nom était devenu célèbre et l'on disait : "Jean le Baptiste est ressuscité d'entre les morts ; d'où les pouvoirs miraculeux qui se déploient en sa personne." D'autres disaient : "C'est Élie." Et d'autres disaient : "C'est un prophète comme les autres prophètes." Hérode donc, en ayant entendu parler, disait : "C'est Jean que j'ai fait décapiter, qui est ressuscité !" » (Mc 6, 14-16). La crainte se mêle ici aux croyances juives du Iᵉʳ siècle, lesquelles n'excluent pas (sauf dans l'univers pharisien) les interventions surnaturelles et les réincarnations. Par ailleurs, les Évangiles montrent Hérode désireux de rencontrer Jésus : il « cherchait à le voir » (Lc 9, 9). Peut-être pour s'assurer qu'il n'était pas le Baptiste ressuscité...

Avant même de voir le tétrarque intervenir dans le récit de la Passion, toutes les données historiques qui rendaient plausible cette intervention sont donc établies :

1. Pilate aura une bonne raison d'envoyer Jésus à Hérode Antipas : ce sera de sa part un geste public flatteur (nous verrons pourquoi), et le préfet romain pourra espérer désarmer ainsi l'hostilité vigilante du roitelet palestinien qui ne cesse de lui nuire en haut lieu.

2. Hérode Antipas aura une bonne raison de recevoir Jésus de la manière que décrit l'évangile de Luc : cette attitude sera tout à fait conforme à sa psychologie, pour autant que la brièveté des sources peut nous la suggérer.

3. L'attitude de Jésus devant Hérode Antipas, telle que la décrira Luc, est cohérente avec le peu que Marc en a dit antérieurement.

Avant même d'entrer dans les récits évangéliques de la Passion, leur vraisemblance historique paraît donc bien établie : même la silhouette furtive du tétrarque de Galilée concourt à nous en donner l'impression.

Pontivs Pilatvs præfectvs Iudææ

Jésus « fiché » par les autorités romaines ? – Un préfet ordinaire – Pilate et Qayafa, jeu pervers – Pilate « maladroit » ? – L'affaire des enseignes – L'affaire de l'aqueduc – L'affaire des boucliers dorés – Où réside Pilate à Jérusalem ?

Du préfet de Judée Pontius Pilatus, l'histoire n'a pas retenu le nom complet : alors que les Romains en portaient toujours trois (le prénom, le nom de famille et le *cognomen* ou surnom), « Ponce Pilate » n'est connu que par son nom de famille (Pontius) et son *cognomen* (Pilatus). Même le méticuleux Tacite, qui travaille à l'aide des archives de l'administration impériale (et quelques dizaines d'années seulement après l'affaire Jésus), n'a pas trouvé le prénom du préfet : il l'appelle « Ponce Pilate », tout comme nous. Le peu de soin mis par les archives romaines à noter l'état civil complet du *praefectus Judaeae* semble indiquer l'importance secondaire du personnage aux yeux de ses supérieurs. D'où sort cet administrateur colonial ? De l'armée, probablement : « La mise en place des préfets sous Auguste a été liée à des besoins militaires. En un premier temps, le préfet de cités ou de régions est d'abord un chef militaire qui, en plus de cette activité, a reçu la charge d'une région à gouverner » (J.-P. Lémonon). Tibère a perfectionné le système et l'a diversifié selon les régions : ainsi Pilate n'a pas les pleins pouvoirs militaires, qui relèvent du proconsul de Syrie... Pour reconstituer la carrière du préfet de Judée, on peut la comparer à celle d'un de ses homologues mieux connu que lui : L. Vibrius Punicus, par exemple, qui finit préfet de Corse après avoir été *praefectus equitum* (chef de cavalerie) et *tribunus militaris* (commandant d'une légion). On peut imaginer que Pontius Pilatus a suivi une trajectoire comparable. Mais quand il débarque à Césarée en l'an 26 pour prendre ses fonctions en Judée, il ignore que son nom – ou plutôt son nom incomplet – va devenir immortel.

« L'étrange destin de cet homme surprend. En effet, seuls quelques spécialistes s'intéressent encore aujourd'hui à des hommes tels que Coponius, Rufus ou Valerius Gratus ; ces fonctionnaires romains ont cependant été gouverneurs de Judée tout comme lui. Des millions d'hommes connaissent le nom de Ponce Pilate[1] et sont capables de rapporter au moins une de ses actions : il joua un rôle dans la condamnation et la crucifixion de Jésus de Nazareth. La notoriété de ce gouverneur est due à la tradition évangélique et à la mention de son nom dans les confessions de foi chrétiennes[2] » (J.-P. Lémonon).

Rédigé vers l'an 80, un passage des *Antiquités juives* de Flavius Josèphe (XVIII 3, 3 § 63-64) mentionne le destin d'un nommé *Iesous*, sage, thaumaturge, identifié à *Christos* dont apparemment le nom est connu à Rome, et qui fut « condamné à la croix » par Pilate après lui avoir été « livré » par les « principaux personnages » de la nation juive. Ce passage, célébré d'abord par les historiographes chrétiens sous le nom de *Testimonium Flavianum*, a ensuite soulevé à partir du XVIe siècle une immense controverse d'érudits : on l'accusait d'être trop chrétien pour avoir vraiment été écrit par Josèphe. Aujourd'hui, la recherche universitaire tend à y voir

1. « Ponce Pilate » est une francisation du latin. D'autres cultures conservent les mots d'origine : les Britanniques ou les Allemands, par exemple, disent « Pontius Pilatus ».

2. Dans la *Tradition apostolique*, § 21, Hippolyte de Rome (IIIe siècle ap. J.-C.) rapporte la formulation suivante pour la seconde question posée au candidat au baptême : « Crois-tu au Christ Jésus, Fils de Dieu, qui est né par le Saint-Esprit de la Vierge Marie, a été crucifié sous Pontius Pilatus, est mort, est ressuscité le troisième jour vivant d'entre les morts ? »

un écho authentique de ce qui se disait chez les judéo-chrétiens, peu de temps après l'événement d'avril 30 à Jérusalem : donc un témoignage sur les rôles respectifs de Pilate et des dirigeants juifs dans l'affaire Jésus[1].

La situation du préfet romain de la Judée en l'an 30 n'est pas celle des Américains du XXIe siècle en Irak ou en Afghanistan. Il y a certes des activistes judéens ou galiléens qui rêvent de « rendre le pays à Dieu », et qui sont populaires. Mais la Palestine de cette époque n'est pas une terre d'attentats continuels : depuis vingt ans la tendance est à la démilitarisation du face à face entre le colonisé et le colonisateur. Il y eut autrefois une « guerre des brigands » contre les Romains (en l'an 4 av. J.-C.), mais elle fut noyée dans le sang. Dix ans après, il y eut une campagne insurrectionnelle de refus de l'impôt. Matée, elle aussi. Et ensuite ? Tout autre chose : un nouveau climat, une nouvelle attente, de nouveaux courants. D'un côté l'ascension d'un pharisianisme rénové, devenu « la réponse nationale » au danger d'acculturation. De l'autre, Jean le Baptiste. Puis Iechoua le Nazôréen. « On pourrait décrire le chemin qui mène de la "guerre des brigands" à Jésus de Nazareth comme le chemin d'une "dépolitisation" croissante ; processus correspondant à la stabilité qui commence à se mettre en place à l'époque des préfets. Ce temps relativement pacifique a rendu possible une réponse relativement pacifique, elle aussi, à la crise du judaïsme... En fait, elle aurait pu ouvrir la route à une intégration du judaïsme accompagnée d'un respect inconditionnel de son rôle religieux particulier. Cette chance n'a pas été saisie pour de nombreuses raisons » (G. Theissen).

Quelle est donc cette « réponse relativement pacifique » à la « crise du judaïsme » ? C'est celle du réseau pharisien. La situation coloniale profite aux plus riches et appauvrit les pauvres : elle donne raison, contre les riches Saddu-

1. Ouvrage décisif en ce sens : Serge Bardet, *Le Testimonium Flavianum : examen historique*. Avec une postface de Pierre Geoltrain (vieil adversaire de l'authenticité du *Testimonium*) qui reconnaît la pertinence de l'analyse de Bardet.

céens, à ces militants petits-bourgeois que sont les Pharisiens. Ils sont exclusivement religieux, donc prudents face aux Romains et à leurs amis oligarques. Ils encadrent le peuple, ou plutôt sa part « fréquentable », pour l'empêcher de faire des bêtises, tout en résistant aux aspects les plus offensants de l'acculturation. Lorsqu'un acte de l'occupant et de ses amis déclenche un scandale, les Pharisiens savent canaliser la colère du peuple. Et arriver à leurs fins. Deux mille ans avant Gandhi, ils inventent une nouvelle méthode de résistance : la pression non violente.

Dans ce contexte « d'opposition non violente », propre à agacer Pilate, la non-violence de Jésus (avec ses paroles sur la souveraineté de Dieu seul : « Rendez à Dieu ce qui est à Dieu ») peut être interprétée comme « politique ». Il suffit de les présenter au préfet d'une certaine manière. Les pontifes diront à Pilate que Jésus conseille de payer l'impôt de Dieu plutôt que celui de César ; ce qui est faux en soi, mais qui peut tout de même passer en jouant sur les mots.

Si Pilate a reçu un rapport sur l'action de Jésus contre les marchands du Temple, il l'a sûrement interprétée comme un acte zélote. Il a cru que Jésus accusait le système de financement du sanctuaire d'être complice de l'occupation romaine. (Ce qui est le cas, d'ailleurs : Pilate a déjà puisé dans le trésor du Temple, avec l'accord du grand prêtre et « dans l'intérêt général ». Mais au prix d'un scandale !)

Jésus est-il « fiché » par l'autorité romaine ?

Faire passer Jésus pour un rebelle politique, voilà l'objectif de la manœuvre de Caïphe auprès de Pilate. Elle dissimule le vrai conflit (bien plus nuancé) qui oppose les chefs juifs au Galiléen.

« Les conversations de Jésus avec ses détracteurs dans le Temple nous donnent un aperçu de l'hostilité ambiante. Parmi ces prises à partie, il en est une que j'aimerais mettre en relief, celle de la redevance de l'impôt à César, parce qu'elle est typique et qu'elle fut un peu plus tard déterminante pour la décision d'arrêter Jésus. Dans cette conversation, Jésus est non seulement l'interpellé, mais le présumé coupable. Ses adversaires, Pharisiens et partisans d'Hérode, cherchent à montrer qu'il a enfreint la loi de l'État, pour établir une charge contre cet encombrant fanatique de la vérité. C'est pourquoi ils envoient auprès de Jésus quelques-uns de leurs partisans, dans le but de lui poser une question sur la Loi judaïque. Il s'agit du problème épineux de l'impôt dû à l'occupant étranger. Les questionneurs ne cherchent pas tant à être renseignés qu'à piéger Jésus dans ses réponses, pour pouvoir le dénoncer aux autorités romaines, sur le motif de propos révolutionnaires. » Jésus répond par la phrase sur César et Dieu : « Nous devons exercer notre oreille à percevoir le *niggoun*, c'est-à-dire l'harmonique dans laquelle cette parole [...] fut prononcée : “Rendez donc à César (le *goy*) ce qui est à César ! Ce n'est jamais que de l'argent, et toujours de l'argent, qu'il veut de vous ! Et à Dieu, ce qui est à Dieu !”... Ces Juifs les plus authentiques se distinguent par une réserve glaciale et le souci délibéré de se tenir absolument à l'écart du colosse qui les gouverne. Cette attitude les rend indifférents au pouvoir » (S. Ben-Chorin).

Jésus « indifférent au pouvoir » ! C'est bien le *niggoun*, la « mélodie », que l'on entendra dans son dialogue avec le préfet, et plus encore dans son silence envers le tétrarque. Mais l'indifférence qu'exprime la phrase de Jésus (sur Dieu et César) prête à interprétations : « La discussion au sujet des impôts restait virulente du temps de Jésus. Il a été confronté à cette question, à laquelle il ne donne pas de réponse univoque : il est permis de payer ses impôts à l'empereur – c'est une obligation ; mais, ajoute Jésus sans qu'on le lui demande, les obligations à l'égard de Dieu ne doivent pas être modifiées par ces paiements. Jésus refuse donc l'alternative théocratique radicale entre Dieu et l'empereur sur le terrain politique (Mc 12, 13-17). Sur le terrain économique, par contre, il la défend comme alternative entre Dieu et Mammon (Mt 6, 24), entre lesquels il voit des incompatibilités. Indirectement, c'est donc à nouveau la discussion sur les impôts qui est en jeu. Car qui, aux yeux des gens de l'époque, était plus riche et plus cupide que l'empereur lui-même ? » (G. Theissen).

Le « long procès » contre Jésus a dû être alimenté (par les chefs de Jérusalem, auprès de Pilate) avec des interprétations de ce genre, justement. On en retrouvera des échos dans l'accusation de se dire « roi des Juifs ». Plusieurs insurgés célèbres d'un passé récent (le berger Athrongès ou Judas le Galiléen), qui s'étaient posés en chefs théocratiques et/ou en prétendants « royaux », avaient en effet proclamé que payer l'impôt à César revenait à violer le premier commandement : puisque tout le produit d'Erètz Israël n'appartenait « qu'à Dieu seul ». Ainsi Israël est royaume de Dieu. Or Jésus ne cesse de parler du « Royaume ». Mais en quel sens ? Lui le sait, mais ses disciples eux-mêmes le comprennent de travers ; *a fortiori* ses ennemis ; et bien sûr le *goy* Pilate, dont les points de repère manquent de subtilité. Quand Jésus dira que son Royaume « n'est pas de ce monde », le Romain ne pourra pas ne pas penser à de précédents fanatiques qui ont prêché la révolte au nom d'un royaume divin. Jésus ne prêche pas la révolte, mais il prêche le Royaume : il y a de quoi le faire pendre, si l'on veut.

Si rien ne prouve matériellement que Jésus ait fait l'objet de rapports à Pilate durant ses deux années de prédication et de miracles, la probabilité de tels rapports ou dénonciations est grande.

Pilate et Caïphe : un jeu pervers

Au moins jusqu'en 45 ap. J.-C., une « dispute » (J.-P. Lémonon) anime la vie politique juive. Elle a trait à la garde du vêtement du grand prêtre « séquestré » en temps ordinaire dans les locaux romains de la forteresse Antonia (qui jouxte le Temple). Cette mise en dépôt était une innovation d'Hérode Ier, qui s'était institué « maître du souverain pontificat ». Et c'est une arme de souveraineté politique. « Le rôle de chef joué par le grand prêtre reposait sur le caractère de nature cultuelle, la "sainteté éternelle", que lui donnait sa fonction et qui l'habilitait à accomplir l'expiation pour la communauté en tant que mandataire de Dieu » ; ce caractère lui était conféré par l'« investiture » ; or celle-ci s'exprimait par la « tradition des ornements pontificaux » composés de « huit pièces » dont chacune « expiait des péchés tout à fait précis » (J. Jeremias). Priver le pontife de ses ornements reviendrait à l'empêcher de célébrer les rituels dont dépend le destin du peuple ; donc à le mettre en position catastrophique vis-à-vis de ce peuple, avec les conséquences que l'on pourrait craindre en pareil cas.

Tel n'est pas l'objectif d'Hérode, ni celui du préfet : il ne conserve pas les ornements pour les refuser, mais pour les octroyer et faire ainsi sentir qui est le maître. Le fait que les symboles sacrés d'Israël soient, à chaque fête, « octroyés » par l'autorité païenne place le grand prêtre juif dans une situation de dépendance. Ainsi les préfets romains, tenant les grands prêtres pour responsables des difficultés avec la population, les contrôlent encore plus étroitement.

Cependant, depuis le début du Ier siècle, la relation entre le grand prêtre et le préfet n'est pas totalement inégalitaire. Devant le préfet romain, Yosef Qayafa représente la nation juive ès qualités. Ses actes et ses paroles n'en revêtent que plus d'importance. Pilate est obligé d'en tenir compte. Et le préfet a besoin du grand prêtre, autant que le grand prêtre a besoin du préfet.

Pilate et Caïphe sont complices.

Le Romain n'abuse visiblement pas de son pouvoir de révoquer le grand prêtre. Lors de son arrivée, il trouve Caïphe en poste, installé par le précédent préfet, Valerius Gratus. Il l'y laissera jusqu'à son départ de Palestine. Un aussi long maintien en fonctions est chose très remarquable, quand on sait quels dessous de table les préfets touchaient pour changer les pontifes. Le désintéressement pécuniaire de Pilate paraît improbable. Il est un gouverneur romain, après tout. Alors quoi ? « Sans doute ce grand prêtre sut-il admirablement satisfaire le gouverneur » (J.-P. Lémonon). Pilate trouve sans doute son intérêt vénal dans les rapports qu'il entretient avec Caïphe, mais certainement aussi son intérêt politique : Caïphe semble être pour lui un collaborateur solide. Ils montent ensemble des opérations utiles pour la ville de Jérusalem, même si elles sont litigieuses du point judaïque (comme l'affaire de l'aqueduc dont nous parlons plus loin) ; lorsque le peuple s'en émeut, « on ne voit pas Caïphe jouer le rôle qu'on attendrait dans les mouvements de protestation – religieuse – contre les initiatives de Pilate » (J.-P. Lémonon). Dans certains cas, nous verrons Pilate aller plus loin et se risquer à des actes d'acculturation païenne pure et simple (l'affaire des enseignes et celle des boucliers) ; les protestations populaires se feront plus véhémentes et l'on verra même la famille Hérode s'y joindre (par tactique). Mais Caïphe, là aussi, évitera de prendre position contre son partenaire le préfet.

Pilate : un maladroit ?

Sur la psychologie et le talent politique de Pilate, plusieurs historiens sont peut-être trop sévères. D'autres nous invitent au contraire à mieux tenir compte de la situation de l'autorité coloniale dans un pays aussi particulier que la Judée du Ier siècle. La force romaine à Jérusalem, réduite à quelques centaines d'auxiliaires, commandés par un tribun ou *chiliarque*[1], a une mission forcément mal perçue par la population. Cantonnés dans la forteresse Antonia qui jouxte le Temple, ses hommes doivent se faire voir sur les remparts et même patrouiller sur le chemin de ronde qui entoure le Parvis des Païens. Or cette seule vision est déjà une douleur pour les pèlerins juifs.

La vérité est que Pilate n'a pas assez de soldats pour faire face à d'éventuels troubles graves. Lui et Caïphe ayant besoin l'un de l'autre pour se maintenir au pouvoir (sans faire trop de concessions mutuelles...), ils trouvent leur compte dans une sorte de pacte tacite.

Cependant Rome a commis des erreurs fondamentales dès la mise en place du protectorat (et continuera à en commettre), accumulant ainsi pour l'avenir les malaises et les motifs de colère. On l'a vu, la première erreur fut, dès l'an 6, de confier la Judée – nouvelle province romaine – à un simple préfet, trop peu sûr de lui pour se faire respecter et doté (en fait de soldats) d'auxiliaires syro-palestiniens[2]

1. Chef de millier.
2. Hostiles au Juifs.

qui passent leur temps à déborder les consignes. « De plus les autorités romaines se sont installées à Césarée, distante de Jérusalem de près de cent kilomètres et par des voies malaisées à travers la Samarie. Aussi la montée à Jérusalem des autorités romaines est réduite aux nécessités, et en particulier, ainsi qu'on le verra, aux trois grands pèlerinages annuels. Rome a donc accumulé un certain nombre d'erreurs graves en organisant son pouvoir dans une zone dont elle avait déjà pu apprécier la turbulence depuis plus d'un demi-siècle de présence. Mais il semble qu'elle ait commis une suite d'erreurs d'analyse sur la nature d'une nation et d'une religion auxquelles elle n'a visiblement rien compris... Tout au plus l'effort d'adaptation aux mentalités locales s'est-il borné à défendre avec rigueur l'inviolabilité de l'espace du Temple, ou à s'abstenir de faire pénétrer les porte-enseignes des légions en Judée, encore qu'on puisse constater un certain nombre de bavures qui tourneront à l'émeute » (J. Genot-Bismuth).

Ces transferts du préfet de Césarée à Jérusalem se font dans un climat de nervosité mutuelle : « Le préfet de Judée "montait" alors à Jérusalem, à sa manière, venant de sa résidence de Césarée, à la tête de ses troupes auxiliaires de police, recrutées sur place ; préfet et troupes prenaient position dans l'Antonia d'où la foule était surveillée sans relâche, de cet observatoire protégé et idéal qu'étaient les deux portiques qui en partaient ; épiant le moindre mouvement suspect de cet énorme masse qui grouillait autour du Temple, sur l'esplanade, ils étaient prêts à intervenir. Aujourd'hui encore, à l'angle septentrional du *Haram acharif*, en plein cœur de l'été, lorsque des milliers de touristes visitent en procession les Lieux saints, on peut se faire une idée, l'imagination aidant, du spectacle qui se déroulait sous le regard anxieux d'un Valerius Gratus ou d'un Pilate. L'ensemble de l'esplanade mesurait 144 000 mètres carrés, le Temple n'occupant que 1 750 mètres carrés ; à titre comparatif, rappelons que la place de la Concorde mesure 80 000 mètres carrés et Notre-Dame 6 240 mètres carrés » (*ibid.*).

Répétons-le, les moyens militaires de Pilate sont faibles et se révèlent insuffisants (donc éventuellement trop brutaux) dès que surgissent les situations difficiles. Celles-ci doivent donc être évitées à tout prix. D'autant que les unités, stationnées à Jérusalem et à Césarée, sont des troupes auxiliaires recrutées parmi des populations qui se heurtent continuellement aux Juifs, dans d'innombrables et permanentes querelles de voisinage qui durent depuis plusieurs siècles. Ce recrutement s'explique par le fait que les Juifs ont obtenu le droit de ne pas servir dans les armées impériales ! « Dans les affrontements entre Grecs et Juifs dans les villes, les soldats "étaient toujours prêts à secourir leurs compatriotes" (Josèphe, *Guerre* II, 268)... La brutalité des troupes s'explique par leurs origines et l'animosité latente entre "Grecs" – c'est-à-dire païens résidant en Judée – et population juive. Josèphe (*Ant.* XIX, 366) accuse les troupes, originaires de Césarée ou de Sébasté, d'être la cause "des plus grandes calamités pour les Juifs parce qu'elles jetèrent les semences de la guerre qui eut lieu sous Florus" » (J.-P. Lémonon).

D'autre part, Jérusalem n'est pas une *civitas libera* mais une « communauté dépendante » (J. Blinzler) : « L'autorité romaine peut y intervenir à son gré dans la législation, la juridiction et l'administration. »

Or Pilate est un administrateur interventionniste : « Il a voulu se comporter comme le faisait, dans n'importe quelle autre province, un gouverneur romain, et c'est là que réside son erreur. Il n'a pas pris les précautions d'usage que demandait la sensibilité juive... Il est beaucoup plus un maniaque du pouvoir qu'un gouverneur cruel... Il possède l'art de se placer dans des situations embarrassantes », constate Jean-Pierre Lémonon. Rompant par instants avec les consignes de prudence données par la métropole, Pilate use de ses pouvoirs coloniaux pour pousser dans le sens de la « modernisation » à la romaine. Trois scandales en naîtront, qui ne tourneront pas à son avantage mais ne l'amèneront pas non plus à renoncer à son zèle intempestif : l'affaire des enseignes, celle de l'aqueduc et celle des boucliers dorés.

L'attitude de Pilate et celle des Juifs dans ces affrontements sont pleines d'enseignements qui aident à situer les circonstances de la Passion de Jésus.

L'affaire des enseignes militaires

C'est l'historien juif-romain Flavius Josèphe (*Guerre des Juifs* II, 169-174) qui nous raconte ce premier affrontement entre les Judéens et leur nouveau préfet Pilate, peu après son arrivée dans le pays.

« Envoyé en Judée par Tibère, Pilate introduit à Jérusalem, de nuit et voilées, des effigies de César appelées enseignes. Ce fait, le jour venu, causait parmi les Juifs une très grande agitation : en le constatant, ceux qui étaient à proximité furent frappés de stupeur à la pensée que leurs lois étaient bafouées, car elles ne permettaient pas qu'on expose aucune figure dans la ville ; puis, à l'indignation des gens de la ville s'ajouta l'arrivée en foule des gens de la campagne. S'étant précipités auprès de Pilate à Césarée, (les Juifs) le suppliaient de retirer de Jérusalem les enseignes et de respecter leurs traditions. Sur le refus de Pilate, ils se jetèrent face contre terre autour de sa résidence et, cinq jours durant et autant de nuits, ils persistaient dans cette immobilité.

« Le jour suivant, Pilate, ayant pris place à son tribunal dans le grand stade et ayant convoqué la foule, apparemment comme s'il voulait lui répondre, donne aux soldats le signal convenu pour encercler les Juifs, leurs armes à la main. Quand les trois rangs de la troupe les eurent entourés, les Juifs restaient bouche bée en face de ce spectacle inattendu. Pilate leur dit qu'il allait les faire massacrer s'ils ne recevaient pas les effigies de César, et il fit signe aux soldats de tirer leurs épées. Mais les Juifs, comme s'ils s'étaient donné le mot, se jetèrent par terre tous ensemble et tendirent la nuque, en criant qu'ils étaient prêts à perdre la vie plutôt qu'à transgresser la Loi. Alors Pilate, frappé d'étonnement devant l'intransigeance de leur foi, ordonne d'emporter sur-le-champ les enseignes hors de Jérusalem. »

Cette première algarade entre le préfet et ses administrés est très révélatrice. Le comportement de la foule – cohérent, habile, discipliné – porte la marque de l'encadrement pharisien et de sa méthode de pression non violente, allant jusqu'à la menace (très « politique ») de se laisser massacrer en plein jour et dans le grand stade de la préfecture impériale, ce qui ne manquerait pas d'entraîner la colère de l'empereur contre la maladresse de son préfet.

Car les Pharisiens, bien informés par la diaspora, savent que Rome n'a jamais demandé au préfet de placer des enseignes (à l'effigie du « dieu » César !) sur le rempart de la forteresse Antonia, juste à côté du Temple. Pilate a commis un excès de zèle ; il s'est mis en porte à faux envers ses supérieurs.

D'autre part, la scène de Pilate face à la foule ressemble déjà à celle du procès de Jésus. Déjà on le voit, à son tribunal, en train de céder pour ne pas être dénoncé à « César » par les notables juifs. Nous sommes avertis : ce préfet n'est pas un despote. Il a une idée fixe (romaniser la Judée), mais il marchande quand c'est nécessaire. C'est exactement ce qui se passera lorsque Caïphe lui demandera de crucifier un Galiléen qui gêne les autorités juives.

L'affaire de l'aqueduc

Ce nouvel affrontement est raconté lui aussi dans *La Guerre des Juifs* (II, 175-177) :

« Après cela, (Pilate) suscitait une autre agitation en épuisant, pour l'adduction des eaux, le trésor sacré qu'on appelle Corbanas (le *Qorban*) ; il faisait amener l'eau d'une distance de quatre cents stades. C'est à cause de cela que le peuple était indigné et que les Juifs, au moment où Pilate se trouvait à Jérusalem, entourèrent le tribunal et se mirent à crier contre lui. Celui-ci, car il avait prévu leur agitation, avait mêlé à la foule ses soldats armés, mais déguisés avec des vêtements civils, toutefois il leur avait interdit d'utiliser l'épée ; il leur enjoignit de frapper avec des bâtons ceux qui avaient poussé des cris, et il donna depuis le tribunal le signal convenu... » (Flavius Josèphe).

La même échauffourée est racontée par Josèphe une seconde fois dans *Ant.* XVIII, 60-62 : « Plusieurs dizaines de milliers d'hommes se réunirent et se mirent à réclamer à grands cris à Pilate, le promoteur de cette entreprise, qu'il arrêtât ; certains même, recourant à l'insulte, injuriaient sa personne comme la populace aime à le faire... » Josèphe décrit ensuite les soldats matraquant sans discernement tout ce qui leur tombe sous la main : ce qui ne surprend pas, souligne Jean-Pierre Lémonon, « si l'on se souvient de leurs origines et de leur animosité à l'égard de la population juive ».

Constatons les différences entre cette deuxième affaire et la précédente. Voici à nouveau Pilate assiégé par une foule alors qu'il est sur son estrade-tribunal, comme dans l'affaire des enseignes (et plus tard dans l'affaire Jésus). Mais cette fois il gagne la partie, en recourant à la ruse et au simple bâton, plutôt qu'à une très impolitique menace de massacre comme il l'avait fait malencontreusement à Césarée. Il est vrai que, cette fois, il a les prêtres avec lui (puisqu'ils sont ses partenaires pour le chantier de l'aqueduc) : ce qui lui permet de résister à la manifestation, encadrée par des Pharisiens (même s'il y a aussi des prolétaires incontrôlés dans cette foule). Lors du procès de Jésus, Pilate aura tout le monde contre lui et ne pourra manœuvrer un parti juif contre un autre pour sauvegarder son autorité : il lui faudra céder, comme à Césarée. Il le fera d'autant plus facilement qu'il ne s'agira pas, cette fois-ci, des fâcheux effets de ses propres initiatives.

L'affaire des boucliers dorés

Cet incident-ci est relaté par Philon d'Alexandrie et se situe un peu plus tard : Pilate doit avoir séjourné plusieurs années en Judée, puisque Philon, qui racontera l'affaire dix ans après (*Legatio ad Caium*, 302), peut prêter au préfet la crainte « qu'une ambassade des Juifs à Rome soit l'occasion de fournir "les preuves de sa culpabilité pour tout le reste de son administration" » (J.-P. Lémonon).

Voici l'affaire (décrite par Philon) :

Pilate prend l'initiative d'installer, dans sa propre résidence de Jérusalem – « le palais d'Hérode, situé dans la Ville sainte » – « des boucliers dorés qui ne portaient ni figure ni rien d'autre d'interdit, mais seulement une inscription indispensable mentionnant deux choses : l'auteur de la dédicace et à l'intention de qui elle avait été faite ».

Scandale immédiat ! car les Juifs, qui ne savent pas exactement ce qu'il y a d'écrit sur ces boucliers, redoutent que Pilate les ait dédiés à l'empereur « dieu » : ce qui serait en effet un acte religieux. Dans la religion romaine, en effet, l'*aspis* est un bouclier d'honneur dédié à quelqu'un ; la coutume d'en suspendre dans les temples (ex-voto, décoration) est très répandue : elle vient de l'usage de vouer aux dieux une partie du butin pris à l'ennemi. Par exemple, le bouclier d'or offert à Auguste, en 26 av. J.-C., par le Sénat et le peuple romain, évoque « tout un contexte païen » et « la mise en honneur, sur une terre juive, d'objets qui d'ordinaire comporteraient des images de dieux ou d'hommes divinisés » (J.-P. Lémonon). Cet accrochage est tout de suite connu dans Jérusalem. Et l'opinion juive s'enflamme une fois de plus : même si l'on n'est pas sûr du sacrilège, on ne veut pas en tolérer l'éventualité. D'ailleurs cette crainte n'est pas totalement injustifiée : quelques années plus tard, Caligula, rompant les accords judéo-romains, prétendra ériger sa propre statue sur l'esplanade du Temple. Et c'est à ce propos que Philon lui écrira une lettre de protestation. Pour l'heure, face à la « provocation païenne » des boucliers de Pilate, que font les chefs de Jérusalem ? Caïphe ne bouge pas (on l'a vu). Mais la population s'enfièvre. Les Pharisiens aussi, sans doute. Est-ce leur état-major qui conçoit la manœuvre ? En tout cas elle est bien pensée. Pilate doit recevoir une délégation politique impressionnante, composée de gens biens en cour auprès de Rome : tous les fils d'Hérode le Grand, entourés de leurs familles et des notables de leur entourage. Si Pilate ne décroche pas ses boucliers, ces princes amis de Tibère font comprendre, à demi-mot, qu'ils écriront à l'empereur. Ils expliquent à Pilate que Rome a toujours respecté les traditions du peuple juif, et que violer des traditions garanties par Rome, c'est compromettre l'honneur de César...

Le message est clair. Pilate cède. Sans être dupe : il sait, comme tout le monde, qu'Antipas – qui vient jouer ici les dévots – a décoré son propre palais de Tibériade d'une façon scandaleusement contraire à la Loi juive.

Dans ces batailles, les notables de Jérusalem (surtout les Pharisiens) ont mis au point une arme redoutablement efficace envers un fonctionnaire comme Pilate : elle consiste à se poser en défenseurs de César, face à un préfet que l'on feindra de trouver « suspect ». C'est ce subterfuge qui va servir lors de l'affaire Jésus. Il obtiendra le même résultat que dans l'affaire des enseignes et celle des boucliers : si l'on veut que Pilate cède, Pilate cédera. À ceci près que lui aussi a appris à négocier...

Pilate est-il cruel ?

La réputation de cruauté attribuée aujourd'hui à Pilate a donc peu de fondement. Elle s'appuie sur *une* seule lettre, adressée à Caligula par Philon d'Alexandrie. Et les griefs avancés contre Pilate par cette lettre rendent un son très conventionnel : ce sont des formules toutes faites qui appartiennent à la littérature polémique de cette époque, et le but de Philon est de noircir l'image de Pilate pour mieux mettre en garde Caligula contre sa propre idée (de dresser sa statue dans le Temple). Si l'on s'en tient aux faits, et si l'on compare avec ce qui se passe dans les autres « provinces difficiles » de l'Empire, on constate que le préfet de Judée ne commet pas plus de cruautés que n'importe quel gouverneur.

Tous les autres gouverneurs des régions de l'Empire couvrent les brutalités de leurs soldats, souligne Jean-Pierre Lémonon. Ils usent et abusent du droit d'exécution (tous les préfets de Judée notamment, d'après Josèphe : *Ant.* XX, 5 – *Guerre* II, 271 ; 305) : « Le gouverneur avait besoin de ce pouvoir pour poursuivre et exécuter tous ceux qui mettaient en danger la présence romaine et la sécurité publique. Il devait faire respecter l'ordre impérial, aussi intervenait-il chaque fois que ce dernier lui paraissait menacé. »

Cette « normalité » se laisse entrevoir dans le comportement de Pilate lors des trois fameuses affaires évoquées plus haut. « Ce n'est pas un homme assoiffé de sang, mais un gouverneur qui n'hésite pas à recourir à la manière forte pour rétablir l'ordre, compromis par ses initiatives », conclut Jean-Pierre Lémonon qui le connaît bien. Le jour où Pilate aura la main vraiment trop lourde (en faisant massacrer un rassemblement d'illuminés samaritains), alors il sera rappelé à Rome et cassé.

L'examen des faits nous apprend donc plusieurs choses essentielles, qui changent l'éclairage du procès de Jésus. Lorsque le Galiléen va comparaître devant Pilate, ce ne sera pas un événement isolé. Ce qui va se passer entre le préfet et la foule n'aura rien d'« invraisemblable », ni même d'original. Beaucoup d'affrontements de ce type ont eu lieu, et auront encore lieu entre Pilate et ses administrés. Ce qu'il va y avoir de singulier, outre la personnalité de l'accusé, ce sera la manœuvre du préfet en réplique à celle de Caïphe ; l'attitude de Pilate face à la foule et aux chefs juifs, durant l'affaire Jésus, telle que la décrivent les Évangiles, n'aura rien d'inexplicable. Ni d'« antisémite ». Rien non plus d'anachronique et d'« ajouté postérieurement par des écrivains chrétiens propagandistes ». Elle sera simplement typique de cet homme-là, Pontius Pilatus, dans ce pays-là : quel que soit le sujet de l'affrontement, il ne veut pas se laisser forcer la main ; et il souhaite forcer la main à ses interlocuteurs. Son défaut est de mélanger parfois, sans prudence ni habileté, le prestige de Rome avec sa propre susceptibilité. Il lui arrive alors ce qui guette les psycho-rigides : devoir capituler d'un seul coup lorsqu'il se rend compte qu'un élément de la situation (capable de lui nuire en haut lieu) lui avait échappé.

« C'est ce qui va arriver lors du procès de Jésus, comme lors de l'affaire des enseignes et de celle des boucliers », estiment la plupart des historiens et des commentateurs catholiques.

Mais – comme nous le découvrirons plus loin – il y a une autre piste : celle qu'ont mise en lumière récemment plusieurs spécialistes. Selon eux, Pilate, dans le procès de Jésus, a joué une comédie...

TROISIÈME PARTIE

LE DRAME

« Et quand, sur la dénonciation
des principaux de notre nation,
Pilate l'eut condamné à la croix... »

Flavius JOSÈPHE, *Antiquités juives* XVIII, 63-64
(soixante-trois ans après les faits)

La dernière Cène

Quel jour ? – En quel lieu ? – Que se passe-t-il ailleurs ? – Qui participe à la Cène ? – Qui sont les Douze ? – Est-ce bien un repas pascal ? – Lectures juives, lectures chrétiennes – Le rôle de Judas – La fin du repas

La veille de sa mort, Jésus prend un dernier repas avec ses disciples[1]. Les textes des Évangiles ne l'appellent pas encore « Cène ». Ce mot apparaîtra plus tard, tiré d'une phrase de l'épître aux Corinthiens[2] : « *postquam coenavit...* ».

Selon les évangiles synoptiques, Jésus a célébré le repas pascal *la veille* de sa mort : Mt 26, 17 ; Mc 14, 12 ; et Lc 22, 7, situent ce repas le soir d'ouverture de la Pâque (appelée aussi *Hag ha-matsot*, ou « fête des Azymes » : c'est à ce repas du premier soir[3] que s'applique d'abord la prescription de manger du pain sans levain).

Mais le quatrième évangile, celui de Jean (13, 1), dit que ce repas a lieu « avant la fête de la Pâque ». Il suggère par ailleurs (19, 31, 42) que Jésus meurt dans l'après-midi du 14 *nisan* : la veille de la Pâque, *erev Pessah*. Autrement dit pendant les sacrifices d'agneaux au Temple, quelques heures avant le repas pascal. On en déduit que la Cène (que Jean

1. Mc 14, 12-25 ; Mt 26, 17-29 ; Lc 22, 7-20 ; Jn 13, 1 s.
2. 1 Co 11, 23-25.
3. Le soir du 14 *nisan*.

qualifie simplement de « repas ») a eu lieu l'un des soirs précédents.

Que dire pour expliquer cette apparente contradiction ? La date de la Pâque se fixait en guettant la nouvelle lune : cette méthode devait être sujette à des estimations variables et contradictoires, comme celle du ramadan dans le monde arabe moderne. Ou bien Jésus suivait-il un calendrier (essénien ou personnel) différent de celui des autorités de Jérusalem ? Ce problème plonge des exégètes catholiques dans des abîmes de « déconstruction » ; mais les historiens juifs l'abordent avec plus de flegme. Par exemple Schalom Ben-Chorin, qui va dans le sens de quatrième évangile :

« Jean précise bien : “avant la fête de la Pâque”. De nombreux auteurs se sont heurtés en vain à ce problème de datation. Strack, par exemple, remarquait déjà que “la réponse la plus simple serait d'envisager la possibilité d'une erreur chez Mc, Mt et Lc. Mais pareille hypothèse paraît plus que douteuse. On pourrait plutôt supposer que Jésus, qui se disait maître du sabbat (Mc 2, 28) et qui pressentait sa mort prochaine, ait voulu célébrer le repas pascal un jour d'avance. Mais la solution qui me semble la plus vraisemblable résulte de la constatation suivante : on ne s'entendait pas autrefois, loin s'en faut, sur le début du mois de *nisan*. À l'encontre des prêtres et de la plus haute cour de justice sadducéenne, nombreux étaient ceux (et parmi eux, Jésus) qui faisaient débuter le mois un jour plus tôt (le 14 *nisan* se trouvant donc avancé d'autant), par suite sans doute d'une évaluation différente de la nouvelle lune. Il va sans dire que l'estimation de Jésus, et la date qu'il adoptait pour le repas pascal, faisaient autorité aux yeux des disciples.

« Ce repas pascal ne peut aucunement se situer au premier jour de la fête, mais le jour même des préparatifs, au soir duquel commence la fête, comme toutes les autres du calendrier juif, y compris le sabbat, qui commence la veille au coucher du soleil. Le problème est que tous les textes évangéliques n'abondent pas dans ce sens. Il est incontestable que Jésus célèbre avec ses disciples la nuit de *seder*. Or, si c'est cette nuit-là, après la fête, qu'il fut arrêté par les autorités juives, il est impensable que l'interrogatoire se soit déroulé chez le grand prêtre Caïphe au cours de cette nuit sacrée, puis qu'il ait été conduit chez Pilate au matin de la fête, pour être crucifié le premier jour de la Pâque. Il est toujours question, dans les textes, d'une hâte particulière due à l'approche du sabbat, mais il n'est jamais fait mention – par contre – d'une profanation quelconque de la fête par le déroulement du procès, le supplice et la mise au tombeau. Quiconque est tant soit peu familiarisé avec la Loi et les coutumes juives ne peut que ressentir immédiatement toute l'invraisemblance que présenterait une telle situation. Si Jésus avait été arrêté la nuit du *seder*, on l'aurait gardé à vue jusqu'à la fin de la fête, et tout se serait ensuite déroulé différemment.

« ... C'est pourtant un rituel de *seder* – la description ne laisse aucun doute – que Jésus célèbre avec ses disciples. Cette contradiction apparente vient de se résoudre [...] Nous sommes fondés ici à supposer que Jésus a eu des contacts avec la secte de Qoumrân, compte tenu, d'une part, de la lutte ouverte qui l'opposait aux Pharisiens et aux Sadducéens, et, d'autre part, des relations de son rabbi Jean le Baptiste avec cette communauté. Il a dû utiliser leur calendrier solaire, où la fête du *seder* tombait un jour plus tôt que dans les milieux officiels de Jérusalem. Un autre fait témoigne de l'influence sur le dernier *seder* de Jésus à Jérusalem : seuls les douze disciples ont pris part à ce repas, conformément à la règle de la secte[1]. »

Où la Cène a-t-elle lieu ?

Le lieu de la Cène pose d'autres problèmes. Évidemment elle se tient à Jérusalem, comme le rite l'exige. (Jésus et les siens l'observent même avec scrupule, en dînant *intra muros*, alors que les pèlerins – vu leur nombre – sont autorisés à manger la Pâque hors les murs, pourvu que ce soit dans les limites du district.) Cependant nous ignorons

1. Les femmes n'étaient pas admises aux repas cérémoniels des Esséniens. Mais tout le reste de l'attitude de Jésus envers les femmes (disciples ou non) s'éloigne de la règle essénienne.

quelle maison et quel quartier accueillent ce repas, qui sera le plus célèbre de toute l'histoire humaine.

On sait tout de même qu'il est organisé dans « une vaste salle à l'étage, ornée de tapis » (Lc 22, 40) ; « une vaste salle à l'étage, tout ornée » (Mc 14, 15). C'est Jésus lui-même qui a donné les ordres : « Allez en ville chez un tel, et dites-lui : "Le Rabbi dit : Mon temps approche. Je fais *Pessah* chez toi avec mes adeptes." » (Mt 26, 18, trad. A. Chouraqui).

Les historiens sont réduits aux conjectures : « Pour situer le lieu, nous pouvons choisir n'importe quelle maison tout ordinaire, prise au hasard dans le labyrinthe tortueux des ruelles de la ville d'Hérode. Dans les auberges de Jérusalem on préparait de salles pour la multitude des pèlerins ; aujourd'hui encore on trouve, dans de nombreux hôtels d'Israël, tous les préparatifs permettant aux touristes de célébrer les fêtes » (S. Ben-Chorin).

« Jean est à l'évidence un prêtre du cercle des officiants du Temple, qui vit lui-même dans un de ces palais aristocratiques de la cité des prêtres : le dernier jour (Jn 13, 2), quand Iechoua et ses disciples galiléens connaîtront enfin le confort des lits de repas, le luxe des bassins d'ablution privés, dans le vaste *traqlin* d'une opulente demeure de Jérusalem, ce sera sans doute chez lui » (J. Genot-Bismuth).

« La tradition donne le nom de Cénacle – mot qui n'apparaît pas dans la Bible – à "la grande pièce garnie de coussins" (Mc 14, 15 ; Lc 22, 12) qui fut le théâtre de la dernière Cène. À peu près identiques sous la plume de Marc et de Luc, les récits des préparatifs du repas pascal précisent que cette grande pièce était "à l'étage" comme l'étaient et le sont encore dans diverses régions du Proche-Orient et du Moyen-Orient les chambres hautes élevées en terrasse, qui sont situées au-dessus des maisons et auxquelles on accède par un escalier extérieur accolé à un mur latéral de l'immeuble... La disposition de ces chambres hautes était, et est toujours, telle que leur accessibilité aux hommes – étrangers ou amis – qu'on y reçoit exclut rigoureusement le moindre contact, même simplement visuel, avec les femmes habitant la maison.

« Les coussins et les couvertures qu'on trouve en général entassés dans ces grandes pièces permettent de les disposer, soit pour s'étendre, soit pour s'asseoir ; le rare mobilier consiste en tables basses de petites dimensions mais en général identiques, ce qui permet de les grouper pour obtenir une grande surface. Au temps de la vie terrestre de Jésus, l'usage du *triclinium* (*traqlin*) était assez répandu en Palestine ; la précision que donne Jean, sur la place qu'il occupait à la dernière Cène "tout contre Jésus" (Jn 13, 23), permet de penser que Pierre et Jean, chargés des préparatifs du repas pascal (Lc 22, 8 ; *cf.* Mc 14, 13), avaient disposé tables et coussins, ou couvertures empilées, conformément à des usages qu'on retrouve encore aujourd'hui en terre d'islam.

« La tradition assure que les apôtres se seraient retrouvés au Cénacle après la Résurrection. Les Actes donnent une précision remarquable : "Rentrés en ville, ils montèrent à la chambre haute où ils se tenaient habituellement." C'est dans cette pièce, qui devait être de grandes proportions puisque cent vingt disciples environ s'y trouvèrent réunis (Ac 1, 15), que les apôtres accueillirent les disciples d'Emmaüs (Lc 24, 33) et que le Christ leur apparut à deux reprises (Jn 20, 19.26). Est-ce aussi dans cette grande pièce qu'aurait eu lieu la Pentecôte ? On ne saurait l'affirmer avec certitude mais l'hypothèse est plausible...

« L'emplacement du Cénacle fait l'objet de diverses conjectures dans des conditions telles qu'il est bien difficile de formuler une opinion. On ne saurait accepter *a priori* l'assertion selon laquelle cet emplacement serait occupé par l'actuelle mosquée de Nabi Daoud, recouvrant elle-même, dit-on, le tombeau présumé du roi David ; le style gothique de la grande salle de l'étage à laquelle les visiteurs peuvent avoir accès n'autorise pas l'illusion qu'entretiennent certains guides touristiques[1] » (Jacques Mercier).

Pendant ce temps, dans Jérusalem

Si la Cène a lieu un soir avant la date officielle de la Pâque, elle va tomber pendant que tout Jérusalem se livre à un préparatif essentiel de la fête : la recherche et

1. *Dictionnaire encyclopédique de la Bible, op. cit.*

l'élimination du *hamèts*, du levain. « La Torah prescrit de faire disparaître tout levain du territoire pendant les sept jours de la Pâque et interdit la manducation de pain levé (Dt 16, 3-4)... Le levain est le symbole de l'orgueil, de la présomption qui s'enfle, et de l'instinct du mal, le *"yetser hara"*, mauvais penchant. C'est pourquoi la moindre trace de fermentation rend la pâte inutilisable sur l'autel du Seigneur. La veille de *Pessah*, il faut donc brûler tout levain de sa maison » (Ephraïm).

Or la consigne des autorités du Temple est de rechercher et d'éliminer Jésus comme « ferment » de troubles. Cette recherche-élimination ressemble à celle du levain, dans l'esprit des Pharisiens pour qui tout est rite et symbole : ils se souviennent que Jésus n'a pas hésité à parler du Royaume comme d'un « levain dans la pâte », alors que traditionnellement le levain représente plutôt ce qu'il faut éliminer lors de la Pâque ! (Sauf qu'il a dit aussi en Mt 16, 11 : « Gardez-vous du levain[1] des Pharisiens... » Jésus prend des libertés avec les symboles habituels, pour signifier que les vrais enjeux sont ailleurs ; libertés que les autres ne comprennent pas et qu'ils lui reprochent.)

Quoi qu'il en soit, « dès la nuit du 13 au 14 *nisan*, il faut faire disparaître des maisons le *hamèts*, c'est-à-dire tout ce qui a pu fermenter [...] Cette recherche minutieuse du vieux levain, exigée par l'Écriture (Ex 13, 7), symbolise le recommencement de la vie. Par la suite, les pains sans levain rappelèrent la sortie d'Égypte » (J. Massonnet).

Le 14 *nisan*, il faut ensuite cesser le travail à midi et préparer la fête : « Le sacrifice quotidien de l'après-midi (au Temple) était avancé d'une heure, à cause du grand nombre de sacrifices de la Pâque (de pèlerins) qui devaient suivre. Si la veille de la Pâque tombait un vendredi, il fallait alors commencer deux heures plus tôt, afin que l'on ait le temps de faire rôtir les agneaux avant la nuit.

« L'immolation était pratiquée par les Israélites eux-mêmes dans le Temple. À cause de l'affluence, elle devait se faire en trois temps ; lorsque l'espace comprenant le Parvis des Israélites et ce qui pouvait être occupé du Parvis

1. Au sens « de la doctrine ».

des Prêtres était comble, on fermait les portes pour procéder à l'immolation. L'opération se répétait ainsi trois fois, entrecoupée de sonneries du *chofar*. La fonction de sacrificateur remplie par les Israélites était sans doute une survivance du temps où le sacrifice de la Pâque n'était pas lié au Temple ; mais, à cette occasion, Philon fait remarquer que le peuple tout entier était élevé à la dignité sacerdotale [...] Seule l'aspersion du sang était réservée aux prêtres ; ces derniers formaient une chaîne et se passaient les vases remplis de sang, pour les acheminer jusqu'à l'autel. Pendant l'offrande du sacrifice, les lévites se tenaient sur une estrade et chantaient le *Hallel* (Ps 113-118) accompagné de la flûte (Mishnah *Arakhin* 2, 3). Des crochets spécialement aménagés du côté nord de l'autel permettaient de pendre les animaux pour le dépeçage ; comme ils étaient en nombre insuffisant, des bâtons portés par deux hommes remplissaient cet office. Le shabbat, tous demeuraient sur la montagne du Temple, attendant la nuit pour pouvoir transporter les sacrifices dans les maisons (Mishnah *Pesahim* 5, 10 ; 6, 1) » (J. Massonnet).

Le sacrifice fait, explique Ephraïm, les Juifs procèdent au nettoyage du parvis et chacun rentre avec son petit agneau pour le faire griller à l'intérieur de l'enceinte de Jérusalem et s'installer pour le *seder*, repas rituel de Pâque.

Qui participe à la Cène de Jésus ?

Que la Cène ait lieu le 14 *nisan*, ou la veille, ou quelques jours avant, on sait (par les Évangiles) qui participe à ce repas : Jésus est entouré des Douze. Ce nombre est conforme à la pratique du *seder* pascal qui demande traditionnellement douze ou treize convives. Le chiffre indiqué par les évangélistes coïncide donc avec la coutume, précise Jean Massonnet : « Le repas se prenait en famille, entre amis, entre maître et disciples, par groupes d'au moins dix personnes (Tossefta *Pesahim* 4, 3 ; Talmud Bab. *Pesahim* 64b). Il était rôti à la broche (Mishnah *Pesahim* 7, 1) et l'on prenait bien soin de n'en briser aucun os (Mishnah *Pesahim* 7, 11 ; Ex 12, 46 ; Jn 19, 36)... »

À quoi ressemblent les Douze, à cette heure-là, avant les bouleversements de la Résurrection et de la Pentecôte ?

Selon l'évangile de Jean, « celui qui se proclamait fils de Dieu, mandataire divin, prophète, ou nouveau *didaskalos*, fondateur de doctrine », a « deux catégories bien tranchées d'adeptes » (J. Genot-Bismuth) : les premiers sont « ceux de la première heure, Galiléens et populaires [...], disciples découverts, affichés, qui s'attachent à ses pas et désormais partout le suivent [...] On compte parmi eux : Andreas et son frère Chim'on bar Yona, dit désormais Kepha ("pierre"), et Philippos, tous trois natifs de Bet Saïda, un village de pêcheurs en face de Kefar Nahum ; Nathan'el, de Cana ; Thomas-Didymos, le Jumeau ; les "fils de Zébédée", sans doute un groupe d'origine de Bet Zabday, descendants de cette colonie de Chalcis, persécutée par l'environnement syrien, qui ne dut sa survie qu'à l'intervention militaire de Jonathan Maccabée, et qui dut reconstituer en Galilée un village de refuge homonyme ».

Les seconds, quant à eux, « se soupçonnent, se devinent, mais prennent tous le plus grand soin à préserver leur anonymat, à cultiver la clandestinité. Ils ont été gagnés par ce qu'ils ont vu ou entendu sur l'esplanade du Temple, en plein air à la belle saison, sous le Portique de Salomon dans le froid de l'hiver » (J. Genot-Bismuth).

Étienne Nodet scrute et décortique cette liste des Douze :

« Ils sont mentionnés à la fin du discours de Jésus à Capharnaüm, et Pierre en leur nom affirme ne pas vouloir quitter Jésus au moment où beaucoup de disciples l'abandonnent, scandalisés par ses paroles. Les Douze constituent alors le cercle rapproché des fidèles... En Mt 10, 1-16, Jésus envoie ses douze disciples en mission auprès des "brebis perdues de la maison d'Israël", pour annoncer que le Royaume est proche et pour guérir les malades. Dans ce récit est insérée une liste de douze noms, introduite par : "Et voici les noms des douze apôtres." Pierre est qualifié de premier et mis en tête de liste ; Judas Iscariote est mis à la fin, avec la précision "celui-là même qui l'a livré" [...] Cette même liste est donnée ailleurs dans le Nouveau Testament, avec quelques modifications d'ordre et parfois de noms, mais Pierre est toujours le premier, et Judas Iscariote le dernier, avec l'indication au passé qu'il a trahi... En tous cas, les Douze sont certainement tous juifs : Simon le Cananéen de Mt-Mc n'est autre que Simon le Zélote de Lc-Ac, les deux surnoms étant presque identiques en araméen... Le fait que la liste des Douze soit un peu imprécise est peut-être simple à expliquer : tous n'ont pas été des personnages de premier plan.

« ... Mais plusieurs des disciples étaient particulièrement proches de Jésus. Les synoptiques mentionnent fréquemment Pierre et les deux fils de Zébédée, Jacques et Jean. Leur appel est raconté sous différentes formes dans les Évangiles... Selon Jn 1, 40-42, deux disciples de Jean Baptiste avaient suivi Jésus ; l'un d'eux était André, qui amena son frère Simon à Jésus. Celui-ci lui dit : "Tu es Simon, fils de Jean [ou de 'Jonas'] ; tu t'appelleras Kephas." Le nouveau nom anticipe sur une future position. Les rencontres avec Jean ont lieu "à Béthanie, au-delà du Jourdain, où Jean baptisait" (1, 28). Ensuite, Jésus retourne en Galilée, où il rencontre Philippe qui était de "Bethsaïde, la ville d'André et de Pierre" ; puis Philippe rencontre Nathanaël de Cana, et l'amène aussi à Jésus. »

Les Douze sont là dans la salle haute, au dernier repas de leur Maître. Que peut-on dire de chacun d'eux ?

• Simon Pierre (« Kephas »)

Selon Étienne Nodet :

« Le plus naturel est de suivre les éléments donnés par Jean : Pierre était pêcheur (ainsi qu'André très probablement), mais c'est en Judée que Jésus les a rencontrés. De menus indices suggèrent d'ailleurs que Pierre a pu avoir une teinte zélote : son surnom de "Fils de Jonas" ou *baryona* ("fils de colombe") en est un, non moins que le fait qu'il avait une épée [...] Quant au domicile de Pierre, on apprend qu'il était originaire de Bethsaïde, mais que sa belle-mère était chez lui à Capharnaüm. On peut combiner les deux renseignements en admettant que Pierre avait repris l'affaire de son beau-père et s'était installé chez lui. Et quant à la primauté de Pierre dans la confrérie instituée par Jésus, tout la souligne dans les Évangiles, à commencer par ses bévues, qui le dépouillent de tout mérite personnel... C'est Pierre qui, dans les quatre Évangiles, reconnaît sous une forme ou une autre l'identité de Jésus. L'une de ces reconnaissances est située par Mt 16, 13-20 à Césarée de Philippe, au pied du mont Hermon, et Jésus répond à Pierre : "Tu es heureux, Simon fils de Jonas, car cette révélation t'est venue non de la chair et du sang, mais de mon Père qui est dans les cieux..." On a remarqué depuis longtemps que cette déclaration, pétrie de sémitismes, reflète un original araméen ou peut-être même hébreu. C'est un testament, par lequel le Fils de l'Homme transmet son pouvoir de prononcer le jugement final ; c'est une sorte d'extension de sa juridiction à sa confrérie. En Mt 18, 18 et Jn 20, 23, ce même pouvoir est transmis aux Douze comme tels... Quoi qu'ait pu dire effectivement Jésus dans l'épisode de Césarée, il est certain que Pierre ne l'a pas compris. En effet, il refuse l'annonce de la Passion qui suit aussitôt, alors qu'elle est cohérente avec un tel testament, mais elle ne l'est pas avec les figures bibliques invoquées, que ce soit celle du Fils de l'Homme, qui arrive à la fin, ou celle du Christ, par laquelle Pierre a reconnu Jésus : "Tu es le Christ, le Fils du Dieu vivant." »

• Jean

« Fils (Mt 4, 21) de Zébédée (pêcheur du lac de Galilée) et peut-être de Salomé (qui assiste Jésus avec d'autres femmes : Lc 8, 2 ; Mt 27, 56), Jean est pêcheur lui-même, avec son frère aîné Jacques "le Majeur". Il a sans doute été disciple du Baptiste (Jn 1, 37-39) avant de suivre Jésus (Mc 1, 16-20), qui le surnomma, avec son frère, "Boanergès"... Surnom donné, soit à cause de leur tempérament impétueux (Lc 9, 49-54), soit en vue d'une mission. Le terme est expliqué par Mc 3, 17 comme "fils du tonnerre" ; il semble dévier de l'araméen *bene rigsha'*, correspondant respectivement à l'hébreu *bene regech*, "fils du tonnerre", "fils de l'orage", "coups de tonnerre", "agités" (Mc 3, 17) [...] Jean et Jacques demandèrent à Jésus une place de choix (Mc 10, 35). Avec Pierre, ils deviennent les intimes de Jésus, témoins d'événements importants de sa vie...

Jean n'est pas nommé dans le quatrième évangile, mais la tradition (niée aujourd'hui par de nombreux exégètes) l'a reconnu sous les expressions "l'autre disciple" (Jn 18, 15-16 ; 20, 2.4.8) et "le disciple que Jésus aimait" (13, 23 ; 19, 26 ; 20, 2 ; 21, 7.20.24)[1] » (J. Radermakers).

René Laurentin se pose la même question : « Jean, fils de Zébédée, est un disciple marquant, un des trois intimes du Christ, très lié à Pierre (Jn 18, 15-17 ; 20, 3-10 ; 21, 18 ; *cf.* Lc 22, 8 et 34), ce que confirme le binôme constant des Actes : "Pierre et Jean" (1, 13 ; 3, 1.4.11 ; 4, 13.19 ; 8, 14.17)... Il nous est connu par les évangiles synoptiques (surtout Mc 1, 19.20.29 ; 3, 17 ; 5, 37 ; 9, 2.38 ; 10, 35.41 ; 13, 3 ; 14, 33 : onze fois contre six en Mt et sept en Lc). S'il est aussi le quatrième évangéliste, disciple du Baptiste, devenu le plus proche du Christ (Jn 1, 35.39 ; 13, 23 ; 21, 7 ; 20-23), on s'explique qu'il ait pu entraîner si vite Jacques, son frère, qui sera le premier martyr parmi les douze apôtres (Ac 12, 2). Mais tout le reste indiquerait plutôt des personnages différents :

— le fils de Zébédée est un pêcheur de Galilée, impulsif et impétueux ;

— mais l'évangéliste, disciple de Jean Baptiste, est un lettré, proche du milieu sacerdotal de Jérusalem, où il introduit Pierre (Jn 18, 15-17)... Le quatrième évangéliste ne connaît guère que le ministère de Jésus en Judée, sauf ses deux brefs passages à Cana (Jn 2, 1-12 et 4, 43-54) et la multiplication des pains. Il ne souffle mot des grands moments où Jésus ne prend avec lui que les trois privilégiés : Pierre, Jacques et Jean. Le quatrième évangéliste ne se donne point comme l'un des douze apôtres. Sa place à côté de Jésus durant la Cène, plus près que Pierre, pourrait s'expliquer s'il est l'hôte qui le reçoit dans sa maison, puisqu'il semble être un habitant de Jérusalem, où il connaît les lieux et les gens : notamment le grand prêtre (Jn 18, 16). »

Et Jacqueline Genot-Bismuth va dans le sens de Laurentin : « Qui est Jean-Yohanan ? Les multiples indices du texte nous permettent d'en dresser un profil net. C'est un

1. *Dictionnaire encyclopédique de la Bible, op. cit.*

familier du Bet Hanin (le palais d'Anne), un homme apparemment jeune, de la génération des cinq fils de la maison, un proche du maître Hanan (Anne), écouté et obéi de ses domestiques... Jean est à l'évidence un prêtre du cercle des officiants du Temple, qui vit lui-même dans un de ces palais aristocratiques de la cité des prêtres : le dernier jour (Jn 13, 2), quand Iechoua et ses disciples galiléens connaîtront enfin le confort des lits de repas, le luxe des bassins d'ablution privés, dans le vaste *traqlin* d'une opulente demeure de Jérusalem, ce sera sans doute chez lui. » D'où l'extrême intérêt du témoignage « oculaire » du quatrième évangéliste :

« Le prologue de "l'évangile de Jean" s'enracine dans la haute culture savante de la tradition scribe propre à Jérusalem, développée à partir du IIIe siècle avant notre ère. Mais que cet évangile soit une expression des élites lettrées de la Ville sainte, cela se mesure encore bien davantage à la polarisation du regard qui est porté sur l'événement. La centralité de Jérusalem y est frappante : tout ne s'apprécie, ne se mesure, qu'à partir de ce lieu focal. S'en éloigne-t-on, en Galilée, sur les bords du Jourdain, dans le désert, ce n'est que pour mieux revenir et marquer que tout signe, toute élection manifestée à la périphérie ne peut que s'en retourner à Jérusalem pour s'y légitimer... Il s'agit d'une mentalité profonde et partagée qui imprègne tout, diffuse tout au long du texte, respirée comme une évidence [...] On pourrait aller jusqu'à dire que, dans Jean, c'est Jérusalem, plus encore que Jésus, qui assume le rôle de l'acteur central, qui fait figure de protagoniste essentiel » (J. Genot-Bismuth).

• Jacques « le majeur »

« Frère aîné de Jean et surnommé avec lui "Boanergès", il était un pêcheur du lac de Tibériade. Avec Pierre et Jean, il est témoin d'événements importants de la vie de Jésus. [...] Ils questionnent Jésus sur sa venue (Mc 13, 3). Les deux frères encore s'emportent contre un village de Samarie (Lc 9, 54) et expriment leur désir de joindre leur destin à celui de Jésus (Mc 10, 35) » (J. Radermakers).

Jacques mourut martyr (entre 41 et 44), décapité sur l'ordre d'Hérode Agrippa Ier (Ac 12, 2). Une légende rapportée dans les Actes de Jacques[1] en fait l'évangélisateur de l'Espagne.

• Jacques « d'Alphée »

« Un des douze apôtres (Mt 10, 3 ; Ac 1, 13) ; on l'identifie à tort avec Jacques "le Mineur", à la suite d'une confusion entre Alphée (en grec *alphaios*, de l'araméen *'alpay*) et Clopas, en grec *klopas* (Mc 15, 40 ; Jn 19,25) » (*ibid.*).

• André

Frère de Simon Pierre, pêcheur à Capharnaüm, et l'un de ceux des Douze qui ont été disciples du Baptiste. « Les Évangiles font mention de trois interventions personnelles d'André : lors du partage des pains (Jn 6, 8), à l'avènement des prosélytes grecs vers Jésus (Jn 12, 2) et avant le discours sur la venue du Fils de l'Homme (Mc 13, 3) » (*ibid.*).

• Thomas

Est-ce son nom ou son surnom ? On l'ignore. *Te'oma'* (araméen) et *Te'om* (hébreu) signifient le « jumeau ». C'est aussi le sens du surnom grec (« Didyme ») que l'Évangile attribue à cet apôtre. Sa psychologie contradictoire, mélange de générosité et de méfiance, nous est signalée par Jn 11, 16 ; 14, 5 ; 20, 24-28.

Selon Eusèbe[2], Thomas aurait évangélisé les Parthes et serait mort à Édesse. Selon les chrétiens syriens du Malabar, il aurait évangélisé en Inde ; sa tombe est vénérée à Madras.

• Philippe

« Lui aussi est de Bethsaïde. "Il suivit Jésus après lui avoir amené Nathanaël" (Jn 1, 43-46). Les Évangiles le

1. XIIe siècle.
2. IVe siècle.

mentionnent à propos de la multiplication des pains (Jn 6, 5-7) et comme intermédiaire entre Jésus et les païens (Jn 12, 21 s. ; Jn 14, 8-10). On ne sait rien au sujet de son apostolat » (C. Saulnier).

La tradition le confond souvent avec Philippe, chrétien de Jérusalem (Ac 6, 5 s. ; 21, 8 ; 8, 26-39 ; 8, 40 ; 21, 8).

• Barthélemy

« *Bartholomaios*, de "fils de Tolomaï", forme araméenne de *Ptolémée*, souvent nommé avec Philippe ; depuis le IXe siècle on l'identifie couramment avec Nathanaël (Jn 1, 45 ; 2, 2). Selon Eusèbe, il apporta en Inde l'évangile araméen de Matthieu ; suivant une autre tradition, il évangélisa l'Arménie où il mourut » (J. Radermakers).

• Matthieu

« Auteur du premier évangile et l'un des Douze. Il est dit "fils d'Alphée" et semble originaire de Capharnaüm (Mc 2, 14-15). Le premier évangile le présente comme publicain (Mt 10, 3) et il évoque son appel par Jésus (Mt 9, 9). Les autres évangélistes l'appellent "Lévi" à cet endroit (Mc 2, 14 ; Lc 5, 27). Le nom grécisé *Matthaios* vient de l'hébreu *matt'yah*, abréviation de *mattatyah*, "don de Yahvé". Un ancien témoignage de Papias, évêque de Hiérapolis (vers 125) rapporte qu'il "mit en ordre" les "sentences" (*logia*) du Seigneur en "dialecte hébraïque" ; ce recueil de paroles de Jésus écrit en araméen ou selon un mode hébraïque, appelé souvent "évangile araméen" de Matthieu, n'a pas laissé de traces. Origène (d'après Eusèbe) écrit que Matthieu fut le premier évangéliste et qu'il s'adressait aux chrétiens venus du judaïsme ; suivant Irénée (*Adversus Haereticos* 3, 1, 1), il composa son évangile "chez les Hébreux, dans leur propre langue"... Des traditions incontrôlées rapportent qu'il quitta la Palestine en 42 pour évangéliser différentes régions (Perse, Syrie, Macédoine, etc.). On ne sait rien de précis sur sa mort qui aurait eu lieu en Éthiopie » (*ibid.*).

• Thaddée

Il est généralement identifié avec l'apôtre Jude.

• Simon « le Zélote »

« Un des Douze (Mc 3, 18 ; Mt 10, 4). Il appartient – ou a appartenu – au mouvement zélote : la transcription grecque de son nom (*kananaios*) ne veut pas dire "Cananéen", mais vient de l'araméen *qan'anayya* au sens de "zélote" » (A. Lacocque).

• Judas l'Iscariote

« On l'appelle *iskariôth* (Mc 3, 19 ; 14, 10 ; Lc 6, 16) ou plus généralement Iscariote (en grec *iskariotès* Mt 10, 4 ; Mc 14, 43 ; Lc 22, 3 ; Jn 12, 4). Il est cité vingt fois dans les Évangiles, alors qu'André, Thomas, Bathélémy, par exemple, ne le sont respectivement que onze, dix, trois fois. L'on peut donc dire que Judas retient l'attention des évangélistes. Le quatrième évangile précise que Judas est "fils de Simon" (13, 2), ce dernier étant à son tour qualifié d'*Iscariote* (6, 71 ; 13, 26)... Et Luc le distingue d'un autre Judas "fils de Jacques" (6, 16)... Bien que cité en dernier lieu dans la liste des Douze (Mt 10, 14), les évangélistes insistent sur sa qualité d'apôtre au sens strict du terme : Judas est "l'un des Douze" (Mt 26, 14 ; Mc 14, 10 ; Mt 26, 47 ; Mc 14, 20 ; Jn 6, 71) ou "du nombre des Douze" (Lc 22, 3) » (C. Saulnier).

Peut-on donc considérer que pour ce dernier repas, Jésus a rassemblé autour de lui Simon dit Pierre, André son frère, Jacques (de Zébédée), Jean son frère, Philippe, Barthélemy, Thomas, Matthieu, Jacques (d'Alphée), Thaddée, Simon le Zélote et Judas l'Iscariote ? Rien ne s'y oppose.

Judas était-il encore à table au moment de l'eucharistie ? Matthieu et Marc laissent penser qu'il a quitté les lieux avant cette partie du repas ; Luc, qu'il était encore présent.

La Cène : est-ce bien un « repas pascal » ?

Nous l'avons vu : il y a une incertitude sur la date exacte de la Cène de Jésus. Elle a certainement eu lieu durant le semaine précédant la Pâque ; elle a peut-être (sans doute pas) eu lieu le jour même de la Pâque. Mais quelle que soit la date, la Cène « peut avoir contenu des éléments qui faisaient partie intégrante de l'idéologie et des rites de la vraie Pâque » (J. Blinzler).

Avec sa consécration du pain et du vin, le repas institué par Jésus est une transfiguration et une transposition du sacrifice et du Temple (A. Paul). N'oublions pas ce que Jésus a annoncé : désormais, a-t-il dit, il *est* le Temple. Le rite qu'il accomplit à la Cène est donc tout autre chose que ce que faisaient les Pharisiens dans leurs repas ritualisés, simple extension et démultiplication de la sacralité du Temple de pierre. Jésus n' « étend » ni ne « démultiplie » la sacralité : il « concentre » et « séquestre » – en sa personne – toute sacralité, toute expiation, tout contact entre ciel et terre.

C'est donc bien le contraire de ce que font les Pharisiens. La divergence entre Jésus et ces derniers est fondamentale. D'autant qu'ils ont entendu le scandaleux discours du « Pain de vie » à Capharnaüm : or c'est exactement *cela* (« mangez mon corps, buvez mon sang ») qui s'institue définitivement dans la Cène...

Deux thèses s'affrontent quant à l'interprétation de la Cène.

La première estime que « Iechoua, selon le récit de Jean, n'a pas connu la dernière Pâque ; il n'a pu partager avec ses disciples *matsot*, agneau pascal et herbes amères ; bref, il n'y a pas eu de "cène", et le dernier repas fut donc, comme le dit Jean, un repas, un repas convivial, certes, de la communauté, ou de l'espèce de *Yahad* – communauté – que constituait Iechoua entouré de ses disciples » (J. Genot-Bismuth).

Pour la seconde, « l'évocation de ce repas par les synoptiques rappelle sans conteste un repas de *seder* (c'est ainsi que l'on désigne la fête familiale de la nuit pascale)... L'évangile de Jean laisse également supposer la proximité dans le temps de la fête de Pâque [...] Il y a concordance, non seulement pour la proximité, mais aussi pour le contenu de la fête et de son renouvellement par Jésus. Je pense que l'institution du souper de la Cène doit être considérée comme rattachée organiquement à la fête de *seder*, dont Jésus n'a fait que réinterpréter le rituel à sa manière. Ainsi s'est créée, au sein du groupe des disciples, et à partir d'une nouvelle interprétation liée à la situation, la réforme de la fête de *seder*, première ébauche de la future eucharistie chrétienne... » (S. Ben-Chorin).

Le récit de la Cène abonde en détails réalistes :

« Jésus, pour l'essentiel, célébrait la fête de *seder* à la manière de son temps. Le repas, que le deuxième livre de Moïse (Ex 12, 11) ordonnait de consommer à la hâte, debout, les reins ceints, le bâton à la main, les sandales aux pieds, était devenu, sous l'influence hellénistique, un véritable banquet païen. Étendus sur des coussins, les convives mangeaient couchés, appuyés sur le côté gauche, de manière à pouvoir atteindre de la droite les coupes des quatre breuvages prescrits... Les longs récits qui se prolongeaient souvent jusqu'à la fin de la nuit retraçaient l'histoire de la sortie d'Égypte. La description de la fête de *seder*, à l'époque du Second Temple, telle qu'elle se présente à nous dans le traité *Pessahim* de la Mishnah, rappelle fortement le *Banquet* de Platon. Nous avons ici un exemple de fusion, en une seule réalité, de formes grecques et de contenus hébraïques, selon un processus qui se renouvellera plus tard dans la commémoration chrétienne de la Cène. Certains éléments du rituel du *seder* ont même adopté des appellations grecques, par exemple le dernier *matsah*, qui prend tant d'importance avec Jésus et la Cène ; on le désigne aujourd'hui sous le nom d'*afikoman* ("epikomion") et c'est par lui que se termine le repas sacré... » (S. Ben-Chorin).

Même par contraste, les récits de la Cène font allusion aux rites et coutumes du *seder* de *Pessah*. Le geste du lavement des pieds des disciples par Jésus est l'*inversion ostensible* du rite du lavement des mains du « donneur du *seder* » par ses invités. Et le départ de Judas dans la nuit est l'*antithèse* de l'un des symboles de *Pessah*. Judas « sort vite – c'est la nuit » (Jn 13, 29) ; il sort accomplir le mal. La nuit sera cruelle. Or dans la tradition juive, cette première nuit de *Pessah* est *Lèl Chimmourim*, « la nuit de gardes de l'Éternel pour les faire sortir du pays d'Égypte, c'est cette nuit qui est à l'Éternel, nuit de gardes pour tous les fils d'Israël suivant leurs générations » (Ex 12, 42). Selon une interprétation rabbinique, durant la première nuit de *Pessah* « tout Israël est protégé » ; d'où la coutume qui consiste à ouvrir la porte d'entrée à un certain moment du *seder* : parce que, cette nuit-là, il n'y a rien à craindre. (On omet également de dire la longue prière habituelle contre les dangers de la nuit qu'on prononce avant d'aller se coucher.) Mais cette nuit le danger est là et bien là. Car Judas s'est enfui pour aller trahir. Jésus est déjà condamné. Son sort est scellé. Et l'instrument de la condamnation est *un individu*, le disciple Judas.

Le rôle de Judas

C'est l'une des grandes énigmes de la Passion. « Seul Luc (6, 16) désigne Judas comme un "traître" (*prodothès*), alors que ni le verbe *paradidonai*, employé à propos de l'action de Judas, ni ses équivalents hébreu et araméen (*masar, mesar*) ne signifient "trahir" » (S. Légasse).

Jésus dit de Judas : « Mieux eût valu pour cet homme-là de ne pas naître » (Mc 14, 21 et Mt 26, 24). Cette phrase jugée aujourd'hui « effrayante » peut pourtant être rapprochée d'une maxime rabbinique contemporaine de Jésus : « Celui qui apprend en vue de ne pas accomplir, mieux vaudrait qu'il ne fût point né[1]. »

On ne sait presque rien des antécédents de Judas, ni même la signification de son surnom. *Ish Qariot* est un

1. École de rabbi Aqiva, Iᵉʳ siècle, in *Sifra Lévitique* – recueil de *baraïtot* – 26, 3.

terme à étymologies multiples : ou l'araméen *iskaria*, « l'hypocrite » ; ou le grec *sikarios*, « le sicaire ». Ou, tout simplement, « l'homme (*Ish*) de Qariot » : si ce mot est un toponyme, il peut désigner un lieu au sud d'Hébron, dans le Négueb de Juda. Auquel cas, « à la différence des autres disciples appelés par le Christ "au nombre des Douze" », Judas ne serait pas de Galilée mais de Judée (André-Marie Gérard).

Judas est un paradoxe.

Un an auparavant, à Capharnaüm, quand les disciples quittent Jésus, scandalisés par le discours du Pain de Vie, Judas fait partie de ceux qui lui restent fidèles (Jn 6, 67-69). Ce qui n'empêche Jésus de dire : « L'un de vous est un diable... »

« Mystère de Judas, mystère de la liberté humaine ! Ce disciple avait pourtant tout quitté pour Jésus. Il reste avec lui, à l'heure de tous les abandons : solidaire avec les autres, mais son cœur est partagé. Le ver est déjà dans le fruit. Satan, qui a laissé un répit à Jésus (Lc 4, 13), investit ses disciples. Il appesantit leur incompréhension. Il a trouvé un terrain plus malléable chez Judas, trop préoccupé de la bourse et des calculs que conseillent "le malhonnête argent" (Lc 16, 9) et la politique. Son espérance déviante nourrit d'autres projets, proches de ceux de cette foule qui s'éloigne. On s'étonne de ce que Jésus dise déjà de lui : "C'est un diable", à l'heure éprouvante où il témoigne pourtant de sa fidélité. C'est que sa solidarité reste ambiguë. Il file un mauvais coton. Son cœur se divise sans qu'il réagisse. Jésus veut sans doute l'avertir. (Il avertira bientôt Pierre en des termes analogues, il l'appellera carrément "Satan", lorsque après avoir suivi l'inspiration du Père il se laissera piéger par le démon.) [...] Qu'avait imaginé Judas pour gagner sur tous les tableaux : l'argent, les prêtres, et peut-être Jésus timoré qu'il allait provoquer à dévoiler sa puissance et hâter son règne ? L'histoire n'a aucun moyen de préciser le labyrinthe de ce qu'il a échafaudé pour faire figure et se tromper lui-même » (R. Laurentin).

Judas trahit Jésus à Jérusalem et se suicide quelques heures plus tard à peine, dévoré par le remords...

« Judas reste disciple de Jésus jusqu'au bout, alors que bien d'autres l'ont quitté en cours de route. Il est vu différemment par les synoptiques et par Jean. Pour ce dernier, il tenait la caisse du groupe, mais c'était un voleur (Jn 12, 6). Il n'en est pas de même pour les synoptiques, spécialement pour Mt, car Judas se suicide en découvrant les conséquences de son acte. Dans ce cas, on peut conclure que son propos était non pas de faire condamner Jésus, mais de le soustraire aux Romains, et non aux Juifs, du moins pendant la fête. Dans ce cas, on peut conclure qu'il était de bonne foi, quoique devenu étranger au projet de Jésus. Cela concorde avec le fait que c'est seulement après la délibération des autorités juives que Jésus est mis en état d'arrestation pour être livré à Pilate, c'est-à-dire virtuellement condamné. Pourtant, ce n'est pas cohérent avec le propos exprès des grands prêtres de faire mettre à mort Jésus, et cela avant même que Judas vienne offrir ses services ; il a malgré tout été trompé. En somme : Judas tente une manœuvre pour retirer Jésus de la circulation en le faisant intercepter par les autorités juives, dont les intentions ne sont pas claires. Puis il perd le contrôle de son projet » (É. Nodet).

Cette trahison est-elle plausible, ou s'agit-il d'un symbole littéraire créé après les faits ?

« Les motivations de la trahison restent très obscures. On n'est pas loin d'admettre que c'est en fait un activisme politique ou eschatologique qui le poussa à ce qui peut passer pour une trahison. Judas fait partie de ces hommes qui veulent "hâter la fin". Son but est d'acculer le Maître à une situation où il serait contraint de se révéler en tant que roi des Juifs. L'action de Judas, que les Évangiles jugent comme un scandale religieusement nécessaire, ne devait représenter, aux yeux mêmes de son protagoniste, rien d'autre qu'une tentative pour contraindre le maître à manifester sa puissance messianique. L'historicité du personnage de Judas ne doit pas être mise en doute, pour la bonne raison qu'il était si dérangeant pour la communauté primitive (chrétienne) qu'elle n'aurait pas eu l'idée de l'inventer » (S. Ben-Chorin).

« Judas est la figure tragique du Nouveau Testament. Il doit prendre sur lui le scandale. Il porte témoignage de l'intégration, dans le plan sacré de Dieu, du côté démoniaque, *Sitra Ahra* pour employer un terme de la mystique juive. Il devient "la face nocturne d'Elohim", selon une expression du mythologue hébraïque Oskar Goldberg.

Encore une fois l'assassin rôde dans la nuit de la Pâque, et cette fois en la personne du disciple renégat » (*ibid.*).

Judas franchit la porte du Cénacle (Jn 13, 30) et s'enfonce dans les ruelles sombres de Jérusalem.

Que s'y passe-t-il, à cette heure ?

S'il s'agit du 13 *nisan* au soir, la recherche et la destruction du levain (la *bedikat hamèts*) a lieu dans toutes les maisons de la ville. Le Talmud (*Pessahim* 7b-8a) dit que tout le monde est chez soi, et que la lumière d'une lampe est « bonne » pour chercher dans l'obscurité.

Si nous étions (hypothèse improbable) déjà le soir du 14 *nisan*, début de la fête de *Pessah*, tout Jérusalem sentirait l'agneau grillé, et de toutes les cours intérieures s'échapperaient maintenant les bruits et les chants de la fête.

À cette heure, où va Judas ?

La réponse est plus simple : il va parler aux autorités du Temple, avec lesquelles il a déjà pris contact, ainsi que le dit Matthieu (Mt 26, 14-16) : « Alors l'un des Douze, ledit Iehouda, l'homme de Qériot, va chez les chefs des desservants. Il dit : “Que voulez-vous me donner ? Moi, je vous le livrerai.” Ils lui pèsent trente pièces d'argent. Dès lors, il cherche l'occasion de le livrer[1]. »

Le rôle de Judas est limité mais essentiel : c'est lui qui va signaler où et quand s'emparer de Jésus, discrètement, sans que la foule assiste à l'arrestation.

Le Sanhédrin ne veut pas agir en pleine fête, car « il faut éviter un tumulte parmi le peuple » (Mt 26, 5). Il peut donc soit attendre la fin de la Pâque et le départ des foules, ce qui veut dire perdre une semaine et laisser à Jésus le temps de s'échapper une fois de plus, soit brusquer les choses : arrêter Jésus et le déférer à Pilate avant le début de la fête. Judas, ou ses commanditaires, ou les deux, optent pour la seconde solution. L'ont-ils choisie ensemble, quelques heures plus tôt ? Ou Judas va-t-il maintenant forcer la main aux grands prêtres ? Nul ne le saura jamais.

De même ignorerons-nous toujours l'itinéraire de Judas. Car non seulement nous ne savons pas où était la maison de la chambre haute, mais nous n'avons aucune idée de l'endroit *où* Judas doit se rendre pour son rendez-vous.

1. Traduction d'André Chouraqui.

S'il lui faut forcer la main aux pontifes, Judas se hâte vers le palais de Caïphe. Ou, plus probable, vers celui (contigu) du vieil Anne, au flanc de la ville haute : puisque c'est là que l'on conduira tout à l'heure Jésus.

Mais si, au contraire, la décision d'agir ce soir a été prise un peu plus tôt dans la journée, Judas n'a plus besoin d'une entrevue avec Anne ou Caïphe mais seulement avec le responsable technique de l'opération, qui est nécessairement le *segan*, numéro deux et chef de sa sécurité du Temple. Cette hypothèse est d'autant plus probable qu'il s'agit dans ce cas de Jonathan, fils de Hanân.

Judas lui apporte l'information suivante : après le souper, Jésus et les siens ne retourneront pas se mettre à l'abri à Béthanie[1], comme ils le faisaient auparavant (Mc 11, 11-12 ; Mt 21,17), mais ils passeront la nuit sur le mont des Oliviers, dans un certain enclos nommé Gethsémani (« le Pressoir »). Judas les assure de pouvoir reconnaître Jésus dans l'obscurité et permettre ainsi à l'escouade du Temple de procéder vite et bien, sans incidents avec les nombreux pèlerins qui bivouaquent aux alentours.

Le fait que Jésus et les siens ne vont pas jusqu'à Béthanie, refuge nocturne sûr, s'explique par l'obéissance au rite pascal : en effet Béthanie est au-delà des limites du district du Grand-Jérusalem, à l'intérieur duquel les pèlerins de Pâque doivent rester (J. Jeremias).

Néanmoins Jésus prend la précaution de sortir de la ville pour la nuit : « Jésus agit comme un homme dans la clandestinité, que les autorités religieuses menacent très directement, et sa stratégie consiste à utiliser, pour se protéger, l'empressement et la faveur populaires. Cependant si, dans la journée, au Temple, la présence des pèlerins assure sa sécurité, on le voit au contraire, la nuit, se cacher dans la campagne, hors des murs de Jérusalem... » (J. Genot-Bismuth).

« Ils seront cette nuit de l'autre côté du Cédron, dans l'enclos Gethsémani » : c'est cela que Judas va dire au *segan* Jonathan.

1. Sur l'autre versant du mont des Oliviers.

On peut très bien imaginer la course de Judas dans les rues de Jérusalem.

Si la Cène s'est déroulée chez Jean, et si Jean est un prêtre (hypothèse de nombreux historiens), alors c'était dans une maison de la ville haute ; Judas n'aura que quelques centaines de mètres à parcourir pour arriver chez Anne, logé dans le même quartier. Au cas où c'est au Temple qu'on lui a donné rendez-vous, il doit faire un trajet plus long, par la rampe et le pont enjambant le Tyropéon.

Si la Cène a eu lieu dans la ville basse, Judas doit gravir les rues à degrés qui montent vers la ville haute (pour aller chez Anne), ou les escaliers monumentaux qui montent vers le Temple ; on le voit arriver essoufflé à son rendez-vous, après avoir traversé la foule nocturne qui grouille encore dans Jérusalem envahie de milliers de pèlerins bigarrés.

Judas est arrivé. Le « commandant du Temple » vient de surveiller la fermeture du sanctuaire et des espaces commerciaux du parvis. Il peut maintenant s'employer à lancer l'opération de cette nuit à Gethsémani. D'abord, désigner des hommes parmi la police du Temple... Si l'on suit l'évangile de Jean (18, 3), il y aura aussi des troupiers romains ; en ce cas le tribun de la forteresse Antonia est présent à la réunion, avec Jonathan et Judas.

La fin de la Cène

À la fin du repas, après la Cène, Jésus dit à ses disciples (Jn 14, 1) : « Que votre cœur ne se trouble pas... »

« Jésus sait qu'il "part" vers sa mort. Il en rend responsable "le prince de ce monde" : celui qui a dressé violemment le monde contre lui va l'arracher violemment à ce monde » (R. Laurentin).

D'où le long et fascinant discours que lui prête l'évangile de Jean à cet instant.

« Le discours après la Cène, le plus long qui soit rapporté dans les Évangiles (quatre chapitres, cent dix-sept versets), n'est pas une sténographie. Ce n'est pas davantage une fabrication. Jean retranscrit ce que les synoptiques, limités aux paroles publiques de Jésus, n'avaient pas su traduire, de ses nombreuses confidences prolongées à ses disciples, mûries et digérées par son verbe. Jean, le plus proche de Jésus durant la dernière Cène, physiquement et spirituellement, en a gardé un vif souvenir. Ce soir-là, Jésus confie à ses disciples comment vivre la vraie vie en Dieu : la vie du Père, la sienne, qu'il nous fait partager. Jean l'a progressivement compris. Il a osé reconstituer cette confidence, telle qu'elle demeurait en lui et l'habitait, telle qu'il la vivait, telle qu'il en diffusait l'enseignement dans sa première épître, où bien des thèmes et des termes sont des citations explicites du discours après la Cène » (R. Laurentin).

Un incident survient. Avant le discours de Jésus (selon Jean), ou avant de quitter la salle (selon Luc), ou juste après l'avoir quittée (Marc, Matthieu), Pierre s'inquiète de l'avenir du Maître (Jn 13, 36). Jésus lui répond : « Où je vais, tu ne peux me suivre maintenant, mais tu me suivras plus tard. » Pierre proteste sur son mode habituel : « Pourquoi ne pourrais-je te suivre maintenant ? Je donnerais mon être pour toi ! » Jésus répond : « Tu donnerais ton être pour moi ? Amen amen je te le dis, le coq ne chantera pas que tu m'aies renié trois fois[1]. » Cette phrase de Jésus sera célèbre jusqu'à la fin des temps. Mais, au-delà de sa force poétique et psychologique, elle recèle une profonde signification en hébreu :

« S'il choisit l'image du coq, c'est qu'une formule liturgique, la première bénédiction de la prière du matin, y fait allusion : "Loué sois-Tu, Seigneur notre Dieu, Roi du monde, qui as donné au coq (*chekhvi*) l'intelligence de distinguer la nuit du jour." Autrement dit : "Le coq a l'aptitude de distinguer la nuit du jour, et donc évidemment la lumière des ténèbres – mais toi, Pierre, Simon bar Jonas, tu ne l'as pas, toi que j'ai considéré comme le pilier de ma communauté et son fondement solide." Quelle ironie on trouve dans ce mot de *coq* ! » (S. Ben-Chorin).

Matthieu nous dit (Mt 26, 35) que Pierre et les autres disciples protestent tumultueusement : ils mourront avec Jésus, ils ne le renieront pas ! Alors, selon Luc (Lc 22, 35-38),

1. Traduction d'André Chouraqui.

il les décontenance : il leur dit que lorsqu'il les envoyait en mission sans bourse ni besace, jamais ils ne manquaient de rien, mais que maintenant les choses vont devenir plus difficiles. « Qui a une bourse la prenne, et de même une besace. Et qui n'en a pas vende son vêtement pour acheter une épée. Oui, je vous le dis : il est nécessaire que ce qui est écrit s'accomplisse en moi : "Il a été compté parmi les sans-Torah." Aussi bien, ce qui me concerne touche à sa fin. » Que veut-il dire ? Que lui et eux vont se retrouver hors-la-loi, et que les disciples vont avoir à se défendre « contre le monde et contre eux-mêmes jusqu'à leur dernier jour » (R. Laurentin). La « bourse » ou l'« épée » sont deux images qui évoquent l'insécurité de la condition humaine et celle du combat spirituel. Les disciples n'y comprennent rien. Mais ils ont entendu le mot « épée » qui réveille en eux la peur d'un complot. Ils pensent à une attaque imminente. Ils pensent à de vraies armes. « Épée » ou « glaive », en ce temps, désigne une arme courte ; ils montrent nerveusement à Jésus deux grands couteaux à découper, voire deux véritables épées[1] qui peuvent avoir été déjà dans la salle ou que deux d'entre eux avaient sur eux. « Maître, voici deux glaives », disent-ils. Il leur répond : « C'est assez » (A. Chouraqui). Là non plus ils ne saisissent pas le vrai sens du mot (« Laissez, vous ne comprenez pas. »). Mais ils rengainent les armes.

« Ayant dit cela, Jésus s'en alla avec ses disciples de l'autre côté du torrent du Cédron » (Jn 18, 1).

Tous quittent la chambre haute.

Comment résumer ce à quoi l'on vient d'assister ? Jésus sait que l'épreuve arrive : « Il vient, le prince de ce monde. » Les disciples s'inquiètent des paroles du Maître et de ce qu'ils croient comprendre.

Mais ils ne sont pas prêts à voir s'effondrer l'idée (fausse) qu'ils se faisaient de l'avenir.

Judas, seul, semble avoir eu l'intuition de quelque chose. Il semble avoir senti, depuis quelque temps, que Jésus se préparait un sort incompatible avec l'espoir messianique national. On ne saura jamais ce qu'il a voulu faire : obliger

1. *Machairai*, dit le texte.

le Maître à user de ses pouvoirs surnaturels dans le « *bon* » sens ? Ou tirer son épingle du jeu, pour ne pas subir, pour ne pas être comme les onze balourds qui risquent de se faire éliminer sans avoir compris pourquoi ? Comme s'il voulait montrer que lui, au moins, il avait l'intelligence politique de l'inévitable...

On a du mal à s'en tenir au grief de « malhonnêteté » avancé contre Judas. La somme offerte par les prêtres n'est pas dérisoire (c'est le prix ordinaire d'un esclave), mais elle n'est pas à la mesure de l'affaire. Et d'ailleurs, Judas ira la rendre à ceux qui la lui ont donnée (Mt 27, 3), avant de se suicider. On a plutôt l'impression que recevoir cet argent faisait, à ses yeux, partie de la manœuvre : afin de ne pas avoir l'air, vis-à-vis des grands prêtres, d'agir en bénévole. Une chose est certaine, et c'est l'évangile de Matthieu (27, 3) qui nous en fait part, Judas apparaît comme traumatisé en constatant que Jésus va être « condamné ». Comme si tel n'avait pas été son objectif. Comme s'il en avait eu un autre...

Pour le moment, au moment du récit où nous sommes, Judas est quelque part dans Jérusalem *intra-muros*. Qu'il soit dans les locaux de la police du Temple, ou au palais Hanân, il se trouve en compagnie d'une troupe qui allume ses lanternes.

Gethsémani

Pourquoi ce lieu ? – Un écrivain juif devant l'agonie et l'arrestation de Jésus – Des torches dans la nuit – Données et hypothèses

Jean nous dit que Gethsémani est un jardin, « de l'autre côté du Cédron ». Le Cédron est un torrent passager, généralement à sec (J. Jeremias). *Qidrôn* ou *Kédrôn* signifie « sombre » ou « trouble » : ce torrent à sec est surtout « alimenté en eaux troubles par le ruissellement des pluies d'hiver » (A.-M. Gérard). « De l'autre côté du Cédron » veut dire : sur les pentes ouest du mont dit « des Oliviers », ou « de l'Huile », voire « de l'Onction » (*Har haMichha*).

La route de Jérusalem vers l'est passe sur ce mont. Les premiers lieux-dits que l'on atteints lorsqu'on l'emprunte sont : Bethphagé (la « Maison des figues vertes »), qui est le sommet du mont, (d'où Jésus part vers la Ville sainte, le jour de son entrée triomphale) ; et, sur l'autre versant, Béthanie, la bourgade où vivent des amis – assez fortunés – de Jésus, Marthe, Marie et leur frère Lazare, le ressuscité.

Le Cédron et le mont des Oliviers sont un carrefour de l'histoire sainte. Souvenons-nous : le deuxième livre de Samuel (15, 23) montre David passant le *wadi* Cédron pour fuir Absalon ; le roi « s'arrête en cet endroit pour apprécier au passage le peuple fidèle qui se risque au-delà, "sur le chemin du désert" où il va s'engager lui-même » (A.-M. Gérard). Le mont des Oliviers est lui aussi un site liturgique fort ancien : d'époque en époque, le grand prêtre passe le Cédron et va solennellement sur le mont pour y accomplir le rite lustral dit « de la vache rousse ». Et c'est un site mystique :

« Le prophète Ézéchiel, en quittant le Temple, voit la gloire de Dieu se reposer sur le mont des Oliviers (Éz 11, 23), et Zacharie (14, 4) annonce que, lors du combat eschatologique, le Seigneur lui-même y posera les pieds et que le mont se fendra d'est en ouest. C'est assis sur le mont, face au Temple, que Jésus prononce son discours eschatologique (Mc 13, 3)[1] » (P.-M. Guillaume).

Aucun des lieux que citent les Évangiles n'est un endroit de hasard. Ils sont tous fortement chargés de foi et de mémoire.

Gethsémani est une appellation grecque : en fait, la déformation d'un très banal toponyme hébreu, *gat-chemanîm*, « le Pressoir à huile ». Ce nom figure dans les Évangiles (Mt 26, 36 ; Mc 14, 32) comme désignant un *chârion*, autrement dit une « propriété », un « domaine », un « terrain », peut-être simplement un « enclos ». En tous les cas, l'une des oliveraies de ce mont qui en est par ailleurs couvert ; d'où la présence de pressoirs.

Jésus et ses disciples ont l'habitude d'aller sur les pentes du mont des Oliviers (Lc 22, 39). Ce soir-là, ils vont au domaine « appelé Gethsémani » (Mt 26, 36 et Mc 14, 32), et « Judas, qui le livrait, connaissait aussi ce lieu parce que, bien des fois, Jésus et ses disciples s'y étaient réunis » (Jn 18, 1-2). « Aussitôt après le repas de *seder*, Jésus se rend avec ses disciples dans un bois tranquille, quelque peu à l'écart, planté d'oliviers et appelé Get-Shemani. Cet endroit avait sans doute accueilli d'autres réunions plus tranquilles du Maître et de ses disciples. Là, à proximité du Temple, mais toutefois – grâce à la vallée du Cédron – à l'écart de ce lieu de culte souvent bruyant, il avait parfois tenu conseil en compagnie de ses proches. C'est de ce côté que le conduit son dernier chemin de liberté... Après le repas marqué par le destin, qui a pris la forme d'un adieu bouleversant aux siens, Jésus a hâte de sortir dans la nuit de pleine lune. Alors qu'il vient de célébrer la liturgie de la

1. *Dictionnaire encyclopédique de la Bible, op. cit.*

nuit sacrée, il veut s'acquitter maintenant, dans la solitude, du devoir de prière individuelle, *tefilat-yahid*, tel qu'il l'a ordonné à ses disciples : "Retire-toi dans ta chambre et prie." » (S. Ben-Chorin).

« Le repas de *seder* étant souvent plantureux, on aimait généralement aller prendre un peu l'air ensuite, pour respirer aussi en pleine nature l'atmosphère de *Hag haAviv*, la fête du Printemps : car la Pâque est en même temps, comme le sont tous les pèlerinages religieux d'Israël, une fête de la nature. Les convives, qui avaient tous fait l'offrande d'un agneau, se rassemblaient autour des tables pour passer ensemble *Lél Chimmourim*, la "Nuit de la Protection" ; après le repas, ils aimaient sortir pour profiter encore de la nuit...

« Mais le petit cortège du rabbi de Nazareth ne présente pas ce genre de relâchement... L'appréhension de ce qui s'approche les touche tous ; la lassitude, due à une extrême tension morale, pèse sur les épaules de ces hommes ignorant ce que cette nuit décisive va encore apporter, et troublés par les sombres paroles du maître, qui leur paraît de plus en plus énigmatique... » (*ibid.*).

Jésus et les disciples sortent très probablement de Jérusalem-Est, par la Porte de l'Eau qui donne sur la vallée du *Kédrôn* ; ils traversent le *wadi* à sec, et montent à flanc de colline, dans les oliviers, vers cet enclos qui leur est familier et qu'on appelle « le Pressoir ». N'oublions pas la cohue des pèlerins qui bivouaquent partout en ville et dans les alentours. Les douze silhouettes qui descendent vers le fond du Cédron et remontent vers les oliveraies ne s'avancent pas à travers une étendue déserte sous la lune, mais parmi des campements nombreux et animés.

L'« agonie » de Jésus à Gethsémani

Les événements qui vont se dérouler dans ce jardin sont infiniment mystérieux. Ils sont pourtant racontés par les évangélistes, avec une simplicité et une humble franchise qui rendent un son « factuel » et ne cessent d'impressionner depuis deux mille ans. Schalom Ben-Chorin, par exemple, s'en dit bouleversé :

« Et voilà qu'il leur demande de veiller – et de le laisser seul.

« Le rabbi s'éloigne à un jet de pierre, pour s'isoler complètement dans la prière.

« Ils connaissent ces exercices de prière du Maître. Ils se tiennent à l'écart, intimidés, lorsqu'il parle à son Père des Cieux – face à face, dans une confrontation directe qui les fait trembler [...]

« Jésus fait quelques pas à l'écart et prie. Il se prosterne le visage contre terre (c'est ainsi qu'on prie dans le Temple) et lance à son Dieu des appels véhéments de détresse.

« Maintenant il sait, avec la certitude absolue d'un sentiment qui ne trompe pas, qu'il est perdu. Il lui apparaît clairement à cet instant que son chemin vers Jérusalem était celui du sacrifice, qu'il doit, à la suite d'*eved haChem*, le Serviteur de Dieu, prendre sur lui, avec courage, la souffrance jusqu'à la mort, dans un acte d'obéissance de serviteur.

« Et pourtant – n'est-ce pas *Lél Chimmourim*, la Nuit de la Protection ? La nuit dans laquelle le Seigneur a si merveilleusement prêté son bras puissant et tendu la main à son peuple Israël ? [...]

« Mais *Lél Chimmourim* signifie aussi et d'abord la Nuit de Veille. Dans cette nuit, Israël doit être à la ressemblance de son Dieu dont il est dit : “Non ! Il ne somnole ni ne dort, le gardien d'Israël” (Ps 121, 4). Lui non plus ne doit ni dormir ni somnoler en une telle nuit de merveilles et de grâces [...] Le Maître demande maintenant à ses disciples de veiller et de prier dans *Lél Chimmourim*, la Nuit de Veille. De veiller pour lui, afin que cette nuit soit pour lui aussi une Nuit de la Protection.

« Mais eux sont faibles, et ils s'endorment.

« Quant à lui, créature humaine ébranlée par l'angoisse et le doute, il veille.

« On ne peut lire ce passage des Évangiles sans être ému aux larmes. Nous n'avons pas là un héros, ni un demi-dieu, ni un mythe. C'est un être humain qui tremble pour sa vie. En cette heure d'angoisse, Jésus nous est particulièrement proche. Que l'on puisse considérer cette tragédie humaine à travers le dogme de la double nature du Christ, vrai homme et vrai Dieu, cela dépasse mon entendement [...]

« Jésus en prière est encore tout imprégné du rituel de la fête de *seder* qui vient de se terminer. Il a vidé quatre calices avec les disciples. Comme nous l'avons dit, on célèbre, par les quatre calices dans la nuit sacrée du repas pascal, les quatre aspects de la délivrance par Dieu :

1. VEHOZEÏTI, "Je vous ai fait sortir" (on lève alors la première coupe) ;
2. VEHIZALTI, "Je vous ai délivrés" (on lève la deuxième coupe) ;
3. VEGAALTI ETCHCHEM, "Et je vous ai rachetés" (on vide de nouveau une coupe, la troisième, qui est celle de la réalisation du rachat) ;
4. VELAKAHTI ETHCHEM, "Et je vous prends", vous fils d'Israël (c'est la quatrième et dernière coupe, qui est aussi la coupe du salut (*koss jeshuot*, la coupe de bénédiction destinée au peuple élu de l'Alliance, et à laquelle Jésus a apporté sa signification propre)...

« Est-ce vraiment le dernier calice ? s'interroge alors Jésus, resté seul à Gethsémani. Cette nuit ne prépare-t-elle pas une cinquième coupe, prévue pour lui dans le plan de Dieu ? C'est un calice terrible, comme le calice d'ivresse, que Dieu présente à ceux qui sont destinés à périr.

« Ce cinquième calice, que Jésus supplie qu'on lui épargne, est également prévu dans le rituel de la nuit de *seder*, mais il est contesté. La question d'une cinquième coupe pour le soir du *seder* resta irrésolue, et on la diffère, depuis lors, "jusqu'au retour d'Élie". (C'est l'expression talmudique usuelle pour les questions d'enseignement demeurées douteuses.) Partant de là, la croyance populaire rattacha et assimila cette cinquième coupe au "calice d'Élie", que l'on pose sur la table d'apparat à l'intention du prophète dont on attend le retour. Le prophète Élie est attendu comme "le héraut du Messie", celui qui réconcilie les cœurs des pères et des fils, avant que se lève l'aube du Jour nouveau. Jésus sait maintenant que cette coupe est, hélas, un calice de souffrance, qui lui sera donné par son Père. Ah, si ce dernier calice, le calice de l'amertume, pouvait au moins s'éloigner de lui ! À cet instant, Jésus voudrait être semblable à tout un chacun, se confondre avec un membre quelconque du peuple élu, à qui ne sont données que quatre coupes, celles de la libération, de la délivrance, de la rédemption, de l'élection. Avant, quand il était parmi les siens, il avait déjà si pleinement consenti à son destin inéluctable, qu'il pouvait dire : "Jamais plus je ne boirai du fruit de la vigne (*'pri-hagephen'*) jusqu'au jour où je le boirai dans le Royaume de Dieu (le *'yaïm ha-mechoumar'*, la boisson préparée pour les citoyens du Royaume de Dieu)." L'idée qu'il se faisait de la coupe de la nuit sacrée n'est plus du tout la même, maintenant, dans cette nuit où personne ne peut agir, où l'assassin rôde, comme dans la nuit des Transgressions en Égypte. On lui a préparé la coupe de la perdition dans la nuit des quatre coupes du salut.

« Il demande à Dieu de faire en sorte que ce calice s'éloigne de lui. Mais il n'en reste pas à cette demande : "Pourtant, que ce ne soit pas ma volonté, mais la tienne, qui se réalise !" L'auteur de l'épître aux Hébreux a compris en profondeur la problématique de cette situation. Pour le kérygme de la communauté, Jésus était à la fois le rabbi et le Fils de Dieu : comment, dans ces conditions, concilier les antagonismes opposant sa volonté humaine et la volonté divine, son découragement et le sacrifice qui exige l'impossible ? "Tout Fils qu'il était, il apprit par ses souffrances l'obéissance" (He 5, 8). Le mot obéissance devient le mot clé et la clé de la souffrance dans la Passion.

« Nous ne savons rien, évidemment, de cette prière de Jésus, restée sans témoins, les disciples s'étant endormis. C'est donc un passage kérygmatique de la communauté primitive qui est parvenu jusqu'à nous, mais nous sentons qu'il a pu être une prière véritable de Jésus, de ce Juif s'avançant dans la nuit de la mort après le *seder*, pleinement conscient d'être destiné – lui, l'élu parmi les élus – à un martyre sanglant. Il est en cet instant Israël, sans cesse conduit à la passion par le Dieu qui élit et qui sauve, appelé à souffrir pour sauver ce monde déchu. "Que celui qui peut comprendre, comprenne."

« "Pourtant, que ce ne soit pas ma volonté, mais la tienne, qui se réalise !" Ainsi prie Jésus dans l'angoisse de la mort, reprenant par là un passage de la prière enseignée à ses disciples : "Que ta volonté soit faite" ; mais en ajoutant maintenant à cette parole la touche personnelle : non pas “ma volonté, mais la tienne”. Comme cette parole apparaît singulière, face au puissant “Moi” du Christ johannique : “Moi et mon Père, nous ne faisons qu'un !” Si réellement ils ne font qu'un, il ne peut y avoir nulle dissension entre leurs deux volontés ! Ce problème insoluble ne peut être résolu que par un dogme postérieur. Pour notre vision non dogmatique, l'union divine se réalise en cet instant où Jésus s'en remet à la volonté du Père, où il ne fait plus qu'un avec lui, où il accepte de sa main la dernière coupe de souffrance...

« ... Il veut vivre, cet homme encore jeune ; il aime l'existence terrestre. Il n'est pas avide de souffrances... Dans cette nuit de la joie, il veut se réjouir avec tout le peuple d'Israël : “Père, fais que la coupe de l'ultime amertume, la coupe surajoutée à mon repas de *seder*, s'éloigne de moi.” Mais l'obéissance de Jésus est encore plus forte que son angoisse, si naturelle pourtant. L'épître aux Hébreux le dit tout net : “avec grand cri et larmes”. Le tempérament fougueux et expansif de Jésus, ce Juif oriental, s'affirme ici de manière réaliste : il n'est pas encore parvenu à cette soumission aveugle qui caractérise le Serviteur.

« Ce n'est qu'au moment de l'arrestation, peu après la prière qui l'affronte à son Père, que le revirement s'opère nettement en lui, dans le sens d'une obéissance absolue, un abandon total de toute velléité de résistance. S'adressant à Pierre, il évoque encore une fois l'image de la dernière coupe, la coupe non désirée, surnuméraire, de son dernier *seder*, en Jn 18, 11. Il acquiesce alors à son destin qui n'en devient pas moins pesant, mais plus riche de sens – que dans la mesure où il est agréé comme le dessein de Dieu.

« Il boit la cinquième coupe, et c'est cela même qui est signifié par la dernière parole de l'agonisant sur la croix (d'après Jean) : “Tout est consommé”, après qu'il a bu la dernière boisson, le vinaigre acide qu'on lui a présenté sur une éponge au bout d'une branche d'hysope, l'hysope de la première nuit pascale en Égypte. Tragique caricature de la coupe de la fête, et en même temps symbole de l'accomplissement du drame... »

Cette « agonie » de Jésus, elle est spirituelle, puisqu'il est en prière ; mais elle est également physique et Luc (22, 44) la décrit :

« Il entre en agonie et prie plus ardemment.

Sa sueur devient comme des gouttes de sang tombant à terre[1]. »

Des « gouttes de sang » ? Le Dr Pierre Barbet, qui voua sa vie à l'étude médicale de la Passion, examine ce problème de mots : « Le texte grec de saint Luc dit plus exactement [...] : "*thrombos*". Or, "*thrombos*" veut dire "caillot". Ces caillots de sang ont toujours beaucoup gêné les traducteurs. Des caillots, disent-ils avec raison, ne peuvent sortir du corps. Aussi se sont-ils efforcés de torturer les mots, faute pour eux de comprendre le phénomène physiologique. Bien mieux, certains manuscrits anciens ont supprimé le passage, comme indigne de la divinité de Jésus. Le père Lagrange, génial exégète, mais non médecin, a traduit : "comme des globules de sang, qui coulaient jusqu'à terre". Or, le phénomène que nous appelons savamment "hémathidrose" consiste dans une vasodilatation intense des capillaires sous-cutanés. Distendus à l'extrême, ils se rompent au contact des millions de glandes sudoripares réparties dans toute la peau. La même vasodilatation a provoqué une sécrétion intense dans ces glandes. Le sang se mêle à la sueur, et c'est ce mélange qui perle sur toute la surface du corps. Mais, une fois arrivé à l'extérieur, le sang se coagule et les caillots ainsi formés sur la peau tombent à terre, entraînés par la sueur profuse. Saint Luc a donc écrit, en bon médecin et en bon observateur : "Et sa sueur devint comme des caillots de sang roulant jusqu'à terre." »

Pourquoi ce phénomène se produit-il chez Jésus, durant sa nuit de veille à Gethsémani ? Pierre Barbet[2], que nous venons de citer, estime que cette veillée est, pour Jésus, « une agonie morale épouvantable, produite par la prévision de sa passion physique et la conscience de tous les péchés des hommes qu'il assumait pour leur rédemption. Lui-même avait dit à ses apôtres : "Mon âme est triste jusqu'à la mort" (Mc 14, 33-34 ; Mt 26, 37-38). Il est triste à en mourir. Cette perturbation grave peut amener un phé-

1. Traduction d'André Chouraqui.
2. Pierre Barbet est médecin et croyant.

nomène connu en médecine et dont saint Luc, médecin, donne une description parfaitement clinique et saisissante dans sa brièveté. Ce phénomène, d'ailleurs rare, est provoqué par un grand ébranlement moral, suite d'une émotion profonde, d'une grande peur. Et saint Luc décrit, à Gethsémani, la lutte de l'humanité de Jésus devant le calice de souffrance qui se présente à lui, et l'acceptation de ce calice ("Père, que ta volonté soit faite et non la mienne", Lc 22, 41-42) ».

Des torches dans la nuit

Nous avons laissé Judas en compagnie du commandant du Temple. Quelles que soient ses motivations, nous savons qu'il va donner Jésus à ses ennemis. Le voilà maintenant qui surgit de l'obscurité, dans la lueur rougeoyante des torches ; avec lui une troupe armée, qui gravit les pentes du mont des Oliviers.

« Marc (14, 43) décrit le commando chargé d'arrêter Jésus comme "une bande munie d'épées et de gourdins", donc une troupe en armes » (S. Légasse). Jean (18, 3) ajoute des « lanternes » et des « torches ». Il est près de deux heures du matin (J. Blinzler).

« Il s'agit vraisemblablement d'une troupe hétéroclite, composée de membres de la police du Temple, de gardes du palais du grand prêtre et de quelques légionnaires sous les ordres d'un officier romain (Jn 18, 12) grâce auquel cette arrestation prenait, dès le début, un caractère de pleine légitimité. La patrouille d'arrestation est armée ; les Romains ont des épées, les fonctionnaires juifs des gourdins. Sans doute avaient-ils escompté une résistance active de la part de Jésus et de ses disciples. Cela n'aurait rien eu d'extraordinaire, dans la mesure où Judas, le délateur, qui faisait lui-même partie des activistes, ne devait guère se représenter la scène autrement. Il verra pourtant son maître emboîter docilement le pas à la troupe des sbires. Mais pour le moment, Judas s'approche de Jésus et le salue de la formule traditionnelle : *"Shalom aleïha*

Rabbi u-Mori", "la paix avec toi, mon rabbi et maître". Puis il l'embrasse » (S. Ben-Chorin).

« Que sa défection l'ait amené à Gethsémani pour y conduire les gardes chargés d'arrêter Jésus est parfaitement plausible, et le quatrième évangile est dans l'ordre des choses quand il explique que Judas "connaissait l'endroit" (Jn 18, 2). On comprend que Jésus, se sentant menacé, se soit retiré à l'écart, hors de la ville, et que seul un familier ait su où le trouver. Il fallait aussi l'identifier. Il n'est pas certain, en effet, que la notoriété de Jésus ait été aussi grande que Jean (12, 11.19) nous l'assure, et que n'importe quel chef de milice l'ait reconnu au premier regard. Ajoutons que les bosquets de Gethsémani, même éclairés par des torches (Jn 18, 3), n'offraient pas l'aspect d'un grand boulevard aux heures nocturnes. Marc (14, 44), suivi par Matthieu (26, 48), nous parle d'un "signe" convenu entre Judas et la troupe : "Celui auquel je donnerai un baiser, c'est lui." » (S. Légasse).

Mais « si Judas n'est pas à exclure de l'opération, sa part dut y être subalterne et momentanée. Il disparaît du reste à tout jamais de la scène de la Passion » (*ibid.*).

Il reste le baiser : ce « baiser de Judas », symbole d'ignominie et de trahison, profondément ancré dans le subconscient chrétien. Avec celle de Brutus, c'est probablement la trahison la plus connue de l'histoire. Mais Brutus trahit un tyran qui le considérait comme un fils, alors que Judas « donne » un être d'amour et de pardon.

Pourquoi ce baiser ? La tradition juive peut aider à lui trouver des résonances infinies, selon Schalom Ben-Chorin : « D'après une représentation juive de la *Haggadah*, le juste meurt dans un baiser, le baiser de Dieu. Ce thème se rattache à la mort de Moïse, à sa mort solitaire dans la montagne. Dieu embrasse l'âme libérée de Moïse. Ce n'est pas l'ange effrayant de la mort qui s'approche du juste, mais Dieu, le Père, qui s'abaisse jusqu'à son fils et lui reprend, dans un baiser, l'âme qu'il lui a donnée. Le baiser de Judas contient quelque chose de ce thème de la mort dans un baiser, qui est réservée aux justes. Dans ce baiser, le destin de Jésus se trouve scellé. Dieu, qui, dans son plan divin, se sert aussi bien de Satan que du mauvais disciple, envoie le baiser, en signe d'identification, à celui qui est voué à la mort. Pris dans ce sens, le baiser de Judas constitue un signe, non seulement pour les sbires (“C’est celui-là qu’il faudra arrêter.”), mais pour Jésus lui-même.

« Jésus se tourne vers le disciple déchu : “Mon ami, fais ta besogne” (Mt 26, 50). À ce moment il applique lui-même à la lettre l’enseignement du Sermon sur la Montagne : “Mais je vous dis, à vous qui m’écoutez : Aimez vos ennemis.” À ce moment il appelle l’ennemi : “mon ami”. Il n’est plus question de disciple... mais simplement d’amitié. Précisément à cet instant. D’après l’évangile de Jean, tous tombent à terre dès que Jésus se fait reconnaître. Ce trait n’est rapporté dans aucun autre évangile, mais il est bien possible que Judas soit tombé à genoux – devançant en cela l’apôtre Thomas lui-même, qui se prosterna en priant. Car on l’imagine désarmé devant la sérénité, le calme et l’amour miséricordieux du Maître.

« ... Le prisonnier ne se défend pas. Il pense simplement à ce détail pratique : on aurait aussi bien pu l’arrêter sur le parvis du Temple où il avait coutume d’enseigner. Mais c’est justement ce qui devait être évité. Avant tout, ne pas faire scandale. C’est pendant la nuit et en secret que Jésus devait être arrêté, parce que ses partisans étaient trop nombreux parmi la population de Jérusalem et les pèlerins de la fête... »

Gardons toujours à l’esprit que des centaines de pèlerins sont, à ce moment-là, en train de bivouaquer sur les pentes du mont des Oliviers. L’arrestation nocturne de Jésus ne s’opère pas loin des regards d’éventuels témoins. C’est au contraire une action de police un peu risquée, qui se déroule entre des groupes de dormeurs en plein air qu’il faut essayer de ne pas réveiller. (Le sommeil profond des disciples était donc chose parfaitement « normale » : ils dormaient comme tout le monde ici, à cette heure de la nuit.)

Un coup d’épée, et puis la fuite

Judas embrasse Jésus pour le désigner aux sbires. Ils s’avancent pour l’arrestation. Les apôtres se sont réveillés en sursaut ; c’est la minute dangereuse qu’avait prévue l'autorité du Temple, et pour laquelle les sbires ont été armés. Qui sont ces hommes de main ? Les Évangiles parleront de serviteurs du grand prêtre (Mt 26, 47 ; Mc 14, 43 ; Lc 22, 50 ; Jn 18, 10) : ce ne sont évidemment pas des lévites, dont le service est strictement réservé au Temple. Il ne peut donc s'agir que de gardes d'Anne ou de Caïphe, ou d'agents subalternes du Sanhédrin, personnel chargé des convocations devant le tribunal et de la flagellation des condamnés. La présence de ces sbires officiels écarte définitivement l'hypothèse d'une initiative brouillonne de Judas (É. Nodet), et plus encore si Jean a raison lorsqu'il mentionne la présence de soldats de l'Antonia dans le groupe d'arrestation. Nous sommes donc bien devant une décision des pontifes, impliquant une exécution très rapide, avant la fête : ce qui va expliquer et la procédure hâtive, et le « forcing » de Caïphe sur Pilate.

Alors l'incident redouté éclate. Bref, limité, mais spectaculaire ; on en parlera pendant des siècles.

Les Évangiles disent que quelqu'un donne un coup d'épée à l'un des serviteurs du grand prêtre, et lui tranche l'oreille droite. Les synoptiques ne disent pas qui a frappé, ni qui a reçu la blessure. Luc ajoute simplement que Jésus touche l'oreille du mutilé et le guérit (Lc 22, 51). Jean seul donne des précisions et donne les noms : c'est Pierre qui a frappé le serviteur, et celui-ci s'appelait Malchus (Jn 18, 10).

Faut-il le croire ?

Avoir l'oreille coupée entraînait, pour les anciens, honte et ridicule ; « chez les Juifs, un mutilé était inapte au culte », signale Simon Légasse. Il croit pouvoir en conclure que les précisions de Jean ne sont qu'une « malice » du narrateur, visant indirectement le culte, donc le grand prêtre (« premier responsable de l'arrestation et de tout ce qui s'ensuit »).

Cette objection est amusante, mais elle se heurte à un obstacle : le nom de Malchus n'est pas juif. C'est une transposition gréco-latine de *mal(i)kô*, « roi », nom propre sémitique mais non juif, « fréquent dans les inscriptions nabatéennes (arabes) et palmyréniennes[1] » (Marie de

1. *Dictionnaire encyclopédique de la Bible, op. cit.*

Merode). Si Malchus n'est pas un Juif, le geste de Pierre ne vise pas le grand prêtre, et n'est donc plus une invention symbolique de Jean. C'est un réel incident, survenu dans la confusion, et tout à fait cohérent avec le « Maître, voici deux glaives », prononcé par des disciples, après la Cène.

Et Jésus morigène Pierre ; ce qu'il lui dit sur l'épée et sur la coupe (Jn 18, 11) prolonge et éclaire son « ça suffit » de tout à l'heure.

Le dénouement de la scène d'arrestation de Jésus est peu glorieux pour ses disciples. Ils s'enfuient tous, terrorisés.

« Marc n'a pas créé de toutes pièces la notice sur la fuite générale des disciples (Mc 14, 50), reproduite par Matthieu (Mt 26, 56b). Celui-ci en écarte toute équivoque en nommant explicitement "les disciples". Marc ne le fait pas, animé peut-être du même sentiment de pudeur qui a incité Luc, cette fois, à supprimer sans ménagement ce trait peu édifiant. Mais le contexte de Marc ne permet pas d'hésitation sur l'identité des fuyards : hormis les gardes, il ne reste que l'entourage de Jésus pour s'échapper. Mal située dans le texte, cette débandade succède normalement à l'arrestation (Mc 14, 46)... Son annonce prophétique, en Mc 14, 27 (citant Za 13, 7), n'ôte rien à sa réalité que ne contredira pas la présence de Pierre au palais du grand prêtre. Le fait a son importance historique, car il permet d'exclure des projets de Jésus toute trace de complot : des affidés auraient eux aussi été arrêtés. Or nous les voyons s'éclipser librement dans la nuit. Les hiérarques se sont bornés à neutraliser l'inspirateur du mouvement, sûrs que cette poignée de Galiléens ne résisterait pas à la perte de leur Maître... » (S. Légasse).

Iechoua devant Hanân

Ce qui va se passer – L'arrivée au palais – Pourquoi Anne avant Caïphe ? – Une gifle en toute bonne conscience – Du beau-père au gendre

Ce qui va se passer maintenant est l'aboutissement de ce que nous avons constaté dans les chapitres précédents : un mélange de logique et de circonstances, de causes générales et de circonstances particulières, d'hostilités d'abord contradictoires mais finalement convergentes.

La mort de Jésus de Nazareth est le but du complot. Et les comploteurs croient agir pour le bien commun.

Nous savons qu'ils vont envoyer un innocent à la mort. Sauf qu'à leurs yeux cet innocent est objectivement coupable.

Face à cet édifice, Jésus apparaît comme doublement seul. Il est abandonné de tous, et ce qui s'accomplit, il est le seul à le comprendre.

« Ils ne savent pas ce qu'ils font », dira-t-il pendant sa Passion.

Dès l'origine, cet avertissement de Jésus lui-même interdit aux chrétiens de crier au déicide. Les pontifes ne vont pas tuer le Fils de Dieu en tant que Fils de Dieu. Au contraire : ils croient châtier un homme qui (sacrilège !) se *prétend* Dieu.

Ils ont donc la certitude de faire le bien.

Si ces grands prêtres sont aveugles, c'est à force de se croire légitimes. C'est au nom de l'intérêt du peuple qu'ils manœuvrent pour faire exécuter le Galiléen par Pilate ; ce complot est assez pervers, mais commettre « un certain mal » au nom d'un « plus grand bien » est un refrain bien connu dans l'histoire (les États « chrétiens » ne seront pas les derniers à en user et en abuser). La faute réellement imputable aux juges de Jésus est donc terriblement banale. C'est ce qui la rend éternelle : elle est reproduite par tout le monde, tout le temps, à chaque génération ; et c'est ce qui explique que la Passion, aujourd'hui, continue à soulever des tempêtes.

Voici Jésus arrêté par la police du Temple. Où le mène-t-on ?

Devant le grand prêtre en exercice, nous disent Marc et Luc. C'est-à-dire devant Caïphe, précise Matthieu.

Mais Jean nous informe que l'escouade d'arrestation commence par amener Jésus chez « Anne » :

« La cohorte, le chef de mille et les gardes des *Iehoudim* s'emparent donc de Iechoua et le lient. Ils le conduisent en premier lieu chez Hanân. Oui, c'était le beau-père de Caïapha qui était grand desservant cette année-là » (Jn 18, 13, trad. A. Chouraqui).

L'arrivée chez Hanân

Nous assistons ainsi à l'arrivée de Jésus, chargé de liens qui préfigurent la condamnation, au palais de Hanân ben Chèt – le fameux « palais Hanin », « Bet Hanin » (ou « Hanân », ou « Elhanân ») : celui de la satire citée plus haut, qui le dénonce comme un lieu des « sifflements vénéneux », autrement dit l'endroit où se trament les pires des intrigues.

À quoi ressemble ce palais ? Nous l'avons vu : les archéologues sont presque sûrs de l'avoir retrouvé, grâce aux fouilles qui ont mis au jour les vestiges de plusieurs résidences aristocratiques de la ville haute (la « série des palais nobles qui écrasaient du haut de leurs murs la ville basse des humbles, en contrebas : on pouvait voir la masse de leur carré fortifié de pierre », écrit Jacqueline Genot-Bismuth).

C'est là que vont Jésus et son escorte. Ils ont retraversé le Cédron ; franchi la Porte de l'Eau ; ils ont remonté les rues de la ville basse vers le « carré fortifié » de la ville haute. Parvenus dans le beau quartier, ils ont abordé le Bet Hanin par sa façade ouest : celle de la partie « publique » du palais. Elle donne sur une ruelle. La porte est étroite ; une surveillante s'y tient. Derrière elle, un étroit couloir et quatre marches en descente donnent sur un vestibule qui aboutit à son tour sur une cour. Le vestibule ouvre à droite sur le petit *traqlin* (où Hanân a laissé subsister des fresques romaines au rouge pompéien) ; et, à gauche, sur le grand *traqlin* (la salle d'audience).

D'après le résultat des fouilles, cette vaste salle de douze mètres sur sept est majestueuse, austère, uniformément couverte d'un stuc blanc orné de stries rectilignes qui imitent la pierre (sur les murs) ou tracent des entrelacs au plafond. On doit se représenter le palais Hanân comme une illustration de la « schizophrénie » (décrite plus haut) des grandes demeures sacerdotales, où cohabitent les rigueurs de la Loi de pureté sacrée[1] et les signes de l'acculturation gréco-romaine[2]. Cette division s'exprime aussi dans les relations entre les pontifes et l'autorité romaine, ennemie et familière à la fois. Le drame de la Semaine sainte s'inscrit dans ce contexte.

Quand Jésus et ses gardiens arrivent, la salle d'audience est pleine.

« On a su que l'affaire allait se dénouer ce soir-là, en fin d'après-midi, quand Judas est venu au *Bet Hanin* pour demander à voir Hanân. Hanân a donné des ordres pour qu'on prépare du feu et de la lumière dans la salle d'audience pour une longue veille. Iechoua pénètre enfin, entre les gardes, dans une salle où l'attente a été longue » (J. Genot-Bismuth).

1. Vaisselle et mobilier de pierre, bains rituels juifs.
2. Vaisselle d'or et d'argent, sanitaires romains, péristyle, *triclinia*, etc.

Les archéologues voient Hanân siégeant au fond de la pièce.

Jésus est amené devant lui, donc au centre de la salle.

L'assistance est massée derrière Jésus ; on la suppose constituée principalement des familiers de Hanan et de son personnel, sa « maison ».

On a fait du feu. La nuit est froide, disent les Évangiles.

À partir du contexte d'époque (et des Évangiles, qui situent le reniement de Pierre à portée de voix de la confrontation entre le grand prêtre et Jésus), les archéologues israéliens pensent que les récits évangéliques en grec ont pu situer par erreur le feu dans la cour (*aulè*) : à leur avis, ce brasero (Jn 18, 18) doit se situer dans la salle d'audience elle-même, ou dans le vestibule, d'où Pierre et les valets peuvent suivre ce qui se passe dans la salle. Et le terme de « *aulè* » semble davantage applicable à la salle d'audience qu'à la cour. On voit mal, en effet, le vieil Anne s'installer dans la cour, puisqu' il fait froid dehors (Jn 18, 18).

Depuis le lieu de l'arrestation, Simon Pierre et « un autre disciple » ont suivi dans l'obscurité la troupe qui emmenait Jésus. Ils sont arrivés sur ses talons devant la porte du palais Hanân. Le « disciple » est « connu du grand prêtre », nous dit l'évangile de Jean. Il l'est assez, en tout cas, pour être admis dans le palais en cette circonstance où l'on ne doit ouvrir qu'aux fidèles. Il entre sans difficulté, en même temps que les gardiens, jusque dans la « cour » (qui est, nous l'avons vu, en réalité salle : Jn 18, 15).

Or le « disciple connu du grand prêtre », qui est visiblement Jean lui-même, ressort et va chercher Pierre, resté dans la ruelle (Jn 18, 16).

Pourquoi le fait-il, quand il sait que Pierre peut passer pour suspect ? Jean veut-il en faire un témoin de la défense, au cas où il y aurait audition ? Cela veut-il dire que Jean a le pouvoir de produire un témoin ? Donc qu'il est membre du Sanhédrin, en tant que prêtre ?

Il suffit en tout cas au disciple de dire « un mot » à l'employée qui surveille les entrées pour qu'elle laisse passer Pierre (Jn 18, 6-17).

Selon les résultats des fouilles archéologiques, ce couloir d'entrée est un sas étroit[1] et court[2]. La surveillante de la porte doit s'effacer pour laisser passer les entrants. Elle peut donc coincer Pierre au passage pour lui demander : « N'es-tu pas, toi aussi, l'un des adeptes de cet homme ? »

Quelque chose en lui doit être suspect ; peut-être son accent galiléen.

Première lâcheté de Pierre : « Je n'en suis pas », dit-il pour se dégager, partagé entre son anxiété pour Jésus et sa peur pour lui-même.

La « fille de la porte » (trad. A. Chouraqui) n'a pas le pouvoir de s'opposer à l'entrée d'un visiteur patronné par « le disciple connu du grand prêtre ». Ils passent donc, descendent les quatre marches, jusqu'au vestibule dont le sol est couvert d'une mosaïque ornée de la grenade pontificale ; en quelques pas, les voilà tous deux dans la grande salle, parmi la foule.

Pourquoi Anne avant Caïphe ?

Le récit de Jean se poursuit selon une technique que l'on appellerait au cinéma « montage parallèle », associant les démêlés de Pierre et le dialogue entre Jésus et Anne (Jn 18 s.).

N'oublions pas que Hanân (Anne) n'est officiellement que grand prêtre honoraire, même s'il a la jouissance à vie du titre pontifical. Pourquoi Jésus commence-t-il par comparaître devant lui, avant d'être déféré à Yosef Qayafa, grand prêtre en exercice ? Peut-être parce que Hanân est le doyen du Sanhédrin. Peut-être aussi parce qu'il est le chef du clan pontifical actuellement au pouvoir, et qu'à ce titre c'est lui, derrière son gendre Qayafa, qui a tramé l'opération de cette nuit.

Jean donne un bref aperçu du dialogue entre Hanân et Jésus. Dans la réalité, il doit avoir été un peu plus long, car plus d'une heure s'écoule entre l'arrestation de Jésus et le

1. Un mètre.
2. Deux mètres, puis quatre marches en descente.

chant du coq qui en cette saison se produit vers trois heures du matin. (On sait que les Évangiles condensent beaucoup, contrairement aux écrits mythologiques qui délaient et qui en rajoutent.)

Jean résume l'interrogatoire en une seule phrase : « Le grand prêtre, donc, questionne Jésus sur ses adeptes et sur son enseignement » (Jn 18, 19). Comme si ces adeptes étaient des conjurés. Comme si cet enseignement était secret. Et comme si Hanân avait voulu nourrir le dossier pour son gendre, facilitant ainsi la séance du Sanhédrin qui allait suivre, selon les synoptiques.

Joseph Blinzler, citant Bickermann, invite à « ne pas voir dans cette scène les préliminaires d'une instruction officielle, que la procédure criminelle juive manifestement ignorait. Caïphe voulut sans doute manifester son respect à Anne en lui remettant provisoirement Jésus, comptant en même temps sur l'expérience et la rouerie de l'ex-grand prêtre pour obtenir les matériaux qui eussent pu servir de fondement au procès devant le Sanhédrin. C'était une façon d'utiliser avantageusement le délai exigé par la réunion de la cour de justice... Peut-être Anne essaya-t-il d'obtenir une sorte d'aveu personnel, qui préparerait les voies au juge juif.

« Mais comme il s'intéressait aussi aux disciples, que l'on n'avait pas inquiétés au moment de l'arrestation, on peut supposer qu'il voulait amener Jésus à s'expliquer sur le mouvement messianique déclenché par lui : explication qui aurait pu être utilisée devant l'instance romaine.

« Il croyait, ou faisait mine de croire, que Jésus avait fondé une sorte de société secrète aux doctrines et aux buts suspects...

« Du caractère public de ses prédications, il s'ensuit que les questions posées à Jésus, dont les réponses ne seraient accueillies qu'avec méfiance, étaient tout à fait superflues ; les témoins auriculaires étant nombreux, l'inquisiteur devait s'en tenir à leurs dépositions puisqu'il est d'usage d'entendre les témoins au cours de tout interrogatoire régulier. »

Les réponses de Jésus (s'il y en a eu plusieurs) sont elles aussi condensées. Il refuse de discuter doctrine avec Hanân. Mais si l'on scrute les mots dont il se sert, on devine qu'il n'élude pas le débat « judiciaire ». Jésus réplique au vieux pontife : « Moi, j'ai toujours parlé en public à l'univers. Moi, j'ai toujours enseigné à la synagogue et dans le sanctuaire, là où tous les *Iehoudim* se réunissent. Je n'ai rien dit en secret. Pourquoi me questionnes-tu ? Questionne donc ceux qui ont entendu ce que je leur ai dit. Voici, ils savent ce que j'ai dit, moi[1]. » Ce ne sont pas des effets oratoires : c'est une réponse juridique. Jésus réfute tout simplement l'une des accusations dont on le charge, et qu'indiqueront les traditions rabbiniques : le grief d'avoir séduit Israël en secret, « à voix basse », avec des hérésies de sorcier. C'est un crime. Or Jésus rejette l'accusation. Sa réponse paraît demander une nouvelle procédure, avec appel à témoins. (La confrontation des témoins est le ressort de la procédure juive en ce temps, comme on l'a vu dans plusieurs controverses de Jésus.)

Selon plusieurs exégètes, Hanân fait comparaître Jésus pour lui signifier la condamnation par contumace qui a déjà été prononcée contre lui. Dans ce cas, la réponse de Jésus résonne de façon encore plus subversive : c'est un refus pur et simple d'accepter une décision de justice.

« Le caractère cinglant de cette réponse, voire insolent, et qui lui vaudra le soufflet rituel que la garde du grand prêtre administrait en pareil cas, tient à ce que Iechoua a à répondre à une exigence d'aveu et d'acceptation de la sentence qu'on lui notifie pour la première fois puisqu'il n'a pas assisté à son procès. Or il ne veut pas reconnaître les crimes qui lui sont imputés et il plaide non coupable, protestant de son innocence : il ne s'est livré à aucune pratique occulte, à aucune incitation maligne et clandestine, ni même publique ; toute son activité d'enseignement s'est déroulée ouvertement et officiellement, dans des lieux institutionnels comme synagogue ou Temple, et si on l'a laissé s'y exprimer, c'est que ce qu'il disait était autorisé ; d'ailleurs il suffit d'interroger la multitude des témoins puisque ses témoins à lui, c'est, sous-entendu, la foule des *ben Yisrael* ni plus ni moins, celle des pèlerins "montés" à Jérusalem "voir Dieu" au Temple, ou massés à Kefar

1. Traduction d'André Chouraqui.

Nahum pour le faire. Notons, en passant, que d'une certaine façon, Jésus s'identifie une fois encore à Moïse, puisque seul Moïse (parmi tous les autres prophètes) a reçu révélation et prêché avec tout Israël pour témoin. On notera, en outre, pour comprendre cet épisode, que tout prévenu avait en principe un délai de trente jours pour citer nommément ses témoins à décharge (*Sanhedrin* 3, 8), ce qui avait pour effet de suspendre automatiquement le caractère exécutoire de la sentence ; et que d'autre part le condamné, avant d'être exécuté, devait confesser son crime pour sauver son âme... Donc, selon Jean, Iechoua cite tout *Yisrael* comme témoin, en fait personne pour ne découvrir personne, un tel témoignage ayant mis en péril la vie du témoin ; ensuite il refuse l'aveu, c'est-à-dire la confession des trois crimes qui lui sont reprochés ("magie", "incitation secrète", "incitation ouverte"). Tout se passe comme si, dans Jean, il était référé, ou mieux, répondu, aux attendus de la sentence énoncés dans la *baraïta*[1] » (J. Genot-Bismuth).

Alors un des gardes le gifle en lui disant : « Tu réponds ainsi au grand prêtre ? » (Jn 18, 22).

Cette gifle indigne les chrétiens depuis deux mille ans. Car ils savent qui est le *giflé*.

Mais pour comprendre le *gifleur*, il faut savoir que la coutume judiciaire en Palestine veut que l'accusé affecte le plus profond respect et le plus grand désarroi. C'est la règle du jeu, et la seule façon de fléchir les juges. L'attitude de Jésus est donc aberrante aux yeux des assistants : il ne suit pas les normes de bienséance, il ne se « défend » pas et il rejette l'accusation, sans égard pour le pontife devant lequel il se trouve. La réponse que Jésus fait à Anne est froidement désobligeante : elle semble dire que ce chef de clan est mal informé (alors qu'il est le grand manipulateur à Jérusalem), et qu'il viole les procédures élémentaires de la Loi (alors qu'il s'agit peut-être du doyen du Sanhédrin, et certainement du premier personnage d'une dynastie de pontifes). C'est d'un dédain très déplacé de la part d'un accusé.

---

1. La *baraïta* au traité *Sanhédrin* du Talmud de Babylonie.

« Une telle liberté et une telle intrépidité de ton étaient choses inouïes dans les salles des tribunaux juifs. D'après Josèphe (*Ant.* XIV, 9, 4 § 172), les inculpés juifs avaient l'habitude de prendre une attitude obséquieuse pour exciter la compassion des juges. Ils se comportaient avec une humilité et une crainte exagérées, ils avaient les cheveux en désordre et étaient vêtus de noir... » (J. Blinzler).

Le garde est donc légitimement choqué. Sa gifle est un réflexe, sans doute prévu par les usages. La gifle du sbire est un geste de déférence envers Hanân. Elle veut ramener l'accusé à la décence et au bon sens.

Ainsi, dans cette affaire, presque tous les ennemis de Jésus sont de bonne foi, grossièrement ou subtilement ; y compris ceux qui commettent ce qui (à nos yeux) semble être le pire.

Jésus ne tend pas l'autre joue. Il questionne le garde, il le pousse à s'interroger sur ce qu'il vient de faire : « Si j'ai mal parlé, témoigne de ce qui est mal ; mais si j'ai bien parlé, pourquoi me frappes-tu ? » (Jn 18, 23).

Notons que Jésus, en homme du Iᵉʳ siècle, ne conteste pas le fait qu'un garde gifle un inculpé : il veut seulement que le *gifleur* réfléchisse. D'autre part, il emploie le verbe « témoigner », comme pour suggérer au gardien de prendre rang parmi les témoins éventuels de ce procès : moyen de dire, à nouveau, que tout le monde est son auditoire depuis le début. Notons aussi que c'est là l'une des toutes dernières manifestations de la douce ironie maïeutique dont Jésus s'est toujours servi dans ses discussions.

À cet instant, Jean déplace – si l'on peut dire – sa caméra et nous montre Pierre, pris à partie par des gens dans la foule : « N'es-tu pas, toi aussi, de ses disciples ? », lui demande-t-on. Il nie encore : « Je n'en suis pas. » Des membres de l'escouade d'arrestation s'en mêlent. « Un des serviteurs du grand prêtre, un parent de celui à qui Pierre avait coupé l'oreille, dit : "Ne t'ai-je pas vu dans le jardin avec lui ?" De nouveau Pierre nia, et aussitôt un coq chanta » (Jn 18, 25-27).

Stupéfait, le futur premier pape de la chrétienté constate que la prophétie de Jésus vient de s'accomplir. Voilà aussi pourquoi, Jean emploie cette technique de récit en parallèle. Il connaît l'importance de cet accomplissement.

« Anne l'envoya alors, toujours lié, au grand prêtre Caïphe » (Jn 18, 24).

Tandis que Pierre se débat parmi ceux qui l'accusent, Jésus quitte le palais du beau-père pour être conduit dans celui du gendre. Anne a préparé le terrain pour faciliter la tâche à Caïphe : cette tâche va consister à valider une sentence déjà acquise, prononcée (par contumace) contre les « blasphèmes » du Galiléen qui se faisait Dieu : « Qu'avons-nous encore besoin de témoins ? », proclamera Caïphe.

Mais la véritable tâche du grand prêtre, beaucoup plus perverse, va consister à trouver un autre chef d'accusation (romain, celui-là), que l'on pourra fournir à Pilate dans quelques heures.

Iechoua devant Qayafa

Quelle est cette réunion nocturne ? – L'instant où le piège se referme – En attendant l'aube – Une séance du Sanhédrin ? Ou deux ? Ou aucune ? – Polémiques modernes – On emmène Jésus au prétoire de Pilate – Ce que fait Judas – Ce qui se passe au Temple

Ce que l'on appelle « procès de Jésus », ultime étape d'un long processus religieux et judiciaire, est une agitation nocturne aux allures de complot ourdi par les grands et puissants contre un humble et un petit. La victime condamnée par avance est traînée d'un endroit à l'autre par des hommes en armes, au service d'hommes pieux mais qui ne connaissent ni l'équité, ni la pitié, ni le pardon.

Quelle est cette réunion nocturne ?

La première question que nous voudrions poser est : qui ? Qui a organisé la comparution de Jésus ?

La réponse paraît claire : c'est le clan pontifical Hanân et Qayafa. Lorsque Jésus, flanqué de ses gardiens, arrive au palais du gendre, il trouve en face de lui – en plus de Qayafa lui-même – au moins cinq archiprêtres : le *segan* Jonathan, fils de Hanân, assistant de Caïphe et chef de la police du Temple ; le surveillant sacerdotal du Temple ; et trois trésoriers du Temple, dont peut-être les deux autres fils de Hanân : Théophile et Mathias.

« L'image de ce groupe est assez nette : des hiérarques autoritaires, frivoles, sans conscience, imperméables au mystère de la personnalité de Jésus. C'est en eux que nous devons voir ses pires adversaires et les plus brutaux » (J. Blinzler).

Le grand prêtre a le pouvoir de convoquer les réunions du Sanhédrin[1]. Mais cette réunion-là a fait couler des flots de polémiques universitaires depuis le XIXe siècle. Au XXe siècle, des juristes israéliens (notamment) ont nié la réalité de ce « procès de Jésus ». Aucune procédure pénale, selon eux, n'a été intentée contre lui par les autorités juives[2]. Quelques-uns sont allés jusqu'à estimer que Caïphe aurait tenté « une dernière fois » de « faire revenir Jésus sur la proclamation où il se disait roi des Juifs » ; ayant échoué dans cette tentative, « et l'accusé ayant refusé de coopérer avec les autorités juives », il ne « restait plus » à Caïphe qu'à livrer Jésus aux Romains[3].

Tel n'est pas l'avis de Jacqueline Genot-Bismuth : « Il me semble que toutes ces tentatives d'argumentation font trop de violence aux sources. Le procès contre Jésus de Nazareth fut un procès politique, d'autant que le problème en jeu était celui du maintien légitime sur sa terre du peuple juif menacé par l'occupation et l'oppression des Romains... Caïphe, le grand prêtre en fonction, et les membres du Sanhédrin, n'auraient pas été des Juifs et des scribes, "juristes de la Torah", s'ils s'étaient contentés de livrer le Galiléen aux Romains sans un quelconque interrogatoire. Ils cherchaient à légitimer, par des formes légales, l'acte de livrer Jésus, en lui donnant un caractère politique, mais en le fondant aussi sur la *Halakhah* (afin qu'il soit conforme à la loi religieuse). »

---

1. Jacqueline Genot-Bismuth en trouve une preuve à propos de affaire survenue entre 47 et 59 ap. J.-C. (celle d'un coup de force des Pharisiens dans la tendance chammaïte pour imposer leur programme au Grand Conseil).

2. Juriste et historien juif, Paul Winter développe cette thèse dans son ouvrage *On the Trial of Jesus*, 1961.

3. Haïm Cohen, juge à la cour d'appel de Jérusalem, 1966.

Retenons que Jésus doit répondre de trois chefs d'accusation :

1. La profanation du Temple (Mc 14, 57-58[1]) ;
2. Le refus de payer l'impôt au gouvernement impérial (Lc 23, 2[2]) ;
3. Le messianisme usurpé[3].

Cette séance devant Caïphe est-elle bien une réunion nocturne du Sanhédrin, comme l'affirment Matthieu, Marc et Luc (Mt 26, 57 ; Mc 15, 53 et Lc 15, 66) ? C'est peu probable pour nombre d'exégètes chrétiens, qui invoquent les règles de procédure alléguées (beaucoup plus tard et rétrospectivement) par la Mishnah. Mais nombre d'historiens israéliens sont plus nuancés. Sans aller jusqu'à soupçonner des anachronismes dans la Mishnah, ils envisagent que Caïphe ait pu organiser un procès d'exception, ou tout simplement prendre des libertés avec la procédure.

« On emmène Jésus devant le Sanhédrin pour une première audience en séance nocturne, mais les témoignages y sont insuffisants. On cherche un argument solide qui permette de livrer aux Romains le dangereux agitateur, mais les règles strictes de procédure, telles qu'elles apparaissent dans le traité *Sanhédrin* du Talmud, rendent caducs ces témoins discordants (Mc 14, 53-65). On a beaucoup écrit, surtout du côté juif, que les récits évangéliques étaient peu dignes de foi parce qu'ils ne concordaient pas avec les comptes-rendus juifs de procédure. Je ne me range absolument pas à cet avis. Ce genre d'argumentation ne tient plus, en ce siècle où nos contemporains ont pu assis-

---

1. « Les Sadducéens, qui constituaient la majorité du Sanhédrin, étaient devenus très sensibles aux propos diffamatoires concernant le Temple » (S. Ben-Chorin), même si le prophète Jérémie lui-même avait eu des mots très violents à son sujet. Cette irritabilité des pontifes répondait aux critiques pharisiennes et aux anathèmes esséniens.

2. Il s'agit d'un prétexte politique dont l'objectif est évident : livrer Jésus à Pilate.

3. L' « usurpation » est la pièce à conviction du procès juif contre Jésus (Mc 14, 61). Chez Matthieu (26, 63-64), Caïphe adjure Jésus de répondre : « Es-tu le Messie, le Fils de Dieu ? » Jésus se désigne comme « Fils de l'Homme ». « Es-tu le roi des Juifs, es-tu le Messie ? » insiste Caïphe. Jésus répond : « *atha amartha* », « tu le dis ».

ter à de nombreux procès politiques... Engagés au nom de la raison d'État, ils ne se déroulent pas souvent dans une stricte observance des codes de procédure. Il faut tenir compte également du fait que la codification de la procédure judiciaire eut lieu beaucoup plus tard, à l'époque où l'on commença à jeter un regard rétrospectif sur un ensemble de règles coutumières indépendantes les unes des autres. Le traité du Sanhédrin constitue le règlement de procédure idéal, mais il était loin d'être toujours suivi à la lettre » (S. Ben-Chorin).

Du côté catholique, Joseph Blinzler souligne lui aussi la vraisemblance des récits de la Passion : « Un rapport sur la séance devant le Sanhédrin était accessible déjà au plus ancien des évangélistes. Il contenait au moins deux éléments importants qui se présentent comme authentiques et reposent sur une information sûre... Si Jésus n'a été ni interrogé ni condamné par le Sanhédrin, pourquoi les sanhédrites se sont-ils réunis aussitôt après l'arrestation, et cela de nuit, chez le grand prêtre (Mc 14, 53) ? Pourquoi les serviteurs du grand prêtre s'attardent-ils dans la cour du palais jusqu'à l'aube au lieu de rentrer chez eux (Mc 14, 54, 66-70) ? Quel est le but de Pierre qui rôde à proximité du palais, sinon d'apprendre ce que décidèrent ceux qui s'y sont rassemblés (14, 54) ? Si l'on ne se fie pas au texte de Marc sur la séance du Sanhédrin, on ne peut fournir de réponse satisfaisante à aucune de ces questions. »

Le même historien constate, comme Schalom Ben-Chorin, que Caïphe n'était pas homme à s'encombrer de scrupules juridiques : « Sous le pontificat de Caïphe, comme il apparaît dans le jugement indigné du Talmud sur ce grand prêtre, il était fréquent que l'on violât la loi. Dans le cas de Jésus il ne fallait pas attendre d'un tel homme qu'il se comportât selon les règles du droit, mais d'après des considérations d'opportunité. Caïphe s'est emparé de l'affaire qu'il a menée jusqu'au bout, sans égard aux prescriptions légales : parce que, d'une part, il pensait, par la condamnation de Jésus, améliorer ses rapports avec les Pharisiens nationalistes mal disposés à son endroit car il était pro-Romains ; d'autre part parce que Jésus qui, par la purification du Temple, avait mis le doigt sur les affaires malpropres dont l'avant-parvis du Temple était le siège, constituait dès lors un danger pour la caste sacerdotale à qui appartenait le comptoir des changeurs... » (*ibid.*).

« Tous le condamnent : passible de mort[1] ! » (Mc 14, 64). C'est ce que vont dire « les grands prêtres, les anciens et les scribes ». Autrement dit, les trois groupes du Sanhédrin.

Mais que font à ce moment-là les membres du Sanhédrin qui sympathisent avec Jésus, tel Yosef de Ramatayîm (Joseph d'Arimathie), qui doit siéger sur les bancs des anciens, les riches ; ou Naqdimon ben Gorion (Nicodème), qui siège, lui, sur les bancs des scribes pharisiens ? « Nous ignorons si ce conseiller respecté que l'on désigne comme un adepte clandestin de Jésus et qui n'a sûrement pas voté sa mort (Lc 23, 51) a pris part à l'action judiciaire, ou s'il s'en est écarté un temps » (J. Blinzler). Et le maître pharisien Gamaliel, futur maître de Schaoul de Tarse (Paul) : lui qui dira plus tard un mot de tolérance en faveur des apôtres (Actes 5, 34-39), était-il présent lors de la comparution de Jésus ? Les partisans étaient-ils là mais sans oser parler ? Ont-ils préféré ne pas répondre à la convocation, sachant par avance qu'il s'agissait d'un coup monté ? Ou bien Caïphe n'a-t-il convoqué que des partisans de la mort ?

Reste à savoir où cette audience a pu se tenir. Les palais des familles sacerdotales sont concentrés à l'intérieur du périmètre restreint de la « cité des prêtres » ; celui de Yosef Qayafa ne doit pas être très éloigné de la résidence de son puissant beau-père Hanân, où s'est déroulé (selon Jean) le premier acte de l'opération.

Mais l'expression « chez Caïphe » (ou « chez le grand prêtre », ou « la maison du grand prêtre ») en hébreu, de même que « aulè » en grec, peut aussi désigner – par extension – le lieu où siège une assemblée[2] toujours présidée par le grand prêtre. « Lc 22, 54 ne nous force nullement d'admettre que, contrairement à la règle, le Sanhédrin se serait réuni chez Caïphe. Il n'y a pas incompatibilité entre

1. Traduction d'André Chouraqui.
2. Le Sanhédrin pour ce qui nous concerne.

l'idée que le procès ait eu lieu dans le local habituel et les données des Évangiles. La situation exacte de ce local n'est guère facile à déterminer, mais en tout cas il s'agissait d'un bâtiment situé en dehors du domaine du Temple » (J. Blinzler).

Il pourrait, par exemple, s'agir de la *Gerousia*, l'hôtel de ville, situé sur la place à colonnades que l'on appelle le Xyste, dans le nord de la ville haute, près du rempart intérieur de Jérusalem dit le « premier mur » et de la rampe d'accès au Temple. Les Actes semblent indiquer un lieu situé assez bas, dans la mesure où ils parlent de « descente » vers le siège du Sanhédrin (22, 30 ; 23, 10) : or le Xyste est « en bas » si l'on descend de la forteresse Antonia, ce qui est le cas dans les Actes. Il l'est aussi si l'on descend des hauteurs ouest de la ville.

Quel que soit l'emplacement de cette réunion, ou de cette séance, on peut en conjecturer la disposition matérielle et la façon de procéder – à condition que les souvenirs consignés dans la Mishnah soient exacts. Les sanhédrites se tiennent assis en demi-cercle « pour pouvoir se voir mutuellement ». Deux greffiers se tiennent debout à droite et à gauche devant eux. L'accusé et les témoins sont quant à eux au milieu : la justice sanhédrite pratique l'instruction à l'audience, et ne condamne que si les dépositions concordantes d'au moins deux témoins déclarent l'accusé coupable (Mishnah *Sanh.* 4, 1 d) : cette prescription est certainement ancienne, puisqu'elle est déjà contenue dans la Loi écrite. Les témoins tiennent lieu d'accusateur public ; selon les règles tardives, rétrospectives et perfectionnées de la Mishnah, ils sont censés déposer l'un après l'autre, de façon nette et précise. Mais dans la séance nocturne du procès de Jésus, l'audition des témoins se passe plutôt dans l'improvisation et le désordre, avant d'échouer parce que les témoins se contredisent. Ils déforment (volontairement ?) le propos de Jésus : « détruisez » devient « je détruirai » (Mc 14, 58), etc.

Le Fils de l'Homme a déjà dû affronter le problème des témoignages, face à des accusateurs pharisiens, au Temple : « Alors ils lui ont dit les Pharisiens : “Toi, tu témoignes en ta faveur ; par conséquent ton témoignage n'est pas digne de foi.” Il a répondu Iechoua et il leur a dit : “Même si moi je témoigne en ma faveur, il est cependant digne de foi mon témoignage parce que je sais d'où je suis venu et où je vais. Mais vous, vous ne savez pas d'où je viens ni où je vais. Vous, vous jugez en hommes de chair mais moi je ne juge personne ; et même si je juge moi, mon jugement est digne de foi parce que je ne suis pas seul mais il y a moi et celui qui m'a envoyé, mon père. Et dans votre Loi il est écrit que de deux hommes le témoignage est digne de foi[1]." » (Jn 8, 13 s.).

Pris dans la procédure légale de la paire de témoins, Jésus « se garde de la contester mais ingénieusement s'efforce de la retourner. Lui objecte-t-on qu'il ne fournit qu'un autotémoignage invalide, il rétorque qu'au contraire il a bien deux témoins : le mandant, Dieu, et le mandataire, le Fils de Dieu » (J. Genot-Bismuth).

Les Pharisiens et le Sanhédrin, donc les grands prêtres et Caïphe aussi, connaissent déjà cette méthode de défense de Jésus. Ils l'ont entendu l'utiliser face à eux, lors de leurs précédents affrontements. Ils ne peuvent que la trouver intolérable, parce qu'elle fait éclater le cadre juridique et judiciaire de la tradition, en y mettant un contenu inouï à leurs yeux. Le vin nouveau a de quoi faire éclater la vieille outre. Les institutions, tous partis confondus, ne peuvent pardonner cela au Galiléen ; même si ses « disciples secrets » à Jérusalem tentent de préserver ses droits légaux devant le Sanhédrin.

L'instant où le piège se referme

L'idée de départ du tribunal est simple : convaincre Jésus de complot contre le Temple, en utilisant contre lui sa phrase sur la destruction et le relèvement en trois jours. Les grands prêtres sont dans leur rôle quand ils reprochent à Jésus d'avoir mis en cause l'institution du Temple et introduit le doute dans l'esprit de la foule. C'est cela qui a rendu « inévitable » la « catastrophe » entre les pontifes et

1. Traduction de Claude Tresmontant.

Jésus. « Méprisé par tous, le pouvoir pontifical des Sadducéens n'avait comme refuge que le Temple » (D. Flüsser) : ce pouvoir se montre donc impitoyable envers quiconque fait mine de toucher à son bastion.

Mais là, cette nuit, devant Caïphe et les archiprêtres, les témoins qu'on a convoqués font une mauvaise prestation : trop confuse pour être exploitable. Nul ne sait, au passage, d'où ils sortent ! Malgré l'atmosphère de partialité qui préside à cette réunion, des témoignages à ce point contradictoires sont nuls et non avenus selon la *halakha*. Il va falloir improviser autre chose.

Ne pouvant rien fonder sur les témoins de l'affaire du Temple, Caïphe et ses alliés vont convaincre l'accusé d'un autre crime, « en se basant sur son aveu » (J. Blinzler). Ils décident de l'attaquer sur la rumeur de messianité qui court à son sujet. Il est vrai que les réquisitoires de Jésus contre les chefs du peuple, qui durent depuis deux ans déjà, donnent à son personnage une couleur subversive inédite et qui mérite, de leur point de vue, répression.

« Certes les Juifs n'ont pas condamné à mort tous ceux qui prétendaient au titre de messie. Mais les autres qui le firent étaient soit des gens de moindre importance, soit des hommes que, pour d'autres raisons, le Sanhédrin pouvait laisser faire. Aucun d'eux ne s'est fait remarquer par [...] une admonestation aussi complète, aussi frappante, adressée au peuple, ses chefs compris. Cette attaque concernant l'un et les autres rendit la décision inévitable ; elle ne pouvait manquer d'être prononcée contre lui » (F. Büchsel[1] cité par J. Blinzler).

Voilà le piège. Si Jésus confirme qu'il se considère comme l'Oint du Seigneur, il tombe sous le coup de la Loi juive : en effet, c'est outrager Dieu que de se prétendre son envoyé alors que l'on comparait en justice comme un accusé misérable et déshonoré. Mais en même temps ce « Messie » tombe sous le coup de la loi romaine : les messies se disent roi, or il ne peut exister d'autre roi que César ; donc tout messie commet le crime de lèse-majesté. Sanction : la croix !

---

1. *Jésus*, 1947.

Caïphe veut gagner sur les deux tableaux. « Le peuple juif espérait du Messie qu'il se légitimerait en tant que tel. Or un Messie prisonnier, abandonné par ses amis, livré impuissant à la violence de ses adversaires, était pour lui inacceptable. Un homme qui, dans une telle situation, se donnait pour le Messie, détenteur de la suprême dignité que Dieu ait offerte à l'homme, ne pouvait être à ses yeux qu'un criminel qui osait bafouer les grandes promesses faites par Dieu au peuple de l'Alliance » (J. Blinzler).

Et puisque Jésus ne ment jamais, Caïphe sait que sa question va être décisive.

« [...] Jésus a évité pendant tout son ministère de se désigner publiquement comme le Messie... Maintenant qu'il sait que sa mission va être accomplie, en présence des chefs légitimes de son peuple, même incrédules et indignes, il n'hésite pas à répondre clairement à la question nette qui lui a été posée sur sa messianité : "Je le suis" (Mc 14, 62). Il est vrai que son idée du Messie n'avait rien de commun avec celle des Juifs. Or le grand prêtre ne tenait pas à savoir ce que Jésus entendait par Messie, mais seulement s'il se faisait passer pour le vrai Messie » (*ibid.*).

Caïphe pose alors sa question : « Es-tu le Messie ? »

Jésus répond : « Je suis. » (« *Ego eïmi* »).

Et il prononce la prophétie du Fils de l'Homme qui viendra sur les nuées du ciel.

Cette phrase déclenche la clameur de Caïphe et de toute l'assistance.

C'est fait ! Caïphe tient la « preuve » qu'il voulait.

Dans les milieux apocalyptiques et messianisants, on admet « qu'un personnage d'exception soit de rang quasi divin » (É. Nodet). Les Sadducéens ne partagent pas cette espérance, mais ils en tiennent compte en théorie. Et ils ont leur doctrine à ce sujet : si Dieu envoyait réellement un Messie, ce ne serait pas n'importe qui ; celui qui viendrait de la part de Dieu serait forcément légitimé de façon surnaturelle et *subjuguante*. Alors, la prétention de Jésus – dans l'état misérable où on le voit, sale, battu, humilié – paraît scandaleuse à souhait.

« Comme Jean, Marc (14, 62) perçoit la portée du "Je suis" sur les lèvres du Fils de Dieu. On pourrait traduire plus platement : "Je (le) suis." Mais Jésus reprend ensuite les termes de la prophétie de Daniel, qui dévoilent la portée transcendante de sa déclaration : il est “le Fils de l'Homme” qui siégeait sur les “nuées” et descend du “ciel”. Ce personnage supraterrestre était une figure divine, analogue aux hypostases transcendantes de Dieu même : sa Parole, sa Sagesse, son Esprit. Daniel ne savait pas encore précisément qu'il prophétisait la venue du Fils de Dieu. Mais il le voyait d'avance, en son Incarnation glorifiée, “Fils d'homme”, siégeant dans les hauteurs, au niveau de Dieu. Le tribunal ne s'y trompe pas : “Alors le grand prêtre déchire ses tuniques et dit : ‘Il a blasphémé. Qu'avons-nous encore besoin de témoins, vous avez entendu le blasphème ! Que vous en semble ?’ Et tous décrètent : il mérite la mort.” (Mt 26, 59-66) » (R. Laurentin).

« Comme les Juifs aussi voyaient le Messie fait homme siéger à la droite de Dieu et venir sur les nuées du ciel, il n'est pas permis de penser que les sanhédrites trouvèrent dans les paroles de Jésus autre chose que la revendication de la dignité de Messie. Et ils n'avaient pas besoin d'y trouver autre chose. Jésus s'est ouvertement et solennellement déclaré comme Messie, commettant ainsi le délit qu'ils étaient résolus à traiter comme blasphème » (J. Blinzler).

Quand il pose sa question à Jésus, Caïphe emploie le vocabulaire normal d'un grand prêtre juif : il dit « le fils du Béni » (Mc 14, 61). Ce dialogue n'est pas un ajout chrétien tardif, constate Joseph Blinzler, qui en tire cette observation décisive :

« Ainsi il faut se ranger à l'opinion d'après laquelle Caïphe s'est informé de la messianité de Jésus, et celui-ci a répondu solennellement par l'affirmative, d'autant plus qu'on ne peut dire que cette interprétation rendrait incompréhensible du point de vue psychologique et juridique le comportement de Caïphe et de ses acolytes » (*ibid.*).

En revanche, le comportement de la plupart des acteurs du drame deviendrait incompréhensible si l'on refusait les lignes de cohérence proposées par les Évangiles.

« Jésus ne se borne pas à répondre par l'affirmative à la question touchant sa messianité, il s'assied à la droite de Yahvé sur le trône du Juge universel. C'est ce que le grand prêtre appelle un blasphème » (Fr. Tillmann cité par Joseph Blinzler). S'il y a « blasphème » et si l'on peut crier au scandale, c'est dans la mesure où Jésus – comparaissant en justice de manière infamante (ce qui, rappelons-le, contredit l'idée que chacun se fait du Messie) – se permet de revendiquer pour lui-même « la souveraineté de Dieu et son rôle de juge » (F. M. Braun, *ibid.*).

L'historien israélien David Flüsser admet que Jésus a exprimé cette revendication :

« Quand Jésus cite le début du psaume 110, c'est, selon Mc 12, 36-37, en référence directe au Messie. Une autre fois, avant d'être livré aux Romains, il joue sur les mots de ce même psaume, quand le grand prêtre lui demande s'il est le Messie. Jésus lui dit alors : "Désormais le Fils de l'Homme sera assis à la droite de la Puissance" (Lc 22, 69). Tous ceux qui étaient présents comprirent à juste titre que Jésus faisait là une confession indirecte de sa dignité messianique. Même de son vivant, Jésus passait aux yeux de plusieurs pour le Messie. Pierre n'était donc pas le seul à le penser. Autrement, Pilate n'aurait pu faire mettre sur la croix de Jésus l'inscription "roi des Juifs". D'autre part, les termes de plusieurs déclarations montrent bien que si Jésus a toujours parlé du Fils de l'Homme comme d'un autre, ce n'était pas seulement pour sauvegarder le secret de sa messianité. Jésus a donc d'abord attendu quelqu'un d'autre, mais, finalement, il s'est de plus en plus convaincu qu'il était lui-même le Fils de l'Homme à venir. Autrement, on ne comprendrait pas le dialogue de Césarée de Philippe, ni les paroles de Jésus à Pierre, ni la réponse qu'il donna au grand prêtre. Cette dernière réponse, en particulier, peut difficilement passer pour une convention tardive de l'Église primitive... Semblable à un homme, assis sur le trône de la gloire de Dieu, ce juge sublime de la fin des temps correspond à la conception la plus élevée que le judaïsme de l'époque a pu se faire du Sauveur... Comment Jésus de Nazareth a-t-il pu avoir de lui-même cette opinion ? Ne l'oublions pas, il a perçu qu'il était l'Élu de Dieu, son serviteur, le fils unique, qui connaît les mystères de son Père céleste. C'est précisément cette conscience de sa dignité qui a pu lui inspirer l'audace de s'identifier sans ambiguïté à la fin de sa vie avec le Fils de l'Homme. Or, le Fils de l'Homme a parfois été considéré comme le Messie...

« C'est à nous, aujourd'hui, avec le recul du temps, qu'il apparaît que l'activité publique de Jésus a trouvé son point culminant dans sa fin tragique. Après avoir ordonné de ne pas tenir tête au méchant, Jésus a marché vers la mort sans opposer de résistance. Arrivé au terme, sut-il que son exécution viendrait couronner sa transformation de toutes les valeurs ? C'est réellement par sa mort que ce qui était haut est devenu bas et ce qui était bas est devenu haut[1] (1 P 3, 18). »

En attendant l'aube...

Leur première besogne accomplie, les comploteurs nocturnes n'ont d'autre choix que d'attendre le matin. Où Jésus est-il gardé ? Chez Hânan, dit Jean. Chez Caïphe, disent les autres évangélistes. Les gardes s'ennuient ; ils s'en prennent au prisonnier.

« La relation que Marc (14, 65) nous en fait est désordonnée : Jésus est couvert de crachats, on lui voile le visage, il est giflé, on le somme de prophétiser, tout cela au compte de "certains" sanhédrites ; une manière d'appendice nous apprend que les "valets" interviennent à leur tour. Matthieu (26, 67-68) met de l'ordre dans sa source : les gifles n'ont plus l'air de tomber sur un visage voilé (ce trait est supprimé) et les coups sont ramenés à une seule mention. Luc (22, 63-65) se signale en particulier par une version atténuée dans la ligne qu'il s'est fixée en racontant la Passion : écarter de Jésus le maximum d'humiliations et d'opprobre. Ici, pas de crachats, et, si Jésus reçoit des coups, Luc laisse les précisions dans l'ombre...

« Malgré ses défauts, la version marcienne est la plus pure de retouches et c'est d'elle qu'il faut partir pour évaluer l'historicité de la scène. L'apport de l'Ancien Testament (Is 50, 6) y est incontestable. Mais cela n'exclut pas la réalité

1. Pour les polémiques « post-chrétiennes » actuelles, se reporter aux annexes.

des faits. Cela, d'autant moins que les évangélistes n'ont pas l'habitude de s'attarder sur les détails de la Passion qui portent atteinte à l'infinie dignité de celui qui la subit. S'ils l'ont fait ici, c'est que l'occasion leur était fournie d'illustrer une correspondance avec les prophéties, pour l'instruction de leurs lecteurs. En revanche, il faut écarter l'idée qu'à cette scène vulgaire ont pris part des membres du Sanhédrin. C'est ce qu'on lit pourtant dans Marc, et que Matthieu renforce en impliquant le Grand Conseil sans distinction et sans faire mention des valets. Luc attribue le tout à ces derniers seulement [...]

« La situation est toute trouvée : c'est dans quelque dépendance, ou sans doute mieux, dans la cour de la demeure d'Hannas. Jésus, gardé jusqu'au lever du jour, aura été livré à la brutalité des valets. L'objection qui veut qu'une telle scène n'ait pas eu de témoins n'a guère de poids : les coutumes orientales laissaient alors plus de liberté d'accès auprès des grands que ne le font aujourd'hui nos règlements policiers. On pourrait aussi songer soit au rapport du disciple anonyme mentionné en Jn 18, 15-16, dans la mesure où l'on y voit un personnage réel, soit de Pierre » (S. Légasse[1]).

Les serviteurs du grand prêtre torturent Jésus de maintes façons. C'est un divertissement de brutes, mais qui reflète (de façon caricaturale) les opinions d'Anne et de Caïphe. Quand les valets demandent à Jésus : « Prophétise ! Qui t'a frappé ? » ils expriment à leur manière le scepticisme de leurs maîtres. Les Sadducéens ne croient pas à l'Esprit de prophétie.

L'aube s'annonce enfin. Que se passe-t-il alors ? Une réunion. Certains historiens « admettent, en se fondant sur Mc 15, 1, que le Sanhédrin a tenu une seconde séance le matin », indique Joseph Blinzler :

« On explique cette mesure de plusieurs côtés par le désir des Juifs d'observer quelque peu la prescription légale qui interdit de prononcer une condamnation à mort avant le

1. Cet auteur nie que l'épisode nocturne ait été une séance du Sanhédrin, mais il admet que la scène des outrages a pu avoir lieu.

lendemain de la première séance. Mais cette prescription de la Mishnah porte trop nettement, comme nous l'avons dit, l'estampille du droit rabbinique, pour qu'on puisse admettre qu'elle était valable au temps de Jésus. En outre une séance du matin n'eût pas suffi non plus, puisque selon la division du jour juif la proclamation du jugement n'eût dû se faire qu'après le prochain coucher du soleil. Quelques exégètes ne voient que dans la deuxième réunion des sanhédrites une séance plénière officielle. Il n'est guère croyable qu'il y eut une session spéciale le matin. Voici le texte de Mc 15, 1 : "Et aussitôt le matin les grands prêtres préparèrent un conseil avec les anciens et les scribes, en un mot tout le Sanhédrin, puis après avoir ligoté Jésus ils l'emmenèrent et le livrèrent à Pilate." Il n'est pas question d'une suspension de séance, ni d'une nouvelle réunion du Sanhédrin. »

Joseph Blinzler pense donc que cette réunion de l'aube est simplement la conclusion de la séance nocturne : « Il faut donc que Marc n'ait enregistré que la même réunion dont il parle dans son rapport de la séance de nuit. Ce qu'il dit de la composition du collège n'indique pas une nouvelle séance ; certes, dans 15, 1, il souligne que les membres étaient au complet, mais dans la relation des débats nocturnes, il fait remarquer que les sanhédrites s'étaient présentés en force (14, 53, "tous les grands prêtres, les anciens et les scribes" ; 14, 55, "les grands prêtres et tout le Sanhédrin"). La séance qui s'était ouverte dans la nuit se termina le matin par la remise de Jésus à Pilate. La décision dont parle Marc aura eu pour objet cette remise. L'évangéliste ne rapporte pas les débats en un seul tenant, parce qu'il juge opportun d'insérer l'histoire parallèle du reniement de Pierre (14, 66-72). Quand il reprend le fil du récit principal interrompu, il faut qu'il recommence à présenter les différents groupes de personnages, d'autant plus qu'il s'efforce de faire ressortir au mieux la responsabilité du Sanhédrin. Ce qui l'amène à ajouter le pléonasme "et tout le Sanhédrin"... »

Que s'est-il passé lors de cette séance de l'aube ? Aucun document n'en a gardé le souvenir (Lc 22, 66-71) et les témoins ont manqué pour en laisser filtrer les discussions, observe Simon Légasse. Nous n'en connaissons en fait que le résultat :

« Jésus fut conduit devant Pilate. Il n'est aucunement nécessaire d'imaginer une séance de tribunal dans les formes. On conçoit en revanche que les grands prêtres aient jugé bon d'associer à l'entreprise leurs partenaires du Sanhédrin ou au moins quelques-uns d'entre eux[1], et qu'ils aient ensemble examiné le cas de Jésus, au moins pour définir les chefs d'inculpation à faire valoir auprès de Pilate. S'il en est ainsi, Caïphe a prévenu l'objection qui rappelle l'interdiction, formulée dans la Mishnah, de procéder à des débats judiciaires la veille du sabbat ou d'un jour de fête, ce qui vaut à la fois pour la chronologie des synoptiques[2] et pour celle du quatrième évangile[3]. Car rien n'oblige dans les textes à supposer une exception à une règle censée déjà en vigueur au temps de Jésus. En fait de tribunal, telle est à notre avis la conclusion la mieux assurée, Jésus n'eut à affronter que celui des Romains. »

Tel est l'avis de ce chercheur ; d'autres, nous le savons, estiment qu'un procès juif a bel et bien eu lieu, sous la forme d'une série d'affrontements et de sentences de mort.

« *Alors ils le conduisent au prétoire* »

Pourquoi cette séance nocturne, cette hâte dans les débats, ce vote aux premières lueurs de l'aube ? Parce que la partie « judéo-juive » de l'opération doit être terminée à temps pour l'audience judiciaire de Pilate, qui commence ponctuellement au lever du soleil selon les habitudes romaines. « Ces milliers de gens qui courent

1. Qu'il y ait eu ou non réunion du Sanhédrin au complet, des Pharisiens peuvent y figurer, dans le groupe des scribes. Même si Caïphe ne convoquait qu'un conciliabule de partisans et non une vraie séance (ce qui d'ailleurs ne servirait pas l'image de l'opération dans le grand public ni auprès de Pilate), il convoquerait ceux des scribes qui voteraient dans le « bon sens », et l'on sait qu'ils sont nombreux (sauf si l'on rejette par système le témoignage des Évangiles). Rien ne permet donc de dire que les Pharisiens n'ont pas de responsabilité dans l'acte final. Au contraire, cette allégation obligerait à écarter les sources...
2. Jésus crucifié un vendredi, jour de la Pâque.
3. Jésus crucifié un vendredi, veille de la Pâque.

au forum dès l'aube », écrira le philosophe Sénèque dans son *De ira*...

Les grands prêtres ne veulent pas risquer le renvoi à une audience ultérieure, et encore moins attendre la fin de la semaine de la Pâque, au risque de voir le préfet repartir pour Césarée avant d'avoir statué sur l'affaire Jésus : en ce cas il aurait fallu le suivre afin d'obtenir une audience là-bas, avec tous les risques d'un nouveau délai et d'un voyage. « Il aurait pu se faire que Caïphe et ses partisans attendent jusqu'à la fin de la Pâque avant de livrer Jésus à Pilate ; ils auraient gardé le prisonnier en détention préventive pendant la semaine de la fête. Mais ce que la clique redoutait, c'était que ne se répande parmi le peuple et les pèlerins la nouvelle de l'arrestation de Jésus, qui était susceptible d'engendrer un mouvement de résistance et une émeute. Mieux valait parer à une telle éventualité par la création d'un fait accompli. C'est ainsi que peut s'expliquer cette hâte, d'autant que "les Juifs" n'étaient pas unis dans ce mouvement ; seule la masse du petit peuple, la classe des *am-haarets*, se rangeait aux côtés de Jésus. C'est pourquoi les collaborateurs juifs devaient engager le Romain Pilate à se hâter d'agir » (S. Ben-Chorin).

Au palais du grand prêtre, ou dans le bâtiment officiel du Xyste, c'est le branle-bas :

« Quand ils eurent levé la séance, probablement vers 6 heures du matin, ils firent à nouveau ligoter Jésus, puisqu'il devait être conduit à travers la ville (Mc 15, 1). Eux qui avaient fait jusqu'ici fonction de juges se proposaient de se présenter devant le gouverneur comme accusateurs, et en partie aussi sans doute comme témoins. C'est pourquoi ils amenèrent eux-mêmes le prisonnier à la demeure officielle du gouverneur » (J. Blinzler).

« Après avoir ligoté Jésus, ils l'emmenèrent et le livrèrent à Pilate » (Mc 15, 1). « C'était le matin » (Jn 18, 28).

Le cortège sort dans la rue. Les prêtres et un certain nombre d'autres sanhédrites marchent sans doute en tête. (Le *segan* Jonathan n'est plus avec eux : sa charge exige qu'il surveille la réouverture matinale du sanctuaire, et il ne doit pas avoir confié cette mission à un subordonné en pleine période de pèlerinage.) Derrière les chefs marche

Jésus, chargé de liens, éprouvé par une nuit de tourments, entouré de gardes. Ces derniers sont probablement en nombre excessif, les grands prêtres ayant assuré à Pilate que l'homme qu'ils lui amènent est dangereux et populaire. Une petite foule de gens de la « maison » de Caïphe et de Hanân[1] – parents, familiers, domestiques, hommes de main – ferment la marche.

Le trajet jusqu'au prétoire est difficile à conjecturer, puisqu'on ne sait pas si le cortège part du siège du Sanhédrin (au Xyste) ou du palais de Caïphe, dans la ville haute. Dans le premier cas il y a 400 mètres à parcourir ; moins de 300 mètres dans le second cas.

Les rues de Jérusalem sont pleines de passants, dès six heures du matin, pèlerinage de la Pâque oblige. Le cortège ne peut passer inaperçu.

Le cortège traverse la ville haute et ses rues à angle droit, et atteint la place nommée *Lithostrotos* (le « Dallage »), qui s'ouvre devant l'entrée officielle du prétoire. C'est ici que Pilate rend publiquement la justice lorsqu'il siège à Jérusalem, comme ce jour-là.

Le désespoir de Judas

Que fait Judas pendant ce temps-là ?

Nous nous sommes déjà interrogés sur ce qui l'a poussé à faire défection : un calcul trop cérébral, ou trop « politique », ou trop égocentrique, pour lui permettre de deviner l'intention de Qayafa ? Judas se croyait-il l'initiateur d'une grande chose ? Le seul à agir intelligemment ? Nous n'en saurons jamais rien. Au moment du récit où nous sommes, il découvre, avec horreur, qu'on l'a manipulé pour trente pièces d'argent.

« Alors Judas, qui l'avait livré, voyant qu'il avait été condamné[2], fut pris de remords et rapporta l'argent aux grands prêtres et aux anciens : "J'ai péché, dit-il, en livrant

1. Les Sadducéens sont moins un *parti* qu'un *milieu*, une oligarchie clientéliste.

2. Judas ne s'y attendait donc pas. Que lui avait-on laissé croire ?

un sang innocent." Mais ils dirent : "Que nous importe ? À toi de voir." Jetant alors les pièces dans le sanctuaire, il se retira et alla se pendre » (Mt 27, 3 s.).

Les mots « dans le sanctuaire » posent un problème de chronologie. À l'heure que semble indiquer ce passage en Matthieu – (Mt 27, 2) juste après « ils l'emmenèrent à Pilate le gouverneur » –, les chefs des prêtres ne peuvent pas être au Temple : ils sont en marche vers le prétoire, dans les rues de la ville haute.

De deux choses l'une :

1. Ayant assisté (sous une arcade de la place du Xyste, ou devant la porte du palais du grand prêtre) à la sortie de Jésus vers un destin visiblement fatal, Judas est immédiatement monté au Temple : en ce cas, c'est au *segan* Jonathan, et à ceux des archiprêtres nécessaires à la matinée liturgique (présents à ce moment-là dans le « bureau » du commandant) qu'il a fait sa scène de désespoir ; non aux grands prêtres.

2. La scène s'est déroulée plus tard dans la journée, voire le jour suivant[1] : en ce cas Judas a pu trouver le grand prêtre et son état-major au Temple.

Certains exégètes s'évertuent à jeter le doute sur l'historicité de l'épisode. Mais la dissection verbale ne peut être le seul arbitre en pareil domaine ; le contexte et le bon sens ont aussi leur mot à dire. D'autre part, on constate que le récit de Matthieu produit un « effet de réalité » pour ainsi dire journalistique : le mot des prêtres (ce « Que nous importe ? À toi de voir », ou dans la traduction d'André Chouraqui « Qu'est-ce pour nous ? Vois toi-même ») sonne vrai. On dirait une chose entendue[2].

D'autant plus que la suite – les trente pièces d'argent, l'achat du champ – est bien ancrée dans la *halakha* et le contexte historique :

« Les chefs des desservants prennent les pièces d'argent et disent : "Il n'est pas licite de les jeter dans la caisse du Qorbân... puisque c'est le prix du sang." Ils tiennent conseil

1. L'absolue exactitude chronologique n'est pas le but des Évangiles.

2. Simon Légasse en doute et veut voir dans cette phrase un hellénisme suivi d'un latinisme ; ce n'est pas l'avis d'André Chouraqui.

et achètent avec le Champ du Potier, pour la sépulture des métèques. Ainsi ce champ est appelé *Sèdè-Hadâm*, jusqu'à ce jour[1]. »

« Le Champ du Potier, acheté par l'administration du Temple de Jérusalem, a dû coûter 30 pièces d'argent, c'est-à-dire vraisemblablement 120 deniers romains ou drachmes d'argent attiques ; cette somme est attestée comme prix moyen pour un champ » (J. Jeremias).

La décision des archiprêtres concernant la somme d'argent et l'achat de la parcelle a été rapportée par des traditions orales de Jérusalem, « solides, nourries de souvenirs réels et témoignant d'une bonne connaissance topographique[2] » (P. Benoît).

Pour mieux comprendre l'atmosphère dans laquelle Judas est venu faire son esclandre au Temple, il faut voir avec quelle solennité se déroule chaque matin la réouverture du sanctuaire. Avant le jour, les prêtres de garde, qui ont passé la nuit dans une salle de l'enceinte sacrée, se baignent et revêtent la tenue sacerdotale. Puis, ils tirent au sort ceux qui vont préparer l'autel des sacrifices. À la lueur des torches, ils inspectent le périmètre du sanctuaire, en faisant le tour du parvis intérieur, dit « Parvis des Prêtres », en deux groupes, partant de la Salle du Foyer (dortoir), l'un vers la gauche, l'autre vers la droite, pour se rejoindre près de la Porte de Nicanor, qui donne sur le Parvis des Femmes. Un second tirage au sort attribue les diverses opérations rituelles : nettoyer les cendres de l'autel de l'encens, préparer le chandelier, immoler l'agneau, faire l'aspersion de sang, et porter sur la rampe de l'autel les six pièces découpées de la victime, l'offrande de farine, les galettes et le vin...

« À l'annonce du guetteur : "Voici l'aurore", un officiant choisit un agneau d'un an dans la Salle des Agneaux et le conduit à l'abattoir. Huit colonnes aux crochets de fer pour suspendre les victimes entre les colonnes des tables à dépe-

1. Cette traduction d'André Chouraqui donne un nom hébreu au champ que Matthieu appelle *Agros Aimatos*, en grec, le Champ du Sang ; Actes 1, 19 donne l'araméen *Haqeldama*, le Champ du Sang, que Chouraqui restitue en *Haqèl-Dema*, le Domaine du Sang.

2. In *La mort de Judas,* 1954.

çage : c'est la “Maison des Bouchers”, au nord de l'autel. Des prêtres cherchent les instruments nécessaires au service : quatre-vingt-treize ustensiles d'or et d'argent. On fait boire l'animal dans une coupe d'or. Yehoézer, qui a été désigné pour l'allumage du chandelier, prend la cruche d'huile en or. Un prêtre l'accompagne avec le seau d'or qui servira au nettoyage de l'autel intérieur. Les premiers rayons du soleil illuminent la façade du sanctuaire. Avec son compagnon, Yehoézer monte les douze marches, traverse le Vestibule – *Ulam* – et pénètre dans le sanctuaire par la poterne du nord. De l'intérieur, éclairés des seules lampes encore allumées du chandelier, ils tirent le verrou de la grande porte, poussent les deux vantaux plaqués d'or et font glisser sur sa tringle la tenture d'étoffe babylonienne, tandis que résonne la *magrêphah*, dont la puissante sonnerie parvient, dit-on, jusqu'à Jéricho. Le jour jaillit dans le *Hêkâl*, et inonde de clarté le Saint où sont l'autel de l'encens, la table et le chandelier. Mais au fond de la salle, le rideau garde le *Debir* dans l'obscurité : Saint des Saints inaccessible à tous sauf au grand prêtre pour le seul jour de *Kippour*. Yéhoézer allume les deux lampes du chandelier qui sont du côté de l'orient, et nettoie les autres, pendant que son compagnon enlève les cendres de l'autel... À l'ouverture de la grande porte, l'agneau a été égorgé dans la Maison des Bouchers et le sang versé aux angles et à la base de l'autel. Les sacrificateurs procèdent à la découpe de la victime maintenant inerte et exsangue, suspendue au crochet par l'articulation du genou. Tour à tour, la tête et la patte arrière droite, les deux pattes de devant, la queue et la patte arrière gauche, la poitrine et le cou, les deux flancs, les viscères lavés sont remis aux porteurs qui les déposent et les salent, à côté de la farine, des galettes et du vin, sur la moitié inférieure de la rampe de l'autel. À nouveau, les officiants se réunissent dans la Salle aux pierres de taille. À l'invitation du préposé, ils récitent les Dix Commandements, le *Chema*, “Écoute Israël”, et prononcent les trois bénédictions[1]... » (F. Schmidt).

1. Francis Schmidt résume dans ce passage le traité *Tamid*, « offrande perpétuelle » de la Mishnah.

Ainsi, tout est prêt pour l'offrande (holocauste) du sacrifice du matin, qui va être célébré sur l'autel du Temple.

Mais le grand prêtre Caïphe ne présidera pas ce *Tamid*. Car il est devant le prétoire des Romains, occupé à préparer un autre sacrifice.

Caïphe apporte le « dossier » à Pilate

Quelles que soient les conditions dans lesquelles cette affaire s'est déroulée, et quel que soit le grand prêtre qui l'a animée (Hanân ou Qayafa), l'opération montée contre Jésus a obtenu de sa part un « aveu ». Ou quelque chose que les chefs de Jérusalem peuvent interpréter comme tel.

Cet aveu peut-il être considéré comme un suicide subit de sa part ?

Oui, si l'on croit qu'il n'a jamais rien dit de tel auparavant.

Mais une lecture attentive des Évangiles montre que, depuis le début de son action publique, Jésus est soupçonné du pire à cause de l'ensemble de ses paroles et de ses actes. Le genre de questions que lui pose Qayafa, les maîtres pharisiens et les archiprêtres, voire le Sandhérin, les lui ont déjà posées, à plusieurs reprises ; et ses réponses lui ont valu lapidation[1]. La réponse qu'il fait, cette nuit, ne fait que couronner deux années d'interrogatoires où on lui demandait : « Qui es-tu pour oser parler ainsi ? »

La réponse n'est pas nouvelle dans la bouche de Jésus. C'est le contexte dramatique de cet interrogatoire qui est nouveau. C'est lui qui va transformer la phrase sur le « Fils de l'Homme » en pièce à conviction officielle, aussitôt utilisée.

Cette phrase peut, en effet, être interprétée comme un triple motif de condamnation :

1. Motif à usage juif, car ce que Jésus profère peut être interprété comme un blasphème ;

---

1. Sentence de mort selon la *halakha*, prononcée légalement (il ne s'agit pas d'un lynchage).

2. Motif à usage romain, car ce que dit Jésus lorsqu'il se proclame « Fils de Dieu » équivaut à une déclaration de messianité : acte que Pilate est obligé de trouver intolérable, dans la mesure où les Juifs qui se disent « Messie » prétendent à la royauté, ce qui tombe sous le coup de la loi réprimant les atteintes à la majesté de Rome, seule détentrice de la souveraineté dans tout l'Empire. Se dire « Fils de Dieu » est aussi (et surtout) un sacrilège à l'égard de l'empereur, seul homme vivant à avoir un statut *divin*. Ce facteur, nous allons le voir, ne sera pas sans effet dans l'esprit de Pilate (Jn 19, 8[1]).

3. L'attitude d'un homme qui fait de telles déclarations relève de la rébellion, avec des conséquences pénales inéluctables : si c'est une rébellion *virtuelle,* elle entraîne la simple flagellation ; la *consommée,* quant à elle, débouche sur la crucifixion.

Voilà le « dossier » que Caïphe apporte maintenant à Pilate, après avoir traversé la ville haute jusqu'au prétoire.

Face à un Jésus qui finit par reconnaître d'une certaine façon sa « messianité » (mais qui transfère son rôle messianique dans l'au-delà), Pilate aura sa propre perception, païenne et impériale. Elle le mènera à donner matériellement satisfaction aux adversaires de Jésus.

Dans son esprit, ce « jeu » ne sera pas une capitulation, mais le moyen d'obliger les grands prêtres à lui faire une concession politique et morale, sur un point infiniment plus important pour lui que le destin d'un prêcheur galiléen.

Pour comprendre ce qui va se passer maintenant au prétoire, il faudra se souvenir des autres affrontements entre Pilate et les chefs juifs[2].

---

1. Jean n'hésite pas à signaler ce facteur dans son évangile. Il ne cherche donc pas à « complaire aux Romains » pour nuire aux Juifs, comme certains l'affirment aujourd'hui, puisqu'il attire l'attention de l'autorité romaine sur l'aspect « sacrilège » du christianisme à l'encontre de César-dieu.

2. L'affaire des enseignes, l'affaire de l'aqueduc, l'affaire des boucliers votifs, etc.

Iechoua devant Pilatus

L'ouverture de l'audience – Ce que veut vraiment Pilate – Qu'y a-t-il au dossier ? – Pilate-Jésus : dialogue inutile ? – La vérité était indicible ici

Yosef Qayafa veut fournir à Pilate, clés en main, le moyen juridique (préfabriqué) et les circonstances (orchestrées) qui doivent lui permettre de condamner comme « rebelle politique » un homme qui n'est ni un politique, ni un rebelle.

Dans l'esprit du grand prêtre, le passage de relais du Sanhédrin au préfet devrait se passer sans problème, puisqu'il y a eu contact préalable entre Hanân (ou Caïphe) et Pilate. Il est vrai que le Romain peut se rebiffer. Caïphe ne doit pas exclure ce risque, tout en l'estimant peu probable ; le chef d'accusation est de telle nature qu'il doit forcer le préfet à condamner Jésus.

C'est en effet ce qui va se passer.

Sauf que les chefs juifs seront piégés par Pilate à leur tour. Nous le verrons sous peu. Cette manœuvre sournoise du préfet peut expliquer son attitude apparente envers l'accusé ; le Romain va afficher de l'hésitation, non par scrupules mais pour faire monter les enchères. Ses intentions sont purement politiques.

Le calcul de Pilate sera conforme à ce que nous savons de lui par ailleurs. Il veut bien accéder à la demande des grands prêtres et tuer Jésus ; mais il veut de leur part, en échange, une déclaration publique de vassalité. Et il l'obtiendra ! D'où son verdict final contre Jésus : sentence concédée, comme en contrepartie de quelque chose.

Pour *décoder* l'affrontement triangulaire entre Pilate, Jésus et les grands prêtres, il faut se souvenir que la distinction entre le politique et le religieux n'existe guère dans cet univers antique : ni chez les Juifs, où tout, y compris le politique, est vu à travers le prisme du religieux ; ni chez les Romains, depuis que la « divinité » de César est un axiome institutionnel, principe fédérateur de l'Empire.

Toute déviance religieuse, dans ce pays colonisé, est donc propre à s'attirer des foudres « politiques » : celles de l'autorité indigène et celles de l'autorité coloniale.

Les instances religieuses juives vont donc dénoncer (« *endeixein* », dira Josèphe) Jésus le Nazôréen comme s'étant proclamé « roi des Juifs », chose prohibée par le modus vivendi de la collaboration judéo-romaine.

Elles le dénoncent à Pilate, après avoir elles-mêmes poursuivi Jésus pour cette même prétention mais sous l'angle d'un crime religieux juif : l'autoproclamation messianique, commise dans des conditions sacrilèges ou blasphématoires. « Messie » est le côté juif de l'accusation. « Roi des Juifs » en est le côté romain. Mais c'est une seule et même accusation, et les grands prêtres le soulignent fortement, insistant sur les côtés pile et face de la même pièce.

Cela dit, nous savons que la pseudomessianité n'est pas ce que les autorités juives reprochent vraiment à Jésus. D'autres que lui se sont proclamés Messie dans le passé récent et n'ont pas fait l'objet de poursuites au Sanhédrin. Le grief profond des Pharisiens et des grands prêtres envers le Galiléen est plus vague, plus inquiétant, plus profond, plus difficile à définir : parce qu'il est inouï et sans aucun précédent. Cet homme dévalorise la Loi et le Temple en s'en prétendant le maître, comme s'il se prenait pour Yahvé ! Circonstance aggravante : il appuie sa révolution religieuse sur des miracles qui lui donnent une dimension surnaturelle, insupportable à des Pharisiens autant qu'à des Sadducéens.

Mais on serait très imprudent d'aller raconter ce genre d'histoires judaïques à un magistrat romain : il se déclarerait incompétent et relâcherait l'accusé. Il faut donc rendre le dossier « romano-compatible » : résorber la révolution religieuse de Jésus dans sa prétendance divine, puis annexer celle-ci à une prétention messianico-royale, crime politique répertorié par la loi coloniale romaine. Jésus s'est (à peu près) déclaré Messie ; on peut donc le charger. Le tout, bien présenté, offre un aspect suffisamment conforme aux schémas du droit criminel romain pour déclencher le châtiment voulu.

Caïphe livre Jésus à Pilate

Le cortège vient donc de déboucher sur le « Lithostrotos », place rectangulaire qui s'ouvre devant le portail de l'ancien « palais d'Hérode » devenu prétoire du préfet romain. C'est le point culminant de la ville : un lieu que les gens de Jérusalem appellent aussi *Gabbatha* (en araméen : « la butte », « l'éminence »). « Qu'un endroit de Jérusalem ait eu un nom propre en deux exemplaires, dont l'un dans l'araméen local, laisse entendre qu'il s'agissait là d'une place publique et fréquentée » (S. Légasse).

Ici, tout le monde s'arrête. C'est une indication donnée par l'évangile de Jean, et elle est typique de la bonne information et de la judéité de ce texte : il souligne (Jn 18, 28) que les grands prêtres et les sanhédrites, qui mènent l'affaire, ne peuvent mettre le pied chez un païen le matin d'un jour saint.

« Jn 18, 28 explique que, la veille de la Pâque, les Juifs n'entrent pas chez Pilate pour ne pas se souiller de matières fermentées » (É. Nodet).

Ce serait aussi perdre la pureté acquise par les bains rituels (*bate tevilot*), aménagés à l'intérieur des demeures ; l'homme qui se trouve *tevoul yom*, « immergé du jour », doit veiller à ne pas perdre le bénéfice de sa purification avant le coucher du soleil. (Bien que cette pureté ne prenne effet qu'à partir de ce coucher du soleil, mais ceci est un autre sujet développé dans la *Tossefta*.)

Puisque ces officiels ne peuvent pas entrer dans le prétoire, le préfet lui-même sort à leur rencontre.

On ne sait quelle est son humeur. Mais à lire les récits des évangélistes entre les lignes, on a l'impression que le préfet s'est enfermé délibérément dans une attitude de froideur ; comme s'il voulait déconcerter Caïphe et ses hommes.

Imaginons Pilate, probablement en cuirasse, sortant du palais avec ses soldats arabes et samaritains. Il s'arrête sur le perron. Les chefs juifs font quelques pas vers lui. Lié et entouré de gardes, Jésus se tient derrière eux. Encore derrière, est massée la petite troupe des séides du clan Qayafa, auxquels se mêlent déjà certainement des badauds. (Tout à l'heure, bien d'autres se joindront à eux et l'atmosphère deviendra houleuse, peut-être dangereuse.)

L'atmosphère de ce face-à-face doit surprendre Caïphe et les siens. Ils avaient prévu, entre eux et le préfet romain, un échange de formules conventionnelles. Si les deux parties se sont parlé la veille, ce qui est très probable, Pilate sait déjà à quoi s'en tenir sur le cas qu'on lui défère ; il n'a pas besoin de s'en informer. S'il n'y a pas eu concertation préalable entre les grands prêtres et lui, il savait de toute façon, par le tribun de l'Antonia, qu'on allait amener devant lui un nommé Iechoua, agitateur messianique selon une partie des notables.

Mais Caïphe sent que quelque chose ne va pas. On devine, à la lecture de Jean, que la froideur affectée du Romain décontenance et irrite les chefs juifs.

« Le gouverneur demande, selon la règle, de quoi ils accusent Jésus. Là-dessus, ils répondent avec une brusquerie surprenante. Pourquoi cette question les met-elle mal à l'aise ? Au début de l'interrogatoire, Pilate semblera très bien informé de ce qui est le point principal de l'accusation, bien que l'évangéliste ne dise pas que les Juifs l'aient renseigné. On peut donc conclure que Pilate avait déjà été instruit verbalement ou par écrit de ce que l'on reprochait à Jésus avant qu'on le lui livrât. L'accusation était celle-ci : "Il prétend être le roi des Juifs." Ainsi la question de Pilate aux sanhédrites prend-elle un sens particulier. Il veut les amener à s'exprimer nettement ; il se donne l'air d'attendre que les autres citent un crime précis dont le soi-disant prétendant au trône se serait rendu coupable. Ainsi la déception et l'irritation des hiérarques deviennent-elles compréhensibles. En livrant Jésus comme “roi des Juifs” au tribunal romain, ils ont, pensent-ils, formulé une accusation dont la clarté ne laisse rien à désirer et dont un juge romain devrait s'emparer sur-le-champ. Ils évitent tout d'abord de dire expressément qu'ils souhaitent l'exécution de Jésus, bien qu'ils le laissent entrevoir en désignant Jésus comme malfaiteur. Le gouverneur pense (ou fait comme s'il pensait) que le crime ne mérite pas la mort et invite les Juifs, en conséquence, à juger l'accusé d'après leur propre loi ; or ils ne pouvaient juger eux-mêmes qu'un délit qui n'était pas un crime capital. Si Pilate a deviné ce à quoi ils visaient, ses paroles ont eu à coup sûr un arrière-ton ironique ; il devait savoir aussi bien qu'eux qu'ils avaient perdu le *ius gladii*. Voilà donc les sanhédrites obligés d'abattre leurs cartes ; ils veulent condamner Jésus, mais ils n'en ont pas le pouvoir, ayant perdu le droit de haute justice. Maintenant que Pilate sait que les Juifs veulent la mort de Jésus, il condescend à examiner le cas de plus près et se met à interroger le prisonnier » (J. Blinzler).

Et voici la scène, selon Jean (18, 29 s.) :

Pilate : « Quelle accusation portez-vous contre cet homme[1] ? »

Caïphe et les siens : « Si ce n'était pas un malfaiteur, nous ne te l'aurions pas livré[2]. »

Pilate : « Prenez-le vous-mêmes, et jugez-le selon votre loi[3]. »

---

1. En fait il le sait déjà, comme il le laissera paraître en Jn 18, 33.

2. Sous le ton irrité du grand prêtre, on peut voir deux intentions calculées : Caïphe peut vouloir signifier à la foule (donc à tout Israël) que ce qui va se passer maintenant passe de toute façon après une décision du Grand Conseil de la nation juive, qui a légitimement mis en examen Jésus et l'a trouvé criminel envers la Loi de Moïse (même si par ailleurs il est en infraction avec la loi de Rome) ; Caïphe peut aussi vouloir signifier à la foule, et à Pilate, que la décision du juge romain va devoir tenir compte de la décision des juges juifs, sous peine de nuire à leur bonne collaboration réciproque.

3. Réplique « normale » pour les uns, elle ne l'est pas pour d'autres, car elle impliquerait que Pilate n'était pas au courant des événements de la nuit. Ce serait incohérent avec le récit de Jean. Car si des soldats

Les grands prêtres : « Il ne nous est pas permis de mettre quelqu'un à mort[1]. »

Jean : « Alors Pilate entra de nouveau dans le prétoire[2]... » (Jn 18, 33).

Que veut-il faire ?

Pilate vient de jouer l'ouverture des manœuvres ; maintenant il va mener sa propre partie. Elle consiste à prendre le dessus dans cette confrontation, pour en tirer un avantage. Le préfet n'a pas l'intention de servir d'instrument légal à Caïphe sans en tirer un bénéfice politique. Tout va se passer comme si Pilate, plus rusé dans cette affaire que dans celle de l'aqueduc, et sachant que le temps joue contre ses interlocuteurs (le shabbat et la Pâque sont tout proches), allait faire exprès d'hésiter et de perdre du temps, irritant ainsi

---

de l'Antonia figuraient dans la troupe d'arrestation de la nuit passée (Jn 18, 3), comment imaginer que le préfet-juge – précisément venu à Jérusalem pour veiller en personne au maintien de l'ordre – n'ait pas eu un rapport préalable du tribun ? Militaire discipliné (surtout lorsque son chef vient d'arriver en ville), le tribun a probablement demandé à Pilate l'autorisation de mêler ses soldats à une arrestation qui peut faire du vilain, au milieu des milliers de pèlerins. D'autre part, Pilate voit bien que les autorités juives ont déjà « pris » Jésus. Quant à l'avoir « jugé », il se doute bien qu'il y a eu débat durant les heures précédentes... On est donc cohérent avec le texte de Jean en supposant que Pilate, en ce petit matin, sur son perron, joue l'ignorance. On a aussi le droit de supposer que Qayafa, ou mieux encore le vieil Hanân, ont eu une conversation avec Pilate quelque temps plus tôt. Ce serait dans l'esprit de leur stratégie : conjurer le « péril Jésus » en le dénonçant eux-mêmes aux Romains. Dans quel but Pilate joue-t-il l'ignorance ? Pour occulter le fait qu'il a eu un contact préalable avec Qayafa ou Hanân ? Ou pour commencer son bras de fer avec les grands prêtres, comme on va le voir ?

1. Ainsi peuvent-ils prendre une posture « judaïquement correcte » devant la population de Jérusalem, à propos de la future mise à mort de Jésus. Même si cette exécution doit être opérée par des soldats romains pour un motif romain, les chefs juifs suggèrent que si Israël était indépendant, les juges juifs auraient eux-mêmes exécuté *Jésus* pour un motif juif. D'ailleurs le motif romain et le motif juif sont le côté pile et le côté face de la même accusation, qui a été conçue pour ça. Jean 18, 32 ajoute à la phrase des grands prêtres (18, 31) ce commentaire : « [...] Afin que s'accomplît la parole qu'avait dite Jésus, signifiant de quelle mort il allait mourir. »

2. En fait il *retourne* dans le prétoire, dont il était sorti pour accueillir le cortège. Son escorte armée doit rester en faction devant le portail.

les grands prêtres et les obligeant à surenchérir. Lorsque ceux-ci, exaspérés, finiront par dire (en présence de la foule) « Nous n'avons d'autre roi que César », le préfet romain aura ainsi amené les hiérarques à faire une concession majeure : rompre ouvertement, publiquement, avec l'idée religieuse qui sous-tend toutes les insurrections nationales juives, celle qu'aucun dieu-roi ne peut régner sur Israël, royaume de Yahvé. Cette concession étant faite, Jérusalem sera sur la voie de la romanisation. Du moins Pilate l'escompte-t-il...

Rome ne manquera pas de l'en féliciter, se dit-il.

D'où le caractère de « bras de fer » que va prendre le dialogue entre le préfet et les grands prêtres, massés dehors[1].

« Les éléments semblables des différents récits (évangéliques) se résument ainsi : les Juifs, avec un rôle tout spécial attribué aux milieux sacerdotaux, livrent Jésus à Pilate ; quand les Juifs font appel au gouverneur, leur décision est déjà prise, ils veulent obtenir la mort de Jésus. L'accusation formulée par les chefs juifs porte sur la royauté de Jésus avec l'ambiguïté même du terme : sens politique – sens messianique ; elle est d'une extrême habileté. Pilate interroge l'accusé, manifeste son désir de le libérer et invite ses adversaires à dire en quoi Jésus est fautif. Enfin, jouet des Juifs, Pilate livre Jésus pour qu'il soit crucifié. Le gouverneur n'a pas ratifié une décision juive, mais il n'a pas pu ou su échapper à la pression des milieux juifs...

« Les Juifs portent contre Jésus une accusation habile, car le motif invoqué, la revendication de la royauté, empêche Pilate de relâcher Jésus ou alors le gouverneur doit faire la preuve de la parfaite innocence de Jésus. La plus ancienne tradition ne présente pas un gouverneur qui cède à la peur ou qui défend scrupuleusement l'accusé, mais un homme qui ne veut pas être manœuvré par les Juifs. En effet, Pilate conduit pour son compte un interrogatoire qui le convainc de l'innocence de Jésus, et il ne cède à la foule que dans la mesure où le motif d'accusation invoqué le

1. Sans doute Caïphe s'y attendait-il un peu tout de même ; sinon il ne se serait pas fait accompagner d'une petite foule chargée de faire pression.

place dans une situation impossible... S'il ne condamnait pas Jésus, il risquait d'être dénoncé comme un gouverneur qui laisse se dresser des opposants à César...

« Jean construit cette partie de son évangile en une série de scènes extérieur/intérieur. Dans les scènes à l'extérieur, Pilate est aux prises avec les Juifs ; dans les scènes à l'intérieur, Pilate et Jésus sont confrontés. Les moments les plus dramatiques de cette construction sont les scènes où les trois groupes, les Juifs, Pilate et Jésus, se rencontrent, c'est alors que se décide l'"avenir" de Jésus, tandis que celui-ci demeure silencieux » (J.-P. Lémonon).

Pilate ouvre le « dossier »

Pour bien comprendre les mouvements de va-et-vient qui vont maintenant avoir lieu (entrées et sorties de Pilate), il faut se souvenir de ce que nous avons vu à propos des trois crises des enseignes, de l'aqueduc ou des boucliers : le « prétoire » est une partie d'un palais hérodien devenu résidence du préfet ; devant la porte du prétoire, à l'extérieur, regardant la place qui longe la façade, se dresse la *bêma* (en grec : la tribune, l'estrade), où est placé le siège curule où le magistrat romain doit légalement s'asseoir pour rendre la justice.

Les mouvements de sortie et de rentrée auxquels va se livrer Pilate suscitent les rires incrédules de certains exégètes : à leur avis, un préfet romain ne peut pas se livrer à ces jeux de scène. Mais pour comprendre cette scène, justement, il faut avoir une certaine pratique des pays du Proche-Orient. Pilate n'a pas le choix : s'il veut exercer ses fonctions de juge, il doit sortir, puisque ses interlocuteurs obligés (les grands prêtres) sont tenus religieusement de ne pas entrer ; refuser de sortir, ce serait refuser de faire son métier. En revanche, il doit interroger Jésus : le juge romain *doit instruire le procès à la romaine*, et notamment vérifier l'existence d'un chef d'accusation admissible en droit romain. Or le prévenu ne pourra s'exprimer (sans les pressions de la foule) que si cet interrogatoire se déroule à huis clos, autrement dit à l'intérieur du palais ;

procédure inhabituelle en droit romain d'Italie, mais logique en droit colonial. Imaginons la nervosité d'un administrateur américain devant un Irakien accusé de provocations politico-religieuses, pendant qu'une foule grandissante – Chiites et Sunnites mêlés – s'agite à l'extérieur, une veille de ramadan...

Pilate « appela Jésus », dit Jean (18, 33).

Pour que cet ordre soit exécuté, un aide de camp du préfet, ou un huissier, doit sortir du palais, accompagné de deux soldats, et se faire remettre le prisonnier.

Les grands prêtres et les sanhédrites commencent alors leur attente.

Leurs partisans discutent (sans doute dans une certaine agitation) avec les badauds, qui vont augmenter en nombre tandis que la matinée s'avance. Rappelons-nous qu'une vaste place s'ouvre devant le palais, et qu'elle est proche d'une des portes de la ville, la Porte des Jardins[1], par où des milliers de gens vont passer, en ce jour d'affluence maximum qu'est la préparation de la Pâque.

Le préfet romain suit la procédure ordinaire, prévue en pareil cas :

« Pilate a conduit le procès de Jésus en respectant les règles de la procédure de la *cognitio extra ordinem* alors en usage pour la justice capitale dans les provinces du même type que la Judée. Comme il se devait, il a présidé le procès. La conclusion du procès de Jésus devant Pilate, telle qu'elle est rapportée en Mc 15, 15 ("Il livre Jésus, après l'avoir flagellé, pour qu'il soit mis en croix."), correspond bien à une sentence qui résulte d'une telle procédure "où le juge devait établir tout à la fois la punissabilité, la culpabilité et la fixation de la peine. Mc 15, 15 évoque le jugement qui, en fixant la peine, indiquait en même temps la punissabilité et la culpabilité" (F. Bovon, *Les derniers jours de Jésus*, 1974) » (J.-P. Lémonon).

Voici la procédure romaine en usage :

— Le juge (unique)...

— ... procède à l'appel des parties ;

1. Secteur de l'actuelle Porte de Jaffa.

– *l'accusateur présente sa plainte ;*
– *l'accusé présente sa défense.*

— Puis le juge opère les interrogatoires *des témoins et de l'accusé,* et apprécie les preuves.

— Ensuite il délibère, puis proclame le jugement du haut de sa tribune, ou « tribunal » *(bêma)*. Toute condamnation est exécutée sur l'heure.

Les débats se déroulent en *grec*, avec un interprète araméen si besoin est[1].

La question est : quel texte répressif Pilate va-t-il appliquer ? La « Loi de majesté », dont Tibère fait faire un abus effarant[2].

« Le fait de haute trahison fut selon toute apparence surtout reconnu dans la prétention de Jésus à la dignité de roi. Parmi les nombreux délits qui sont comptés dans les digestes de Justinien comme *crimen laesae maiestatis*, aucun ne correspond exactement à celui que l'on reproche à Jésus. Mais il y a trois dispositions qui permettent de transformer aisément la revendication du titre de roi en un crime de lèse-majesté : se rend coupable d'un tel forfait, en général celui dont l'action est dirigée contre le peuple romain et sa sûreté, en particulier un simple citoyen qui exerce de propos délibéré et avec une intention maligne la fonction d'un employé ; en outre, celui qui, par malice,

1. Toutes les paroles du juge à l'intention du public sont donc traduites par l'interprète : ce qui laissera aux grands prêtres et sanhédrites (qui comprennent le grec) le temps de préparer des ripostes.

2. Suétone (*Vies*, *Tibère*, LVIII) raconte : « Vers le même temps, comme un préteur demandait à Tibère s'il voulait faire poursuivre les crimes de lèse-majesté, il répondit qu'il fallait appliquer les lois », et il les appliqua de la manière la plus atroce. Quelqu'un avait enlevé la tête d'une statue d'Auguste pour lui en substituer une autre ; l'affaire fut débattue au sénat et, comme il y avait doute, on eut recours à la torture. L'inculpé ayant été condamné, ce genre d'accusation fut insensiblement porté si loin qu'on fit un crime capital même d'avoir battu un esclave ou changé de vêtements près d'une statue d'Auguste, d'avoir été aux latrines ou dans un lieu de débauche avec une pièce de monnaie ou une bague portant son effigie, d'avoir critiqué une de ses paroles ou de ses actions. Enfin on alla jusqu'à faire périr un citoyen qui s'était laissé investir d'une magistrature dans sa colonie, le même jour où l'on avait autrefois décerné des charges à Auguste. »

tourne les amis du peuple romain contre ce même peuple » (J. Blinzler).

Il faut ajouter à cette jurisprudence fondée sur la majesté du *peuple* romain celle qui joue sur le culte de la *personne* impériale.

« Pilate appela Jésus et lui dit : “Tu es le roi des Juifs[1] ?” » (Jn 18, 33).

Cette question est normale. La charge principale contre Jésus (celle que les grands prêtres mettent en avant) est l'usurpation de titre royal ; aux termes de la *lex julia* qui fixe le cadre pénal en vigueur, cette usurpation constitue le crime de « lèse-majesté envers l'empereur ». Peine prévue : la crucifixion.

Ainsi que nous l'avons vu dans ses autres affrontements, Pilate n'est pas homme à laisser l'indigène dicter sa loi au préfet. Saisi d'une affaire qui pourrait ressembler effectivement à un crime politique envers Rome, mais qui lui est apportée déjà ficelée (un peu trop) par ses administrés de Jérusalem, son devoir ordinaire est de l'examiner par lui-même. Cette attitude scrupuleuse va servir son calcul stratégique ; de toute façon, c'est celle qu'on attend d'un magistrat romain.

Ce serait une balourdise (hélas commise par des générations de chrétiens) que de voir dans les tergiversations de Pilate une quelconque sympathie envers Jésus. L'administrateur colonial n'est pas un philanthrope. C'est un manœuvrier et un « maniaque de l'autorité » (J.-P. Lémonon). Ce matin il affecte de ne pas se presser, de reprendre l'enquête à zéro, de ne pas croire les grands prêtres sur parole, mais en fait Jésus ne peut que lui être indifférent. Ce préfet militaire au poil court et à l'épiderme bien raclé doit d'ailleurs voir avec un certain dégoût le Palestinien chevelu, barbu et tuméfié qui se tient devant lui, dans cette salle, avec un interprète entre eux deux.

Sur quels chefs d'accusation peut porter l'interrogatoire ?

1. Comment le narrateur sait-il ce qui s'est dit dans la salle d'audience du prétoire entre Pilate et Jésus ? Hypothèse la plus probable : Pilate n'est pas seul durant cet interrogatoire, mais flanqué d'un conseiller, d'un greffier et d'un interprète.

D'abord sur le titre de « roi des Juifs », dont on a vu le caractère criminel pour la loi impériale.

Pilate peut éventuellement aussi interroger Jésus sur les griefs classiques dont on charge les dissidents : refus de payer l'impôt, incitation à l'émeute.

Le refus de payer l'impôt n'a jamais été prôné par Jésus. Cependant les grands prêtres vont l'en accuser auprès de Pilate (Lc 23, 2). En jouant sur les mots, on peut prétendre que le « rendez à Dieu ce qui est à Dieu » (prononcé devant des auditeurs malveillants à son égard) a une signification juive théocratique (« tout le produit de notre terre est à Dieu »), donc contraire à l'impôt de César...

Quant au « trouble » et au « soulèvement » (Lc 23, 2.5) dont les accusateurs chargent Jésus devant Pilate, on ne saura jamais à quoi il pensait. Peut-être se référait-il à l'incident qui avait opposé Jésus aux changeurs et aux commerçants du parvis du Temple.

Mais de cela le préfet ne semble pas avoir parlé à Jésus ; à moins que les évangélistes n'aient pas retenu cet aspect de la conversation, se contentant de le résumer lorsque Pilate proposera le non-lieu.

Cependant, leur dialogue va prendre un tour inattendu. Jean-Pierre Lémonon a son avis sur la question :

« Pilate s'intéresse à ce qui, pour lui, est l'objet même du débat : Jésus de Nazareth revendique-t-il le pouvoir ? Quel danger représente-t-il à ce niveau ?

« Pilate ne veut pas céder à cette foule et il a reconnu que Jésus est innocent de ce dont on l'accuse, ou tout au moins inoffensif. Tel semble être le sens profond de l'épisode de Barabbas (interprétation controversée, on le verra plus loin)... Pilate ne veut pas affronter de face la foule ; selon son habitude il cherche un stratagème. On peut s'étonner que Pilate cède au désir de la foule après s'y être opposé. Pour comprendre ce changement, il faut situer cette comparution dans son cadre historique. Jésus est accusé de prétendre à la royauté. Une telle accusation est habile, car elle place Pilate dans une situation délicate : ou il convainc la foule de renoncer à ses poursuites contre Jésus, ou il cède. S'il va contre la volonté de la foule, ne risque-t-il pas d'être dénoncé auprès de Tibère comme complice d'un émeutier ? Le développement donné par Jean 19, 12 correspond bien à la situation. L'accusation portée contre Jésus oblige Pilate à montrer qu'il est un authentique défenseur de l'Empire. Sa crainte de l'empereur est exprimée dans l'évangile de Jean, mais dans tous les Évangiles elle est sous-jacente dès le début du débat, et les Juifs jouent sur elle... L'hésitation de Pilate n'est en fait que l'expression de la volonté du gouverneur de ne rien faire par complaisance pour les Juifs. Pilate ne veut pas que sa décision au sujet de Jésus lui soit imposée par ceux qu'il a la charge de gouverner. L'affaire de Jésus l'importune, il veut retrouver sa tranquillité. Il cède, car l'enjeu est tout autre que pour l'incident des enseignes où, en voulant honorer l'empereur, il est allé, en fait, contre sa volonté... Jésus provoque de l'agitation et divise les Juifs, le gouverneur se doit d'intervenir. »

Ainsi, l'attitude de Pilate serait purement réactive, et toute l'initiative resterait aux grands prêtres.

Mais on doit aussi envisager l'autre hypothèse : celle d'une manœuvre du préfet pour pousser les grands prêtres à une concession symbolique majeure (« Nous n'avons d'autre roi que César. »). Cette intention de Pilate serait conforme à l'obstination qu'il a montrée et montrera tout au long de son mandat en Judée ; elle serait cohérente avec sa volonté d'imposer la souveraineté de César jusque sur le terrain symbolique. En somme : dans l'affaire Jésus, Pilate ne cherche-t-il pas à prendre sa revanche sur l'humiliante affaire des enseignes ?

Pilate-Jésus : dialogue inutile ?

Quand on lit attentivement le récit de Jean, on y découvre les intentions véritables de Pilate, indique Simon Légasse :

« Dès le début on perçoit que Pilate ne veut pas de bien au prisonnier [...] L'interrogatoire auquel il le soumet est sans sympathie et aboutit à un refus de la "vérité" (18, 38a). Quant à défendre Jésus contre les exigences messianicides des Juifs, c'est véritablement là une pseudodéfense qui, tout en raillant ces derniers, multiplie au contraire les provocations ; celles-ci, pas à pas, conduiront à l'acte d'obédience impériale (finalement proféré par les grands prêtres, Jn 19, 15c) auquel Pilate répondra en livrant Jésus.

« S'il en est ainsi, on ne saurait attribuer à l'auteur de cette pièce magistrale la moindre intention apologétique vis-à-vis de l'Empire, et les remarques qu'on peut faire à propos de ce récit confirment ce qui découle déjà de la scène du jardin de l'arrestation (18, 6) quand la troupe, composée en partie de soldats romains, perd l'équilibre et s'effondre à la voix de Jésus. Ici, ni Pilate, ni Jésus, dans le rôle qui leur est attribué, ne se prêtent à pareil dessein (une apologie de Rome[1]).

« Pilate, tout en tenant Jésus pour politiquement inoffensif, ne saurait pour autant être considéré comme son défenseur. En effet il se montre dur avec lui, et sans la moindre trace de sympathie. Mais surtout il commet toutes les incongruités possibles vis-à-vis des accusateurs : au lieu de plaider raisonnablement auprès d'eux la cause de Jésus, il leur offre des occasions d'intensifier leurs cris de mort.

« Jésus, de son côté, ne sert guère davantage sa propre cause ni celle des chrétiens sur le plan politique[2]. Sans doute Jésus se disculpe-t-il de toute prétention à une royauté séculière. Mais il n'a rien d'un loyal sujet de l'autorité romaine, qu'il traite avec une hauteur bien peu conforme à ce qu'on attendrait d'un tel personnage. Surtout, le contenu de ses propos revendique des prérogatives intolérables pour une oreille romaine : même spirituelle, la royauté de Jésus n'est pas un vain mot ni une qualification honorifique ; elle est réelle et entend s'exercer sur le monde des hommes. Quand on sait qu'elle en chassait toute forme d'idolâtrie et qu'à l'époque où cet évangile est rédigé, des chrétiens avaient déjà payé de leur vie leur fidélité au Christ au détriment du culte impérial, on ne voit pas quelle faveur pouvait leur attirer de la part de Rome le récit de ce procès. Au vrai, en prononçant le jugement du "monde", il fait aussi celui de l'Empire. Jean accepte le conflit avec

---

1. Analysant le récit de la Passion selon Jean, Légasse montre Pilate manœuvrant et l'évangéliste Jean très critique envers le préfet romain, contrairement à ce que l'on affirme aujourd'hui ici et là.

2. Donc le rédacteur du quatrième évangile ne cherche pas à flagorner les Romains au détriment des Juifs.

l'Empire, tel qu'il est vécu actuellement, comme la chose la plus normale qui soit, puisque l'Empire a suffisamment prouvé qu'il se plaçait, avec les Juifs, du côté du monde. À l'opposé des petits-fils de Jude qui, sous Domitien, se défendaient de toute intention subversive en ôtant à la royauté du Christ son caractère séculier et en la renvoyant à la fin des temps [...], Jean ne craint pas de confier à Jésus, en tant que témoin divinement autorisé de la vérité, le soin d'affirmer sa royauté présente non seulement face à l'Empire, mais sur l'Empire. »

Ce que Simon Légasse démontre, dans la page que nous venons de citer *in extenso*, c'est que l'évangile de Jean n'est nullement une « déformation proromaine » – et que l'attitude de Pilate exprime tout autre chose qu'une sympathie envers Jésus. Joseph Blinzler, pour sa part, trouve cette attitude « énigmatique » :

« Es-tu le roi des Juifs ? » demande donc Pilate.

« ... Jésus ne pouvait répondre à la question de Pilate par un simple "oui", puisque rien n'était plus éloigné de lui que la prétention d'une royauté terrestre et séculière. Mais il ne pouvait davantage répondre "non", parce que, grâce à la conscience de sa messianité, il se savait être dans un certain sens vraiment le Roi des Juifs. Aussi répondit-il par l'affirmative, mais avec une restriction qui indiquait la particularité de sa propre conception de la royauté : "Tu le dis" (Mc 15, 2).

« S'il y avait dans cette formule une affirmation précise, absolue, Pilate aurait déclaré l'instruction terminée et prononcé la sentence. Mais les choses étant ainsi, il devait donner la parole aux accusateurs pour compléter son information.

« Les grands prêtres saisirent l'occasion pour renforcer leur accusation. Seul l'évangéliste Luc cite des détails. D'après lui (23, 3), les sanhédrites ont présenté dès le début trois chefs d'accusation :

1) Jésus soulève le peuple.
2) Il lui interdit de payer le tribut à l'empereur.
3) Il se fait passer pour le Christ Roi.

Comme Pilate demeurait indécis après avoir entendu Jésus, ils revinrent sur le premier chef d'accusation ; par son enseignement, commencé en Galilée, poursuivi jusqu'ici, il incite le peuple à la révolte (Lc 23, 5). De ces trois points, le deuxième est un mensonge manifeste ; après le témoignage de la péricope du denier de l'impôt, Jésus s'est nettement écarté des milieux nationalistes qui poussaient le peuple à refuser de payer les contributions (Mc 12, 13-17). Lui reprocher de fomenter des soulèvements, c'est aussi défigurer les faits, puisque le mouvement religieux déclenché par Jésus ne portait aucun caractère politique (*cf.* Jn 6, 15).

« Après avoir entendu les grands prêtres, Pilate invita l'accusé à prendre position.

« À sa grande surprise, celui-ci renonça à exprimer quoi que ce fût sur ces griefs. Le silence n'était généralement pas le défaut des accusés juifs.

« Il est certain que Pilate, après l'interrogatoire de Jésus et l'exposé des griefs par les sanhédrites, ne croyait pas à la culpabilité de Jésus (Lc 23, 4 ; *cf.* Mc 15, 5-9 s.). Le fait est frappant. Certes, Marc dit que le gouverneur avait reconnu que les grands prêtres avaient agi par envie (15, 10). On pourrait aussi s'aviser que l'antisémite Pilate voulut montrer aux Juifs le peu de cas qu'il faisait de leur témoignage. Cependant son comportement reste énigmatique[1]. Jésus avait déclaré, bien qu'avec une légère restriction, être le Christ Roi et avait refusé de se justifier des autres inculpations. Dans ce cas le gouverneur ne pouvait guère contester ouvertement la culpabilité de l'accusé.

« Il faut se rappeler encore une fois ici que les Évangiles ne donnent qu'un extrait des débats. Il est certain que la réponse de Jésus à Pilate a été plus développée que ce

---

1. Le comportement de Pilate est « énigmatique » mais il cesse de l'être si le préfet perd volontairement du temps, pour exaspérer les grands prêtres et les sanhédrites et les porter à ébullition jusqu'au moment où ils finiront par dire : « Nous n'avons d'autre roi que César. » Après tout, c'est eux qui ont donné involontairement cette idée de manœuvre à Pilate, en fabriquant le chef d'accusation « royal » contre Jésus... Le seul point faible des chefs juifs, dans cet affrontement, est que le temps joue contre eux : chaque minute qui passe rend plus aléatoire leur projet de liquidation éclair de Jésus. Pilate le sait. Il est donc le maître du jeu. Et il va gagner la partie qui consistait, pour lui, à vassaliser encore un peu plus ses interlocuteurs juifs.

qu'en rapportent les synoptiques. Du fait que Jésus a donné un sens restrictif à son aveu, Pilate ne pouvait pas encore conclure qu'il n'envisageait pas une royauté politique. Si malgré cela, le Romain exprime la conviction que l'accusé n'est pas un traître, c'est qu'il est à coup sûr quelque peu informé de la nature de cette prétention de Jésus au titre de roi. En effet, le quatrième évangile fait donner par Jésus une telle explication au gouverneur... D'après cette tradition, Jésus a exposé à son juge la nature spirituelle et religieuse de sa royauté au cours d'un dialogue avec celui-ci à l'intérieur du prétoire (Jn 18, 33-38). Voici la réponse qu'il fit quand Pilate lui demanda s'il était roi des Juifs : "Dis-tu cela de toi, ou d'autres te l'ont-ils dit de moi ?" Pilate répondit : "Est-ce que je suis juif, moi ? Ceux de ta nation et les grands prêtres t'ont remis entre mes mains, qu'as-tu fait ?" Alors Jésus explique sa revendication sous une forme négative : "Mon royaume n'est pas de ce monde. Si mon royaume était de ce monde, mes gens auraient combattu pour que je ne fusse pas livré aux Juifs. Mais mon royaume n'est pas ici." Pilate reconnaît à juste titre que Jésus répond à sa question par une affirmation indirecte : "Donc tu es roi ?" Jésus répond par un oui net et explique son idée de royauté d'une façon positive : "Tu le dis, je suis roi, je ne suis né, je ne suis venu dans le monde que pour rendre témoignage à la vérité. Quiconque est de la vérité écoute ma voix." Sa prétention à la souveraineté en tant que roi s'accomplit par le fait qu'il annonce la révélation divine et mène la cause de Dieu à la victoire.

« Sur quoi Pilate rompt l'entretien par une question de sceptique : "Qu'est-ce que la vérité ?" »

La phrase de Jésus sur son « royaume » qui n'est « pas d'ici » (ou « pas de ce monde », ou « pas de cet univers », ou « pas du monde de la durée présente ») parvient aux oreilles de Pilate traduite en grec. Dans cette langue, elle n'a qu'une signification spatiale ; voire *aucune* signification, sinon délirante pour un Latin. Mais Jésus pense en araméen ou en hébreu, et cela se voit à la tournure même de la phrase : dans le contexte linguistique sémitique, « ma royauté n'est pas d'ici-bas » se dit *malkhuti lo' baolam haze*, ce qui évoque aussitôt la royauté « dans l'au-delà », *malkhut chamayim* étant un euphémisme « désignant, dans la phraséologie de l'époque, le règne de Dieu » (J. Genot-Bismuth).

Cette connotation strictement juive ne peut qu'échapper à Pilate. Et elle lui échappe. Car l'on imagine mal un interprète, nerveux et inquiet, se lançant dans un cours de religions comparées à l'intention du préfet, pendant que la foule se fait entendre au-dehors. Une foule excitée par des grands prêtres et des sanhédrites – qui savent très bien, eux, ce que Jésus veut dire : c'est même pour ça qu'ils veulent sa mort.

La vérité était indicible ici

Celui qui discerne le plus profondément l'antagonisme séparant Jésus et Pilate est bien Jean, souligne Joseph Blinzler. La question « Qu'est-ce que la vérité ? » creuse l'abîme qui sépare Jésus de son juge. « Dans la procédure opposant Jésus à Caïphe, ce sont deux croyances qui s'affrontent ; malgré tous les dessous politiques, c'est de problèmes religieux dont il est question. Dans la conversation avec Pilate, au contraire aucune entente n'est possible[1]. Pilate ne se préoccupe pas de la vérité, mais il met la vérité en question. Pour lui ce n'est pas la vérité qui compte, mais seulement le pouvoir. Celui qui détient la puissance est dans son droit et possède donc la seule vérité utile : la vérité, c'est ce qui est profitable à Rome. »

Il y a aussi, dans l'*incommunicabilité* qui semble séparer Pilate de Jésus[2], quelque chose de l'abîme culturel qui bée entre le monde juif et le monde païen antique. « Vérité », *'emet* en hébreu, a un sens intraduisible en grec

1. C'est dans Jean que se trouvent les critiques les plus fondamentales envers Pilate et la surdité païenne. Aujourd'hui, devenus relativistes (donc plus proches de Pilate que de Jésus) bien des chercheurs ne voient plus ce que Jean veut dire. C'est la raison pour laquelle des textes analytiques récents s'obstinent à faire dire à son évangile le contraire de ce qu'on peut y lire.

2. Jn 18, 37 : « Je ne suis venu dans le monde que pour rendre témoignage à la vérité. »

ou en latin : « La vérité de Dieu appelle la vérité de l'homme ; l'alliance impose des obligations à l'homme ; la conduite de celui-ci est une réponse à l'appel divin[1] » (Marc Lods).

Ce que Jean Massonnet constate aussi :

« Par son enracinement historique, la foi juive devient une aventure vécue par tout un peuple, au profit d'ailleurs de toute l'humanité. Passé et avenir sont comme organiquement liés et repris dans le présent (voir le *seder* pascal). La tradition a une importance capitale, mais son rôle est de conduire le peuple dans sa marche historique, si bien qu'il n'est pas question de retourner à un âge d'or perdu, mais de s'engager résolument dans la nouveauté ; cela se réalise dans l'exégèse comme dans l'élaboration toujours renouvelée de la *halakha* au contact des changements de l'histoire. Enfin, ce renouvellement quotidien nécessaire oriente vers un accomplissement qui demeure en avant de l'histoire, vers les temps messianiques et le monde à venir qui sera inauguré par la résurrection des morts. Une telle vision, ancrée dans l'histoire, donne à la tradition juive un dynamisme dont hérita la foi chrétienne et que le monde antique n'était pas en mesure de fournir. »

Pilate ne voit tout simplement pas de quoi Jésus lui parle. Le Romain dépend d'un univers mental qui n'attend ni n'espère rien : il organise et il réglemente. Jésus « accomplit », en la transfigurant, l'espérance dynamique qui caractérise le monde juif ; un tel « accomplissement » est surnaturel et individuel. Donc il est incompréhensible[2] à l'homme qui représente l'idéologie, politique et collective, de l'Empire de Rome.

Au début de la matinée, l'attroupement devant le prétoire, sur le pavé de Gabbatha, n'était formé que de séides du parti des notables et d'un détachement de gardes du

---

1. *Dictionnaire encyclopédique de la Bible, op. cit.*

2. Même si la recherche d'une spiritualité individuelle commence à poindre à Rome : notamment chez les Romaines, comme le signalent de nombreuses sources antiques. Fait à rapprocher peut-être de ce que Matthieu (Mt 27, 19) dit de la femme de Pilate.

Temple, auxquels s'adjoignaient sans doute quelques curieux. Au fur et à mesure que la matinée s'avance, cette foule grossit inévitablement. Les renforts qu'elle reçoit sont probablement très divers. Les grands prêtres s'énervent : plus le temps passe, plus ils courent le risque de voir la situation leur échapper.

Mais pourquoi Pilate laisse-t-il passer tout ce temps ?

Pilate joue gagnant. Le temps marche pour lui. Chaque minute rapproche de la Pâque et du shabbat où l'on ne pourra plus crucifier de condamnés...

Iechoua devant Hérode Antipas

Un épisode plus historique qu'on ne dit – Jésus et Hérode : c'est leur première rencontre – L'échec de ce face-à-face

Poussés à la surenchère par les réticences très tactiques de Pilate, les grands prêtres insistent encore et encore sur l'action subversive de Jésus : « Il soulève le peuple, enseignant par toute la Judée, depuis la Galilée, où il a commencé, jusqu'ici... » (Lc 23, 5). Alors Pilate les interrompt.

« À ces mots, Pilate demanda si l'homme était galiléen. Et s'étant assuré qu'il était de la juridiction d'Hérode, il le renvoya à Hérode qui se trouvait, lui aussi, à Jérusalem en ces jours-là » (*ibid.*).

Que dire de ce revirement subit de Pilate ?

S'il se défausse vraiment en transférant l'affaire Jésus au tribunal du tétrarque de Galilée-Pérée, s'il renonce à la juger à la romaine, alors il envisage de perdre l'occasion de rouler politiquement les chefs juifs en leur extorquant un hommage lige (engagement grave et définitif) en échange de la crucifixion d'un illuminé.

Mais se défausse-t-il réellement ?

Première hypothèse : Hérode, tétrarque de Galilée, a plus ou moins le droit de juger l'un de ses sujets galiléens à Jérusalem (si c'est dans l'enceinte de son palais), et Pilate pense tout d'un coup qu'il aurait plus d'intérêt personnel, vis-à-vis de Rome, à se concilier le vibrionnant tétrarque plutôt qu'à subjuguer les grands prêtres. En ce cas Pilate renonce effectivement à son opération Caïphe. Mais cette hypothèse est peu probable, compte tenu de ce que l'on croit savoir de la psychologie du préfet.

Autre hypothèse : Hérode n'a pas juridiction sur un crime commis en Judée. En ce cas Pilate ne se prive de rien : il ne lui envoie Jésus que « pour avis ». Et il y gagne, psychologiquement : en consultant Hérode de manière extensible, Pilate donne à entendre que l'opinion du Sanhédrin ne suffit pas à un juge romain. C'est déjà marquer un point. Il sait aussi qu'Hérode avait laissé faire Jésus en Galilée, et qu'il va sans doute le traiter ici avec clémence. C'est le deuxième point marqué par Pilate, qui pourra dire à Caïphe : « Votre prisonnier est vraiment innocent, Hérode aussi le dit ; le condamner pour vous faire plaisir serait un cadeau que vous n'avez pas encore mérité. Quel gage me donnez-vous pour que je prononce la sentence ? »

Troisième hypothèse : Pilate n'a pas encore eu l'idée de manipuler les grands prêtres dans l'affaire Jésus. Il ne l'aura que lorsque les gardes ramèneront l'accusé de chez Hérode : l'indifférence affichée par le tétrarque envers ce Galiléen donnera au préfet un argument supplémentaire pour feindre de relâcher celui-ci. Toujours dans l'intention de pousser Caïphe à bout...

Faut-il considérer comme « historiquement plausible » l'épisode de Jésus chez Hérode Antipas ? Plusieurs éléments vont dans ce sens. Aussi bref que soit le passage de Luc, il contient des indications qui s'enracinent dans l'histoire. Ainsi le verset 12 : « Et, ce même jour, Hérode et Pilate devinrent amis, d'ennemis qu'ils étaient auparavant. » Nous savons que cette situation est historique et qu'Antipas a l'habitude de nuire aux administrateurs romains auprès du gouvernement impérial ; on se souvient de sa façon d'écrire à Rome le premier, avant Vitellius (gouverneur de Syrie), pour ôter à celui-ci le mérite d'annoncer le succès de ses propres tractations avec les Parthes (outré, Vitellius en fit une dépression nerveuse). Nous devinons qu'Antipas use des mêmes procédés envers Pilate, et qu'il informe Rome des manœuvres maladroites du préfet[1]. Celui-ci a nécessairement envie d'amadouer le

1. L'affaire des enseignes, des boucliers, etc.

venimeux petit prince, vraie menace pour une carrière préfectorale. Nous sommes ici en pleine histoire vécue : « Le trait lucanien sur l'inimitié entre Pilate et Hérode Antipas est très proche de ce que nous savons des rapports des gouverneurs avec les princes locaux » (J.-P. Lémonon).

« Cette information est authentique, comme le montre Ac 4, 25-28[1] », estime David Flüsser à propos de l'aller-retour de chez Pilate au palais d'Antipas, même si certains exégètes ont voulu y voir une fiction symbolique empruntée au psaume 2[2], cité par les Actes (4, 25-26). En réalité la scène n'a rien d'invraisemblable, juge Jean-Pierre Lémonon : « Luc peut faire écho à une tradition orale qui conservait le souvenir d'une participation d'Hérode à la Passion de Jésus. Par ce renvoi, Pilate se tirait d'une situation difficile qui le contraignait ou à céder à la foule, ou à paraître favoriser un candidat à la royauté juive. C'était aussi une occasion de se concilier les bonnes grâces d'un prince indépendant bien vu de l'autorité impériale [...] D'un point de vue légal, Pilate n'avait aucune obligation d'envoyer Jésus à Hérode ; en effet, [...] dès le début de l'Empire, un criminel était jugé là où il avait commis les crimes qui lui étaient reprochés, et non pas dans sa province d'origine. De cette scène nous retiendrons surtout le verset 12, écho des rapports difficiles entre gouverneur romain et princes locaux. »

Comment l'évangéliste a-t-il su ce qui s'était passé dans la salle d'audience du palais du tétrarque ? Les sympathisants de Jésus dans l'entourage d'Hérode Antipas peuvent avoir relaté la scène. Nous les connaissons déjà : il y a Jeanne, l'épouse de Chouza (employé de la cour hérodienne), qui fait partie des Galiléennes disciples de Jésus. Il y a l'ami de jeunesse du tétrarque nommé Manaën, que l'on retrouvera chrétien à Antioche, ville d'où Luc lui-même était probablement originaire...

1. Le passage des Actes mentionne lui aussi le jeu réciproque de Pilate et d'Hérode.

2. « Les rois de la terre se sont ligués – Les princes font leur unité – Contre le Seigneur et contre son Oint... »

Jésus et Hérode : c'est leur première rencontre

Nous avons déjà dit à quel point les grands prêtres ont dû être décontenancés de l'attitude de Pilate. Comme ils n'ont pas le choix, ils reprennent possession du prisonnier, reforment leur cortège, et repartent dans les rues de la ville haute pour se rendre à la résidence d'Hérode Antipas.

À nouveau, les notables marchent en tête, suivis de Jésus avec ses gardiens, et du groupe de séides. Mais ils sont certainement suivis aussi (l'heure avançant) d'un certain nombre de curieux.

La résidence des Hérode à Jérusalem se dresse sur la « butte » de l'Akra, située non loin de l'esplanade Gabbatha[1]. Josèphe nous dit que c'est là, au « palais des Hasmonéens », surplombant la vallée du Tyropoeon, que la famille Hérode réside lors de ses séjours à Jérusalem.

Luc ne donne aucun renseignement sur les circonstances de l'accueil réservé à Jésus ; l'heure matinale et l'improvisation de cette rencontre ne permettent pas d'imaginer une sorte de scène de cour (comme le cinéma l'a plusieurs fois tenté).

Hérode Antipas est un prince régnant, sorte de petit chef d'État. Il prend certainement au sérieux, pour commencer, le cortège qui arrive chez lui : ce sont les grands prêtres de Jérusalem, accompagnés de scribes du Sanhédrin. Il doit déjà être au courant, car Pilate n'aurait pas manqué de l'en avertir. (Il veut sûrement que le tétrarque sache de qui lui vient cet « hommage » ; ne l'oublions pas, envoyer un inculpé à Antipas, c'est reconnaître au tétrarque une exterritorialité judiciaire. Peut-être Pilate, en poste en Judée depuis quatre ans seulement, n'a-t-il pas encore eu l'occasion de lui concéder ce privilège : on comprend alors d'autant mieux que ce dernier s'en réjouisse.) Si Hérode Antipas est « tout joyeux » (Lc 23, 8) de voir que ce cortège lui amène Jésus le Nazôréen, c'est probablement parce que Pilate, dans l'exercice de ses propres prérogatives officielles, fait au tétrarque la courtoisie de le consulter, voire

1. Voir Flavius Josèphe (*Guerre* II, 16, 3 § 344 ; *Ant.* XX, 8, 11 § 189 s.).

de le prendre pour arbitre, dans une affaire judiciaire difficile. Tout au cours du drame de la Passion, la politique politicienne ne cessera de jouer un rôle.

« Hérode chercha toute sa vie à recueillir l'héritage d'Hérode le Grand, c'est-à-dire à se faire nommer par Rome roi de la grande Judée hérodienne. En ce sens, la présence même d'un gouverneur romain en Judée était l'indice de son échec, puisque les Judéens n'avaient pas fait appel à lui lors de la déposition d'Archelaüs ; mais en même temps il ne pouvait se permettre d'indisposer un représentant de Rome[1]... » (É. Nodet).

Mais si Hérode est joyeux, nous dit Luc, c'est surtout qu'il voudrait voir Jésus « faire quelque miracle ». Il le prend pour un faiseur de prodiges.

Les gens de l'Antiquité croient aux phénomènes extraordinaires (c'est conforme à leur vision du monde), et ils souhaitent en voir. Sauf que les foules juives ont été incapables de comprendre la signification réelle des miracles de Jésus, et que leurs notables religieux ont crié à la sorcellerie ; on ne peut donc imaginer qu'Antipas (ce quasi-païen) se montre plus perspicace qu'eux.

En tout cas il connaît le réputation de thaumaturge de Jésus, et il se réjouit de le voir entrer dans sa salle d'audience.

La légende veut qu'Hérode soit futile et équivoque. Dans la réalité, c'est un potentat grisonnant, au pouvoir depuis trente-quatre ans, dans une région dangereuse, et qui doit plutôt tenir du vieux madré. La notoriété de Jésus l'avait atteint de longue date. Son entourage avait dû lui dire que ce faiseur de miracles allait finir par se proclamer Messie, ce qui n'aurait pas fait l'affaire des Hérodiens. D'où le propos rapporté à Jésus : « Hérode veut te tuer » (Lc 13, 31). Avertissement d'ailleurs assez trouble et fait dans une intention ambiguë ; si Hérode avait vraiment voulu du mal à Jésus, il l'aurait éliminé sans difficulté. Poussé à agir contre lui, Hérode s'était borné à lui faire parvenir une

1. Hérode ne peut se permettre d'affronter un préfet impérial, mais il ne se prive pas de lui tirer dans le dos auprès des autorités de Rome, comme il le fait envers le puissant gouverneur de Syrie.

menace de mort, qui signifiait un ordre de quitter la région.

Or on amène Jésus à Antipas dans son palais de Jérusalem, en grand arroi.

« À la vue de Jésus qui lui est amené, Hérode Antipas éprouve une grande joie. On peut en connaître la cause. C'est qu'auparavant, durant l'activité galiléenne de Jésus, Hérode s'était enquis de lui. Devant le foisonnement des opinions populaires, y compris l'hypothèse d'un Jean Baptiste *redivivus*, le tétrarque s'interrogeait : "Jean, je l'ai décapité. Quel est donc celui-ci dont j'entends de telles choses ?" Et le texte continue en notant qu'Hérode "cherchait à le voir"... Le désir d'Hérode, entretenu "depuis longtemps", est désormais satisfait. Celui dont la renommée est parvenue jusqu'à lui, il peut enfin le voir. On comprend qu'en la circonstance sa joie soit grande. Mais ce qu'Hérode attend de Jésus n'est pas un discours : s'il voulait le "voir", c'est – on l'apprend ici – avant tout pour "voir" quelque signe effectué par lui » (S. Légasse).

Le tétrarque s'adresse à Jésus seul. Il l'interroge, « avec force paroles ». Mais nous ne savons pas quelles questions Hérode pose au prisonnier. Cette scène est très étrange, presque onirique. Les accusateurs de Jésus tentent en vain d'attirer l'attention du tétrarque en proférant et en martelant leurs accusations (« avec véhémence », dit Luc). Alors qu'Hérode, pendant ce temps, tente en vain d'attirer l'attention... de Jésus, en lui posant force questions. La seule zone de silence dans cette salle, c'est Jésus lui-même. Il se tait, alors qu'il est le maître bien connu des face-à-face. (Les Évangiles le montrent très souvent ouvrant l'esprit d'un interlocuteur, à l'aide de subtils coups de pouce maïeutiques, de quiproquos volontaires, de paradoxes éclairants.) Face à Pilate, Jésus a un peu parlé ; face à Hérode, il ne dit absolument rien.

« Hérode se place parmi ceux qui, à l'encontre de la volonté de Jésus, lui demandent "un signe venu du ciel". À ceux-là il répond en les invitant implicitement à la conversion (Lc 11, 16.29-32). Hérode, pour sa part, n'aura ni signe ni réponse : il aura beau multiplier les demandes, Jésus leur oppose un silence absolu » (S. Légasse).

Comment Hérode ressent-il ce silence ? On ne connaît que sa réaction extérieure. Il se redresse, il se vexe, il se replie sur la posture de l'homme important à qui l'on fait perdre son temps. Il feint de se rappeler que c'est une affaire judiciaire, et se met à écouter les scribes et les grands prêtres. Ceux-ci lui expliquent que Jésus a une prétention royale. À ces mots, le père d'Antipas, le vieil Hérode sanguinaire, aurait (s'il vivait encore) fait une tragédie épouvantable : il ne supportait pas l'idée d'une concurrence, fût-elle dérisoire ; d'où par exemple le Massacre des Innocents. Ou celui de membres de sa propre famille. Mais son fils Antipas n'est pas un paranoïaque : la prétention royale de Jésus, si elle existe, lui semble plutôt un prétexte à hilarité. Lui-même, Hérode le Jeune, n'est pas arrivé à se faire nommer roi – mais cet obscur Jésus prétend au diadème ? Éclat de rire général !

Hérode ne se fâche pas contre Jésus. Il n'a pas non plus de geste cruel. « On est loin de son projet meurtrier tel qu'il est rapporté plus haut (Lc 13, 31). Ici l'occasion était trop belle de le réaliser en appuyant auprès de Pilate les calomnies des autorités juives. Mais à contexte différent, attitude différente, suivant le but poursuivi par l'évangéliste », dit Simon Légasse : Luc nous montre Hérode affectant de traiter avec dédain « un homme à la réputation surfaite ». Lui « et ses gardes » infligent à Jésus quelques démonstrations de mépris, et le renvoient à Pilate après l'avoir affublé d'un vêtement que Luc qualifie de *lampros*.

« Cet adjectif[1] n'exprime aucune couleur : ni le rouge, pourpre ou écarlate, ce qui nous ramènerait aux pantomimes royales de Mc 15, 17-20 (Mt 27, 28-31) et Jn 19, 2-3 ; ni le blanc, où l'on croit parfois saisir une allusion à la toge blanche (*toga candida*) que revêtaient les "candidats" à un office public, manière de ridiculiser un prétendant messianique. Le mot *lampros* ne signifie ni rouge ni blanc, mais "brillant", "rutilant", "éblouissant", et il peut tout aussi bien évoquer un accoutrement "voyant" ou "criard". Ici deux remarques. La première est qu'en revêtant ainsi Jésus, Hérode, loin de l'honorer, s'en amuse : c'est ce qui

1. *Lampros*.

découle du contexte immédiat. Mais, seconde remarque, au lecteur il n'échappera pas qu'un vêtement splendide convient éminemment à celui qui peu auparavant a annoncé sa glorification (Lc 22, 69) et qui, au cours de son ministère, s'est montré à ses intimes dans sa "gloire", en vêtements "éblouissants de blancheur" (Lc 9, 29.32) lors de sa Transfiguration... L'ironie affleure dans ce trait à double sens, car la mascarade où l'on se joue de celui qu'on tient pour un benêt inoffensif devient, à l'insu d'Hérode et de ses gardes, un hommage anticipé au Christ qui devait "souffrir toutes ces choses pour entrer dans sa gloire" (Lc 24, 26) » (S. Légasse).

Schalom Ben-Chorin pose un regard plus judaïque sur ce vêtement :

« Hérode "renvoie Jésus drapé dans un vêtement blanc" (Lc 23, 11). Cette image doit être rapprochée du manteau rouge dont les mercenaires de Pilate (Mc 15, 17) revêtent Jésus pour le flageller. Les textes mentionnent que Jésus dut remettre ses propres vêtements avant la crucifixion. Ce triple changement de vêtement (si toutefois il eut lieu) veut rappeler, au niveau du travail rédactionnel, la mort expiatoire de Jésus, qui vient remplacer le Jour du Grand Pardon (*Yom Kippour*).

« D'après le rituel du Jour du Pardon (Lv 16, 4 et 24), le grand prêtre échange ses vêtements contre un habit de laine blanche, pour accomplir le Pardon. D'après la Mishnah *Yoma* 7, 3, il s'agit pourtant bien, en réalité, de trois vêtements de culte différents : "Il (le grand prêtre) avait fait la lecture en vêtements de *byssos*, alors il se lava les mains et les pieds, se déshabilla, s'immergea... et on lui apporta les vêtements d'or. Il les revêtit et se lava les mains et les pieds, ensuite il sortit et sacrifia son bélier... Il se lava les mains et les pieds, se déshabilla, s'immergea et on alla lui chercher les vêtements blancs." (Ce n'est qu'à la fin du rituel qu'il revêtait à nouveau ses propres habits.)

« Pour les Évangiles, le Jour du Grand Pardon se trouve magnifié par le sacrifice du Golgotha. Jésus y est vu comme le grand prêtre, d'où la nécessité de mentionner clairement ces changements de vêtements. Aux yeux des disciples, l'habit blanc d'Hérode établit Jésus en authentique grand prêtre, et le manteau rouge de la dérision fait apparaître en lui le Roi véritable. Il faut y voir aussi une réponse à Qoumrân, où l'on distinguait également un Messie sacerdotal et un Messie royal, comme en témoigne l'épître aux Hébreux. Alors que le vêtement blanc d'Hérode et le manteau rouge des légionnaires sont là pour montrer en Jésus le Messie Roi et grand prêtre ; le simple vêtement qui est le sien le représente ensuite comme le Messie souffrant » (S. Ben-Chorin).

Quant à Joseph Blinzler, il voit dans la plaisanterie d'Hérode un message à Pilate : « Mais si ce déguisement vise à tourner cette revendication en ridicule, le renvoi de Jésus à Pilate dans ce travesti n'a pu être inspiré par le désir de présenter l'accusé comme un "usurpateur répréhensible". Le tétrarque a dû plutôt compter que Pilate en comprendrait le symbolisme tout comme lui-même, c'est-à-dire que la prétention de l'accusé à la dignité royale était trop ridicule pour qu'il fallût le prendre au sérieux et lui infliger une peine correspondante. »

« C'est ainsi que Jésus est renvoyé à Pilate. Le sens de ce geste sera explicité au verset 15. Pour l'instant on apprend que son effet est de réconcilier Pilate et Hérode. Les sources non scripturaires sont muettes sur leur brouille antérieure, et Luc ne fait rien pour dissiper notre ignorance. Mais que les deux hommes soient devenus "amis" à cause de Jésus est un fait qui n'a pu laisser indifférents l'évangéliste et ses lecteurs. Et s'il est vrai que l'amitié en question est à comprendre, comme en Jn 19, 12, dans un sens politique et non personnel, cela n'ôte rien à l'éloquence du symbole, mais au contraire en accroît la dimension » (Ben-Chorin).

Et nous voyons se former, pour la troisième fois, le tragique cortège de Jésus et de ses accusateurs. Ceux-ci, toujours plus crispés, vont refaire en sens inverse le chemin et retourner au prétoire de Pilate ; leur victime avec eux, transformée par son vêtement « brillant » en message du tétrarque au préfet...

Cet épisode, lui aussi, nous ancre dans l'idée que les récits de la Passion sont irrigués par l'histoire. Ils nous montrent (par petites touches légères, comme en passant, sans insister) que le drame qui se joue sous nos yeux a pour ressort les jeux de pouvoir et les intérêts. Pour ceux qui vont envoyer Jésus à la mort, le problème de son innocence ou de sa culpabilité n'est qu'au second plan. *A fortiori* le problème de son être profond… Aucun manichéisme, aucun affrontement mythologique ne se fait jour dans le récit évangélique du conflit entre ces autorités, qui semble, par instants, n'être plus que secondairement un procès à Jésus. Elles ont des mobiles contradictoires et elles ne « combattent » pas Jésus en tant que tel (comment sauraient-elles qui il est en vérité ?) ; elles ne font que l'écarter ou l'éliminer, pour des raisons collatérales. Ceux qui s'approchent le plus de son mystère – les grands prêtres et les scribes – commettent tout de même un contresens ; donc ils « ne savent pas ce qu'ils font », pas (beaucoup) plus que, tout à l'heure, ne le sauront les bourreaux romains.

Jésus n'est pas condamné pour ce qu'il *est*, mais pour *ce qu'il n'est pas* : un imposteur (selon Caïphe). Ou un dissident politique (selon Pilate). Quant à Hérode, il ne pense même pas que Jésus doive être condamné. Les centres d'intérêt du tétrarque sont trop éloignés de la question pour qu'il se soucie de la traiter, sinon par la dérision ; sans doute estime-t-il avoir été bienveillant envers Jésus en ne le maltraitant pas et en ne conseillant pas de le condamner. Le pire est que c'est vrai : pour un potentat de l'époque, Antipas vient de se montrer débonnaire. L'épisode n'en « accomplit » pas moins (dans l'esprit de Luc) les prophéties (psaume 2), annonçant que les hommes allaient rejeter l'Oint du Seigneur. Cette idée de *rejet par le monde* imprègne également l'évangile de Jean : celui où s'exprime le plus fortement l'idée du « procès » intenté à Jésus.

Le mystère de ce rejet global réside dans le fait qu'il n'est pas intentionnel mais résulte d'une série de rejets partiels, plus ou moins inconscients, opérés en toute bonne foi ou au nom d'intérêts supérieurs : intérêt de l'État, de la société, de la classe dirigeante responsable… Aucun des accusateurs de Jésus n'est un monstre ; chacun apparemment a de bonnes raisons ; chacun voit midi à sa porte. Ce sont des « hommes de responsabilités », d'une espèce très banale. Peut-être est-ce à cause de cela que le récit de la Passion continue à provoquer le malaise, deux mille ans plus tard.

Iechoua revient devant Pilatvs

Vers le dénouement : la manœuvre de Pilate – L'affaire Barabbas (les « résistants » font le jeu des « collabos ») – « Que son sang retombe sur nous » – Pourquoi Pilate fait flageller Jésus ? – La phrase décisive – Pilate « cède » et gagne, Caïphe « gagne » et perd

Les rues de la ville haute voient passer le cortège insolite une troisième fois. Jésus est ramené au prétoire et remis aux plantons de Pilate.

La matinée s'avance et la nervosité augmente.

La foule n'est plus la même. Il y a maintenant des gens du peuple, qui se rassemblent devant le prétoire pour un autre motif que l'affaire Jésus.

« Tandis que Pilate négociait à nouveau avec les hiérarques, une foule montant de la ville basse défila devant le prétoire pour faire usage comme d'habitude du droit de supplique. Ce fut le début d'une phase nouvelle du procès devant Pilate. Si jusqu'alors, à côté du juge romain et de l'accusé, les sanhédrites avaient été les seuls protagonistes de l'affaire, à partir de ce moment l'influence de la masse va se faire de plus en plus sentir. Pilate n'y trouva d'abord pas à redire... » (J. Blinzler).

La foule « monta » au prétoire, écrit Marc (15, 8) : le palais d'Hérode (prétoire) surplombe la ville. De quelque lieu que vienne cette foule-là, et elle vient certainement de la ville basse, elle doit « monter » pour parvenir sur la butte que l'on appelle Gabbatha ou Lithostroton.

Pourquoi monte-t-elle ? Pour demander la mise en œuvre d'un droit de grâce préfectoral. Cette foule veut faire libérer l'un des siens, emprisonné pour émeute.

L'esplanade est donc occupée maintenant par plusieurs foules qui n'ont pas la même mentalité : les gens de Caïphe sont désormais entourés d'une foule militante, montée de la ville basse pour exiger le privilège pascal (en faveur d'un prisonnier activiste), à laquelle il faut ajouter sans doute des boutiquiers, qui ne pardonnent pas à Jésus son algarade contre le commerce de pèlerinage ; et des pèlerins, qui grouillent dans toute la ville (notamment autour de la Porte des Jardins, proche du quartier du prétoire), et qui sont attirés par cette manifestation insolite devant le palais des Romains.

Quelques disciples de Jésus doivent aussi être mêlés à la foule : au moins un homme et plusieurs femmes que l'on retrouvera, courageusement, présents au Golgotha (Jn 19, 25-26).

Le groupe de Qayafa est donc maintenant en minorité, devant la tribune du juge. Si l'affaire tourne à la confrontation publique entre Pilate et la foule, les grands prêtres risquent d'être débordés par la clameur publique. À moins que celle-ci n'aille dans le « bon sens » ? Caïphe et les siens se demandent si la situation ne va pas leur échapper. Ils sont d'autant plus mal à l'aise qu'ils ignorent les intentions du préfet.

Bar Abba sort de l'ombre

Pilate, on s'en souvient, a éludé la dernière phrase de Jésus, avec une fausse question qui est un haussement d'épaules : « Qu'est-ce que la vérité ? »

Maintenant il ressort du prétoire. L'esplanade, à ses pieds, est noire de monde : une foule hétéroclite dont la présence risque de parasiter son bras de fer avec les grands prêtres.

Selon toute vraisemblance, Pilate sait où il veut en venir. Son but n'est pas de sauver Jésus. Tout se passe comme si le préfet voulait mettre Caïphe et les siens hors d'eux et leur donner l'impression qu'ils vont à l'échec, pour les amener à lui faire une concession politique majeure.

La méthode de Pilate a consisté à exaspérer les chefs juifs en perdant du temps. Maintenant il va les brusquer, en leur présentant l'affaire de façon de plus en plus inacceptable. Il va offrir à la foule de mettre en liberté Jésus, dont elle ne veut pas. Et il va appeler celui-ci « le roi des Juifs », ironie calibrée pour exaspérer l'auditoire.

« [...] Je ne trouve en lui aucun motif de condamnation », déclare-t-il à la foule. C'est comme s'il disait à Caïphe : « Je ne suis pas dupe de ton montage. » Puis il aggrave délibérément son cas, en s'adressant à l'ensemble de la foule, comme si c'était elle son interlocuteur et non plus le grand prêtre. Il sait qu'en appelant Jésus « roi des Juifs », il ne peut que faire hurler l'assemblée.

« [...] Mais c'est pour vous une coutume que je vous relâche quelqu'un à la Pâque, poursuit-il. Voulez-vous que je vous relâche le roi des Juifs ? » (Jn 18, 38)

La foule hurle : « Pas lui, mais Barabbas ! » Et Jean ajoute laconiquement : « Or Barabbas était un brigand » (*ibid*).

La même scène est relatée de façon plus explicite par les synoptiques[1]. Marc, souvent considéré comme le plus ancien des évangélistes, fait comprendre (15, 1 s.) ce qui doit s'être passé en réalité :

— C'est sur la demande du peuple que se fait la libération d'un prisonnier, à chaque fête de Pâque.

— Le nommé Barabbas est un personnage impliqué dans une émeute dont tout Jérusalem a entendu parler (« la » sédition, écrit Marc).

— La foule est montée, des quartiers populaires au prétoire, pour demander la grâce de Pâque en faveur de Barabbas et de personne d'autre.

— Or Pilate va leur offrir de libérer Jésus, et en l'appelant « roi des Juifs », exactement comme s'il voulait rendre son offre inacceptable.

— Alors les hommes de Caïphe, saisissant cette chance, vont « exciter » la foule à rejeter l'offre de Pilate (ce pour quoi ces gens étaient venus de toute façon). Et voilà les hiérarques réconciliés provisoirement avec le petit peuple,

1. Lc 23, 13 s. ; Mc 15, 1 s. ; Mt 27, 15 s.

comme Hérode s'est réconcilié avec Pilate, contre Jésus ; c'est le processus du « bouc émissaire » analysé par René Girard.

— Quand Pilate demande une deuxième et une troisième fois quoi faire du « roi des Juifs », les amis de Barabbas, de plus en plus échauffés, crient : « en croix ! ». C'est le cri de rage d'une foule qui ne veut plus entendre parler de quelque chose.

Tout se passe comme si Pilate l'avait fait exprès. (Tout à l'heure il recommencera, en faisant écrire : « Le roi des Juifs » sur l'écriteau de la croix.)

Quant au récit de Matthieu (27, 15 s.), il reprend les mêmes éléments que celui de Marc.

Malgré la précision, la cohérence et la plausibilité historique de ces données, l'épisode Barabbas a été mis en doute par une certaine exégèse au XXe siècle.

Mais la recherche de ces dernières années a « réhabilité » l'historicité de ce récit. Elle constate que l'affaire Barabbas est attestée dans les quatre Évangiles ; que trois d'entre eux mentionnent la tradition de la grâce de Pâque ; et que cet épisode fait partie de la plus ancienne « couche » du récit de la Passion. Les chercheurs modernes soulignent aussi que cet épisode est parvenu aux évangiles canoniques par des canaux indépendants les uns des autres. Et que la communauté chrétienne primitive n'aurait eu aucun intérêt à fabriquer un récit fictif et à inventer une grâce imaginaire, alors que l'on était encore assez près des événements pour savoir ce qui était historique ou non.

Simon Légasse conclut : « Qu'un séditieux nommé Barabbas ait été libéré par Pilate à la demande de la foule est donc vraisemblable. Ce n'était d'ailleurs pas le seul cas où celle-ci se pressait devant le tribunal du gouverneur à Jérusalem (ainsi encore lors de l'affaire de l'aqueduc). On peut même envisager que ce fait se soit déroulé le même jour que celui où Pilate condamna Jésus, comme le suggère la présence d'autres crucifiés en sa compagnie. »

Et Jacqueline Genot-Bismuth crée la surprise à propos de... la famille de Barabbas : « Le nom suffit à dresser une manière de profil : Bar Abba était sans doute le fils (araméen *Bar*, hébreux *Ben*) d'un Pharisien respecté comme

Abba ou Baba bar Buta, Abba Chaoul ben Botnit ou Abba Schaoul. “Abba”, avant la généralisation du titre de “rabbi” (mon maître) au lendemain de la catastrophe de 70, est le titre de prestige et de respect accordé aux grandes figures pharisiennes, leaders sans doute de confréries et parfois chefs d'école. Bar Abba : un “bandit”, autrement dit un “baryona”, donc un terroriste zélote, et certainement pas la crapule de droit commun dans laquelle l'imagerie chrétienne édifiante et pieuse s'est si longtemps complue. Si l'on relit entre les lignes le récit de Jean, cela est clair ! C'est parce que c'est un “bandit” (*Pestès*) que la foule réclame son élargissement, et Flavius n'employait pas d'autre mot pour désigner les adeptes du terrorisme zélote... À l'apôtre de la non-violence qui veut une royauté utopique et rend aux Romains ce qu'ils réclament, la foule de *Pessah*, elle, préfère le terroriste anti-romain. »

Quant au fait que l'autorité romaine libère un prisonnier de marque au moment de la Pâque, il n'a rien d'invraisemblable, souligne Étienne Nodet : « La Mishnah indique que l'on doit préparer aussi la Pâque pour celui dont la libération a été promise (*M. Pesahim* 8, 6). Il s'agit d'une grâce, et non de l'achèvement prévu d'une peine ordinaire, régulièrement purgée. »

Et voici le plus étrange : il n'est pas impossible que Bar Abba ait eu lui aussi pour prénom... Iechoua. Quelques versions manuscrites de l'évangile de Matthieu disent en effet : *Iesoun Barabban*, « Jésus Barabbas ». Plusieurs experts estiment que cette indication était authentique et que les « éditions » ultérieures de Matthieu ont effacé ce prénom par respect pour le Christ.

Si Barabbas a vraiment porté le même prénom que Jésus de Nazareth, on imagine l'ironie perverse de Pilate :

« Lequel de vos deux Iechoua voulez-vous que je vous libère ? »

C'est comme s'il leur disait : « Comment voulez-vous que je m'y retrouve si vous vous appelez tous Jésus ? »

On imagine dans ce cas l'énervement de son auditoire.

David Flüsser évalue l'aspect politique du face-à-face entre Pilate et la foule :

« Le gouvernement romain considérait comme son devoir de crucifier ces terroristes et notamment Barabbas, le chef de la bande. Quand une telle procédure advenait un jour de fête au milieu de la foule des pèlerins, la main de Rome apparaissait dans sa rigueur aux yeux de tous. Mais l'exécution du héros populaire pouvait provoquer une révolte, et l'atmosphère chargée des fêtes de pèlerinage, notamment de la Pâque, était un moment particulièrement favorable à cette fin. Car les brigands juifs auraient vraiment envie de venger la mort de Barabbas, et ce serait là une occasion de plus de faire sentir à ce peuple à la nuque raide la puissance et l'efficacité du glaive romain.

« Mais les grands prêtres sadducéens, détestés par le peuple, vivaient dans la crainte d'une rébellion de la foule au moment de la fête (Mt 26, 5). Leur seul moyen d'éviter une révolte était alors d'épargner la vie de Barabbas.

« Une occasion unique s'offrait à eux. En l'honneur de la fête pascale, le gouvernement romain graciait tous les ans un prisonnier juif. Les sources rabbiniques nous apprennent que trop souvent cette amnistie se faisait attendre[1]. Plus d'une fois elle exigera de patients efforts de la part des Juifs.

« [...] La foule était déjà rassemblée devant la résidence du gouverneur et demandait l'amnistie habituelle d'un prisonnier. Dans (le) "roi des Juifs", Pilate ne voyait vraiment aucun danger pour l'Empire romain. Espérait-il que les Juifs eux-mêmes comprendraient qu'il n'y avait aucune raison sérieuse pour l'exécuter ? Il ne pourrait faire crucifier Barabbas qu'en relâchant Jésus. Mais à ce moment-là les grands prêtres intervinrent. Sans haïr Jésus, la foule était en faveur de Barabbas, héros de la libération nationale. Pour une fois, il était donc facile aux grands prêtres de se donner un air populaire en incitant la foule à exiger de Pilate la libération de Barabbas [...] "Crucifie-le" : ce cri vint d'abord des grands prêtres et de leurs suppôts... Renseignement important fourni par Jean : la "rage (organisée) du peuple" était donc en vérité le cri des grands prêtres et de leurs serviteurs. »

Reste l'hypothèse selon laquelle Pilate cherche sincèrement à sauver Jésus. Elle est peu plausible, nous l'avons

1. S. Safraï, *Pilgrimage at the Time of the Second Temple*, Tel-Aviv, 1965 (en hébreu).

vu, mais c'est une interprétation traditionnelle, notamment celle de Joseph Blinzler (qui mérite examen) : « Le [préfet] engagea aussitôt la négociation d'amnistie dans le sens qu'il souhaitait, en offrant à la foule la mise en liberté gracieuse de Jésus qu'il appelle, mi-ironique, mi-soucieux de l'avantage des gens, leur roi : "Voulez-vous que je vous relâche le roi des Juifs ?" (Mc 15, 19). Il ne pouvait ignorer que les motifs de l'insistance de la caste sacerdotale à faire exécuter Jésus n'étaient nullement dus à un loyalisme soudain éveillé à l'égard de l'État romain, mais inspirés par l'égoïsme et l'intérêt (Mc 15, 10). Aussi pouvait-il espérer que le peuple auquel ces motifs-là devaient être indifférents le suivrait dans son intention. Il commit néanmoins une grave erreur de tactique. Avant tout, Pilate n'a pas tenu compte du fait que la foule anti-romaine ne prendrait pas ouvertement son parti si elle avait à choisir entre une solution proposée par les sanhédrites et la sienne. Il n'a pas non plus imaginé que la masse pouvait s'être déjà mise d'accord sur un candidat avant de paraître devant lui. Le texte de Marc manque ici de clarté. Il semble toutefois qu'on doive comprendre que la foule ait visé dès le début à la libération de Barabbas. Ce fut de la part de Pilate une énorme maladresse de proposer, de son chef, Jésus à l'amnistie, sans entendre d'abord les gens. Différents interprètes pensent que le Romain a été victime d'un malentendu, hypothèse qui n'est pas tout à fait sans fondement. Elle s'appuie sur le fait que, dans le texte de Césarée de Matthieu (27, 16 s.), Barabbas est appelé Jésus Barabbas, leçon qui est considérée par de sérieux chercheurs comme authentique. Si ce prisonnier s'est appelé de son nom entier Jésus Barabbas, l'initiative de Pilate pourrait s'expliquer par le fait qu'il interprétait le désir de la foule de voir amnistier Jésus (Barabbas) comme une manifestation en faveur de Jésus de Nazareth qui était devant lui. Rien n'est sûr à ce sujet.

« Toujours est-il que la fatalité entra en jeu dès l'instant où Pilate mêla l'affaire de Jésus à l'exigence d'amnistie du peuple. Les grands prêtres répondirent au nouvel essai de dérobade du gouverneur, en disposant, sans attendre, la foule contre Jésus et pour Barabbas... C'est à ce moment-là seulement que s'élargit le cercle de ceux à qui la mort de Jésus est imputable. Au point de départ il ne comptait que la caste restreinte des chefs, dès lors il comprenait une assez grande partie du peuple de Jérusalem... Plus tard Pierre a reproché en termes amers aux gens de Jérusalem leur funeste décision (Ac 3, 13 s.). »

Cette hypothèse de Blinzler présente trois défauts :

1. Faire de Pilate un homme assez naïf pour croire que la plèbe (qu'il a déjà vue déchaînée) pourrait lui donner raison contre le Sanhédrin.

2. Croire que cette manifestation (montée de la ville basse vers le prétoire) n'a pas déjà une idée en tête, et qu'elle va se laisser dicter une préférence.

3. Localiser la responsabilité de la mort de Jésus dans tel ou tel groupe sociologique, alors que l'Évangile lui-même note qu'« Ils ne savent ce qu'ils font », et que Pierre confirme cette irresponsabilité des acteurs dans le passage des Actes (3, 17) : « Cependant, frères, je sais que c'est par ignorance que vous avez agi, ainsi d'ailleurs que vos chefs. »

4. Imaginer que Pilate s'y est pris avec une balourdise et une maladresse évidentes, énormes, contraires au bon sens. Or c'est un homme qui n'est ni stupide ni fou, même s'il est obstiné...

Ce qui nous ramène à l'hypothèse de la manœuvre politique, beaucoup plus conforme à ce que l'on sait de l'esprit du préfet.

Sur le terrain, autour du tribunal, tout va donc se passer comme si une foule de plébéiens « résistants » se mettaient (aveuglément) à faire le jeu d'un groupe de notables « collabos ». Comme Caïphe, comme Pilate, comme Hérode, les résistants aussi voient midi à leur porte. Ils ne sont venus exiger qu'une seule chose, bien précise : la libération d'un prisonnier et pas n'importe lequel, le leur. Ils vont l'obtenir, par la clameur populaire. Ils auront même l'impression d'avoir mené un combat pour forcer Pilate à leur donner satisfaction, et donc à « céder à la bonne cause ».

Pilate manœuvre et se « lave les mains »

À ce stade, la question devient : pourquoi Pilate se met-il à traiter le problème en plein air, avec la foule, plutôt que de mettre au point sa décision à huis clos et de sortir la signifier majestueusement au peuple ?

Pourquoi semble-t-il chercher l'affrontement et les hauts cris ?

Ne serait-ce pas parce que l'objectif pour lui n'est pas d'imposer une décision, mais *de la négocier contre autre chose* ?

Pilate n'a-t-il pas, lui aussi (comme les sanhédrites et comme les barabbistes), sa propre idée fixe ?

Si c'est le cas, on comprend que le contenu réel du dossier Jésus lui soit indifférent. Il prononcera la condamnation si les grands prêtres lui donnent auparavant la contrepartie qu'il attend ; c'est cela le véritable bras de fer. Le reste n'était qu'attitudes, postures, gestes pour créer l'atmosphère.

Le motif officiel de la condamnation de Jésus ne peut être que politique : il s'agit d'appliquer à Jésus la peine prévue, pour le *crimen laesae majestatis*, par la *Lex Julia* dont on fait sous Tibère un usage extensif. En Italie la peine est (au choix) la crucifixion, les bêtes du cirque ou la déportation dans une île ; dans les provinces, c'est la crucifixion seulement.

« Les exécutions sur la croix étaient courantes, en Judée précisément. La dernière grande tragédie de cette sorte avant la mort de Jésus se déroula après la mort d'Hérode l'Ancien (quatre ans av. J.-C.) : le légat de Syrie, Quintilius Varus, qui devait subir quelques années plus tard une mort si peu glorieuse dans la forêt de Teutoburg, écrasa sans pitié le soulèvement qui venait d'éclater en Judée, en condamnant à la croix deux mille Juifs » (J. Blinzler).

Mais un problème se pose, car Jésus n'est pas fiché comme « politique » par les autorités occupantes de Judée[1].

1. Il ne semble pas non plus que son exécution fera l'objet d'un quelconque rapport administratif à Rome. Certains auteurs chrétiens des siècles suivants diront que ce rapport a existé, mais qu'il a disparu. Ce ne sera jamais plus qu'une rumeur.

Soixante-dix ans après l'affaire Jésus, l'historien Tacite constatera (*Histoires* V) que sous Tibère la Judée fut « en paix » : « *sub Tiberio quies* », écrira-t-il. Travaillant sur les archives impériales, Tacite n'y aura trouvé aucun rapport de Pilate parlant d'une agitation un peu sérieuse durant cette période ; pas plus à propos de Jésus que de n'importe quel autre rebelle éventuel.

Il est donc à peu près certain que Pilate ne prend pas Jésus au sérieux en tant que « *Rex Iudaeorum* ». Or c'est le chef d'accusation pour lequel il le fait crucifier et qu'il inscrit, en trois langues, sur le *titulus*, écriteau légal accroché au condamné.

On peut en déduire que Pilate exécute Jésus sous un prétexte judiciaire auquel il ne croit pas lui-même.

Or pour envoyer Jésus en croix sans motif, Pilate a forcément une *vraie* raison. Dans son esprit, cette affaire est le support d'une opération politique, qu'il mène sur les grands prêtres. Si ceux-ci finissent par lui déclarer – en échange de la crucifixion de Jésus – que pour eux il n'existe « pas d'autre roi que César », alors Pilate aura réussi un joli coup. Et celui-là, il le signalera certainement dans son prochain rapport : pour mettre en valeur son action, comme font tous les gouverneurs de province. (Si Tacite, soixante-dix ans après, tombe sur le rapport du préfet de Judée signalant avoir obtenu un acte d'allégeance des grands prêtres de Jérusalem, c'est ce document-là qui lui permet d'écrire : « Sous Tibère, la Judée est en paix. »)

On peut donc conjecturer que Pilate va consentir à une « défaite » tactique (apparente) en échange d'une victoire stratégique (réelle). Il va condamner Jésus, en prenant l'air du « préfet qui ne cède aux grands prêtres que parce qu'ils ont fini par invoquer César » (comme dans l'affaire des enseignes). En fait cette sentence ne lui coûtera rien, et il aura remporté une victoire stratégique : en amenant les grands prêtres à dire en public « nous n'avons d'autre roi que César », il leur aura fait condamner par avance toute agitation juive menée au nom des « droits de Dieu sur Israël[1] ».

---

1. Il faudra attendre trente-six ans avant qu'un groupe de jeunes prêtres juifs osent rejeter la vassalité du Temple envers César. Et ce sera la ruine de Jérusalem.

Aujourd'hui, 14 *nisan*, Caïphe et les siens finiront par dire à Pilate : « Nous n'avons d'autre roi que César. » Ils croiront forcer la main du préfet, mais cette phrase scellera, en réalité, leur grande défaite.

« Qu'il soit crucifié ! » (Mt 27, 24). Ce cri d'une foule juive est parfaitement plausible. Car le supplice de la croix est à la fois abject et banal.

« L'on affirme généralement, à suite d'Hérodote, que la crucifixion est d'origine perse. En fait ce châtiment était pratiqué chez les peuples barbares : Indiens, Assyriens, Scythes, Tauriens, voire Celtes... Les Grecs le connaissaient et l'utilisaient comme châtiment de crimes contre l'État à l'époque hellénistique, et plus tardivement comme châtiment courant des esclaves et des voleurs à main armée. Toutefois, la crucifixion était le trait caractéristique de Rome. Pour le Romain, c'était la peine la plus cruelle et la plus honteuse ; on l'infligeait aux esclaves (*servile supplicium*) et aux hommes libres non romains, pour châtier le meurtre, le vol, la trahison et la révolte.

« L'Ancien Testament ignorait la crucifixion, mais connaissait la pendaison, notamment celle des corps de suppliciés dans le but d'augmenter encore la honte qu'on leur infligeait. La Loi juive ne prévoyait donc pas le crucifiement proprement dit, mais les Juifs le connaissaient : sous Antiochus IV Épiphane (167 av. J.-C.) des Juifs furent crucifiés ; l'Hasmonéen Alexandre Jannée (103-76 av. J.-C.) fit crucifier huit cents Juifs. Hérode le Grand fit supprimer ce châtiment, mais, après sa mort, il fut très tôt remis en vigueur comme le montrent le crucifiement de Judas le Galiléen puis de deux mille révoltés sur l'ordre du légat romain Varus.

« Ainsi, le cri du peuple au procès de Jésus : "Qu'il soit crucifié" s'explique fort bien » (P. Haudebert).

Alors Pilate prend de l'eau et se lave les mains devant la foule.

Pour certains ce geste est « impensable de la part d'un non-Juif ». Il est vrai que les Pharisiens ajoutent au lavement des mains une signification liée à l'idéologie d'Israël ; mais ce n'est pas une raison pour croire que les autres peuples ignorent le geste de se laver les mains (et le symbolisme élémentaire qui s'y rattache). On en a trouvé trace chez Virgile, Sophocle et Hérodote. « On peut en outre admettre que

Pilate se soit conformé à une pratique juive pour faire comprendre à tous, sans exception, ses paroles grecques que la majorité d'entre eux n'entendaient pas. Le préfet ayant déjà passé quatre années entières en Judée, on peut bien lui accorder d'avoir acquis une certaine familiarité avec les cérémonies juives, parmi lesquelles le symbolique lavement des mains était l'une des plus fréquentes » (J. Blinzler).

Mais si l'on sort du récit matthéen pour se replacer dans la perspective du récit johannique, et si l'on reprend l'hypothèse où Pilate n'est pas un homme décontenancé mais un manœuvrier (qui veut obtenir une certaine déclaration des grands prêtres), son geste ostentatoire – se laver les mains devant la foule – prend une signification tactique. Il bluffe : « Voyez comme j'ai horreur du mauvais jugement que vos grands prêtres m'obligent à rendre ! » Sous-entendu, à l'intention de ces grands prêtres : « Je vais vous faire un cadeau considérable (selon mon propre système de valeurs), et ceci vous oblige à m'en faire un tout aussi considérable (selon votre propre système de valeurs). » Dans cette hypothèse, l'épisode du lavement des mains est bien à sa place là où le situe Matthieu : avant le jugement.

« Que son sang retombe sur nous et sur nos enfants ! » clame la foule.

Ce cri nous choque profondément : à tel point que nous préférerions le croire apocryphe, ajouté par la suite, voire inventé pour calomnier les gens de Jérusalem. Mais prenons garde à ne pas commettre un anachronisme. En réalité, ces mots ne sont, au Ier siècle, qu'une formule de procédure judiciaire (Mishnah *Sanhédrin* 4, 5) prescrite lors des audiences qui débouchent sur une sentence capitale (J. Genot-Bismuth). Elle équivaut à dire : « Nous ne sommes pas des faux témoins et nous assumons le rôle que nous avons joué dans ce procès, puisque sa sentence ne sera pas injuste. » Et qui, au juste, a poussé ce cri légal dans la foule ? Peut-être les hommes de Qayafa seulement : énoncée devant Pilate, cette formule rituelle revenait à apporter une apparence de caution juive à la procédure romaine, donnant ainsi une double légitimité à la crucifixion[1].

1. Ceux des commentateurs actuels qui trouvent cette phrase choquante, donc apocryphe, donc antisémite, ne tiennent pas compte des procédures et des cultures antiques.

Pourquoi Pilate fait flageller Jésus ?

« Alors donc, Pilatus prend Iechoua et le flagelle[1] » (Jn 19, 1).

D'abord Jésus est emmené par les soldats, probablement dans une cour intérieure du palais. Il y est flagellé. Mais le châtiment (cent coups en général) *suit* une condamnation : or il est infligé à Jésus *avant* l'énoncé du verdict. Pourquoi ?

Une seule hypothèse paraît vraiment cohérente : en faisant flageller Jésus sans avoir prononcé un verdict, comme si l'accusé n'avait pas commis un crime mais une excentricité, Pilate ne fait rien d'autre que de continuer à « mettre en condition » les grands prêtres. Il joue avec leurs nerfs. Il leur fait croire qu'il ne prononcera pas ce verdict qu'ils attendent. Il fait comme s'il était en train d'appliquer à Jésus le châtiment de routine réservé aux simples trublions, avant de le remettre en liberté.

La flagellation romaine peut être de quatre sortes (J. Blinzler) : 1. La « question » ; 2. La peine capitale militaire (*fustuarium*) ; 3. Le châtiment indépendant (décrété par le juge ou la police contre les fauteurs de troubles) ; 4. Le prélude à l'exécution capitale ordinaire, après le verdict.

Pilate applique à Jésus la formule 3 ; voyant que cette flagellation n'est pas liée à une sentence de mort, les grands prêtres ne peuvent que s'irriter et s'impatienter. Une libération de Jésus est ce que Caïphe redoute le plus ; or Pilate y fait nettement allusion : « Cet homme n'a rien fait qui soit passible de mort. Aussi, je le châtierai et je le renverrai[2] » (Lc 23, 16).

Ce serait un échec insupportable pour Caïphe. Tout Jérusalem parlerait de cet échec. Non seulement les grands prêtres n'auraient pas réussi à éliminer Jésus, mais ils seraient contestés au Sanhédrin ; ce même Sanhédrin

1. Traduction d'André Chouraqui.
2. *Ibid.*

auquel Caïphe disait dédaigneusement, quelque temps plus tôt : « Vous n'y entendez rien. »

Jésus subit donc la flagellation.

Pierre Barbet, médecin anatomiste qui s'était voué à l'étude clinique de la Passion, décrit le supplice : « Le condamné était attaché à une colonne (probablement les mains fixées au-dessus de la tête : c'est la meilleure façon d'immobiliser le condamné, qui ne repose que sur la pointe des pieds). Plaute écrit : *"Abducite hunc intro atque astringite ad columnam fortiter"*, "Emmenez-le à l'intérieur et attachez-le solidement à la colonne"...

« La flagellation nécessitait le *flagrum*, instrument spécifiquement romain. Il se composait d'un manche court, sur quoi étaient fixées plusieurs lanières épaisses et longues, généralement au nombre de deux. À quelque distance de leur extrémité libre, étaient insérés des balles de plomb ou des os de moutons, des *tali*, comme ceux qui servent à jouer aux osselets ; ce sont des astragales de pied de mouton. Les lanières coupaient plus ou moins la peau, et les balles ou les osselets imprimaient en elle de profondes plaies contuses. D'où une hémorragie non négligeable et un affaissement considérable de la résistance vitale. »

Les Évangiles, très sobres sur le chapitre du supplice, ne disent pas sa sévérité. Si l'on en croit Jean, elle n'est pas meurtrière au dernier degré puisque Jésus aura la force de parler après à Pilate.

« On n'est pas toujours à même de savoir dans quel but précis ces châtiments, en leurs diverses formes, étaient administrés : avertissement, torture afin d'obtenir un aveu, prélude au crucifiement, donc partie intégrante de l'exécution capitale... Jésus, victime de ce supplice barbare, fut sans aucun doute traité à l'égal des autres. S'il n'a pas succombé sous les coups (ce qui n'était pas rare), c'est avant tout parce que l'acte suivant comportait la crucifixion non d'un cadavre mais d'un corps vivant. Celui qui réchappait des verges du bourreau n'était, de toute façon, qu'une loque humaine » (S. Légasse).

« Parmi les Juifs d'Alexandrie qui furent fustigés sur l'ordre du préfet Flaccus, une partie mourut pendant l'opération, les autres ne purent se remettre de leurs blessures qu'après de longues souffrances (Philon, *In Flaccum* 10,

§ 75) ; Josèphe (*Guerre* II, 21, 5, § 612) rapporte que lui-même avait fait flageller dans la Tarichée galiléenne plusieurs de ses adversaires jusqu'à ce que leurs entrailles fussent visibles... Le cas du prophète de malheur "Jésus fils d'Ananias" (Iéhoshoua ben Hanân), que le procurateur Albinus fit fouetter pendant la fête des Tabernacles en l'an 62 jusqu'à ce que ses os fussent mis à nu[1] (Josèphe, *Guerre* VI, 5, 3 § 204), permet d'imaginer ce que signifie ce bref vocable[2] chez Marc 15, 15 » (J. Blinzler).

Puis les soldats infligent des outrages « politiques » à Jésus. Marc, Matthieu et Jean indiquent lesquels. Et leur description est tout à fait en rapport avec le contexte historique. D'abord il faut se souvenir que ces troupiers ne sont pas des Romains mais des Samaritains (frères ennemis des Juifs), ou des Arabes, ou des Syriens hellénophones, en lutte avec les Juifs depuis toujours.

Ils s'emparent de Jésus – sanglant et tuméfié – et se servent de lui pour une mascarade. « Jésus est déguisé en roi vassal : manteau rouge, couronne hâtivement tressée à l'aide d'un arbuste épineux, un roseau à la main en guise de sceptre, il s'offre à une parodie d'hommage de la part des soldats. Ceux-ci en invitent d'autres à jouir du spectacle en s'unissant aux moqueries. Mais la scène est-elle historique ? On imagine mal un écrivain chrétien se plaisant à inventer un Jésus en aussi dégradante posture... Qu'on ait raillé Jésus pour sa pseudo-royauté est d'autre part conforme au grief d'accusation dont témoigne l'écriteau du condamné (Mc 15, 26)... Même sans témoins directs, le bruit a pu se répandre que Jésus avait été conspué et ridiculisé par la soldatesque » (S. Légasse). D'autant que la foule sur l'esplanade, quelques minutes plus tard, va le voir surgir vêtu des oripeaux en question ; tout Jérusalem sera ainsi mis au courant, et les futurs Évangiles trouveront là de multiples sources d'information. Ils pourront même bénéficier de l'écho de témoins directs des outrages :

1. Ce cas de l'an 62 démontre que la flagellation n'était pas nécessairement liée à la crucifixion, et que le récit johannique est tout à fait plausible.
2. « *Phragellôsas* » : « l'ayant flagellé... »

le prétoire est un vaste palais qui emploie du personnel indigène, et le préfet n'était pas seul pendant l'interrogatoire de Jésus.

La nature des outrages est typique de l'époque. Chez Philon par exemple (*In Flaccum*, 36-71, trad. A. Pelletier), on trouve une scène de sévices destinés à tourner en ridicule la visite du roi de Judée Hérode Agrippa Ier, et qui sont infligés à un fou d'Alexandrie : « Ils poussent ensemble ce malheureux jusqu'au gymnase, l'installent dans le haut, bien en vue de tout le monde. Ils aplanissent une feuille de papyrus, qu'ils lui mettent sur la tête en guise de diadème. Ils lui couvrent le reste du corps d'une carpette en guise de chlamyde, et, en guise de sceptre, l'un d'eux lui remet un petit bout de tige de papyrus du pays, qu'il avait aperçu, jeté au rebut, sur la route. Quand on lui eut remis, comme au théâtre dans les farces, les insignes de la royauté et qu'il fut attifé en roi, de jeunes garçons, en guise de lanciers, bâton sur l'épaule, lui firent la haie des deux côtés, en jouant les gardes du corps. Ensuite d'autres s'avancèrent, qui pour le saluer, qui pour se faire rendre justice, qui pour lui présenter des requêtes d'intérêt public... »

Les outrages infligés à Jésus correspondent à des symboles précis :

— La chlamyde de pourpre, le sceptre et la couronne de feuilles d'or sont les insignes des rois vassaux hellénistiques : un vieux manteau rouge de soldat, un roseau et un bonnet d'épines en sont la dérision exacte.

— Les génuflexions ridicules sont la dérision de la *proskinèse* (prosternement), survivance du culte grec des souverains.

— Quant aux crachats, ce sont des parodies d'un rite plus oriental : le baiser d'hommage.

Cette scène de l'Évangile ne ressemble donc nullement à une fiction. Au contraire : elle produit un « effet de réalité » intense, bien enraciné dans un contexte historique. Et elle correspond au plan de Pilate. Les soldats n'auraient pas outragé Jésus si le préfet ne les avait laissés faire ; et le résultat de la mascarade « royale » va dans le sens de la manœuvre qu'il est en train de mener à bien. La foule qui s'agite devant le prétoire connaît évidemment la symbolique royale élémentaire : pourpre, sceptre, diadème.

Quand elle verra sortir Jésus ainsi affublé, elle saisira aussitôt ce que ce déguisement veut dire de la part de Pilate : « Vous pouvez voir que je tiens ce personnage pour dérisoire, non pour un criminel qui mérite la mort. » D'ailleurs il va en prévenir la foule, comme pour susciter sa réaction : « Voici, je vous l'amène dehors pour que vous sachiez que je ne trouve aucun crime en lui[1] » (Jn 19, 4). Ce message-là est destiné aux grands prêtres ; on sait pourquoi.

Le préfet rallume délibérément le conflit. Il n'a visiblement pas peur d'une émeute, sinon il ne parlerait pas sur ce ton.

Il est maître du jeu, à condition de bien jouer la scène ultime. Elle sera dangereuse parce qu'elle impliquera nominalement l'empereur, ainsi que Pilate l'a prévu : dans cinq minutes les grands prêtres vont essayer de refaire au préfet le « coup des enseignes » (une menace de scandale allant jusqu'à César). Ils ne peuvent pas savoir que c'est justement ce que Pilate veut : les amener à parler de César, pour les pousser à se compromettre. Il se prépare à la scène. Il sait qu'il va devoir la contrôler. Si elle dérape, il aura des comptes à rendre à ses supérieurs ; donc il joue gros dans cette affaire.

Pilate fait extraire Jésus de la cour où il a subi son supplice, et le fait sortir sur le perron du palais, devant la foule grondante.

C'est l'avant-dernier acte.

Pourquoi Pilate « frémit » ?

Jésus apparaît, coiffé de la couronne d'épines[2]. Il a sur les épaules un vêtement rouge qui doit être un vieux manteau militaire.

Pilate dit à la foule : « Voici l'homme. »

1. Traduction d'André Chouraqui.
2. Instrument de torture : un cercle de jonc tressé où l'on a entrelacé de longues épines et qu'on lui a enfoncé sur la tête, comme un bonnet déchirant le cuir chevelu ; sévice banal à l'époque.

Les grands prêtres et leurs sbires crient une fois de plus : « Crucifie-le ! »

Pilate attend une autre parole de leur part.

Il continue donc son bras de fer, prononçant encore une fois les mots qui exaspèrent Qayafa : « Prenez-le vous-mêmes et crucifiez-le ! Pour moi, je ne trouve pas de crime en lui. »

Le blocage paraît total. Il est provoqué par le préfet. Dans quel but ?

Pilate renvoie Jésus dans le palais.

Les grands prêtres réalisent qu'ils sont dans l'impasse. La matinée est en train de finir. La perspective d'un échec se dessine devant eux.

Ils doivent trouver sans tarder un moyen de remettre les choses en mouvement.

Le groupe de Qayafa reprend alors la parole et dit à Pilate :

« Nous, nous avons une Loi, et d'après cette Loi il doit mourir, parce qu'il s'est fait lui-même Fils de Dieu » (Jn 19, 7).

Pilate entend cela.

Jean nous dit qu'il en est « encore plus effrayé ».

Cette traduction étonne. (L'attitude précédente du préfet ne montrait aucune peur.)

André Chouraqui traduit autrement : « Quand Pilatus entend cette parole, il frémit davantage. »

« Frémir » suggère autre chose qu'une crainte : c'est une préoccupation, voire une excitation subite. En effet Pilate joue cette scène en public : s'il ne répond rien à ce que les grands prêtres viennent de lui dire, ils pourraient le dénoncer et faire un scandale à Rome. Il y a des sujets sur lesquels un préfet romain n'a pas le droit d'être clément, et la divinité de César est l'un de ces sujets (particulièrement sous Tibère). C'est sachant cela que les grands prêtres ont dit que Jésus s'était fait « Fils de Dieu ». Autrement dit : « personnage divin ». Alors que César seul est divin, par fonction. Personne d'autre ne peut y prétendre : surtout pas un habitant juif de la Palestine. Déjà Rome n'arrive pas à imposer aux Juifs le culte du « divin César » (culte qui n'est qu'une formalité civique minimum, acceptée par tous les peuples sauf par ces Juifs) ; si maintenant un Juif se déclare divin aussi, c'est pousser l'insolence jusqu'à la rébellion. Tibère ne plaisante pas avec le lèse-majesté, qui touche l'essence du régime impérial et l'unité de l'Empire... Or voilà le préfet romain de Judée – voulant trop bien faire une fois de plus – embarqué dans une manœuvre ambitieuse, compliquée, qui l'oblige à avoir l'air de refuser (longuement et en public) de juger un Juif que ses propres chefs dénoncent pourtant comme rebelle – et même rebelle au point de concurrencer la divinité du seul « homme divin » légitime : César ! Voilà Pilate sur la corde raide. Un faux pas et c'est la chute. Le faux pas consisterait à avoir l'air de fermer les yeux sur une rébellion, et de la pire espèce : une rébellion contre la divinité de l'empereur. Jésus se pose-t-il vraiment en concurrent du dieu-César ?

Pilate ne savait pas que ce Galiléen prétendait à un titre *divin* ; il en était resté à la prétendance « royale », la seule que Qayafa lui avait indiquée jusque-là. Brusquement les grands prêtres lui révèlent le pot aux roses. Ce n'est pas pour lui rendre service, mais pour essayer de reprendre l'avantage. Ils ont fini par sentir que le jeu de Pilate (qu'ils ne comprennent toujours pas) mène celui-ci un peu trop à découvert – et que Rome pourrait le désapprouver en cas de scandale, comme dans l'affaire des enseignes. Le scandale est facile à monter : une affaire de lèse-majesté doublée d'offense à la divinité impériale, mais que le préfet ne veut pas juger ! C'est beaucoup. En lançant les mots « Fils de Dieu », ils signifient à Pilate ce qu'ils pourraient écrire à Rome : que le préfet de Judée a commis une effarante faute professionnelle, un refus de faire respecter ce à quoi Tibère tient (à la folie), à savoir la sacralité impériale. Bien sûr, le préfet pourra essayer d'expliquer à Rome la manœuvre politique qu'il avait entreprise à travers l'affaire Jésus ; mais Rome n'aime pas les maladroits. Et à l'époque on ne met pas les gens à la retraite anticipée ; on les prie de s'ouvrir les veines dans leur baignoire.

Pilate a donc de quoi frémir. Il a aussi de quoi s'étouffer d'indignation : car les prêtres juifs prêts à le dénoncer comme « mauvais serviteur du culte impérial » sont ceux-là même qui jouissent (seuls dans tout l'Empire) du privilège de ne pas célébrer ce culte !

S'ensuit entre Pilate, Jésus et les grands prêtres un étrange dialogue trilatéral, qui porte exclusivement sur l'autorité et sur César.

Pilate retourne dans le prétoire et interroge Jésus : « D'où es-tu ? » (Jn 19, 9).

Ce n'est pas une question sur son lieu de naissance.

C'est une question sur le mystère (éventuel) de son origine. Il s'agit de savoir, non plus si le prévenu se dit « roi », mais s'il se dit « dieu » : ce qui pourrait constituer un crime de rébellion et de haute trahison, cent fois passible de la peine de mort. Pilate n'est pas en train de faire ici une incursion dans la mythologie : il est en train de rouvrir le dossier pénal.

Jésus ne lui répond pas.

Pilate paraît s'en agacer : « Tu ne me parles pas ? Ne sais-tu pas que j'ai le pouvoir de te relâcher et le pouvoir de te crucifier ? » (Jn 19, 10).

Jésus répond, alors, mais d'une phrase énigmatique : « Tu n'aurais aucun pouvoir sur moi, si cela ne t'avait été donné d'en haut ; c'est pourquoi celui qui m'a livré à toi a un plus grand péché. »

Comment Pilate peut-il comprendre ces mots ?

En toute logique, il pense que Jésus vient de lui dire : « Le pouvoir dont tu me parles, tu ne l'exerces que par délégation de ton empereur. Ceux qui m'ont livré à toi le savent et ils en jouent. D'ailleurs ils viennent de te le crier – et ils continuent, comme nous pouvons les entendre d'ici. Mais c'est ton empereur et non le leur. »

« Dès lors Pilate cherchait à le relâcher », écrit Jean (19, 12). Ce « dès lors », ou « par suite » (A. Chouraqui), est une indication insolite, puisque les Évangiles nous montrent Pilate affichant depuis le début son envie de prononcer un non-lieu. En fait il ne varie pas dans sa stratégie.

Cette première tentative de chantage des grands prêtres ne le fait pas reculer. Il choisit de mener la manœuvre à son terme.

Les clameurs de la foule se font de plus en plus fortes : « Si tu le relâches, tu n'es pas un ami de César ! Qui se fait roi s'oppose à César ! » (Jn 19, 12).

Le préfet sort une fois de plus avec Jésus. C'est l'instant fatidique.

Pour bien faire comprendre au public que la partie va se jouer, le préfet monte sur l'estrade et s'assied sur son siège officiel.

Il est midi environ, nous précise Jean.

Pilate lève la main (on peut l'imaginer) pour obtenir un peu moins de cris. Puis il prononce trois mots : « Voici votre roi » (Jn 19, 14).

Rien d'autre que ce qu'il n'a cessé de leur dire depuis le début de la confrontation (il y a cinq ou six heures), et qu'ils ne peuvent plus supporter d'entendre !

De deux choses l'une :

1. Jean invente cette provocation de Pilate (mais dans quel but ?).

2. Pilate est un manœuvrier obstiné (comme on le voit dans tous ses autres affrontements).

Sa phrase soulève, cette fois-ci encore, la même clameur : « À mort ! à mort ! crucifie-le ! » (Jn 19, 15).

Et Pilate récidive une fois de plus : « Crucifierai-je votre roi ? »

Cette fois, ça va marcher. À force d'horripiler ses interlocuteurs, Pilate a réussi à les mettre hors d'eux.

Jusqu'ici ils l'ont exhorté à agir en bon agent de César, mais visiblement cette pression n'a pas donné de résultat : le préfet, obstinément, répète que Iechoua est « leur roi » – et laisse entendre que c'est trop dérisoire pour mériter la mort. Ils ne comprennent pas cet entêtement. Ils ne voient pas où Pilate veut en venir. Hanân et Qayafa ont de meilleurs rapports que ça avec lui, d'habitude... Pourquoi déploie-t-il autant de mauvaise volonté ? Où est son intérêt ? En désespoir de cause, les grands prêtres vont donc se compromettre. Ils vont se poser en vassaux inconditionnels de l'empereur, meilleurs sujets de César que ne l'est le préfet lui-même. Si après ça Pilate ne comprend pas le chantage, s'il ne voit pas la menace d'une pétition du Sanhédrin, à Tibère, contre le préfet de Judée (comme il y aura plus tard la pétition des Juifs d'Alexandrie contre le préfet d'Égypte), c'est qu'il est inconscient.

Ils sautent le pas. Croyant rentrer définitivement dans la gorge de Pilate son « votre roi », ils lancent : « Nous n'avons d'autre roi que César ! »

C'est dit.

Sans aucune transition, comme pour décrire un simple rapport de cause à effet, l'Évangile constate : « Alors il le leur livra pour être crucifié » (Jn 19, 16).

L'historiographie chrétienne conventionnelle veut que Pilate ait été terrorisé par le « nous n'avons d'autre roi que César ». Mais l'Évangile ne nous pousse pas à cette interprétation psychologique. Pilate ne fait aucun commentaire : il *agit*. Il *fait* enfin (au bout de cinq ou six heures !) ce que Qayafa voulait. Comme si le préfet n'avait attendu que cette phrase des grands prêtres.

La sentence

Jean ne dit pas si Pilate prononce une sentence. Cela ne veut pas dire que le préfet livre Jésus à ses bourreaux (romains) sans jugement. D'autant que la scène décrite par Jean respire une atmosphère de verdict et de solennité : « Jean indique à la fois le nom grec et araméen du lieu où se joue la scène ; il note en outre le jour et l'heure de l'événement. Ce cadre solennel dans lequel il l'inscrit prouve que l'évangéliste ne veut pas maintenant, c'est-à-dire dans les versets 13-16, raconter quelque fait accessoire... mais le point culminant de la tragédie judiciaire, la condamnation de Jésus par Pilate » (J. Blinzler).

Lorsque Pilate ressort du palais pour la dernière fois avec Jésus, c'est pour monter à sa tribune et y prendre place sur le siège curule. C'est de là – donc dans l'apparat d'un juge romain exerçant ses fonctions – que le préfet « livre » Jésus pour qu'il soit exécuté.

Les synoptiques montrent les choses différemment que le quatrième évangile.

Matthieu (27, 24-26) dit qu'après s'être lavé les mains et avoir provoqué le fameux cri de la foule sur le « sang », Pilate procède à deux actes judiciaires :

a) Il libère Barabbas.

b) Il fait flageller Jésus et le « livre » pour être crucifié (procédure en deux étapes, normale pour une exécution).

Marc (15, 15) indique la même chose.

Luc (22, 24) écrit que Pilate émet une sentence : il « prononça qu'il fût fait droit à leur demande ».

Reste le rôle de la foule, dans ce jeu de rôles justement.

Quand ils crient « crucifie-le » (Jn 19, 15), les grands prêtres, leur groupe et d'autres éléments de la foule ne font rien d'autre que d'exiger l'aboutissement du procès romain. C'est une attitude logique pour des grands prêtres, acquis à la collaboration avec l'occupant. Mais n'est-elle pas aberrante pour des « résistants », s'il y en a (chose très probable) parmi les crieurs ?

Aberrante, peut-être. Mais c'est un nouvel exemple de la série d'aveuglements et de fausses priorités qui se sont accumulés, dans cette affaire, pour finir par écraser Jésus. Les oligarques (collabos) et les intellectuels (nationalistes) ne sont pas seuls à céder aux vertiges de la bonne conscience. Il y a aussi une « bonne conscience » des activistes résistants : sacrifier un compatriote à l'occupant, pourquoi pas, si ce compatriote gêne une opération nécessaire à la bonne cause ?

Toutes ces bonnes consciences contradictoires finissent par converger sur un même résultat : la mise à mort du bouc émissaire.

Joseph Blinzler voit à l'œuvre l'ascendant du Sanhédrin sur la foule :

« Le brusque changement de disposition du peuple est considéré souvent comme un problème psychologique. Comment se fait-il que ces gens, qui, le dimanche précédent, acclamaient Jésus comme le Messie, soient devenus au cours du procès ses adversaires déclarés ? L'activité des sanhédrites et la popularité de Barabbas expliquent bien des choses, mais pas toutes. Les gens auraient pu réclamer Barabbas, et, pour le reste, ne manifester aucun intérêt à Jésus. Cette revendication : "Donne-nous Barabbas !" ne signifie tout de même pas : "Crucifie Jésus !". Comment en vinrent-ils à faire leur cette exigence des sanhédrites ?

« On a dit de différents côtés que ceux qui crièrent "Hosannah" le dimanche des Rameaux n'étaient pas les mêmes hommes ni les mêmes groupements que ceux qui clamèrent le Vendredi saint : "Crucifie-le !" Dans le premier cas il se serait agi surtout de pèlerins venus de Galilée pour la fête, dans le second, de la populace indifférente des grandes villes.

« On pourrait admettre que cette distinction soit juste pour l'essentiel ; mais, comme les pèlerins de Galilée se trouvaient naturellement encore dans la ville immédiatement avant la fête principale, et qu'il est inadmissible qu'ils fussent restés tous ignorants du procès public intenté à ce compatriote qu'ils avaient fêté, on peut se demander pourquoi une infime portion du peuple, au moins, n'a pas pris parti pour Jésus.

« Est-ce que ses adeptes étaient déçus parce qu'il ne transposait pas enfin dans l'action leur rêve messianique, teinté de nationalisme ?

« Il se peut qu'il en fût ainsi ; mais il est difficile de croire qu'une telle déception ait transformé sur-le-champ l'ancien enthousiasme en une hostilité meurtrière.

« Le refroidissement radical de l'esprit du peuple, survenu dans le cours de la nuit, a visiblement sa raison principale dans le fait de la condamnation de Jésus par un tribunal indigène. Le respect de la Loi sainte donnée par Dieu était trop profondément ancré au cœur du peuple pour que celui-ci ait pu accorder sa sympathie à un homme que cette loi, par l'intermédiaire de ses gardiens et interprètes légitimes, avait condamné sans appel. Aussi fut-ce chose facile pour les sanhédrites de persuader la masse d'accepter leur mot d'ordre impitoyable. »

Schalom Ben-Chorin souligne que ce qui s'est passé ce matin-là, devant le prétoire, ne peut pas être considéré comme un acte collectif du peuple juif (et que Jésus en a clairement averti les futurs chrétiens) :

« On ne peut plus prouver d'une manière péremptoire que le cri[1] a réellement été poussé. Pour ma part je crois qu'il le fut, bien que la formulation en soit inhabituelle...

« Dans une perspective théologique, la malédiction du peuple contre lui-même, si toutefois elle a existé, est levée par Jésus dans la prière qu'il formule sur la croix (Lc 23, 34) ;

1. « Que son sang, etc. »

levée dans le sens d'une annulation de sa validité, et élevée dans la perspective d'un rehaussement par la prière.

« À ce sujet, un élément porteur de sainteté devrait entrer en ligne de compte pour l'entendement chrétien. Alors que le sang d'Abel, des profondeurs de la terre crie vengeance (Gn 4, 10), le sang de Jésus, d'après la foi de sa communauté, purifie de tout péché. La théologie si bien construite du sang de Jésus ne s'est pourtant souvenue de cette phrase qu'à une époque tout à fait récente, pour lui rendre son sens premier.

« Même si une poignée de crieurs déchaînés ou de créatures assujetties et payées par le grand prêtre et sa clique ont poussé effectivement un tel cri, on ne peut pour autant imputer ce déchaînement (organisé) de la colère du peuple à la totalité des Juifs de Jérusalem, ni aux pèlerins, ni à la totalité de la population juive du pays, qui n'avait pas la moindre idée des événements en cours ; les communautés dispersées d'Alexandrie à Rome n'étaient en rien concernées, elles non plus, et les Juifs des générations suivantes le seront encore moins » (S. Ben-Chorin).

Pilate y gagne, Caïphe y perd

Dans les années qui suivront la Passion, la première communauté juive chrétienne de Jérusalem témoignera que Pilate avait appelé Jésus « Roi des Juifs » (et « Messie ») alors qu'il parlait aux ennemis de Jésus. Cette attitude solidement attestée de la part de Pilate (jouer avec les nerfs de son auditoire) ne pouvait être mise au compte de l'inconscience. Elle dénotait plutôt une *intention*. C'est ce que Simon Légasse a mis en lumière dans son *Procès de Jésus* (1995). Si l'on prolonge cette constatation jusqu'à supposer une manœuvre politique de Pilate greffée sur l'affaire Jésus, alors les incohérences apparentes de son comportement deviennent autant d'indices d'une « stratégie » cohérente. (Un bluff, mais risqué, puisqu'il repose sur une provocation envers la foule : méthode qui n'avait pas réussi à Pilate dans l'affaire des enseignes.) Selon cette lecture du récit johannique, le préfet mène son opération sans mollir, sauf quelques instants de porte-à-faux après la phrase des grands prêtres sur le « Fils de Dieu ». Pilate finit par gagner à l'usure, le temps travaillant contre ses interlocuteurs. Dans cette hypothèse, il n'est plus du tout un personnage velléitaire, versatile et superstitieux mais « scrupuleux au fond » « fasciné par Jésus » – donc consterné par ce qu'il va devoir faire, et se vengeant par des « ironies cinglantes » envers les grands prêtres (... comme le voulait une certaine lecture des textes). L'hypothèse d'un bluff de sa part nous restitue plutôt, dans l'affaire Jésus, un Pilate comparable à celui de l'affaire des enseignes, de l'affaire de l'aqueduc et de l'affaire des boucliers : un administrateur colonial poussant obstinément ses pions en avant, toujours dans le même but qui est de marquer des points politiques ; ce que Jean-Pierre Lémonon appelle « un maniaque du pouvoir ». Imaginer cet homme-là paniquant devant une situation qu'il a déjà souvent affrontée – la foule, la tribune, etc. – serait illogique et disproportionné. Une seule chose semble pouvoir l'effrayer (mais vis-à-vis de Rome, et à juste titre) : c'est l'idée de s'enliser dans l'une de ses propres manœuvres. Or dans l'affaire Jésus il passe à deux doigts de cet enlisement, ayant dû feindre un peu trop longtemps (et en public) de négliger une accusation qui pouvait être perçue comme sérieuse par Rome...

Sachant que la politique de l'époque se joue non seulement dans le domaine de la force, mais aussi dans celui des symboles ; sachant que, sur ce terrain symbolique, la Judée pose un problème spécial et que Rome concède à Jérusalem des privilèges qu'elle refuse à toutes les autres villes de l'Empire ; sachant enfin que l'affaire Jésus est montée par et pour les chefs religieux judéens, mais que ceux-ci ont absolument besoin de Pilate pour la mener à bien, comment celui-ci n'aurait-il pas eu le réflexe (élémentaire) de saisir cette occasion pour en tirer un bénéfice politique ? Pilate n'est pas du genre à faire des cadeaux. Quand se présente l'occasion d'obliger les hiérarques juifs à se soumettre plus profondément à Rome, il la saisit. En situant l'affaire sur le terrain de la « royauté », les hiérarques lui ont apporté le moyen d'un marchandage de grande envergure. Ces Juifs veulent qu'il crucifie Jésus pour

« offense à la majesté impériale » ? Pilate va les amener à s'inféoder à l'empereur avec une solennité inédite.

Les Pharisiens prennent leur part eux aussi dans cette aventure dangereuse, qui les amène à portée de tir du préfet : chose qui ne leur arrive pas souvent et qu'ils évitent en général. Ils se sont ligués avec leurs vieux ennemis, les grands prêtres, contre le bouc émissaire Jésus : ceci donne à Pilate le moyen de compromettre ces Pharisiens prudents mais anti-Romains ; ils auront du mal, tout circonspects qu'ils soient, à ne pas être impliqués dans le cri d'allégeance impériale que les grands prêtres profèrent au nom de tout le peuple, ce 14 *nisan*, devant le préfet.

Tout se passe donc comme si Pilate réussissait un gros coup. Il y gagne en effet bien plus que les chefs juifs. Eux n'ont obtenu *que la mort de Jésus* ; et Pilate la leur accorde (après cinq heures de bras de fer) « instantanément », dès qu'ils prononcent la phrase attendue.

Côté Caïphe, le bilan est plus mitigé. Les notables doivent sentir que le préfet les a joués ; il va le leur faire comprendre (cyniquement) avec l'écriteau de la croix. En revanche, les scènes dans la foule ont tourné à leur avantage. L'arrivée de cette foule en faveur de Bar Abba a d'elle-même tourné à la divine surprise pour les grands prêtres et les scribes. Pilate se dérobait, de manière incompréhensible, à ce qu'il aurait dû faire sans problème ; désormais l'esplanade était occupée par un grand nombre de gens forts en gueule, résolus à obtenir la libération de leur ami et peu disposés à se laisser détourner de ce but. Caïphe et ses hommes se retrouvaient dans la position où avaient été les Pharisiens au *sit-in* de Césarée (contre Pilate, dans l'affaire des enseignes) : ils pouvaient encadrer cette foule, à condition de ne la pousser que dans le sens où elle voulait aller. Qu'à cela ne tienne ; la coutume d'amnistie pascale ne pouvant profiter qu'à un seul détenu, faire libérer Bar Abba revenait à faire condamner Jésus.

Les gens de Qayafa se sont donc retrouvés manifestant avec la plèbe que normalement ils bastonnaient.

Pendant une heure ou deux, ils ont pu se croire populaires. Mystérieuse alchimie de l'union de tous les clans contre un seul homme... Plèbe, oligarques, Pharisiens se retrouvaient ligués pour demander la mort de *Iechoua ha-Nôtsri*. Chaque clan, bien entendu, étant enfermé dans ses très bonnes raisons. C'est la scène du bouc émissaire telle que René Girard l'a mise au jour.

Ensuite est venue la scène de dupes : les grands prêtres se croyant en train de forcer la main du préfet ; et le préfet jouant un jeu qui piégeait les grands prêtres.

Le chemin de la croix

L'écriteau de Pilate – Jésus est « chargé de la croix » – Quel trajet ? – Ce qu'est le Golgotha – Simon de Cyrène – Les « filles de Jérusalem » – Et les disciples ? – Pas de culpabilité collective

Il est près de midi quand Pilate proclame sa sentence du haut de l'estrade officielle dressée sur Gabbatha, l'esplanade du palais prétoire.

Tout va aller très vite. Les choses avaient paru se « geler » durant l'interminable matinée ; cette fois l'action reprend son cours précipité. Après l'intermède de Pilate et de son calcul politique, voilà que le destin de Jésus est à nouveau sous l'emprise de Qayafa et de sa hâte.

Cette hâte est maintenant secondée par la légalité romaine, qui ne joue plus maintenant le rôle d'un frein mais celui d'un accélérateur : une fois le verdict prononcé, on l'applique séance tenante. C'est la loi.

Il ne reste que quelques heures avant le coucher du soleil, qui va marquer l'entrée dans le shabbat et dans la fête de la Pâque[1]. Or la croix est un mode d'exécution très lent ; même si l'on commence tout de suite, rien ne dit que Jésus sera mort avant de longues heures. En principe, les Romains n'ont que faire des contraintes liées à la religiosité juive ; ce n'est fait pour calmer la nervosité des grands

1. Chronologie de Jean.

prêtres. Ils sont toujours devant le palais, à guetter la sortie du peloton d'exécution.

Une partie des badauds quittent l'esplanade (c'est jour de fête), mais la foule ne se disperse pas complètement.

Les hommes de Qayafa restent sur place, à la disposition de leur chef.

Les autres attendent leur ami Bar Abba, qui doit être dans une salle du palais avec ses coïnculpés attendant de passer à leur tour en jugement.

Le petit groupe des femmes disciples de Jésus est probablement lui aussi dans les environs. Avec elles, il y a Jean.

Pendant ce temps (si nous suivons la chronologie du quatrième évangile), tous les foyers de la ville s'attellent aux dernières étapes de la préparation de la Pâque. L'élimination du levain s'est achevée. À midi le travail cesse dans Jérusalem ; qu'ils soient habitants ou pèlerins, les chefs de famille montent au Temple pour acheter leur agneau et le tuer rituellement là-haut.

Dans l'enceinte du sanctuaire, le programme des sacrifices ordinaires est bousculé par les préparatifs : le *tamid* du soir aura lieu en début d'après-midi, pour permettre aux milliers de « sacrifices privés » d'avoir lieu. D'autant que cette veille de Pâque de l'an 30 tombe une veille de shabbat, et que ces deux fêtes commencent, selon le découpage juif du temps, à la fin de cette journée d'aujourd'hui. Il n'y a pas une minute à perdre.

Devant le prétoire, les grands prêtres s'apprêtent à veiller sur l'élimination du levain de l'hérésie : Iechoua le Nazôréen.

« L'exécution était engagée sur l'ordre donné par le gouverneur à un officier ou à des soldats d'emmener le condamné. Le détachement auquel Jésus fut livré se composait de quatre soldats (Jn 19, 23) avec un centurion à leur tête. Comme ce n'étaient pas de légions mais de troupes auxiliaires que disposait le gouverneur, il ne peut donc s'être agi que de membres d'une cohorte auxiliaire. Les troupes auxiliaires des préfets de Judée se recrutaient dans la population non israélite de Palestine, donc principalement parmi les Syriens et les Samaritains, pour la plupart ennemis acharnés des Juifs.

« Peut-être Pilate a-t-il, aussitôt après avoir condamné Jésus, terminé le procès des deux brigands qui furent crucifiés en même temps que Jésus. Comme le procès de Jésus avait commencé de grand matin, il n'est pas vraisemblable que l'action contre les deux larrons l'ait précédé le Vendredi saint ; peut-être avaient-ils été condamnés dès la veille, mais c'est peu probable, parce qu'alors ils auraient été exécutés aussitôt, selon la pratique du droit criminel romain.

« Au lieu du manteau de pourpre[1] que Jésus portait depuis la scène des outrages (Jean), les soldats lui rendirent ses vêtements (Mc 15, 20a). D'habitude, les condamnés à la croix étaient menés dévêtus au lieu du supplice, parce qu'ils étaient fustigés le long du chemin, pendant qu'ils portaient le bois. Peut-être n'a-t-on pas suivi cet usage dans le cas de Jésus puisqu'il avait déjà été flagellé. Mais, sans doute, les Romains évitaient-ils toujours en Judée de mener à travers la ville un délinquant non vêtu, ce qui était une indécence aux yeux des Juifs[2]. On ne dit nulle part que la couronne d'épines lui fût enlevée, c'est pourquoi, dès le IIe et le IIIe siècles, on pensait généralement qu'il était mort couronné d'épines. Mais il est probable qu'on la retira, ainsi que les autres insignes insultants, avant qu'il se fût engagé sur le chemin du supplice... Il n'était certainement pas permis aux soldats romains de se moquer en public du peuple juif » (J. Blinzler).

Une porte du palais s'ouvre. Ce n'est sans doute pas l'entrée d'honneur : plutôt une issue de service, du côté for-

---

1. Un *sagum* rouge de licteur, ou un vieux manteau de soldat ?

2. En 2004, lors des polémiques autour du film de Mel Gibson, G. Mordillat affirmera que tous les artistes chrétiens s'étaient montrés « antisémites » dans leurs représentations de Jésus en croix : s'ils le montraient vêtus d'un pagne, c'était « pour cacher qu'il était circoncis ». Or, les Romains ne promenaient pas de gens nus dans une ville juive, car la coutume judaïque proscrivait la nudité. La Mishnah (*Sanhédrin* 6, 3) précise que les condamnés à la lapidation étaient ceints d'une bande de toile, les hommes par-devant, les femmes par-devant et par-derrière. Les Romains respectaient prudemment cette coutume locale, car leurs exécutions publiques avaient pour but d'impressionner les foules, non de les rendre furieuses : *Romani subjectos non cogunt patria jura transcendere*, « les Romains ne forcent pas leurs sujets à enfreindre les lois de leur patrie », écrit Josèphe (Juif romain) dans son *Contre Appion*.

teresse (aile nord), qui donne sur une cour intérieure où les soldats ont préparé les condamnés et les instruments.

Les condamnés sortent, entourés de gardes : outre les quatre soldats qui procéderont aux crucifixions (opération technique qui requiert un « tour de main » de bourreau entraîné), la présence d'une escouade est certainement nécessaire au maintien de l'ordre : deux des condamnés sont des émeutiers, et le troisième est sous le coup d'une condamnation politique.

L'écriteau de Pilate : une gifle à Caïphe

C'est d'ailleurs ce qui est écrit en trois langues sur un écriteau qui pend à son cou, ou que l'on a accroché à la poutre qu'il porte – titubant – sur les épaules.

Cet écriteau se nomme le *titulus*. Ou « *titlos* », en gréco-latin (le franglais de l'époque), chez Jean 19, 19. Ou « *epigraphe* » en meilleur grec, chez Marc (15, 26) au Luc (23, 38). C'est une pancarte réglementaire qui sert à faire savoir au public le motif de la condamnation. Le *titulus* de Jésus porte l'inscription suivante : « Le roi des Juifs » (Mc 15, 26). Ou : « Celui-ci est le roi des Juifs » (Mt 27, 37 et Lc 23, 8). Ou encore : « Jésus le Nazôréen, le roi des Juifs » (Jn 19, 19-22).

En lisant cela, les grands prêtres doivent blêmir.

Pilate est un obstiné. Il a obtenu leur acte d'allégeance, mais il ne veut surtout pas que le public ait l'impression que le préfet change d'avis. Il a répété « roi des Juifs » toute la matinée ; il fait donc écrire « roi des Juifs » sur l'écriteau. (Jean raconte cet épisode un peu plus tard, mais il se place logiquement avant le départ du cortège pour le Golgotha.) Quoi qu'on en dise, cette histoire de « royauté » est le motif légal de la sentence. Que Jésus ait été réellement dynaste, ou qu'il y ait prétendu à tort, revient exactement au même : pour Rome, le mot suffit. Il y a eu rébellion. La preuve : le rebelle vient d'être condamné.

En outre, Pilate veut que son écriteau soit lisible par tous les publics. Il le fait rédiger en trois langues : hébreu, latin et grec.

Selon Barrett, « les avis polyglottes étaient probablement aussi courants à l'époque hellénistique qu'ils le sont aujourd'hui dans les trains continentaux ».

Les grands prêtres sont floués. Ils croyaient avoir acheté (cher) le droit de ne plus entendre dire « roi des Juifs », et voilà qu'on le leur donne à lire ! Et que les foules le liront tout l'après-midi ! Ils tentent d'obtenir de Pilate un autre écriteau. Ils l'adjurent : « N'écris pas : "le roi des Juifs", mais "cet homme a dit : je suis le roi des Juifs" ! » (Jn 19, 21).

Pilate répond par un mot dur : « *Quod scripsi, scripsi.* » « Ce que j'ai écrit, je l'ai écrit. » C'est une fin de non-recevoir.

Les grands prêtres n'ont plus qu'à garder contenance vis-à-vis du public. Un mot du *titulus* va les y aider : Iechoua « le Nazôréen ». Ce surnom (on l'a vu) désigne un courant spirituel : celui des « sauvés » ; le prénom Iechoua évoque lui aussi le « salut ». Les grands prêtres vont donc pouvoir lancer à la cantonade, en pointant du doigt l'écriteau : « Il en a sauvé d'autres, il peut bien se sauver lui-même ! » (Mc 15, 31).

« Le "titre" de la croix était une planchette, recouverte d'un badigeon blanc, sur laquelle on écrivait en lettres noires bien visibles le délit du condamné. On portait parfois le titre de la croix devant le condamné (Suétone, *Caligula* 32), ou bien on le lui suspendait au cou (Suétone, *Domitien* 10 ; Dion Cassius 54, 8). Dans le cas de Jésus, on le fixa sur la croix au-dessus de sa tête (Mt 27, 37). Le libellé du titre de la croix varie d'un évangile à l'autre, mais les quatre rapportent identiquement ce qui constitue l'unique texte de Mc 15, 26 : "Le roi des Juifs" » (P. Haudebert).

« La tradition sur l'écriteau portant le motif de la condamnation de Jésus, en l'espèce sa prétention à être le "roi des Juifs", est un des éléments les plus solides de la Passion sous l'angle de l'histoire » (S. Légasse).

Quant au mot de Pilate (« ce que j'ai écrit, je l'ai écrit »), non seulement il sonne romain mais il sonne aussi hébraïque, selon Simon Légasse : « Il faut songer aux expressions sémitiques qu'on lit dans les documents rabbiniques, par exemple *mah shè-habî habî*, "ce qu'il a apporté, il a apporté", c'est-à-dire : "ce qu'il a apporté est valide" (b. *Menahot*, 3a) ; *mah shè-'asuy 'asuy*, “ce qui est fait est fait”, c'est-à-dire “le rite est valide dans les deux cas” (b. *Yebamot*, 110b). » Autrement dit, la scène est rapportée par un Juif, en vocabulaire sémitique.

Jésus a-t-il « porté sa croix » ?

Comme les deux autres condamnés qui viennent de sortir avec lui du palais, Jésus doit « porter sa croix » (Jn 19, 17).

En réalité ce n'est pas la croix complète que doivent porter les condamnés, mais sa barre transversale : le *patibulum*.

Cette façon de procéder est attestée par des auteurs antiques, tels que Plutarque : « Dans les supplices corporels chacun des malfaiteurs porte sa propre croix[1] » ; ou Plaute : « Ils te mèneront par les rues, le *patibulum* sur la nuque, en te criblant de coups d'aiguillon[2]. »

La procédure romaine des crucifiements veut que les condamnés portent cette poutre jusqu'au lieu du supplice, où se dressent en permanence des poteaux.

Arrivé là, le condamné est cloué à la poutre qu'il a portée. Puis elle est fixée sur le poteau (*stipes crucis*) : soit au sommet de celui-ci (on parle alors de *crux patibulata*), soit au-dessous du sommet (*crux immissa*). « La croix de Jésus devait être une *crux immissa*, puisque le *titulus* y était attaché au-dessus de sa tête (Mt 27, 37) » (J. Radermakers).

Le *patibulum* (autrefois une barre de portail – d'où son nom : de *patere*, « être ouvert ») est une traverse de bois de cinquante kilos, que l'on porte « sur la nuque, les deux membres supérieurs étendus et liés à elle » (P. Barbet) : « On comprend pourquoi la sentence de mort était : “Pose la croix sur l'esclave.” »

Les soldats ont donc placé le *platibulum* sur les épaules du condamné Jésus. Il titube sous le poids, comme n'importe qui dans son état l'aurait fait : il est déchiré, sanglant, à vif ; porter une charge lui sera insupportable.

1. *Délais de la justice divine*, 9.
2. *Mostellaria*, 56-57.

L'hémorragie et le choc dus à la flagellation rendent souvent le condamné incapable de porter la traverse de bois sur ses épaules jusqu'au lieu de l'exécution. Ce cas de défaillance est si banal qu'il est prévu par le règlement romain : si l'homme ne peut pas *patibulum ferre* (« porter son *patibulum* »), le chef du peloton d'exécution doit réquisitionner quelqu'un pour le faire à sa place. C'est ce à quoi nous allons assister dans le cas de Jésus.

Selon Pierre Barbet, le chirurgien que nous avons déjà cité, la flagellation du thorax – supplice d'une extrême violence – a probablement déterminé chez Jésus une péricardite traumatique séreuse ; d'où l'observation de Jean (Jn 19, 34) sur « l'eau » qui jaillira de la poitrine ouverte par le coup de lance, quand il sera crucifié. En ce cas Jésus ressent les symptômes de cette péricardite durant la marche vers le Calvaire : « douleurs précordiales déchirantes, oppression, frissons, fièvre, dyspnée intense ». D'où un état d'extrême faiblesse, qui expliquera ensuite une mort plus rapide que ne le prévoyaient les bourreaux.

Si l'ancien palais hérodien, devenu résidence des préfets romains, est bien le lieu du « prétoire », comme tout porte à le croire, Jésus ne traverse pas la ville de Jérusalem d'est en ouest pour aller au Calvaire. La *Via Dolorosa* des pèlerins chrétiens, qui part du site de l'Antonia, n'est qu'un (vénérable) itinéraire de piété ; mais ce n'est pas là que Jésus et ses compagnons de supplice sont passés.

En réalité, Jésus et ses bourreaux quittent le prétoire (proche des remparts) par la rue qui s'ouvre vers le nord, rue dont les façades de droite sont celles de demeures privées, et la façade de gauche celle de la forteresse. Passant devant deux des trois tours hérodiennes qui couvrent le nord du palais, ils tournent à gauche au pied de la seconde, nommée Hippicos, qui commande la Porte Gennath (« des Jardins »). Ils prennent ensuite à droite et longent l'extérieur des remparts, vers le nord, puis le nord-est, jusqu'à la butte *Gulgolta* : toponyme qui signifie « crâne », en araméen.

C'est le lieu des exécutions légales. Techniquement hors de Jérusalem, il est cependant, comme nous l'avons déjà vu, à courte distance du rempart dans le rentrant nord-ouest de l'enceinte exactement, sur laquelle s'ouvre la Porte d'Éphraïm. Cette zone macabre est une ancienne carrière.

Il y a 150 mètres du prétoire à la Porte des Jardins, et 250 de la porte à l'emplacement présumé du Golgotha. C'est donc un parcours de près de 400 mètres que Jésus, très affaibli par la flagellation, doit maintenant parcourir en portant une lourde traverse de bois sur ses épaules à vif. Il est sorti « portant sa croix » (Jn 19, 17), mais les soldats réquisitionnent bientôt quelqu'un pour la porter « derrière lui », précise Luc. Il ne semble pas que Jésus ait pu porter sa croix (ou la porter seul) sur plus d'une centaine de mètres ; pas au-delà de la Tour Hippicos et de la Porte des Jardins en tout cas. C'est sans doute là, à l'endroit où la rue va s'engager sous la porte, qu'il rencontre Simon de Cyrène. Pourquoi cette localisation à la fois supposée et précise ? Parce que cet homme, nous dit l'Évangile, « revient des champs ». Il vient donc de passer sous la Porte des Jardins. Sans s'y attendre le moins du monde, le voilà face au cortège des condamnés. Jésus vacille, peut-être tombe-t-il, sous le poids intolérable de la poutre ; le centurion a l'habitude et connaît la consigne, qui est d'aller vite et de réquisitionner un passant si le condamné défaille. Le centurion jette un coup d'œil sur la foule qui se presse et aperçoit un homme solide :

« Ils mirent la main sur un certain Simon de Cyrène qui revenait des champs, et le chargèrent de la croix pour la porter derrière Jésus » (Lc 23, 26).

Voilà donc ce Simon qui se hâtait sûrement pour rentrer chez lui, pris au hasard, astreint à porter un instrument de supplice. Chose vraiment pénible à faire un jour de purification rituelle. Participer à une exécution capitale aux côtés de païens, c'est aller au-devant de souillures graves. De quoi perdre le droit de manger la Pâque ce soir...

Mais qui est ce Simon qui entre ainsi dans l'histoire ?

« On a trouvé le tombeau d'une famille juive de Cyrène dans la vallée du Cédron. Le Simon obligé par des soldats romains de porter la croix de Jésus au Golgotha était originaire de Cyrène. Les Cyrénéens habitant à Jérusalem appartenaient à la synagogue mentionnée dans Ac 6, 9. Les pèlerins venant de Cyrène – plus exactement de la Libye Cyrénaïque, avec Cyrène comme capitale – logeaient, sans doute pour une part, dans l'hospice contigu à cette synagogue » (J. Jeremias).

Selon Simon Légasse, le personnage de Simon de Cyrène soulève des problèmes et ouvre des perspectives :

« Les témoins sont unanimes à dire que les soldats réquisitionnèrent un passant, un certain Simon qui entrait en ville, pour porter la croix de Jésus. Cela laisse supposer que Jésus l'avait portée lui-même au moins le temps de quelques pas. Cela indique aussi que Jésus était trop faible pour la porter après avoir enduré la flagellation.

« La réalité du fait est confirmée par les précisions fournies au sujet du personnage ainsi mis à contribution. Ce Simon était originaire de Cyrène, capitale de la région nord-africaine de Cyrénaïque. Là vivaient de nombreux Juifs. Certains d'entre eux, venus s'établir à Jérusalem, y possédaient une synagogue. Plutôt que d'être un pèlerin venu pour la fête, Simon appartenait à leur communauté. Car en indiquant le nom de ses fils, Alexandre et Rufus, la tradition parvenue jusqu'à Marc laisse entendre qu'il s'agissait de personnes familièrement connues des chrétiens de Jérusalem. On arrive ainsi à la conclusion que la famille, domiciliée dans la Ville sainte, s'était jointe aux disciples du Crucifié.

« Une tombe creusée dans la roche fut découverte en 1941, au lieu dit Karm esh-Sheikh, au sud-est de la vallée du Cédron. Elle contenait onze ossuaires dont l'un portait, entre autres inscriptions, "Alexandre (fils) de Simon", avec une addition (*qrnyt*) qui, corrigée (*qrnyh*), permettrait d'identifier en ce lieu la sépulture de la famille du porte-croix de Jésus. On ne peut, à ce sujet, que s'en tenir à de prudentes conjectures.

« En tout cas, vu son origine – que pourraient confirmer les noms étrangers des deux fils de Simon –, cette famille a dû faire partie du groupe helléniste de la communauté chrétienne de Jérusalem, dont les Actes des Apôtres permettent de deviner l'autonomie et les vicissitudes. Peut-être faut-il supposer quelques membres de cette famille parmi les innovateurs qui prêchèrent l'Évangile aux Grecs d'Antioche (Ac 11, 20 compte parmi eux des Cyrénéens). Mais seule l'imagination peut retracer l'itinéraire qui, partant d'une rencontre fortuite avec le supplicié, aboutit à la foi en sa personne. »

Le cortège se remet en marche.

Jésus avance douloureusement, entouré de deux ou trois gardes. S'il titube trop, ils le tirent par des cordes, réglementaires elles aussi. Ils le « *traînent* », écrit Marc (15, 22) : Jésus ne porte plus la poutre (ou ne la porte plus à lui seul), mais on doit quand même le « traîner » ; ce mot indique dans quel état physique il se trouve.

Simon le suit, portant le *patibulum*.

Qui sont ces « filles de Jérusalem » ?

Luc est le seul à raconter un peu cette marche vers le Golgotha. Ce qu'il en dit est remarquable. D'après son évangile, une partie des gens de Jérusalem manifestent de la compassion à Jésus : « Une grande masse du peuple le suivait, ainsi que des femmes qui se frappaient la poitrine et pleuraient sur lui » (Lc 23, 27).

Ce verset désigne deux éléments : il y a une foule, et il y a des femmes. Que cette foule soit faite uniquement de gens de la ville (chose improbable) ou aussi de pèlerins, l'évangéliste paraît souligner que – parmi les Juifs qui savent que l'on exécute Jésus – beaucoup ne s'en réjouissent pas.

Quant aux femmes, la tradition juive interdit que les pleureuses fassent leur office auprès des condamnés à mort exécutés ; mais cette interdiction s'applique à la fonction normale des pleureuses, qui s'exerce sur le cadavre. Or Jésus est encore vivant. C'est donc une autre activité que celle des funérailles. Elle est indiquée par une *baraïta* (*Sanhédrin* 43a) que la Bible de Jérusalem résume ainsi : « Selon un usage mentionné par le Talmud, des femmes distinguées de Jérusalem préparaient des breuvages apaisants et les apportaient aux condamnés. »

« À celui qui est emmené pour être exécuté, on tend une coupe de vin avec de l'encens pour endormir ses facultés. Ce sont les dames respectables de Jérusalem qui avaient l'habitude de pourvoir à tout cela, avec la plus grande générosité » (S. Ben-Chorin).

Cette découverte féminine soulève des questions innombrables.

Doit-on imaginer une sorte de société de bienfaisance, spécialisée dans l'aide aux condamnés ? Cette association de femmes pieuses dépend-elle de confréries d'obédience pharisienne, comme d'autres associations charitables à Jérusalem ? Se peut-il que l'expression « Filles de Jérusalem », dont Jésus se sert pour leur parler, soit le nom de leur association et non pas simplement une allégorie ? L'action charitable qui consiste à donner une sorte d'anesthésique au condamné s'accompagnait-elle d'un rite qui implique le fait de chanter des lamentations ou de « se frapper la poitrine » ? Mais puisque la condamnation romaine de Jésus semble être cautionnée par une condamnation sanhédrite, des Juives de la bonne société ne peuvent avoir l'air de contester le bien-fondé de cette mise à mort ; alors quel est le sens de leur rite ? Écarter la colère divine ? Ces « lamentations » autour d'un condamné conduit hors des murs auraient-elles quelque chose à voir avec le rite autour du bouc émissaire, que l'on fait sortir de la ville pour le chasser « au désert » ?

Ou bien le rite de déploration sur le condamné est-il purement compassionnel, étant féminin ?

Se retournant vers ces femmes qui le suivent, Jésus leur dit à peu près ceci : « Au lieu de vous donner tant de mal pour m'entourer de vos lamentations, vous devriez réfléchir à ce qui va vous arriver : alors vous aurez l'occasion de vous lamenter, mais cette fois en dehors de tout acte rituel ! »

« Jésus détourne cette exhibition de douleur portant sur sa personne vers les pleureuses elles-mêmes et leurs enfants, étant donné les malheurs qui vont fondre sur eux. La tristesse et un brin d'ironie imprègnent cette recommandation » (S. Légasse).

C'est son avant-dernière « douce ironie » dans sa vie terrestre.

La dernière sera : « Ils ne savent ce qu'ils font. »

Les récits évangéliques de cette marche ne mentionnent aucun des pieux incidents qui nourriront, au cours des siècles, la contemplation spirituelle des chrétiens. Les évangélistes ne nous disent pas que Jésus soit tombé, même si nous pouvons le supposer avec raison. Ils ne nous parlent pas d'une femme qui essuie son visage. Ils ne nous disent rien d'une rencontre de Jésus avec sa mère. Ce silence des textes ne veut pas dire que le groupe de femmes, accompagnées du « disciple préféré », n'est pas présent dans la foule qui suit les condamnés : il est même probable qu'il y soit, puisque les textes mentionneront ce groupe, dans quelques instants, au Golgotha. À partir de cette très grande probabilité, la spiritualité chrétienne a pu conjecturer de brefs face-à-face entre le condamné (trébuchant, tiré par des cordes) et tel ou tel des proches de Jésus, qui doivent marcher dans la foule et qui peuvent éventuellement remonter le cortège pour se tenir à sa hauteur, pendant un court instant.

Golgotha

Jésus arrive au lieu du supplice – Les vêtements – Les deux autres crucifiés – La foule et les grands prêtres – Le groupe des femmes – L'agonie et la mort de Jésus : examen médico-légal – « Eloï » ou « Elyya » ? – Hysope ou *pilum* – L'homme au vinaigre – Ce qu'a vu le chef de peloton – Une foule repentante ? – Au Temple et chez Pilate

Contrairement à ce qu'ont peint ou sculpté la plupart des artistes chrétiens, les croix romaines ne sont pas hautes. Ce serait inutile, et trop difficile à l'usage, pour les bourreaux. Selon les archéologues, le poteau fixe (*stipes*) ne mesure guère plus de deux mètres.

On y fixe donc facilement le *patibulum.* Il est posé et emboîté sur le *stipes,* le tout formant un « T ».

Les pieds du condamné sont donc à une soixantaine de centimètres du sol.

Le procédé de la crucifixion est simple et rapide. Arrivé près du poteau de supplice, le condamné est étendu sur le sol, les bras toujours écartés et ficelés à sa poutre. On commence par les lui clouer à l'aide de longs clous solides qu'on plante juste au pli de flexion du poignet, « passage anatomique préformé où le clou passe facilement, où il est maintenu très solidement par les os du carpe strictement fixés par leurs ligaments distendus et par le ligament annulaire antérieur » (P. Barbet). Puis on relève la poutre et son chargement humain, en soutenant le bois par ses deux extrémités, on adosse le tout au poteau, puis on l'exhausse jusqu'au sommet, où vient retomber et s'emboîter la poutre. Après quoi, il n'y a plus qu'à clouer les pieds du condamné.

« La précieuse découverte du squelette d'un crucifié du nom de Yehohanan en 1968, dans le quartier Giv'at ha-Mitvar de Jérusalem, confirme le fait, indirectement exprimé en Lc 24, 39-40, que les pieds de Jésus furent aussi cloués... » Cette exhumation archéologique « donne raison aux voix médicales qui contestent la possibilité de suspendre un corps avec les clous plantés dans les paumes... En plaçant les plaies de Jésus dans le carpe, on ne contredit pas les données évangéliques qui parlent de "mains", celles-ci pouvant être entendues au sens large. Faut-il envisager un ou deux clous pour les pieds ? Tout en concédant aux bourreaux une marge convenable de liberté dans l'accomplissement de leur besogne, on notera que les pieds du crucifié de Giv'at ha-Mitvar furent fixés à la croix par un seul clou traversant le calcanéum » (S. Légasse).

« Le *patibulum*, apporté au lieu du supplice par le condamné, est jeté à terre et celui-ci s'étend dessus. Les bras tirés par les bourreaux sont tout naturellement étendus parallèlement au *patibulum*, faisant un angle de 90° avec le corps. Les bourreaux prennent les mesures et, avec quelque tarière, ébauchent au moins les trous dans la poutre. Les mains, ils le savent, seront faciles à percer, mais les clous entrent moins facilement dans le bois. Puis, ils clouent l'une des mains, tirent sur l'autre et la clouent aussi. Le corps du Christ reproduit déjà le T de la croix, les bras et le *patibulum* à 90° sur le corps. On remet alors debout le patient en soulevant celui-ci en haut du *stipes*, ce qui reconstitue la croix en Tau. À ce moment le corps s'affaisse, allongeant les bras, qui passent de 90° à 65°. Il ne reste plus qu'à clouer les deux pieds ; l'un sur l'autre, d'un seul clou, en fléchissant les genoux qui prennent tout de suite leur position d'affaissement. Les genoux font un angle postérieur d'environ 120 % ; les hanches et les cous de pied font un angle antérieur d'à peu près 150°. Lorsque, pour échapper à l'asphyxie, le corps se redressera en prenant point d'appui sur le clou des pieds, les bras remonteront vers l'horizontale, mais ne dépasseront pas [...] 70° » (P. Barbet).

Le supplicié mourra donc par tétanie musculaire qui entraîne une asphyxie progressive.

La crucifixion est le plus lent – donc le plus atroce et le plus dégradant – des modes d'exécution pratiqués par l'Antiquité gréco-latine. D'où sa hideuse réputation à l'époque. Et le fait que la croix ne se popularisera comme symbole chrétien qu'après sa disparition en tant que supplice légal...

Pour Cicéron, c'est « la peine de mort la plus cruelle et la plus terrible[1] ».

« Fondre dans les tourments, périr membre à membre, et répandre autant de fois sa vie goutte à goutte... Qui, attaché au gibet maudit, déjà infirme, déjà informe, les épaules et la poitrine remontées en deux bosses affreuses, ayant ainsi, même avant la croix, mille motifs de mourir... », écrit Sénèque[2].

Et pour Callistrate, c'est le « châtiment suprême, que seul égale celui d'être brûlé vif[3] ».

Jésus arrive au Golgotha

Sitôt sur place, le peloton d'exécution allonge les trois condamnés et les fixe à leurs *patibula.* Jésus, comme les deux autres[4].

L'écriteau est là aussi, comme le prévoit le règlement. On le pose, on le cloue, « au-dessus de la tête » de Jésus (Mt 27, 37). « Ni Matthieu ni Luc n'ont assisté au crucifiement de Jésus. Marc, pas davantage, qui néanmoins rapporte, à l'occasion, des souvenirs émanant de témoins oculaires. Que le détail de l'écriteau (Mc 15, 26) provienne de l'expérience de ces derniers, on n'en saurait douter, et l'on peut dire avec Joseph A. Fitzmyer, que "l'inscription est la seule chose qui, à notre connaissance, ait été écrite

---

1. In *Verrem* II, 5, 64, 165.
2. *Lettres à Lucilius* 101, 14.
3. *Dig.* 48, 19, 28.
4. L'idée que les deux « larrons » n'aient pas été cloués mais liés à la croix est sans fondement historique.

sur Jésus pendant sa vie terrestre"... (contre le scepticisme de R. Bultmann et de E. Linnemann : faire de cette notice un dérivé de la question de Pilate en Mc 15, 2 comme le suggère ce dernier auteur, est en réalité inverser l'ordre de choses).

« Publique, (cette inscription) n'a pu de surcroît être inventée par les premiers chrétiens : le titre de "roi des Juifs" [...] n'a aucune résonance dans la théologie de la primitive Église » (S. Légasse).

Ici les trois synoptiques donnent des détails, recueillis plus tard auprès des témoins directs de la scène :

« Arrivés à un lieu dit Golgotha, c'est-à-dire lieu dit du Crâne, ils lui donnèrent à boire du vin mêlé de fiel ; il en goûta et n'en voulut point boire. Quand ils l'eurent crucifié, ils se partagèrent ses vêtements en tirant au sort. Puis, s'étant assis, ils restaient là à le garder... » (Mt 27, 33-35).

« Et ils lui donnaient du vin parfumé de myrrhe, mais il n'en prit pas. Puis ils le crucifient et se partagent ses vêtements en tirant au sort ce qui reviendrait à chacun... » (Mc 15, 23-24).

« Lorsqu'ils furent arrivés au lieu appelé Crâne, ils l'y crucifièrent ainsi que les malfaiteurs, l'un à droite et l'autre à gauche... Puis, se partageant ses vêtements, ils tirèrent au sort » (Lc 23, 33-34).

Quant au quatrième évangéliste, Jean, il a lui-même été « témoin oculaire » :

« Lorsque les soldats eurent crucifié Jésus, ils prirent ses vêtements et firent quatre parts, une part pour chaque soldat, et la tunique. Or la tunique était sans coutures, tissée d'une pièce à partir du haut ; ils se dirent donc entre eux : "Ne la déchirons pas, mais tirons au sort qui l'aura" : afin que l'Écriture fût accomplie : "Ils se sont partagé mes habits / et mon vêtement, ils l'ont tiré au sort"... Voilà ce que firent les soldats » (Jn 19, 23-24).

Selon deux évangélistes, coutume juive oblige, les soldats laissent offrir à Jésus un breuvage censé atténuer la douleur. Cette tolérance est contraire au règlement romain en matière d'exécutions capitales. L'exégèse positiviste voit, dans cette contradiction, la preuve que l'épisode du breuvage était purement littéraire. C'est vouloir trop se méfier des témoins.

Sachant que ce breuvage est attesté par le Talmud, et que la tolérance romaine envers les coutumes locales juives est attestée par Flavius Josèphe, il serait plus logique de ne pas rejeter le récit des Évangiles. (Sans voir dans ce « vin » une particulière bienveillance de gens de la ville envers Jésus : la coutume était destinée aux condamnés en général.)

Quant au partage des vêtements entre les soldats du peloton (ou seulement les valets du bourreau), c'est une coutume romaine historiquement attestée : tout ce que le condamné avait sur lui au moment de l'exécution était pris comme « *spolia* » (dépouilles), selon le règlement.

Le tirage au sort de la tunique est discuté. Une exégèse extrémiste dit que cet épisode n'est, à l'instar du breuvage, qu'un artifice littéraire. Pour preuves, on avance ces deux considérations : Jean cite le psaume 22 (21), ce qui dénoterait de sa part une volonté allégorique ; et il parle d'une « tunique sans coutures », détail superflu qui indiquerait un excès de zèle démonstratif.

Mais cette exégèse *fermée sur elle-même* commence à dater. Les chercheurs modernes prennent mieux en compte deux domaines :

1. *La sémantique* : une citation de l'Ancien Testament par les évangélistes ne dénote pas qu'ils embellissent (ou inventent) un épisode du Nouveau, mais qu'ils utilisent les Prophètes ou les Psaumes comme un langage de référence pour exprimer la portée (la résonance) d'un fait réel dans la dimension du mystère.

2. *L'histoire des faits matériels* : en accordant à ceux-ci plus d'importance – et en se faisant moins doctrinaire –, la recherche aboutit à des trouvailles. Par exemple celle-ci : selon l'auteur antique Isidore de Péluse (*Lettres* 1, 74), le *chiton* (longue chemise de dessous) d'une seule pièce et sans coutures était une spécialité des tisserands galiléens. N'est-ce pas du *chiton* de Jésus qu'il s'agit dans les Évangiles ? Voyant que cette chemise n'est pas faite de deux pans cousus ensemble, mais d'une seule pièce, indice de qualité et de confort, les soldats ont – par simple bon sens – l'idée de la tirer au sort pour ne pas la déchirer en quatre. (Et ils pratiquent évidemment les jeux de hasard, comme le prouveront les *graffiti* mis au jour par les archéologues – y compris sur le site de l'Antonia.)

Qui raille Jésus en croix ?

Comme nous l'avons déjà signalé, le Golgotha, butte des exécutions, est sous les remparts : autrement dit à courte distance du chemin de ronde, d'où les habitants de Jérusalem ont l'habitude de venir regarder les condamnés expirants. Aucun sadisme dans cette sorte de curiosité populaire : il suffit de penser aux coutumes médiévales (prolongées à l'âge classique) pour mesurer la familiarité des populations anciennes avec la mort pénale. L'idée d'un tel spectacle nous paraît intolérable. Mais confondre notre sensibilité et celle d'autrefois serait un anachronisme. Souvenons-nous aussi du fait que les populations juives pratiquent la lapidation légale ; loi cruelle, coutumes sanglantes, mais ni plus ni moins que le reste des lois et coutumes dans l'Antiquité. Donc le récit évangélique ne manifeste aucune malveillance spéciale envers des gens de Jérusalem quand il les montre observant froidement l'agonie de Jésus en croix. Leur curiosité est banale ; elle ne tire pas à conséquence dans leur esprit.

Les Évangiles parlent de railleries lancées par « les passants ». Plus précis, Marc signale que des grands prêtres sont là aussi, avec d'autres représentants du Sanhédrin.

S'ils sont venus, c'est pour montrer qu'ils sont d'accord avec l'exécution de *Iechoua ha-Nôtsri*, même si cette exécution est faite par des Romains et (officiellement) pour des motifs romains.

Dans l'esprit de Yosef Qayafa et de Hanân ben Chèt, montrer cet accord aux foules de Jérusalem fait partie du plan d'ensemble. Il serait illogique et dangereux de ne pas mener ce plan jusqu'à son terme, qui est non seulement d'éliminer Jésus, mais d'éradiquer l'admiration qu'il avait suscitée ; et, dans l'immédiat, d'étouffer toute réaction en sa faveur. Souvenons-nous de la réunion du Sanhédrin : le but de toute cette affaire était de faire en sorte que les Romains n'aient pas à déclencher une répression ; pour que l'exécution de Jésus produise cet effet « calmant », et non une poussée de fièvre, il faut que les chefs juifs se montrent et parlent. Certes, ils ne sont pas aimés : mais ils sont légaux. Et dans cette affaire, pour une fois, on voit des Pharisiens – aimés, eux, par une fraction du peuple – en train d'épauler les pontifes sadducéens. Des scribes, en effet, assistent à la crucifixion aux côtés des grands prêtres (Mc 15, 31) : et si les experts de la Loi, patriotes juifs insoupçonnables, approuvent la décision de leurs ennemis les pontifes collaborationnistes, c'est que supprimer Jésus sert vraiment l'intérêt général.

Luc nous montre « les chefs » (23, 35) lançant des lazzi au crucifié. Matthieu et Marc précisent : ce sont « les grands prêtres » qui argumentent les railleries. Ils ne doivent pas être nombreux, puisque beaucoup ont dû remonter au Temple ; mais ils sont là, accomplissant scrupuleusement leur manœuvre auprès de l'opinion publique. Se tiennent-ils sur le Golgotha lui-même, au risque de se souiller ? On les voit plutôt sur le rempart, entourés de « passants » qui sont peut-être des hommes à eux. En tout cas les prêtres se gaussent « entre eux et avec les scribes », indique Marc (15, 31) : « Il en a sauvé d'autres, il ne peut se sauver lui-même ! » Nous le savons : cette raillerie est un commentaire de l'écriteau. Et un calembour sur le nom et le surnom de Jésus.

Quant aux passants, Marc les montre se moquant eux aussi de Jésus (15, 29-30). Luc, au contraire, montre un peuple qui reste passif ; seuls les grands prêtres et les scribes raillent le supplicié.

« D'un côté le peuple, de l'autre les chefs » (v. 35) : la différence d'attitude entre les deux groupes, indication propre à Luc, « est remarquable, et complète les autres indices du même genre au cours de la Passion (23, 27.48). Ici le peuple se contente de "regarder", comme "étourdi et effaré" (V. Taylor) par ce qui vient de se passer et auquel il a contribué pour sa part... Ce regard, encore neutre, marque un net progrès si on le compare à l'attitude de la "foule" ou du "peuple" durant le procès qui vient de se dérouler : 23, 4-5.13.18-23. Mais il constitue aussi un stade intermédiaire, car il prépare le lecteur à une scène où le même "regard" (du peuple) déclenche cette fois un mouvement de repentir (23, 48) » (S. Légasse).

Mais il y a une autre explication. « Le peuple » n'est certainement pas homogène : certains groupes sont hostiles à Jésus, tandis que d'autres restent neutres ou désemparés.

Les deux autres crucifiés entrent aussi dans la ronde de paroles qui environne Jésus. Luc raconte la scène : l'un des deux jette quelques mots convulsifs qui ne font que répéter ce que des gens aux alentours viennent de crier : « Tu es le Messie ? Sauve-toi toi-même et nous avec. » Sa brièveté rend cette parole plausible.

L'autre crucifié réagit différemment. Il dit : « Iechoua, souviens-toi de moi quand tu viendras dans ton royaume. » Plausible aussi : Jésus a été traité de « roi » à plusieurs reprises, par le public et par les soldats ; l'écriteau fixé à la croix mentionne ce titre. Le crucifié n'invente rien (Lc 24, 39-43).

On hésite davantage devant le v. 41, où le second crucifié rabroue le premier, en termes un peu trop raisonneurs : « Tu ne frémis pas d'Elohim, toi qui subis le même châtiment ? Pour nous, c'est en règle : nous écopons de ce que nos actes nous ont valu. Mais celui-ci n'a rien fait de mal[1]. » Cette déclaration paraît littéraire. Mais son esprit ne l'est pas. Elle reste plausible : un « bandit » crucifié peut avoir exprimé l'idée en termes plus simples.

En ce qui concerne l'angle de notre recherche – qui a tué Jésus et, surtout, pourquoi ? –, il faut souligner que l'épisode des deux « larrons », réagissant de manière contradictoire à la personne de Jésus, est significatif du message central des Évangiles. Jésus n'a pas été tué par « les juifs » : il est juif lui-même, les deux autres condamnés sont juifs, et une grande partie de la foule juive qui assiste à la scène se montre maintenant neutre, avant de manifester une émotion, voire un repentir selon Luc (23, 47). Jésus s'attire des réactions favorables dans toutes les couches de la société juive : chez un « larron » (en fait, un émeutier condamné), aussi bien que précédemment chez des pèlerins du Temple, chez des Pharisiens, chez des riches ou des amis d'Antipas. Dans la suite du récit de Luc, Marc et Matthieu, une émotion se fera jour même chez l'officier romain du peloton.

1. Traduction d'André Chouraqui.

Tout cela converge dans un message unique : Jésus est plus ou moins victime de tous, mais il est venu pour les sauver tous. Les Évangiles ne disent pas autre chose.

Le courage des femmes

Jésus n'a pas été abandonné de *tous* ses disciples. Les récits évangéliques de la Passion attirent l'attention sur la présence de *certains,* ou plutôt de *certaines*.

« Des femmes aussi sont là ; elles regardent de loin. Parmi elles, Miriâm de Magdala, Miriâm, celle de Ia'acob le petit et de Iosseph, et Shelomit. Ce sont les femmes qui le suivaient et le servaient quand il était en Galil ; et beaucoup d'autres aussi, qui étaient montées avec lui à Ierous-halaîm[1]. » C'est ce que signale Marc (15, 40-41).

Luc et Matthieu font de même.

Les synoptiques filment la scène au grand angle : la caméra de Luc, éloignée des croix, balaie le paysage, donnant à voir « tous ceux qui étaient arrivés en foule pour ce spectacle[2] » (v. 48), puis le groupe des disciples « se tenant au loin ».

La caméra de Jean est, quant à elle, proche du Calvaire. Elle cadre quelques familiers de Jésus qui ont quitté le groupe des disciples pour venir tout près de la croix, chose dont les synoptiques ne parlent pas.

« On est porté à croire qu'ils étaient d'abord restés assez loin de l'effroyable spectacle, mais que, plus tard, ils se rapprochèrent de la croix. Les soldats n'avaient aucune raison d'en empêcher le petit groupe de parents et d'amis, puisque le crucifiement était achevé et la mort toute proche » (J. Blinzler).

La scène qui se déroule alors est un sommet de l'évangile johannique (Jn 19, 25-27) : « Se tiennent près de la croix de Iechoua sa mère, la sœur de sa mère, Miriâm, celle de Clôpas, et Miriâm de Magdala. Iechoua voit donc la mère,

1. Traduction d'André Chouraqui.
2. *Ibid.*

et près d'elle l'adepte qu'il aime. Il dit à la mère : "Femme, voici ton fils." Ensuite, il dit à l'adepte : "Voici ta mère[1]." »

« Iechoua sait que tout est accompli[2] » (Jn 19, 28).

Un homme en croix, peut-il parler ainsi ?

« Dans le traité de la Mishnah *Yevamot* 16, 3b, on spécifie que le certificat de décès d'un crucifié tant que celui-ci est attaché à la croix est sans valeur : on suppose donc "qu'un crucifié peut survivre encore assez longtemps, et, même dans sa terrible situation, prendre des dispositions concernant ses dernières volontés, comme le fit Jésus d'après Jn 19, 26" » (J. Blinzler, citant K. H. Rengstorf).

Jésus agonise et meurt

Jésus mourra en trois heures environ, à la surprise de Pilate lui-même (Mc 15, 44). Sa mort sera donc très rapide. Plus rapide en tout cas que celle des deux autres crucifiés de ce jour-là, à qui les soldats devront briser les tibias pour les empêcher de se soulever pour respirer.

« Il n'était pas rare, d'après Origène, de les voir survivre toute la nuit et la journée suivante. Un texte arabe affirme qu'en 1247, à Damas, un crucifié avait duré jusqu'au surlendemain. D'autres survies plus longues sont citées avec moins de certitude. Il est même arrivé qu'on dépendît des crucifiés, qui survécurent. On cite le cas d'un magistrat de Darius et celui de Chéréas. Mais l'exemple raconté par Josèphe est le plus intéressant. Pendant le siège de Jérusalem, en 70, trois de ses amis furent faits prisonniers par les Romains en son absence et mis en croix. Revenu, le soir, au camp romain, il demanda aussitôt à Titus et obtint leur grâce ; on les descendit de leur croix. Deux d'entre eux ne purent être rappelés à la vie par les médecins, mais le troisième survécut. Or, les deux premiers avaient été encloués et le suivant n'avait été attaché qu'avec des cordes... Les encordés, dit Josèphe, agonisaient moins vite que les encloués et pouvaient plus facilement être ranimés » (P. Barbet).

1. Traduction d'André Chouraqui.
2. *Ibid.*

À quoi, donc à qui, faut-il attribuer cette mort rapide de Jésus ?

L'anatomiste Pierre Barbet explique les conclusions que lui ont apportées des décennies d'étude de la Passion :

« Toute une série de circonstances, dont certaines ont été invoquées comme causes de mort, sont venues s'accumuler pour diminuer sa résistance physique. Et nous savons, par l'expérience physiologique, que des chocs douloureux en série ne s'additionnent pas, mais, dans une certaine mesure, se multiplient. (Une série d'excitations abaisse le seuil de la réaction.)

« Déjà, la veille, Jésus avait subi, au jardin des Oliviers, une agonie morale épouvantable ; nous pouvons déjà conclure de ce phénomène deux faits : d'abord une énorme diminution de la résistance vitale succédant à cette hémorragie, qui est grave, par l'étendue de la surface où elle se produit. D'autre part, l'état anormal de cette peau, qui, ayant saigné dans l'intimité de ses glandes sudorales, sur toute la surface du corps, est attendrie, endolorie, et donc moins apte à supporter les violences et les coups qui vont l'atteindre dans la nuit et le lendemain, jusqu'à la flagellation et la crucifixion. »

(La flagellation est un choc traumatique d'une extrême violence. Jésus a subi en sus des coups de poing et de bâton, y compris sur la tête. Le couronnement d'épines a provoqué, lui aussi, une hémorragie.)

Que se passe-t-il physiologiquement chez Jésus, une fois qu'il est crucifié ? Des douleurs effroyables, évidemment, qui peuvent provoquer une brusque chute de la tension artérielle :

« Nous n'avons aucune raison de penser à un état pathologique du cœur de Jésus ; l'issue de caillots et de sérum, nous le verrons, est absolument impossible dans cette hypothèse [...] L'hydropéricarde[1] existait certainement ; nous l'étudierons avec la plaie du cœur. Il est possible, comme le soutient Judica, qu'il ait été dû à une péricardite traumatique, à développement rapide, consécutive aux violents traumatismes subis par le thorax, spécialement pendant la flagellation. Cet épanchement était une cause de douleurs

1. Épanchement séreux dans l'enveloppe du cœur.

terribles et d'angoisse, mais on ne peut imaginer qu'il ait provoqué la mort rapide... » D'autres médecins du XXe siècle « ont soulevé l'hypothèse que la déglutition d'un peu d'eau pouvait provoquer une syncope mortelle chez un crucifié. Il citait le cas de l'assassin de Kléber, qui, empalé, mourut de cette façon : “À peine eut-il bu, qu'il poussa un cri et expira.” Il est évidemment tentant de rapprocher ce fait de l'éponge imbibée de vinaigre qui fut offerte à Jésus [...] Il y en avait un seau plein pour les gardes. D'après Marc et Matthieu, il semble bien qu'il ait *expiré après avoir reçu cette boisson*... Mais dans le récit de Jean, il a parlé après avoir bu (s'il a bu), et ce n'est pas la syncope brutale de l'empalé. »

« Tout ce que nous avons examiné jusqu'ici constitue donc des causes d'affaiblissement et de douleur, qui n'ont pu qu'accélérer l'agonie. Il nous manque toujours une cause déterminante de mort ; celle qui à coup sûr, indépendamment des circonstances préalables, tuait toujours tôt ou tard les crucifiés.

« Cette cause, disons-le tout de suite, était l'asphyxie.

« Les crucifiés mouraient tous asphyxiés [...] La fixation des bras relevés, donc en position d'inspiration, entraîne une relative immobilité des côtes et une grande gêne de la respiration ; le crucifié a la sensation d'un étouffement progressif... Le cœur doit travailler davantage ; ses battements se précipitent et s'affaiblissent. Il s'ensuit une certaine stagnation dans les vaisseaux de tout le corps. Et “comme, d'autre part, l'oxygénation se fait mal dans les poumons qui fonctionnent insuffisamment, la surcharge en acide carbonique provoque une excitation des fibres musculaires et comme conséquence une sorte d'état tétanique du corps entier” (cit. Dr Le Bec, *Le supplice de la croix*).

« Les crucifiés mouraient donc tous d'asphyxie, après une longue période de lutte. Pour tenter de reprendre sa respiration, le patient pouvait prendre appui sur les pieds fixés au *stipes*, pour remonter tout le corps et ramener les bras, descendus dans l'affaissement autour de 65°, vers l'horizontale. La traction sur les mains était ainsi fortement réduite. Les crampes diminuaient et l'asphyxie disparaissait momentanément, par reprise des mouvements respiratoires... Puis la fatigue des membres inférieurs survenait, qui forçait le crucifié à redescendre et l'asphyxie survenait à nouveau. Toute l'agonie se passait donc dans une alternative d'affaissements et de redressements, d'asphyxie et de respiration. On conçoit qu'un sujet épuisé, comme l'était Jésus, ne pouvait prolonger cette lutte pendant bien longtemps...

« D'après les recherches du Dr Hermann Mödder, ce fut un collapsus orthostatique (syncope) provoqué par la position suspendue qui conduisit à la mort. Le cœur et les centres vitaux du cerveau durent s'arrêter par insuffisance circulatoire.

« Heinz Zimmermann pense que l'insuffisance circulatoire n'a pas affecté le cerveau mais le cœur : ce qui expliquerait que Jésus soit resté conscient jusqu'à son dernier souffle... Il aurait ainsi subi, "outre les autres tortures, l'angoisse existentielle et le sentiment d'anéantissement qui sont ceux des malades atteints de coronarite aiguë". Selon un autre médecin, Engelbert Sons, c'est surtout l'arrêt du cœur, organe le plus éprouvé, en pareil cas, qui entraîne la mort sur une croix. Le système nerveux central reste non perturbé dans son activité jusqu'à la fin. »

Conclusion « médico-légale » : la mort de Jésus, survenue par asphyxie à la suite de la contraction tétanique de tous les muscles, et/ou par accident cardiaque, est de toutes façons l'effet du mode d'exécution infligé par les Romains. Sa rapidité est venue de l'affaiblissement du condamné, par suite de la flagellation à l'aide du *flagrum* réglementaire romain, selon la procédure romaine habituelle. L'affaiblissement physiologique de Jésus a-t-il aussi à voir avec ce qui s'est produit en lui à Gethsémani ? On ne peut qu'émettre des suppositions.

Le passage préalable de Jésus par les mains des hommes de Qayafa ne peut sans doute pas être mis au rang des causes physiques de sa mort. Incriminer les gardes et les serviteurs du grand prêtre serait déformer les textes : les évangélistes nous parlent d'injures et d'avanies, non de sévices graves. Tout ce que l'on peut dire est que Jésus a passé une nuit éprouvante chez le pontife juif – avant d'affronter chez le préfet romain le choc (traumatique) de la flagellation, suivi de l'exécution.

Revenons aux derniers instants de Jésus.

Il dit : « J'ai soif. »

Et puis… *Eloï, Eloï, lema sabachthani !* « Mon Dieu, mon Dieu, pourquoi m'as-tu abandonné ? » (Mc 15, 33-36). Certains des assistants disent en l'entendant : « Voilà qu'il appelle Élie ! » Quelqu'un court tremper une éponge dans du vinaigre et, l'ayant mise au bout d'un roseau, il lui donne à boire, en disant : « Laissez ! que nous voyions si Élie va venir le descendre ! »

Évoquée par trois évangélistes sur quatre, cette scène du vinaigre ajoute deux détails supplémentaires à l'aspect « armée romaine en Judée ».

L'éponge d'abord. Ce « vinaigre » est de la *posca,* boisson rustique italienne qui est l'ordinaire des soldats romains. Jean signale d'ailleurs la présence d'une cruche, posée quelque part près des croix. Cette *posca* et cette cruche ne sont pas différentes de ce que l'on voyait encore au début du siècle dernier chez les moissonneurs italiens : l'« éponge » servait tout simplement de bouchon au récipient.

Voyons maintenant la réaction des soldats à l'appel de Jésus.

En bon araméen, on invoque Dieu en disant *Elâï* ou *Eloï,* mais on appelle Élie *Elyah.* Puisque Marc, traduisant « Eloï » par « Mon Dieu », fait dire néanmoins à l'auditoire : « Voilà qu'il appelle Élie », d'aucuns en déduisent que la scène est fictive.

C'est oublier que dans les convulsions de l'agonie, le crucifié n'a peut-être pas articulé comme un professeur de diction.

En décidant que cette histoire d'Élie n'est qu'un « piètre calembour des premiers rédacteurs chrétiens de langue grecque », certains exégètes chrétiens font la leçon à André Chouraqui – qui, lui, accepte le « Eloï » ou « Elohaï » et le transpose en : « Mon Elohim » (Dieu), après quoi il laisse dire à l'auditoire : « Il appelle Elyahou » (Élie).

Reste l'hypothèse avancée par des exégètes de l'école de la *Formgeschichte* (Harold Sahlin et Thorleif Boman) et reprise par Xavier Léon-Dufour, qui suppose que Jésus aurait prononcé en fait les mots araméens *'elî 'attâ,* « Mon Dieu, c'est toi », que des assistants ont pu confondre avec *'eliyyah tâ,* « Élie, viens ! » :

« ... Jésus, par cette invocation, qu'on retrouve dans plusieurs psaumes, aurait donc crié sa confiance, et non son angoisse, à l'instant de sa mort. Curieusement cette hypothèse rejoint, par une acrobatie exégétique, une explication fréquente chez les Pères et les spirituels jusque vers la fin du XIVe siècle : le cri de Jésus exprime malgré tout la permanence de son lien intime avec Dieu, puisqu'il dit : "Mon Dieu !"

« Mais le caractère "difficile" de la parole de Jésus en Mt et Mc inviterait plutôt à la regarder comme authentique. Elle consonne avec le paroxysme de souffrances physiques et morales de Jésus. Dire qu'un crucifié, mourant par étouffement, ne saurait articuler quelques mots, se heurte à une observation générale : des mourants retrouvent souvent une force paradoxale pour une dernière déclaration, pour la récitation d'une dernière prière. Il est impossible de n'y pas reconnaître le psaume 22, 2, en dépit de doutes soulevés parfois sur ce point. En reprenant ces mots du psalmiste, Jésus proclame que s'accomplit en lui le destin du Juste souffrant, du serviteur qui doit faire l'expérience de la solitude et de l'abandon le plus total pour réaliser sa mission[1] » (Ch. Augrain).

Que nous enseigne donc l'homme au vinaigre ?

Le commentaire « Voilà qu'il appelle Élie » est dit par certains assistants, sans qu'on sache lesquels. L'homme au vinaigre ne fait que le répéter. Il l'associe au sarcasme « qu'il descende s'il le peut » qui a été rabâché par d'autres autour de la croix, et qu'il répète aussi, en disant : « Nous verrons si Elyyahou viendra le descendre. » Cependant, il veut désaltérer le mourant... Ce mélange de fraternité et de cynisme est plausible de la part d'un soldat ; et c'en est un, sinon les autres ne le laisseraient pas toucher à la cruche. « Il n'a pas le courage d'être bon sans faire une concession aux moqueurs » (J. Blinzler) : ces « autres » qui veulent l'empêcher de donner à boire au supplicié (dans Mt).

L'homme au vinaigre sait vaguement qui est « Elyyahou », ou le prend pour une divinité quelconque. Il ressemble à la moyenne des troupiers de Pilate, qui sont des

1. *Dictionnaire encyclopédique de la Bible, op. cit.*

auxiliaires syriens qui parlent un autre araméen que celui de Judée ou de Galilée.

Jésus boit le vinaigre et expire.

« Quand donc Iechoua a pris le vinaigre, il dit : "C'est accompli !" Il incline la tête et rend le souffle[1] » (Jn 19, 30).

« Jésus laisse échapper un grand cri : il expire. Et le voile du sanctuaire se fend en deux, de haut en bas. Le centurion qui se tient en face de lui, voyant qu'il a ainsi expiré, dit : "Pour de vrai, cet homme était fils de Dieu." » (Mc 15, 37-39).

« Jésus de nouveau clame d'un grand cri et laisse l'esprit. Et voici : le voile du sanctuaire se fend, de haut en bas, en deux. La terre est séismée. Les pierres se fendent [...] Le chef de cent et ceux qui, avec lui, gardent Jésus, en voyant le séisme et ce qui est arrivé, craignent fort. Ils disent : "Pour de vrai, il était fils de Dieu, celui-ci !" » (Mt 27, 50).

« C'est déjà à peu près la sixième heure. Et une ténèbre vient sur la terre entière, jusqu'à la neuvième heure : le soleil s'éclipse. Le voile du sanctuaire se fend au milieu. Jésus crie d'un grand cri, il dit : "Père, en tes mains je remets mon esprit." Cela dit, il expire. Le chef de centaine, voyant ce qui est arrivé, glorifie Dieu en disant : "En réalité, cet homme était un juste." Toutes les foules accourues ensemble pour regarder, ayant regardé ce qui est arrivé, s'en revenaient en se frappant la poitrine » (Lc 23, 44-49).

Les synoptiques relatent donc que l'instant de la mort de Jésus s'accompagne d'« ébranlements cosmiques », qui aboutissent « à la reconnaissance par l'officier romain que "c'était le Fils de Dieu". Fait remarquable : car un centurion n'a aucune raison d'avoir des notions bibliques, et pour lui le "fils de dieu" est d'abord et surtout César, dont il sert le culte » (É. Nodet).

Des générations de chrétiens en ont déduit que ce centurion avait été touché par la grâce.

Puis des générations de positivistes hypercritiques en ont déduit, à l'inverse, que les récits évangéliques étaient fictifs

1. Traduction d'André Chouraqui.

(parce que cette « conversion du centurion » était trop belle pour être vraisemblable).

La question à poser est donc : qu'a *vu* le centurion, pour en ressentir une impression si bouleversante ? Que ressent-il lorsqu'il entend le cri de Jésus ? Qu'est-ce qui le frappe au point de lui faire dire une chose aussi étrange et dangereuse pour sa carrière ?

Marc (15, 27-32) nous l'indique. Le centurion, écrit-il, se tient « en face de » Jésus, comme s'il ne regardait que celui-ci.

« Ce dernier point est à retenir quand il s'agit de résoudre le problème que pose la phrase : "ayant vu qu'il avait ainsi expiré". Fait-elle allusion aux ténèbres, au cri final de Jésus... ou encore à l'ensemble des circonstances de cette mort ? » (S. Légasse).

« Ce qui est certain, c'est que Jésus reste conscient et lucide jusqu'au dernier moment et que les pensées du mourant allaient vers son Père céleste » (J. Blinzler).

Le Romain observe donc – avec une stupeur qu'imagine Joseph Blinzler – cette agonie à nulle autre pareille :

« On n'y trouve rien de ce qui rendait la crucifixion si affreuse, c'est-à-dire les cris de fureur et de souffrance des victimes, leurs malédictions farouches... Au lieu de maudire ses bourreaux, Jésus implore du ciel leur pardon ; au lieu de s'abandonner au désespoir, il se réfugie en priant dans les bras de Dieu.

« Cette mort fit donc sur le centurion romain qui surveillait l'exécution, et qui se trouvait par conséquent en face de Jésus et pouvait suivre exactement toutes les étapes du drame, une impression si puissante qu'il s'écria : "Vraiment cet homme était le fils de Dieu."

« L'idée d'un fils métaphysique de Dieu n'a pu qu'être parfaitement étrangère à un centurion païen, et le titre messianique de Fils de Dieu ne pouvait être courant pour lui.

« Il n'a entendu parler que de la revendication de la filiation "divine" de Jésus : ce titre a en effet joué le rôle principal dans le procès juif, on en avait parlé (au moins en passant) dans le procès romain, et finalement les railleurs l'ont répété au pied de la croix ; maintenant l'officier païen trouve dans la mort exceptionnelle de Jésus la preuve que son extraordinaire déclaration était digne de foi.

« Les paroles du capitaine au pied de la croix constituent le premier jugement formulé, après l'achèvement du procès, par un témoin impartial, sur ce même procès » (J. Blinzler).

« On peut parfaitement saisir dans leur ensemble les trois dernières paroles de Jésus sur la croix. La première traduit un sursaut de révolte au moment de l'abandon de Dieu ; Jésus apparaît ici comme le nouveau Job. Mais la seconde le voit désormais soumis à la volonté de Dieu, exactement "dans l'ombre du Serviteur de Dieu" du Deutéro-Isaïe. Quant à la dernière : "tout est accompli", elle correspond au Messie souffrant, qui n'a maintenant plus rien à voir avec le Serviteur de Dieu » (S. Ben-Chorin).

Pendant ce temps, dans Jérusalem...

Tandis que Jésus se meurt sur la croix, le Temple déborde d'activité. C'est le grand après-midi des sacrifices, si l'on suit la chronologie de l'évangile de Jean.

« Dans l'après-midi les membres du Sanhédrin, qui avaient conduit Jésus à Pilate au petit matin pour hâter à temps l'affaire, se rendront au Temple, comme tous les pèlerins, pour sacrifier l'agneau pascal et le consommer, en état de pureté, à la tombée du jour (*Pesahim* 10, 1). C'est qu'en effet, lorsque le 14 *nisan* est un vendredi et que le 15 tombe, par conséquent, un shabbat, on anticipe le service au Temple ; l'horaire des sacrifices est alors le suivant :

1. Sixième heure et demie (midi trente) : sacrifice du *Tamid* quotidien du soir offert par les prêtres.
2. Immédiatement après : sacrifices de *Pesah* (agneau pascal) offerts par les fidèles eux-mêmes (*Pesahim* 5, 1).

Il faut donc l'après-midi pour "préparer la fête" qui se marquera par le banquet du soir » (J. Genot-Bismuth).

On en déduit, si la crucifixion de Jésus a bien lieu le 14 *nisan* (selon la chronologie johannique), que Jésus a été crucifié à l'heure du sacrifice quotidien et qu'il est mort à l'heure où des milliers de fidèles accomplissaient le sacrifice pascal.

Sitôt après le dernier soupir de Jésus, les archiprêtres encore présents près du lieu de l'exécution remontent rapidement au Temple, où leur absence était anormale un jour pareil.

Ce qui reste de foule en fait autant : maintenant chacun a tout juste le temps de monter au Temple d'acheter son agneau et de s'agréger au troisième (et dernier) groupe de fidèles admis dans le sanctuaire pour les égorgements. Il faut pour cela retraverser Jérusalem dans le sens de la largeur, d'ouest en est, gravir les immenses escaliers du Temple, faire la queue sur le parvis aux stands de bétail, faire à nouveau la queue à la Porte Nicanor du sanctuaire, etc. Pas une minute à perdre.

Quant aux milliers de pèlerins qui ont déjà tué leur agneau et qui redescendent du Temple avec leur futur souper pascal, ils se hâtent vers leurs cantonnements et ne vont pas traîner du côté des gibets.

Les environs du Golgotha se sont donc vidés de leurs badauds. Le rempart est quasiment désert.

La descente de croix de Jésus a lieu dans une solitude presque totale.

Et Pilate ? Nous l'avions presque oublié, celui-là.

L'affaire Iechoua n'a sans doute pas complètement quitté son esprit au début de l'après-midi. Mais le préfet de Judée a d'autres soucis dans cette ville bondée de pèlerins cosmopolites. On le sait autoritaire et minutieux ; peut-être un peu maniaque. Il faut donc l'imaginer se tenant informé d'heure en heure.

Vers midi et quart, après avoir expédié la condamnation des deux autres crucifiés et regardé le cortège quitter l'esplanade Gabbatha, le préfet a dû prendre une collation sans quitter son poste. C'est l'habitude romaine[1]. Il reçoit les rapports, mais ne doit guère avoir aucune envie

1. On est frappé du contraste entre la légende des « orgies romaines » et l'extrême sobriété de la vie quotidienne réelle de ces hommes. En fait, ils ne font qu'un seul (vrai) repas par jour.

d'entendre reparler des crucifixions, sinon pour s'entendre dire : « rien à signaler ».

Peut-être n'est-ce pas exactement ce que va lui rapporter le centurion chef du peloton d'exécution. Mais on ne saura jamais quels mystérieux phénomènes ont accompagné l'instant de la mort de Jésus, à en croire les Évangiles ; ni ce que Luc a voulu dire en affirmant que la foule se frappait la poitrine. Il n'y eut « pas de mouvement populaire » en faveur de Jésus, constate Étienne Nodet : « Sa mort ruina instantanément les espérances élevées qu'il avait pu susciter ; les foules sont versatiles. »

La mise au tombeau

Yosef de Ramatayim chez Pilate – Pourquoi le coup de lance, et qu'a vu le « témoin oculaire » ? – La terrible « descente de croix » – Pourquoi tant d'aromates ? – Où est le tombeau ? – Le rôle des femmes – Que font les disciples ? – Qayafa chez Pilate

Dans l'après-midi, un des notables de Jérusalem – homme de grosse fortune, membre du Sanhédrin – arrive au prétoire. C'est Yosef, dit *ha-Ramati* : « de Ramataîm » (toponyme que les évangiles grecs traduiront par « d'Arimathie » ; ses biens étant en effet du côté de Lod dans la plaine côtière). Joseph possède, dans la zone des « jardins » sous le rempart nord-ouest de la ville – donc près du Golgotha –, un tombeau « qu'il avait fait tailler dans le roc pour lui-même » (Mt 27, 60).

« L'historicité du personnage et de son rôle en la circonstance est indéniable : sans aucun doute, l'un et l'autre s'inscrivent parmi les souvenirs de la première communauté de Jérusalem. L'homme était originaire d'une localité dont le toponyme grec renvoie, par divers recoupements, au village actuel de Rantîs (à une trentaine de kilomètres au nord-est de Jérusalem, presque à la hauteur de Jaffa), le Ramathaïm biblique » (S. Légasse).

Ce conseiller est un homme prudent qui ne veut pas d'ennuis avec les adversaires de Jésus au Sanhédrin.

Mais c'est « un homme bon, un juste, il n'avait pas approuvé leurs paroles ni leurs actes » (Lc 24, 51) ; « lui aussi attendait le Royaume d'Elohim » (Mc 15, 43), lui aussi est « devenu un adepte de Iechoua » (Mt 27, 57).

C'est donc un notable, « adepte de Iechoua » mais « en secret, parce qu'il frémit des *Iehoudim* » (Jn 19, 38) : « *Iehoudim* », « *Ioudaioi* », « *Juifs* », ne désignant ici que les dirigeants du Sanhédrin.

Yosef a dû assister à la mort de Jésus. On peut l'imaginer sur les remparts, dans la foule ; à distance des « politiques » qui ironisaient.

Choqué par le spectacle de cette mort, il a dû prendre sa décision ; en informer le groupe des femmes ; puis se hâter vers le prétoire pour soumettre une demande.

Il se fait annoncer auprès du préfet ; « hardiment », dit Marc (15, 43).

Que veut Yosef ? Il veut le corps de Jésus.

Le problème est que la coutume romaine, comme plus tard celle de la justice médiévale, veut que le mort reste sur son gibet.

« Dans l'Antiquité, quand la vie d'un condamné était à son terme, cela ne signifiait pas que le châtiment était à sa fin. La loi romaine connaissait encore une peine annexée à l'exécution : la privation des honneurs funèbres... Quand on obtenait que le corps d'un condamné fût remis pour être inhumé, l'autorisation en était due à une faveur ou au bon vouloir des autorités compétentes » (J. Blinzler).

Sous Tibère, le refus d'accorder une sépulture aux crucifiés était chose courante, surtout en cas de lèse-majesté, et particulièrement si la requête venait de gens non apparentés. « Si cependant elle était entendue, c'est que les fonctionnaires compétents y mettaient une complaisance toute particulière » (*ibid.*).

Mais nous sommes ici à Jérusalem. Et selon la religion juive, il ne peut y avoir de mort sans sépulture. Violer la coutume sacrée de l'indigène n'est pas une politique romaine. Selon Jean (19, 31), les notables juifs ont obtenu de Pilate que ces crucifiés soient descendus de leur croix, par respect pour les prescriptions judaïques, avant le début de la soirée – qui marquera l'entrée dans la Pâque et le shabbat. La démarche des chefs juifs auprès de Pilate a eu lieu pendant le supplice, selon Jean (19, 31) :

« Ce souvenir, de bonne qualité historique, est au service de la scène mystérieuse décrite au v. 34. Néanmoins, au plan de la composition de l'évangile, il reproduit le caractère des mêmes personnages tel qu'il ressort de leur attitude antérieure lors du procès : les scrupules religieux qu'ils affectent pour ne pas entrer dans le prétoire (18, 28) s'expriment à nouveau dans leur désir de voir les cadavres des suppliciés dépendus avant le commencement du sabbat. Le mot “Parascève” ou “Préparation” désigne ici comme à l'accoutumée le vendredi, veille du sabbat. Ce n'est pas que le sabbat soit spécialement indiqué pour justifier l'enlèvement des corps : d'après le Deutéronome (21, 22-23), un pendu doit être ôté de son gibet avant la nuit, quel que soit le jour de la semaine... On comprend mieux le déroulement des faits rapportés si l'on commence par se rappeler l'usage romain qui, au contraire de la loi mosaïque, laissait les corps des crucifiés se décomposer sur leur gibet et les livrait aux rapaces. Pilate n'a aucune raison d'y contrevenir, à moins d'une requête eu égard à des circonstances exceptionnelles dont il acceptait de tenir compte. C'est ce que vient expliciter la parenthèse du verset 31 en nous rappelant que ce sabbat était un “grand jour”, autrement dit, qu'il coïncidait avec la Pâque. La démarche des Juifs, inspirée sans aucun doute par le Deutéronome, est supposée doublée d'une argumentation auprès du gouverneur : étant donné la solennité qui allait s'ouvrir, on lui demandait la faveur de pouvoir enlever les corps » (S. Légasse).

Mais les suppliciés sont destinés à la fosse commune. C'est là qu'on jettera les trois crucifiés de ce jour, si Pilate laisse leur enlèvement à la charge des autorités de la ville.

C'est cela que le conseiller Yosef veut éviter pour Jésus.

Ce qu'il vient demander à Pilate, selon les quatre Évangiles, c'est que le corps ne soit pas livré aux services de la municipalité, mais à lui personnellement. Après tout, n'est-il pas membre du Sanhédrin ? Peut-être agit-il aussi au nom de la famille de Jésus, dont la mère était au Golgotha. Car les familles ont le droit de réclamer le corps des suppliciés. Mais s'agissant d'une autorisation spéciale, le préfet peut très bien la refuser, puisque Jésus est un condamné politique, objet (en principe) de la vindicte impériale.

Pilate voit entrer ce notable juif. Il l'écoute. Ce qu'il entend doit lui faire un effet reposant ; voilà un homme riche de Jérusalem qui a, simplement, l'air consterné.

Il sait par ailleurs que c'est un jour de purification religieuse chez les Juifs. Il a vu les grands prêtres et sanhédrites refuser de poser le pied à l'intérieur du prétoire. Or voici un Juif pieux qui, lui, entre chez le préfet païen ; c'est une souillure. Il va donc devoir se purifier à nouveau s'il en a le temps, pour pouvoir manger la Pâque ce soir. Pour agir ainsi, Yosef doit avoir un souci plus grand que celui d'obéir aux prescriptions rituelles : c'est curieux et intéressant, même pour un préfet surmené.

Yosef ne s'en rend peut-être pas compte, mais sa démarche doit plutôt faire bon effet au Romain.

Pilate entend son visiteur lui demander « le corps de Iechoua » (Mt 27, 58 ; Mc 15, 44 ; Lc 23, 52) ; ou plus précisément, le prier « qu'il puisse enlever le corps de Iechoua » (Jn 19, 38). Il s'agit donc d'une demande d'autorisation administrative, au profit d'un particulier qui souhaite se substituer (à titre unique et exceptionnel) au service urbain chargé d'opérer l'enlèvement des corps. Le préfet n'oppose pas un refus de principe à la requête de Yosef de Ramatayim, ce qui montre que son visiteur ne lui fait pas mauvaise impression. Mais il pose une question : le crucifié est-il déjà mort ?

« Pilate s'étonne qu'il soit déjà mort. Il appelle à lui le centurion et l'interroge : "A-t-il déjà expiré[1] ?" » (Mc 15, 44).

« Renseigné par le centurion, il octroie le cadavre à Joseph » (Mc 15, 45).

Qu'a dit le centurion à Pilate ?

Que Iechoua, « le roi des Juifs », est effectivement mort. Et les deux autres aussi.

Cette rapidité hors norme s'explique dans le cas des deux brigands, puisqu'on les a achevés ; elle est moins claire dans le cas de Iechoua, puisqu'il était déjà mort au moment du fameux coup de lance.

1. Traduction d'André Chouraqui.

Le coup de lance, et ce qu'il produit

« Les *Iehoudim* donc, comme c'est la Préparation, pour que les corps ne demeurent pas sur la croix le shabbat – oui, c'est le jour du *Shabbat Hagadol*[1] – prient Pilatus que leurs jambes soient brisées et qu'ils soient enlevés. Les soldats viennent donc et brisent les jambes du premier, puis de l'autre des crucifiés qui sont avec lui. Venant sur Iechoua, quand ils voient qu'il est déjà mort, ils ne lui brisent pas les jambes, mais un des soldats lui perce le flanc de sa lance. En sortent vite sang et eau » (Jn 19, 31 s.).

Ce coup de lance, ce « sang » et cette « eau » ont fait couler aussi beaucoup d'encre, et déferler des controverses, malgré leur forte vraisemblance historique et médicale.

Nous avons vu, les autorités juives ne veulent pas laisser des morts au gibet ; d'autant moins que la nation entre dans le shabbat et la Pâque.

La loi romaine prévoit, par ailleurs, la remise des corps aux familles qui en font la demande ; sans frais, mais avec certaines restrictions. L'une de celles-ci concerne les condamnés exécutés pour crime de lèse-majesté. Quelques années plus tard, à Alexandrie, le préfet Flaccus refusera la sépulture à des Juifs crucifiés pour sédition politique.

En cas de remise aux familles, la loi impose au peloton d'exécution ou au bourreau de donner le coup de grâce au condamné, avant de le descendre de sa croix. Quintilien le confirme au Ier siècle : *percussos sepeliri carnifex non vetat,* « le bourreau n'interdit pas d'ensevelir ceux qui ont été frappés ». « Que veut dire *"percussos"* ? Il ne s'agit pas du supplice lui-même, ni de la flagellation ; puisqu'il s'agit de condamnés à mort, on sait bien qu'ils ont déjà été flagellés et crucifiés. C'est donc qu'on parle d'un coup spécial, postérieur au supplice et qui évoque irrésistiblement ce que nous appelons le coup de

1. *Gadol* = « grand », c'est-à-dire tombant au moment de la Pâque. Traduction Chouraqui.

grâce ; ce coup de revolver qu'on tire dans l'oreille du fusillé, même s'il est évidemment mort. On peut donc interpréter la phrase de Quintilien : le bourreau laisse ensevelir les suppliciés après qu'ils ont reçu le coup de grâce » (P. Barbet).

« Ainsi, lorsque la famille réclamait le cadavre, le bourreau devait commencer par le frapper au cœur. Comme il était généralement soldat, ce coup devait être porté avec l'arme qu'il avait sous la main, une lance ou un javelot. Nous verrons que ce coup au cœur, frappé du côté droit de la poitrine, était certainement étudié et bien connu, comme forcément mortel, dans l'escrime des armées romaines. Il donnait tout sécurité sur la mort réelle du condamné... et au besoin la provoquait » (*ibid.*).

Ce qui n'est pas le cas de Jésus.

Voyons maintenant les faits sur le plan médical. Lorsque le soldat donne le coup de grâce réglementaire à Jésus, sa lance peut, estime Barbet, avoir « glissé sur la sixième côte, perforé le cinquième espace intercostal et pénétré dans la profondeur ».

« Qu'a-t-elle ensuite rencontré ? La plèvre et le poumon. Si le soldat de saint Jean avait donné son coup de lance dans une direction proche de la verticale, d'abord, il n'aurait guère pu perforer l'espace intercostal... Le coup de lance a donc été oblique et proche de l'horizontale, ce qui est facile à réaliser, si la croix, comme je le pense, n'est pas très haute. Si elle dépassait deux mètres, ce que je crois invraisemblable, il aurait fallu un cavalier pour porter le coup. Mais les bourreaux et les gardes, voire les soldats envoyés peut-être par Pilate pour le *crucifragium,* étaient tous des fantassins ; et le centurion était officier non monté.

« Ce coup à droite, au cœur, toujours mortel, devait être classique et enseigné dans l'escrime des armées romaines...

« La pointe se dirige tout naturellement à travers la partie antérieure, mince, du poumon droit, et atteint [...] après un trajet de huit centimètres en largeur, le bord droit du cœur enveloppé du péricarde. Or, et ceci est le nœud de la question, la partie du cœur qui déborde à droite le sternum, c'est l'oreillette droite. Et cette oreillette, prolongée en haut par la veine cave supérieure, en bas par la veine cave inférieure, est toujours, sur le cadavre, remplie de sang liquide.

« Jésus [...] était bien mort au moment du coup de lance. Il semble d'ailleurs que saint Jean comprenne admirablement l'importance de ce fait, car il ajoute, avec une insistance significative qui rappelle les premières lignes de son évangile : "Et celui qui a vu a rendu témoignage, et son témoignage est véridique..." Si le coup de lance avait été donné à gauche, il aurait percé les ventricules, qui sont vides de sang sur un cadavre. Il n'aurait pas coulé de sang, mais seulement de l'eau... » (*ibid.*)

Quant à cette « eau », il s'agissait de liquide péricardiaque : « On peut supposer qu'après l'agonie exceptionnellement pénible que fut celle du Sauveur, cet hydropéricarde était particulièrement abondant, suffisant pour que saint Jean, témoin oculaire, ait pu voir distinctement couler du sang et de l'eau. La sérosité ne pouvait être pour lui que de l'eau, dont elle a l'apparence...

« [...] Qu'en résulte-t-il ? Et qu'a vu saint Jean ?

« Rappelons d'abord son texte, qui est à la base de toute cette recherche : "Mais un des soldats lui piqua de sa lance le côté, et aussitôt il sortit du sang et de l'eau" (Jn 19, 34). Saint Jérôme traduit *"continuo"*, c'est-à-dire : au même instant, aussitôt, incontinent. Saint Jean a écrit en grec *euque*, qui signifie : sur-le-champ, aussitôt (et qui veut dire aussi : tout droit, directement). Il résulte de cette exégèse, sans discussion possible, qu'à l'instant précis où le coup atteignait le cœur, saint Jean a vu le sang et l'eau jaillir le long du fer de la lance, instantanément, simultanément et distinctement. Il n'a pas vu un mélange de sang et d'eau. Il a vu du sang et aussi de l'eau. Ils étaient d'ailleurs probablement sous une certaine pression, étant donné l'épanchement péricardique qui comprimait le cœur. Il a dû en gicler en l'air, qui est tombé à terre » (*ibid.*).

La terrible « descente de croix »

Yosef de Ramatayim obtient l'autorisation de Pilate. Il réunit sans doute quelques domestiques qui vont procéder, sinon à la descente de croix, en tout cas à la mise au tombeau.

Faut-il penser à des esclaves non juifs, qui n'auront pas à se soucier de la pureté rituelle ? Car toucher un cadavre, fût-ce celui de Jésus, mettrait Yosef en état d'impureté majeure pour une semaine entière : d'où sept jours de purifications (F. Schmidt) ; et l'impossibilité de célébrer la Pâque. Selon la Tossefta (*Ohalot* 3, 10, 600), s'il faut enterrer quelqu'un le 14 *nisan*, les Juifs multiplient les précautions pour qu'une souillure ne leur interdise pas de manger l'agneau pascal.

Yosef achète en ville « un linceul » (Mc 15, 46). Pendant ce temps, un autre notable, Naqdimôn (Nicodème), s'occupe des aromates.

Voici le petit groupe devant les croix, aux pieds des trois morts.

Sans doute les soldats sont-ils en train de déclouer les deux « brigands », que des esclaves de la municipalité iront jeter ensuite à la fosse commune.

Yosef et ses hommes, avec Naqdimôn, les femmes, la mère de Jésus et le « disciple préféré », sont donc présents à la « descente de croix » de Jésus.

Marc et Luc affirment que c'est Joseph qui « descend » le corps Jésus. Le fait-il de ses propres mains ? Ou le verbe est-il à interpréter dans le sens d'une action indirecte, comme lorsque Jean affirme que Pilate « écrit » le *titulus* ?

Matthieu et Jean indiquent que Joseph se fait remettre le corps. C'est sans doute plus justement dit.

Puis ils vont le transporter jusqu'au tombeau.

Ce transport est effrayant.

Pour le comprendre, il faut réaliser ce qu'est le cadavre d'un crucifié. Pierre Barbet, que l'on ne peut que citer, nous l'explique :

« La mort s'est produite à la suite de la contraction tétanique de tous les muscles. Cette tétanisation finit par atteindre les muscles respiratoires, d'où asphyxie et mort... Dans ces conditions, la rigidité cadavérique devait être extrême, comme chez les malades morts de tétanos : le corps était rigide, fixé dans la position de la crucifixion. On pouvait le soulever sans qu'il s'affaissât, en le tenant seulement par les deux extrémités, comme un corps en catalepsie.

« Cela étant donné, il est possible : a) de déclouer les pieds en arrachant le clou du *stipes* ; b) d'abaisser le *patibulum* avec le corps rigide ; c) de transporter le tout... : deux hommes soutiennent les deux extrémités du *patibulum* et un autre soutient les pieds ou peut-être seulement le pied droit (postérieur) au niveau du tendon d'Achille et du talon. Cette partie du corps est ainsi la seule qui soit touchée pendant le transport.

« Il est probable qu'il y a eu cinq porteurs et non pas trois pour porter ce corps d'environ quatre-vingts kilos et le lourd *patibulum*, qui en pesait bien cinquante. Les deux supplémentaires soutenaient le tronc au moyen d'un drap, tordu pour former une sangle, et passé en travers sous la partie inférieure du thorax.

« La rigidité cadavérique, qui a permis de transporter le corps sans qu'il se pliât en avant sous l'influence de son poids, n'est pas un obstacle à ce que, le cadavre étant déposé sur le linceul, les mains déclouées, et le *patibulum* enlevé, on ait pu ramener les bras de l'abduction à l'adduction, et croiser les mains devant le pubis. L'expérience nous montre qu'il n'y a point de rigidité cadavérique dont on ne puisse venir à bout avec un peu de force, même si elle a été assez intense pour résister au poids du corps.

« Le corps transporté est étendu d'abord sur une dalle placée dans l'antichambre du sépulcre et que la tradition nomme la pierre de l'onction. C'est qu'il faut le libérer du *patibulum*. On peut alors en effet arracher les clous des mains... Le travail est plus facile à plat, mais il faut encore beaucoup de force et de temps pour les arracher du bois ; ceci fait, les clous sortent sans peine des carpes. Ensuite, ces bras qui ont été écartés à 65°, il faut les ramener devant le corps. La rigidité, nous l'avons dit, est extrême ; il faut développer toute sa force pour la vaincre, assouplir les épaules, et ramener les mains jusqu'à les croiser devant le pubis ; cela demande du temps : “Et le sabbat commençait à luire”, dit Luc (23, 54) ; on allumait les lampes du Temple et les trompettes allaient sonner, qui annonçaient l'ouverture du grand jour. Comment donc exécuter d'une façon complète les rites de l'ensevelissement ? »

Le corps a été déposé sur le linceul apporté par Yosef. Il s'agit d'une pièce de lin, deux fois longue comme le corps.

Un « drap blanc immaculé » (*sindôn kathara*), précise Matthieu (17, 59).

Il n'y a plus qu'à répandre les aromates apportés par Naqdimôn, et à rabattre l'autre moitié du linceul pour couvrir le devant du corps et la tête, puis à déposer le corps dans le tombeau.

Naqdimôn (Nicodème), qui est l'un des trois notables les plus riches de la ville et « s'apparente de ce fait aux Pharisiens plutôt modérés » (D. Flüsser), a rejoint le groupe de Joseph en apportant « un mélange de myrrhe et d'aloès d'environ cent livres » (Jn 19, 39). Cent livres romaines font plus de trente-deux kilos et demi. Et les aromates sont chers.

Ce volume et cette dépense sont inhabituels. Certains exégètes en concluent que c'est une exagération littéraire. En réalité il s'agit d'une forme de thanatopraxie provisoire. Joseph et Nicodème n'ont plus le temps de donner au corps de Jésus les soins funèbres complets ; la journée est en train de s'achever : dès qu'on « ne pourra plus distinguer un fil noir d'un fil blanc », dès que « luira la première étoile », ce sera à la fois shabbat et *Pessah*. Il faudra alors que le mort soit dans son tombeau.

« À part Jean, les Évangiles nous laissent sous l'impression d'une action rapide, omettant une bonne partie des obligations les plus élémentaires, prélude de l'ensevelissement » (S. Légasse).

Cela implique nécessairement un retour sur les lieux, après le shabbat, autrement dit le surlendemain à l'aube, pour procéder aux vrais rites funéraires : « lavage du corps à l'eau chaude, puis onction avec des essences parfumées, comme le baume de nard précieux [...] au repas de Béthanie » (P. Barbet). Ou comme les aromates que les trois femmes apporteront au tombeau le jour de Pâques.

En attendant le surlendemain, Joseph et Nicodème se contentent (selon les synoptiques) d'envelopper Jésus d'un linceul et de le déposer dans le tombeau. Jean y ajoute cette précision : ils couvrent le corps d'une très forte quantité d'aromates. Il s'agit de retarder la décomposition...

D'où la myrrhe et l'aloès, et leur très grande quantité. La myrrhe est une résine extraite d'une ombellifère, le balsamodendron ; elle a une odeur suave et possède un léger pouvoir antiseptique. L'aloès est une autre résine, extraite de l'agave...

« Le mélange de Nicodème ne pouvait pas avoir la prétention d'embaumer un corps entier ; il ne pouvait que retarder la putréfaction de sa surface couverte de plaies infectées. La surabondance même de la mixture, ses trente-deux kilos, montre que les disciples n'avaient pas d'autre but qu'une antisepsie temporaire...

« Nous traduisons donc Jean : "Et ils l'enfermèrent dans des linges avec les aromates (myrrhe et aloès de Nicodème), selon la manière de préparer l'ensevelissement en usage chez les Juifs" (19, 40). Le plus grand de ces linges (tissu de lin) était le linceul des synoptiques, une longue et large pièce de lin. Jean ne la nomme pas expressément, mais il va le faire, nous allons le voir, le dimanche matin » (*ibid.*).

Le sépulcre « était creusé dans la pierre » (Mc 15, 46 ; Lc 23, 53 ; Mt 27, 59). Il était proche (Jn 19, 42).

« Jésus fut enseveli à deux pas du lieu du supplice. En tout cas l'archéologie appuie cette localisation, car les fouilles[1] ont fait apparaître autour du Saint-Sépulcre plusieurs tombeaux juifs du Ier siècle. L'un d'eux fut, sans aucun doute, celui où Joseph d'Arimathie déposa le corps de Jésus[2] » (S. Légasse).

Le lieu de la crucifixion était proche d'un jardin (Jn 19, 41) ; or cette zone sous les remparts nord-ouest de la ville comportait des cultures, et la porte par laquelle est sorti le cortège du supplice s'appelait « Porte des Jardins ». Le jardin de Joseph d'Arimathie « était situé au voisinage de la colline du Golgotha qui se trouvait en dehors de la deuxième enceinte septentrionale. Un jardinier l'entretenait », indique Joachim Jeremias en s'appuyant sur Jean 20, 15.

Les données pratiques vont tout à fait dans le sens du récit traditionnel des Évangiles : « Jean a noté[3] que, sur le

1. Celles de 1885.

2. Des archéologues israéliens comme Yoram Tsafrir ou Amos Kloner confirmaient, à la fin des années 1980, que la localisation du tombeau à l'emplacement de la basilique du Saint-Sépulcre était « très vraisemblable ».

3. Jn 19, 41.

lieu de la crucifixion, se trouvait un jardin. Arrivé à la sépulture, il souligne que le tombeau – dont on sait qu'il était situé dans ce même jardin – "était proche", sans qu'on sache de quoi : dans le contexte on ne peut guère songer qu'à l'"endroit où Jésus avait été crucifié"... Au plus clair, deux motivations sont fournies au fait que Jésus a été enseveli "là" (*ekei*), c'est-à-dire dans ce tombeau. La première est que c'était la Préparation, ce qui obligeait à pratiquer une sépulture rapide. La seconde est la proximité du tombeau par rapport au lieu de la Crucifixion, ce qui permettait d'ensevelir Jésus sans tarder...

« L'écrivain tient manifestement à bien fonder le fait que c'est "là", dans ce sépulcre, que Jésus a été enseveli. De cette insistance et de cette argumentation deux raisons peuvent être alléguées qui ne s'excluent pas mutuellement. L'une est la nécessité d'établir que le cadavre de Jésus, loin de subir le sort habituel des condamnés [...], avait été recueilli dans un tombeau d'honneur, que Joseph mettait spécialement à sa disposition. La seconde raison peut être que ce tombeau, au temps de la composition de l'Évangile, était encore identifiable à proximité du Golgotha » (S. Légasse).

Que Joseph ait offert son tombeau neuf est plausible, car les tombeaux en Israël n'étaient pas des sépultures définitives : « Des tombeaux réutilisables existent encore en grand nombre en Israël, sous l'appellation de *kuhim*. C'est dans une telle niche, creusée dans le rocher, que le corps était déposé. Au bout de quelques années, on retirait les ossements pour les placer dans une urne funéraire ; sarcophage en pierre de dimensions assez réduites. C'est ainsi qu'une même tombe pouvait servir plusieurs fois » (S. Ben-Chorin). Et c'est ainsi que Yosef de Ramatayim et Naqdimôn, disciples secrets appartenant à l'aristocratie, « donnent à Iechoua une sépulture de grand prêtre » (J. Genot-Bismuth) : « Car en Palestine peu de tombeaux juifs sont réservés à un seul homme » (D. Flüsser).

Et quelles que soient les sympathies de Joseph, aurait-il manifesté tant d'égards au corps de Jésus si celui-ci avait été l'objet d'une condamnation juive légitime ? On peut en douter. C'est parce que le mort est la victime d'un complot et d'une injustice flagrante qu'il peut bénéficier d'une sépulture honorable...

Ce que font les femmes – et les disciples

Les soins funéraires provisoires apportés par Nicodème et Joseph n'avaient d'autre but que celui de retarder la décomposition du corps, constatait Pierre Barbet.

C'est dans cette perspective que le médecin fait comprendre les indications finales, qui remettent en scène les femmes : « Il fallait attendre trente-six heures pour faire, le dimanche matin, l'ensevelissement rituel, laver le corps et l'oindre de baumes ; c'était le travail des femmes, et elles y pensaient déjà bien : "Or Marie-Madeleine et l'autre Marie (la mère de Jacques et José qu'il a nommée au calvaire) étaient là assises en face du tombeau" (Mt 27, 61).

« Et Marc : "Or Marie-Madeleine et Marie de José regardaient où on le mettait" (Mc 16, 1-2).

« Luc, qui s'est certainement renseigné auprès des Saintes Femmes, détaille davantage : "Le sabbat commençait à luire. Or les femmes qui l'avaient accompagné depuis la Galilée, ayant suivi de près, regardèrent le monument et comment son corps avait été placé (elles faisaient déjà leurs plans pour l'onction). Et s'en étant retournées, elles préparèrent des aromates et des parfums. Et, le jour du sabbat, elles restèrent au repos selon le précepte. Mais le premier jour de la semaine, de grand matin, elles vinrent au sépulcre, portant les aromates qu'elles avaient préparés" (Lc 23, 54 ; 24, 1).

« Et Marc, de son côté, nous dit : "Et quand le sabbat fut passé (le samedi, après le coucher du soleil), Marie-Madeleine et Marie de Jacques (il la désigne tantôt par l'un, tantôt par l'autre de ses fils) et Salomé achetèrent des parfums, pour venir pratiquer sur lui les onctions" (Mc 16, 1). Ce sera bien l'ensevelissement rituel et définitif. »

Mais que font les disciples pendant ce temps-là ? On serait en droit de se le demander.

L'un des indices de sincérité des récits évangéliques de la Passion réside en ce que ces textes, contrairement aux récits mythologiques, ne cherchent pas à redorer le blason de leurs « personnages positifs ».

Les disciples brillent par leur absence, depuis qu'ils se sont enfuis de Gethsémani.

Sur l'esplanade de Gabbatha, pendant le bras de fer entre Pilate et les chefs juifs, on peut seulement supposer la présence, très discrète, de Jean, disciple préféré du rabbi Iechoua, en compagnie d'un groupe de femmes[1].

À la scène du tombeau, les deux protagonistes, Joseph et Nicodème, ne sont pas des proches de Jésus mais des « disciples secrets » ; notons cependant la présence probable du futur évangéliste Jean, mais celui-ci est peut-être, lui aussi, l'un de ces « disciples secrets » (J. Genot-Bismuth). Où sont passés les disciples « officiels » ?

Nous en avons un indice. Puisque au matin du dimanche les femmes vont pouvoir courir « porter la nouvelle » aux disciples (Mt), ou « rapporter tout cela aux Onze et à tous les autres » (Lc), c'est qu'elles savent où les trouver – et qu'ils sont de nouveau ensemble.

On peut en déduire que les apôtres se sont remis de leur terreur de l'avant-veille et qu'ils se sont réunis en un lieu où ils ont l'habitude de le faire, mais où il faut tenir les portes « closes » par « peur des Juifs » (Jn 20, 19), autrement dit des autorités juives.

Sachant qu'après l'Ascension, qui aura lieu au mont des Oliviers, les Onze rentreront « en ville » et monteront à la « chambre haute », où ils « se tenaient habituellement »

---

1. Mentionnons au passage le contraste entre le rôle des femmes dans l'Évangile, et celui, très réduit, qu'elles jouent dans le judaïsme du Ier siècle. Les Évangiles mentionnent leur importance dans la vie de la communauté des disciples de Jésus. Ils indiquent qu'elles n'ont pas cédé à la panique, qui fut immédiate chez neuf de ces hommes, et à retardement chez le dixième, Pierre. Certains exégètes modernes affirment que ces indications évangéliques furent « tardives » et ne visaient qu'à défendre les femmes des premières communautés chrétiennes, où elles pourraient avoir été en butte à la misogynie. Cette hypothèse est infondée. Le respect des textes fait plutôt admettre que l'intention des évangélistes est en rapport avec le climat que Jésus faisait régner autour de lui : un climat novateur à l'époque.

(Ac 1, 13), on peut estimer que ces données désignent un seul lieu : la maison où a déjà eu lieu la Cène, et où Jésus et sa communauté avaient leurs habitudes. Selon Jacqueline Genot-Bismuth, c'est la demeure de Jean, prêtre à Jérusalem ; mais l'hypothèse, pour cohérente qu'elle soit (nous l'avons vu plus haut), ne pourra jamais être établie.

Caïphe, Pilate et le tombeau

« Le lendemain, jour d'après la préparation du shabbat, les chefs des desservants et les *Peroushim* se rassemblent chez Pilatus. Ils disent : "Adôn, nous nous sommes souvenus de ce que cet imposteur a dit encore vivant : 'Après trois jours je me réveillerai.'

Ordonne donc que le sépulcre soit gardé en sécurité jusqu'au troisième jour. Si jamais ses adeptes venaient de nuit et le dérobaient en disant au peuple : 'Il s'est réveillé d'entre les morts', la dernière imposture serait pire que la première[1]."» (Mt 27, 62 s.).

Réponse de Pilate :

« Vous avez une garde. Allez, prenez vos sûretés comme vous savez » (*ibid.*).

D'où l'action d'autorité des pontifes :

« Ils vont et gardent en sûreté la tombe ; ils scellent la pierre avec la garde » (*ibid.*).

Caïphe et ses alliés se sont donc adressés à Pilate en l'appelant *adôn* : « seigneur », en hébreu. L'évangile de Matthieu paraît souligner ainsi leur vassalité, sérieusement aggravée depuis leur déclaration de la veille : « Nous n'avons d'autre roi que César. »

L'allusion des pontifes à la prophétie de la « résurrection en trois jours » peut poser problème. Où les chefs du Temple ont-il pu entendre cette chose ? Jésus ne l'a dite qu'aux disciples (Mt 16, 21 ; 17, 9.23 ; 20, 19 ; 26, 32)...

Mais l'argument est réversible. Les prophéties de résurrection ont été faites en présence de Judas (sauf en Mt 26,

1. Traduction d'André Chouraqui.

32) ; celui-ci a très bien pu en faire part aux archiprêtres lors de sa défection. Et cette annonce de résurrection est beaucoup trop forte, beaucoup trop liée à l'affaire Lazare, pour que Caïphe l'ait oubliée.

Le langage des grands prêtres devant Pilate est non moins plausible. C'est celui de juges juifs. Ils qualifient Jésus d'« imposteur ». Ce terme désigne un crime précis selon la *halakha* : l'« imposture » est le fait d'« égarer » le peuple d'Israël, par l'idolâtrie et « les oracles trompeurs des faux prophètes ». « À ces derniers plus particulièrement, Jésus se trouve assimilé, pour avoir, pensent ses ennemis, mené Israël dans une direction fausse et impie. C'est ainsi qu'eux le comprenaient en se gaussant de leur victime la nuit précédente » (S. Légasse). Maintenant que l'imposteur est mort, le Sanhédrin – qui garde à l'esprit le miracle de Lazare – redoute qu'un événement (« une imposture plus terrible encore ») fasse croire à la résurrection du supplicié. Pourquoi serait-ce pire ? Parce que cela validerait, de manière plus forte encore qu'avec Lazare, l'idée d'une intervention céleste en faveur de l'hérésie.

Les Pharisiens et les pontifes, chaque clan à sa façon, redoutent par-dessus tout l'éruption d'un judaïsme déviationniste qui ferait exploser le système du Temple. Ils craignent la naissance d'une sorte d'essénisme de masse qui aurait, contrairement à la secte de Qoumrân, prise sur les foules. Un peu comme Jean le Baptiste avait entrepris de le faire... Le Baptiste était mort. Il fallait que son cousin Jésus meure aussi. Cela étant fait, il faut que l'on n'entende plus parler de lui.

« Ordonne donc que le tombeau soit gardé... »

Les chefs juifs changent de registre. Ils parlent maintenant à Pilate comme au seul responsable de l'exécution de Jésus : donc responsable, aussi, du « suivi » de l'affaire.

« Vous avez une garde », réplique le préfet.

Il n'y a dans cette réponse ni dédain ni mépris. Pilate reste dans la continuité de son attitude de la veille. Il a bien voulu condamner Jésus, mais il l'a fait sous un prétexte romain ; or ce qu'on vient de lui dire ici, ce samedi matin, ne concerne pas les lois de Rome. En gros, la réponse de Pilate peut vouloir dire : « Que vos gens se racontent des histoires de magie, cela ne regarde qu'eux.

Faites vos mystifications entre vous. Vous avez une police, utilisez-la “comme vous savez” : à ce que vous voulez, selon vos coutumes. Ne me demandez pas de me charger de cela aussi. »

Ici s'arrête notre enquête sur la mort de Jésus. Il est au tombeau. Mais bientôt se répandra, comme un incendie, la nouvelle stupéfiante : ses disciples (par dizaines et même par centaines) l'ont vu ressuscité, il vit dans la gloire avec le Père, et dans son Église avec ses frères les hommes. La foi chrétienne sera née. Pour autant, cette foi est-elle une affirmation irrationnelle ? L'évangile de Jean nous donne une preuve, presque tangible, du contraire. Elle tient en cinq mots : « Il vit, et il crut. » C'est voyant, dans le tombeau vide, la disposition du linceul et des autres linges funéraires, que le disciple en acquiert la certitude : son Maître est ressuscité.

La précision de Jean, dans sa relation de la mise au tombeau, indique nettement que c'est par la disposition des linges, dans le tombeau vide, que « le disciple[1] » est convaincu de la Résurrection : « Il vit, et il crut... »

---

1. Qui n'est autre que lui-même.

ANNEXES

Les quatre récits de la Passion (Matthieu, Marc, Luc et Jean) ont toujours été scrutés et décortiqués par les exégètes chrétiens. Ils l'ont aussi été par les non-chrétiens, avec plus ou moins de pertinence et d'objectivité. Les polémistes païens dans l'Antiquité, les polémistes juifs au Moyen Âge, les polémistes antireligieux au XVIIIe siècle, les polémistes positivistes aux XIXe et XXe siècles, ont lancé des vagues d'objections successives, qui ont contraint les chrétiens à préciser et approfondir leurs connaissances et leur témoignage. (Ils l'ont fait avec plus ou moins de bonheur, selon les époques et le climat intellectuel qui régnait chez eux.) Lorsque les fondements de la foi chrétienne étaient critiqués d'un point de vue talmudique, coranique, voltairien, marxiste ou nietzschéen, on voyait clairement la nature de la charge et le postulat intellectuel de l'argumentation.

Mais depuis la fin du siècle dernier, un rideau de fumée se répand : c'est une polémique d'un type nouveau. Son objet n'est plus de combattre ouvertement le christianisme, mais de le *déconstruire,* et d'affirmer (comme au passage et par mégarde) son inconsistance. Sous l'apparence de l'objectivité « scientifique et non partisane », cette entreprise de démolition affirme ne dépendre d'aucune idéologie particulière, et n'en combattre aucune. Elle s'exprime même assez souvent sous un voile chrétien ou postchrétien : aujourd'hui, certains des éradicateurs intellectuels du christianisme se réclament paradoxalement de lui ; et cet aspect du phénomène nourrit les « débats » médiatiques.

Notre enquête sur la Passion a été menée hors de ces controverses. Mais nous ne voulons pas les esquiver, et nous leur consacrons ici quelques pages. Les points névralgiques sont : le prétendu « antisémitisme » des Évangiles ; la plausibilité d'un « procès juif » fait à Jésus ; et, plus généralement, l'historicité des récits évangéliques (surtout ceux de la Passion).

Les Évangiles de la Passion sont-ils « antisémites » ?

L'exégèse « déconstructionniste » veut imposer l'idée que les Évangiles sont des créations tardives, œuvres de non-Juifs. Elle passe donc sous silence l'évidente judéité de ces textes. Judéité qu'ont soulignée au contraire – entre autres – Schalom Ben-Chorin (*Mon frère Jésus*), André Chouraqui, Jacqueline Genot-Bismuth, ou récemment l'historien et rabbin Jacob Neusner (professeur au Bard College de New York et auteur du best-seller *A Rabbi Talks with Jesus*).

"I make no claim whatsoever about the historical veracity of what Matthew says Jesus said and did", écrit Jacob Neusner – avant de consacrer son livre à contredire le déviationnisme juif de Jésus tel qu'il s'exprime dans les Évangiles. Le *rabbi* new-yorkais y met toute sa rigueur intellectuelle, comme le faisaient les maîtres pharisiens du Ier siècle.

Ainsi des chercheurs juifs montrent, dans leur approche des sources apostoliques, un sérieux dont manquent certains publicistes postchrétiens.

Ce sont ces derniers qui relancent chaque année, en France, la rumeur de l'« antijudaïsme » – voire de l'« antisémitisme » – des Évangiles. Pour cela, ils occultent, au sein de la recherche des vingt dernières années (par exemple dans les travaux de Pierre Grelot, Simon Légasse, Daniel Marguerat ou Alain Marchadour), une série de points essentiels. Dont ceux-ci :

— « Il est indubitable que l'affaire (la mort de Jésus) est partie d'une initiative de la hiérocratie juive de Jérusalem », et que l'Évangile, tout en soulignant cette responsabilité des pontifes, invite « à établir une distinction entre eux et le reste du peuple » (S. Légasse). Dans l'évangile de la Passion selon Jean, le terme *Ioudaioi* désigne les chefs de Jérusalem et non le peuple en général. De son côté, Paul donne la même indication (« ces gens-là ») dans l'épître aux Thessaloniciens, écrite vingt ans à peine après la mort de Jésus.

— Jean, le plus tardif des évangélistes, est celui qui incrimine le plus les Romains dans le récit de la Passion. La thèse d'un Jean « anti-juif » – et qui le serait pour plaire aux Romains – n'a donc aucune pertinence. D'autant que c'est chez Jean (4, 22) que l'on trouve la parole la plus forte sur le rôle d'Israël dans le plan divin : « Le salut vient des Juifs », dit Jésus à la Samaritaine ; c'est-à-dire que le Messie vient d'eux. « Dans Jean il n'y a pas un rejet du judaïsme comme tel, mais des chefs juifs incrédules de ce temps[1] » (R. Schnackenburg).

— Les Évangiles rapportent les propos révolutionnaires de Jésus à l'encontre du judaïsme pharisien et de l'idéologie de la pureté-séparation. Mais ces polémiques ne sont pas, comme on le prétend aujourd'hui, des inventions chrétiennes postérieures et anti-juives : elles se déroulent « sur un horizon interne à Israël » (D. Marguerat). Elles sont d'ailleurs précédées – dans l'évangile selon Matthieu – par un message déjà très subversif : celui du Baptiste annonçant, à ses coreligionnaires juifs, qu'il ne suffit pas de naître dans l'ancienne Alliance pour être sauvé ! Une Nouvelle Alliance était d'ailleurs prophétisée depuis des siècles par Jérémie et Ézéchiel. Et tout le judaïsme du Ier siècle bouillonne de controverses, dont les plus virulentes sont celles des Esséniens de Qoumrân (qui reprennent eux aussi l'attente d'une Alliance nouvelle)... Loin de mettre en question l'historicité et la judéité de la parole de Jésus, son aspect novateur en est une preuve.

---

1. Cité par S. Légasse in *Le Nouveau Testament est-il antijuif ?*

— Dans l'évangile de Matthieu, montre Daniel Marguerat, « deux variétés de judaïsme sont aux prises : le judaïsme de Mt attaché à la foi au Messie Jésus, et le judaïsme pharisien dominé progressivement par la figure des rabbis ». Matthieu appelle les chrétiens à convertir les nations, non à se substituer à Israël. Et s'il dénonce le judaïsme officiel, ce n'est pas par ressentiment mais comme comparaison, « pour avertir l'Église du désastre qui la guette si elle s'endort dans la certitude de son salut ». Que penser de l'accusation d'antijudaïsme lancée contre l'évangile matthéen ? « Elle pèche par anachronisme. Les deux grandeurs en présence, le judéo-christianisme de Mt et le judaïsme d'obédience pharisienne, sont l'un comme l'autre, l'un au même titre que l'autre, des émanations de la nébuleuse juive d'avant l'an 70. » Même observation à propos de Luc et des Actes : « Ce qui est en jeu n'est autre que la réalisation des prophéties, auxquelles le peuple choisi est en train de se dérober... L'octroi du salut aux païens n'opère pas contre Israël ; il ne remplace pas les promesses faites à Israël. L'universalité du salut naît de l'histoire même d'Israël... Mais cette ouverture est paradoxalement mise en œuvre dans l'histoire par le refus juif de la mission chrétienne. »

Les Évangiles ne sont donc *pas* – et ne *peuvent pas être* – « anti-Juifs ». Il y aura certes, plus tard, des accusations chrétiennes injustes envers les Juifs : mais ce sera aux siècles suivants, et sous la plume de Pères grecs dont l'objectif (en exagérant le contexte historique de la mort de Jésus) sera, non de nuire aux Juifs, mais de riposter à des hérétiques chrétiens. Cela dit, ces antiques invectives contribueront – longtemps après, et sorties de leur contexte – à une dérive antijudaïque au sein des peuples chrétiens. Mais il faut souligner l'incompatibilité de cette dérive avec la théologie de l'Église, puisque l'Évangile contenait en germe la déclaration *Nostra Aetate* du concile Vatican II : « Encore que des autorités juives, avec leurs partisans, aient poussé à la mort du Christ, ce qui a été commis durant sa Passion ne peut être imputé ni indistinctement à tous les Juifs vivant alors, ni aux Juifs de notre temps. »

Un « procès juif à l'encontre de Jésus » était-il impensable ?

Les médias relancent, à intervalles réguliers, la controverse sur la réalité historique du procès de Jésus devant les grands prêtres et le Sanhédrin. Le ressort de cette polémique est d'affirmer que la séance devant Caïphe (et/ou devant Anne) « n'a pas pu avoir lieu », parce qu'elle contrevient aux « prescriptions de la Mishnah en matière judiciaire ».

Il y a cependant un problème : la Mishnah n'existait pas à l'époque de Jésus. Elle ne sera rédigée que deux siècles après.

Ses théories de procédure, qui seront essentiellement des doctrines académiques, ne verront pas le jour avant la catastrophe de l'an 70 et la disparition des institutions de Jérusalem...

À cette date le Sanhédrin n'existera plus, et les docteurs d'Israël, réunis à Yavneh, entreprendront de « refonder » le judaïsme autour des idées pharisiennes. C'est ainsi qu'ils continueront à discuter et à perfectionner les procédures judiciaires ; mais ce sera :

— dans l'idéal, les tribunaux criminels juifs ayant disparu ;

— dans une perspective nouvelle, puisque seuls les héritiers du pharisianisme seront désormais les guides d'Israël. (Les Sadducéens ayant fait naufrage, et la plupart des courants mystiques ayant fusionné avec le christianisme – comme le laissent supposer les Actes.)

Dans ces conditions, quel rapport pourrait-on établir entre :

a) des normes académiques élaborées aux IIe-IIIe siècles ;

b) la condamnation de Jésus, intervenue au début du Iᵉʳ siècle et dans un tout autre climat ?

À l'époque de Jésus, le Sanhédrin était dominé par les Sadducéens, réputés à la fois pour leurs méthodes expéditives et pour leur cruauté judiciaire : « La dureté des Sadducéens dans leurs sentences, contrastant avec les autres Juifs... » (Flavius Josèphe, *Ant.* XX, 9, 1). Les Pharisiens de l'an 30 pouvaient-ils imposer au Sanhédrin leur jurisprudence ? Celle-ci était-elle déjà aussi « évoluée » que le sera la Mishnah vers 200-230 ? Les historiens n'en ont aucun indice. Pas plus qu'ils ne se hasardent à dire que les règles énoncées dans la Mishnah existaient déjà 170 ans plus tôt...

« Les prescriptions de la Mishnah qui semblent n'avoir pas été observées par le Sanhédrin dans le procès (de Jésus), et qui révèlent une tendance humanitaire favorable à l'accusé et n'ont pas leur point de départ immédiatement dans la loi mosaïque, portent un caractère purement pharisien et n'étaient pas en vigueur dans la procédure au temps de Jésus. En font partie les interdictions de se livrer à une action judiciaire pendant la nuit, de prononcer une sentence avant le lendemain des premiers débats, d'engager une instance au criminel le jour des préparatifs du sabbat ou d'un jour de fête. » Ainsi concluait Joseph Blinzler. Selon lui, ce que l'on a cru « entaché d'irrégularité » dans le procès de Jésus – par rapport à la future Mishnah pharisienne – était probablement admis par le droit sadducéen alors en usage : « La Mishnah ne prouve donc rien quant à la légalité ou l'illégalité du procès. »

Par ailleurs, Jacqueline Genot-Bismuth a établi (comme le montre notre enquête) que le « procès fait à Jésus » ne se concentre pas dans la nuit du Jeudi au Vendredi saints, mais s'étend sur les deux ans de la vie publique du Galiléen. Après une série d'interrogatoires, de comparutions, de condamnations, et même de commencements d'exécution, la cause de Jésus est entendue depuis longtemps quand Caïphe réussit enfin à le faire arrêter. Les arguties sur la légalité de l'audience nocturne ne touchent donc pas le cœur du sujet, et ne sauraient suffire à jeter le doute sur les récits de la Passion.

Les Évangiles n'ont-ils « rien à voir avec l'histoire » ?

Pour disqualifier les Évangiles de la Passion en tant que témoignages, la méthode des hypercritiques consiste à pointer un détail, à le déclarer « *impossible* » pour une raison ou une autre, puis à étendre le soupçon à l'ensemble du récit.

Exemple : le cas des deux compagnons de supplice de Jésus. Selon Matthieu, Marc et Luc, « sont crucifiés avec lui deux brigands (ou deux "malfaiteurs"), l'un à droite et l'autre à gauche ». Selon Jean, « ils le crucifièrent, et avec lui deux autres : un de chaque côté et, au milieu, Jésus ». Cette symétrie est déclarée suspecte par certains exégètes, et ils enclenchent leur démonstration : « La disposition en trio est picturale. Donc elle n'est pas vraie. Donc toute la scène est fictive. » Autrement dit : le récit du Golgotha dans les quatre Évangiles n'est qu'une allégorie, et la mort réelle de Jésus n'a rien eu à voir avec celle que racontent les textes.

Mais ce raisonnement hypercritique ne relève que du cérébral. Il ne tient pas compte de l'histoire réelle. Personne dans l'Antiquité n'aurait pensé une *crucifixion*, supplice ignoble, comme un *sujet de peinture* ; et quant au fait de crucifier Jésus entre deux « larrons », il ne ressemble pas à une convention littéraire. « Larrons » est une traduction (mièvre) du mot grec « *lèstaï* » (Mc 15, 27), qui désigne – notamment dans Flavius Josèphe – des émeutiers politiques. Peut-être ces deux « *lèstaï* » étaient-ils les coïnculpés de Bar Abba. D'où l'hypothèse d'Étienne Nodet :

dans la manœuvre politique de Pilate, cette crucifixion en trio (avec Jésus au milieu comme chef de deux émeutiers) illustre le motif de condamnation noté sur l'écriteau : « *Roi des Juifs* », donc leader d'une rébellion. Il y a bien alors une mise en scène, mais elle n'a rien d'artistique ni de reconstruit *a posteriori* : elle est du préfet lui-même – et typiquement d'époque. En la rapportant, les quatre évangélistes disent ce que des centaines de badauds ont pu voir de leurs propres yeux, cet après-midi-là.

Cette affaire des trois croix (jugées trop « *picturales* ») n'est qu'un exemple de la méthode des hypercritiques. Leur but est de nous convaincre que les Évangiles ne parlent que du « *Christ de la foi* », et que celui-ci n'a rien à voir avec le « *Jésus de l'histoire* ». Mais cette antithèse, fabriquée vers 1920 par des exégètes, est rejetée – comme vide de sens – par des historiens. « Ce que je n'accepte pas, c'est que l'on trace une ligne de démarcation entre le Jésus de l'histoire et le Christ de la foi », explique l'historien des religions Jacob Neusner (qui par ailleurs est rabbin). Nous pensons avoir fourni, au cours de notre enquête, assez d'éléments pour faire comprendre en quoi Jésus et le Christ ne sont pas dissociables.

Reste le fameux débat sur la « datation des Évangiles ». Ce faux problème est brandi tous les ans, depuis des décennies, comme s'il avait de quoi disqualifier Marc, Matthieu, Luc et Jean. « Aucun d'eux n'a connu le Christ », affirmait un journaliste de radio au printemps 2004. Cette affirmation n'est pas du tout prouvée, et la controverse scientifique sur la précocité des Évangiles est loin d'être close. Mais là n'est pas la question.

Ce qui compte est de saisir le processus qui a engendré les Évangiles. Ces quatre textes sont en effet des recueils, diversement agencés (sous divers angles, pour divers publics), de « mémoires sur Jésus » issues :

a) de notes prises par des disciples du rabbi (dans *Hellenism and Jewish Palestine*, New York, 1965, Saül Liberman estime que les disciples de Jésus – comme ceux des maîtres pharisiens – notaient forcément ses paroles sur les calepins de l'époque : les *pinqasim*, du grec *pinax*) ;

b) de la transmission orale, qui s'opérait en milieu juif selon un très rigoureux processus de fiabilité (et des procédés mnémotechniques dont on décèle les traces araméennes dans les discours de Jésus lui-même). De tout ce « travail de mémoire » des disciples, entre la prédication de Jésus et la parution du premier évangile écrit, nous n'avons évidemment pas de preuve : mais nous savons qu'il *ne peut pas ne pas avoir existé,* et nous le voyons affleurer dans les textes canoniques finaux.

Au total, la date du « canon » définitif des Évangiles, tardive par nature, n'a rien à voir avec l'époque de leur conception ; celle-ci s'est ouverte dès le vivant de Jésus, puis elle a été menée selon les règles de la culture juive, transcrite avec les moyens techniques romains (les premiers volumes reliés), et sera finalement constatée par la fixation canonique.

Bibliographie

Sources

La Bible, écrits intertestamentaires, Gallimard, coll. « La Pléiade », 1987.

La Bible de Jérusalem, Cerf, 1998.

La Bible, traduction œcuménique, Cerf, 1988.

Les Évangiles bilingues grec-français, trad. sœur Jeanne d'Arc, Desclée De Brouwer, 1986-1988.

Les Évangiles, rétroversion à l'hébreu puis au français par Claude Tresmontant, Guibert, 1984-1986.

Présentation du Nouveau Testament : les textes dans leur « ordre chronologique probable », par Philippe Rolland, trad. de la version synodale, Éd. de Paris, 1995.

Écrits apocryphes chrétiens, Gallimard, coll. « La Pléiade », 1997.

Flavius Josèphe, *Antiquités juives,* livre XVIII – *La Guerre des Juifs,* livre II, Minuit, 1977.

Études sur les sources

BARDET Serge, *Le Testimonium Flavianum : examen historique,* Cerf, 2002.

GASQUE Ward, *La valeur historique des Actes des Apôtres,* in *Hokhma,* 3 (1976), 6 (1977) – *Bilan de la recherche récente, in Hokhma,* 42 (1989).

GERHARDSSON Birger, *Préhistoire des Évangiles,* Cerf, 1978.

JAUBERT Annie, *Approches de l'évangile de Jean,* Seuil, 1976.

LEVEY Samson H., *The Messiah : An Aramaic Interpretation – The Messianic Exegesis of the Targum,* Hebrew Union College of Cincinnati, 1974.

PATAI Raphael, *The Messiah Texts,* Wayne State University, 1989.
PERRIER Pierre, *Évangiles : de l'oral à l'écrit,* Fayard-Sarment, 2000.

HISTOIRE

ABADIE Philippe, LÉMONON Jean-Pierre, *Le judaïsme à l'aube de l'ère chrétienne,* Cerf, 2001.
ALON Gedaliah, *Jews, Judaism and he Classical World,* The Hebrew University, 1977 – *The Jews in their land in the Talmudic Ages,* The Hebrew University, 1980.
BARBET Pierre, *La Passion de Jésus-Christ selon le chirurgien,* rééd. Médiaspaul, 2003.
BOGAERT Pierre-Maurice, DELCOR Matthias, JACOB Edmond et al., *Dictionnaire encyclopédique de la Bible,* Brepols, 2002.
CHARLESWORTH James (dir.), *The Messiah: Developments in Earliest Judaism and Christianity,* Fortress Press, 1992.
CHOURAQUI André, *Les hommes de la Bible,* Hachette/La vie quotidienne, 1994.
COLLINS, John, *The Scepter and the Star : The Messiahs of the Dead Sea Scrolls,* Doubleday, 1995.
COÜASNON Charles, *Le Golgotha, Bible & Terre Sainte* n° 149, mars 1973.
COUSIN Hugues, LÉMONON *Jean-Pierre*, MASSONNET *Jean, Le monde où vivait Jésus,* Cerf, 2004.
DODD Charles-Harold, *Le fondateur du christianisme,* Seuil, 1972.
HADAS-LEBEL Mireille, *Flavius Josèphe : le Juif de Rome,* Fayard, 1989.
IMBERT Jean, *Le procès de Jésus,* Puf, coll. « Que sais-je ? », rééd. 2004.
FELDMAN Louis H., *Jewish life and thought among Greeks and Romans,* Clark Ltd, 1996.
FASOLA Umberto, *Scoperte e studi archeologici dal 1939 ad oggı,* Actes du IIe congrès international de sindonologie, Ed. Paoline, Turin, 1978.
FINKEL Asher, *The Pharisees and the Teacher of Nazareth,* E.J. Brill, Leiden 1974.
GÉRARD André-Marie, *Dictionnaire de la Bible,* Robert Laffont, 1990.
GENOT-BISMUTH Jacqueline, *Jérusalem ressuscitée : la Bible hébraïque et l'évangile de Jean à l'épreuve de l'archéologie nouvelle,* Œil – Albin Michel, 1992.
GOODMAN Martin, *The Ruling Class of Judaea,* Cambridge University Press, 1993.

JAUBERT Annie, *La notion d'Alliance dans le judaïsme aux abords de l'ère chrétienne,* Seuil, 1963.
JEREMIAS Joachim, *Jérusalem au temps de Jésus,* Cerf, 1967.
LÉGASSE Simon, *Le procès de Jésus,* t. 1 : *L'histoire* ; t. 2 : *La Passion dans les quatre Évangiles,* Cerf, 1994-1995 – *Le procès de Jésus, in Le Nouveau Testament est-il anti-juif ?*, Cerf-*Cahiers Évangile,* 1999.
LÉMONON Jean-Pierre, *Pilate et le gouvernement de la Judée,* Gabalda, 1981.
LE MOYNE Jean, *Les Sadducéens,* Gabalda, 1972.
MARGUERAT Daniel, NORELLI Enrico, POFFET Jean-Michel, PERROT Charles, THEISSEN Gerd, etc., *Jésus de Nazareth : nouvelles approches d'une énigme,* Labor et Fides 1998.
MESSORI Vittorio, *Hypothèses sur Jésus,* Mame, 1994.
MINNERATH Roland, *Jésus et le pouvoir,* Beauchesne, 1987.
NEUSNER Jacob, GREEN William (éd.), *Judaisms and their Messiahs ad the Turn of the Christian Era,* Cambridge University Press, 1987.
NODET Étienne, *Histoire de Jésus ? Nécessité et limites d'une enquête*, Cerf, 2003.
PAUL André, *Le monde des Juifs à l'heure de Jésus : histoire politique,* Desclée, 1989 ; *Jésus-Christ, la rupture : essai sur la naissance du christianisme,* Bayard, 2001.
PERRET Jacques, *Ressuscité ? Approche historique,* FAC, 1984.
SAFRAÏ Shmuel, *Die Wallfahrt im Zeitalter des Zweiten Tempels,* Neukirchener Verlag, 1981.
SCHMIDT Francis, *La pensée du Temple, de Jérusalem à Qoumrân,* Seuil, 1994.
SCHUERMANN Heinz, *Comment Jésus a-t-il vécu sa mort ?*, Cerf, 1977.
STEINSALTZ Adin, *Introduction au Talmud,* Albin Michel, 1987 ; *Le Talmud, édition Steinsaltz,* FSJU-Jean-Claude Lattès, 1994 *sq.* puis FSJU-Ramsay, 1997 *sq.*
VEYNE Paul, *Sénèque-Entretiens et lettres à Lucilius,* coll. « Bouquins », Robert Laffont, 1993.
VIDAL-NAQUET Pierre, « *Les Juifs entre l'État et l'Apocalypse* », in NICOLET Claude, *Rome et la conquête du monde méditerranéen,* t. 2, Puf, 1978.
WIGODER Geoffrey, GOLDBERG Sylvie Anne (dir.), *Dictionnaire encyclopédique du judaïsme,* Cerf , 1993.

REGARDS JUIFS

ARON Robert, *Où souffle l'Esprit : judaïsme et chrétienté,* Plon, 1979.
BEN-CHORIN Schalom, *Mon frère Jésus,* Seuil, 1983.

CHOURAQUI André, *Jésus et Paul, fils d'Israël,* Moulin, 1988 ; *Un Pacte neuf* (préface du Nouveau Testament) in *La Bible Chouraqui,* Desclée De Brouwer, 1985.

FLÜSSER David, *Jésus,* Seuil, 1970 ; *Les sources juives du christianisme,* Éclat, 2003.

GENOT-BISMUTH Jacqueline, *Un homme nommé Salut : genèse d'une hérésie à Jérusalem,* Œil, 1986.

NEUSNER Jacob, *A Rabbi Talks with Jesus,* McGill-Queen's University, 2000.

REGARDS CHRÉTIENS

BLINZLER Joseph, *Le procès de Jésus,* Mame, 1962.

DREYFUS François, *Jésus savait-il qu'il était Dieu ?*, Cerf, 1984.

EPHRAÏM, *Jésus juif pratiquant,* Fayard, 1987.

GOURGUES Michel, *Jésus devant sa Passion et sa mort,* Cerf-Cahiers Évangile, 1979 ; *Le crucifié : du scandale à l'exaltation,* Desclée, 1988.

JEREMIAS Joachim, *Théologie du Nouveau Testament,* Cerf, 1980.

LÉON-DUFOUR Xavier, DUPLACY Jean, GEORGE Augustin, GRELOT Pierre, LACAN Marc-François (dir.), *Vocabulaire de théologie biblique,* Cerf, 1981.

LAURENTIN René, *Vie authentique de Jésus Christ,* t. 1 : *récit ; t. 2 : fondements, preuves et justification,* Fayard, 1996.

NODET Étienne, *Le Fils de Dieu : procès de Jésus et Évangiles,* Cerf, 2002.

PANNENBERG Wolfhart, *Esquisse d'une christologie,* Cerf, 1999.

QUESNEL Michel, *Jésus : l'homme et le Fils de Dieu,* Flammarion, 2004.

THABUT Marie-Noëlle, *L'intelligence des Écritures,* Soceval, 2001-2003.

TRESMONTANT Claude, *Judaïsme et christianisme,* Guibert, 1996.

POLÉMIQUE

MACCOBY Hyam, *Paul et l'invention du christianisme,* Lieu commun, 1987.

MORDILLAT Gérard et PRIEUR Jérôme, *Corpus Christi,* Arte, 1997 ; *Jésus contre Jésus,* Seuil, 1999 ; *Jésus après Jésus,* Seuil, 2004 ; *Jésus illustre et inconnu,* Albin Michel, 2004.

VERMES Geza, *Enquête sur l'identité de Jésus,* Bayard, 2003.

WINTER Paul, *On the Trial of Jesus,* De Gruyter, 1974.

Exégèse

Daniélou Jean, *Les manuscrits de la mer Morte et les origines du christianisme,* rééd. Seuil, 1995.

Nodet Étienne, *Histoire de Jésus ? Nécessité et limites d'une enquête,* Cerf, 2003.

Nodet Étienne et Taylor Justin, *Essai sur les origines du christianisme,* Cerf, 2002.

Ratzinger Joseph, de La Potterie Ignace, et textes de Hans Urs von Balthasar, Henri de Lubac, Romano Guardini, *L'exégèse chrétienne aujourd'hui,* Fayard, 2000.

Robinson John A.T., *Re-dater le Nouveau Testament,* Lethielleux, 1987.

Rolland Philippe, *L'origine et la date des Évangiles : les témoins oculaires de Jésus,* Saint-Paul, 1994 ; *Jésus et les historiens,* Éd. de Paris, 1998 ; *La mode « pseudo » en exégèse,* Éd. de Paris, 2002.

Tresmontant Claude, *Le Christ hébreu,* Œil, 1983.

Les citations d'écrits rabbiniques incluses dans des citations de Jacqueline Genot-Bismuth sont traduites par cet auteur.

Table

Première partie
La scène

Deuxième partie
Les acteurs

TROISIÈME PARTIE
LE DRAME

Achevé d'imprimer sur les presses de

BUSSIÈRE

GROUPE CPI

à Saint-Amand-Montrond (Cher)
en février 2005
pour les Éditions Presses de la Renaissance
12, avenue d'Italie
75013 Paris

Composé par Nord Compo
à Villeneuve-d'Ascq

N° d'édition : 0088. — N° d'impression : 050702/1.
Dépôt légal : février 2005.

Imprimé en France